U0113693

破雪集

Blossoming in Snow

古史论丛

Collected Works
on Ancient
Chinese History

程妮娜 著

中国社会科学出版社

图书在版编目（CIP）数据

破雪集：古史论丛 / 程妮娜著 . —北京：中国社会科学出版社，2023.6
ISBN 978 - 7 - 5227 - 1960 - 3

Ⅰ. ①破…　Ⅱ. ①程…　Ⅲ. ①史学—中国—文集　Ⅳ. ①K207 - 53

中国国家版本馆 CIP 数据核字（2023）第 106122 号

出 版 人	赵剑英
选题策划	宋燕鹏
责任编辑	金　燕
责任校对	李　硕
责任印制	李寡寡

出　　版	中国社会科学出版社
社　　址	北京鼓楼西大街甲 158 号
邮　　编	100720
网　　址	http://www.csspw.cn
发 行 部	010 - 84083685
门 市 部	010 - 84029450
经　　销	新华书店及其他书店

印　　刷	北京明恒达印务有限公司
装　　订	廊坊市广阳区广增装订厂
版　　次	2023 年 6 月第 1 版
印　　次	2023 年 6 月第 1 次印刷

开　　本	710 × 1000　1/16
印　　张	24.5
字　　数	386 千字
定　　价	136.00 元

凡购买中国社会科学出版社图书，如有质量问题请与本社营销中心联系调换
电话：010 - 84083683

前 言

　　2023 年 12 月将迎来程妮娜教授七十寿辰，谨以此书作先生古稀寿礼。

　　程先生于 1953 年 12 月 6 日出生于辽宁沈阳，笔名禾女。先生本硕博皆毕业于吉林大学，虽然学习了三个不同的专业，但最终皆以历史研究为归处。本科是考古学专业，这段学习经历不仅培养了先生正确使用考古材料的能力，也使先生建立起日后借用于史学研究的方法论：一要注重时空关系；二要注重具体问题与整体问题的关系；三要注重分类，将不同类型的问题分类探讨。先生本科毕业后留校，担任罗继祖先生的助手。本科学习期间，罗继祖先生讲授的《东北史》课程启发了先生研习东北史的初心。硕士是历史学专业，在著名辽金史、地方史学家张博泉先生的引领下，逐渐养成学术研究中的"问题"意识，这种"问题"意识贯穿先生日后科研与教学的始终，在跟随张先生学习的过程中，确定了以辽金史、东北史作为终身研究方向。博士是政治学专业，先生攻读博士学位时已是教授，在著名法学家、政治学家王惠岩先生的指导下，进一步提升了政治学理论素养，尤其是政治学中的民族理论，并形成抓住核心、摒弃浮华的科研品格。这三个不同又相关专业的学术训练，为先生后来的治学之路奠定了坚实的根基。

　　此外，先生还曾三度赴日访学：1994—1996 年日本筑波大学历史·人类学系访问学者，2003—2004 年日本关西学院大学文学部交流教授，2007 年日本东京大学综合文化研究科合作研究教授。丰富的海外访学经历，使先生持续关注海外学界的研究动态，吸收有益成果、回应不同观点。这种国际化的学术视野，也贯穿先生数十年的研究中。多年来先生在辽金史、东北民族史、中国边疆史领域奋力耕耘，成果卓著。先生主持并完成多项国家级、省部级科研项目；先后出版著作十多部，发表学术论文百余篇。

先生从教 40 余年来，始终肩负师者使命，奋斗在教学一线，呕心沥血、桃李满园，多年来培养硕士研究生 39 人（1 位韩国留学生），博士研究生 23 人，合作研究的博士后 12 人。先生多次带领本科生、研究生及青年教师到黑龙江赫哲族、鄂伦春族地区和俄罗斯萨哈林岛、滨海边疆区进行科研考察。在研究生培养方面，先生充分尊重学生的学术偏好，指导学生选择感兴趣的研究课题；鼓励学生勤于思考，敢于提问。先生常说，写文章须有问题意识，言之有物、有所创新方有学术价值；而敢于创新的同时，科研态度务必严谨。先生在科研中一丝不苟，近乎严苛，这份对学术的认真执着，也传递给每一个学生。我们都不乏被先生严厉训导的经历，这无疑是我们受益终身的财富。

先生曾言，师者须教书也须育人，多年来先生正是以其丰沛的人格魅力引领学生。与工作中的严肃不同，先生在生活中乐观开朗、大度风趣、亲切和蔼、不拘小节；对同仁恭谨谦让，对学生顾念关怀。先生对知识的热忱、对生活的热爱，深深浸润每一位学生。在先生的感召下，学生们也时常聚在一起，分享学术收获，交流学术见解，寓学于乐，暖意融融。

先生德行高山仰止，心向往之；教授之恩，无以回报，唯以此书，聊报先生恩情于万一。此部《破雪集：古史论丛》择取先生 40 余年学术生涯中具有代表性的 20 篇论文，内容涉及中国古代王朝治边思想、东亚封贡体制、东北民族史、辽金政治史、《金史》编纂等诸多领域，展示了先生在辽金史、东北史、边疆史研究中具有代表性的学术贡献。"破雪"二字取自张博泉先生于 1999 年赠予先生的一首词《一剪梅——赠禾女教授》："唤起东风在睡中，碧玉含香，破雪先红。""破雪"二字饱含张老对先生的肯定与希冀。先生亦不负厚望，在学术领域取得开创性成果，实担得起"破雪"二字。且先生爽利敢言的品格，颇与"破雪"相映成趣。

老骥伏枥，志在千里。先生已届致政之年，依然醉心学术，笔耕不辍，近年来在金史、渤海史、边疆史领域继续发力，成果不断。学生们以这份小小的献礼，恭祝恩师身体康健，福寿延绵！

目　　录

从 "天下" 到 "大一统"

秦汉建立了统一的中央集权国家后，继承先秦诸子 "君权至上" "天下一统" 的思想，从儒家的 "天下" 观念中汲取相关要素，在郡县以外的边疆民族地区建构朝贡制度，并延伸到周边国家地区，后者成为2000 年东亚世界国际秩序的重要组成部分。对于中国古代朝贡制度，学界通常用 "中国的世界秩序" "册封体系" "华夏秩序" "天朝礼治体系" "朝贡贸易体系" "朝贡制度" 等概念加以表述①。国外学者多从近代条约体制取代朝贡体制的角度入手，认为中国古代朝贡制度的属性是东亚世界的国际关系体制。尽管日本学者注意到朝贡体制源于西周朝贡制度，认为秦汉时期周边地区的朝贡制度，是当时君臣关系向外延伸的结果，但更强调这种朝贡体制是中国王朝与周边国家的国际秩序。② 这种看法，显然忽略了王朝的郡县地区与周边国家之间，分布着诸多处于不同社会发展阶段的部落和古国（ "东夷、北狄、西戎、南蛮" ）。学者讨论 "华夷之辨" "华夏中心论" "事大字小" "厚往薄来" 等中国王朝建构、维护朝贡体制的思想、规则时，通常也是从朝贡体系

---

① 参见费正清编：《中国的世界秩序：传统中国的对外关系》，杜继东译，中国社会科学出版社 2010 年版；［日］西嶋定生：《西嶋定生東アジア史論集》第 3 卷《東アジア世界と册封體制》，岩波書店 2002 年版；黄枝连：《亚洲的华夏秩序——中国与亚洲国家关系形态论》《东亚的礼义世界——中国封建王朝与朝鲜半岛关系形态论》《朝鲜的儒化情境构造——朝鲜王朝与满清王朝的关系形态论》，《天朝礼治体系研究》上卷、中卷、下卷，中国人民大学出版社 1992、1994、1995 年版；［日］浜下武志：《朝貢システムと近代アジア》，岩波書店 1997 年版；［日］滨下武志：《近代中国的国际契机——朝贡贸易体系与近代亚洲经济圈》，朱荫贵、欧阳菲译，虞和平校订，中国社会科学出版社 1999 年版；李云泉：《朝贡制度史论——中国古代对外关系体制研究》，新华出版社 2004 年版。

② ［日］西嶋定生：《東アジア世界と册封體制》，岩波書店 2002 年版；［日］堀敏一：《中国と古代東アジア世界》，岩波書店 1993 年版；［日］金子修一：《册封体制论与北亚细亚·中亚细亚》，杜文玉主编：《唐史论丛》第 10 辑，三秦出版社 2008 年版，第 199—205 页。

的国际关系属性上进行探讨。①

　　然而不可否认的是，秦汉以来，中原王朝在边疆民族地区，以建立、维护和发展边疆民族与中原王朝的政治隶属关系为中心，开展了各种朝贡、册封、互市等活动。这就是说，中国古代还存在另一种施行于边疆民族地区的朝贡体系。从事这种朝贡活动的边疆民族或分布于郡县以外，或居住在王朝设置于边地州郡内外的羁縻建置之内，二者的比例在不同王朝有所不同。"羁縻建置"是指在不触动少数民族原有社会组织与风俗文化的前提下设立建置，对依照该族习惯法产生的头目、酋长授予官职或封号，官不入品阶，无俸禄；民不入王朝户籍，不按人头课税兵役。在朝贡制度下，由该族酋长贡纳少量土产，王朝征兵时，助军众寡，各从其便。中原王朝为维系、规范和发展"朝贡活动"而制定的规则与制度，性质不同于在周边国家实行的朝贡制度。2000 多年间，边疆民族的朝贡制度与邻国的朝贡制度，各自向"相似多于差别"和"差别多于相似"两条路径发展，最后走向不同结局：前者被边疆民族地区行政建置取代，后者被近代国际条约体系取代。围绕历代王朝的边疆经略、治边政策、边疆统辖机构、边疆民族与中原王朝关系等问题，中国学者已发表大量论著。② 有学者将历代王朝对边疆民族的统辖制度（其主体是朝贡制度）称为"藩属制度"③，认为该制度属于国家政体范

---

　　① 赵汀阳：《"天下体系"：帝国与世界制度》，《世界哲学》2003 年第 5 期；喻常森：《试论朝贡制度的演变》，《南洋问题研究》2000 年第 1 期；尚会鹏：《"伦人"与"天下"——解读以朝贡体系为核心的古代东亚国际秩序》，《国际政治研究》2009 年第 2 期；韩东育：《关于前近代东亚体系中的伦理问题》，《历史研究》2010 年第 6 期；刘再起、徐彦明：《宗藩体系下的中国外交思想与"和"》，《学术探索》2011 年第 2 期。

　　② 如，马大正主编：《中国边疆经略史》，中州古籍出版社 2000 年版；马大正主编：《中国古代边疆政策研究》，中国社会科学出版社 1990 年版；田继周等：《中国历代民族政策研究》，青海人民出版社 1993 年版；彭建英：《中国古代羁縻政策的演变》，中国社会科学出版社 2004 年版；赵云田：《中国边疆民族管理机构沿革史》，中国社会科学出版社 1993 年版；王静：《中国古代中央客馆制度研究》，黑龙江教育出版社 2002 年版；翁独健主编：《中国民族关系史纲要》，中国社会科学出版社 2001 年版；崔明德：《中国古代和亲史》，人民出版社 2005 年版。这里只列举几种著作，此外还有大量的相关著作与论文。

　　③ 还有学者把古代中央王朝与边疆政权的关系称为"宗藩关系"，参见陈金生：《试论质子在加强宗藩关系中的作用》，《甘肃联合大学学报》2010 年第 6 期。"宗藩关系"源于西周封建诸王，周王室与各诸侯国之间的关系，秦汉以后，史籍中记载的"宗藩"通常指皇帝分封的诸王，直到明朝仍是如此。到了清代，"宗藩"一词开始具有宗主国与藩属部、藩属国的含义。近年学界出现一些关于"宗藩体制"或"宗藩关系"的研究，大多数是用于阐述清朝与朝鲜、琉球、缅甸、越南等东亚属国的关系。

畴，是秦汉以来历代王朝处理与边疆民族乃至周边政权关系的一种体制或方法。① 上述成果都是本文的重要研究基础。然而不可忽视的是，目前国内外学界居主流地位的观点认为，中国王朝经营、发展的朝贡制度是一种国际秩序。这种观点忽视或否认边疆民族朝贡制度的存在，将两种有重要区别的朝贡制度混为一谈，对于人们客观认识中国古代国家的结构、中央王朝与边疆民族的统属关系，以及中国王朝与周边国家的关系带来种种困惑。秦汉以来，中国王朝经历了多次统一与分裂，然而无论在统一时期，还是分裂时期；在汉人为统治者的王朝时期，还是少数民族为统治者的王朝时期，中央集权的国家体制始终被传承下来，边疆民族朝贡制度也随之延续下去。值得注意的是，在中央集权制向边疆地区推进（中间曾出现倒退现象）的过程中，统治者维护和发展边疆民族朝贡制度的政治思想既有同一性又有差异性，这不仅导致边疆朝贡制度出现不同形式，而且也决定了边疆朝贡制度的最后归宿。深入探讨中央王朝建构、经营、发展边疆民族朝贡制度的理论和思想，对全面客观认识中国古代的朝贡制度，澄清因相关研究造成的模糊认识，是有裨益的。

一 理论发端与核心思想

中国古代王朝建构朝贡制度的理论发端，是先秦时期及秦汉以来的"天下观"和"服事制"。春秋时期，在华夏文化与其他民族文化的冲突过程中，"华夷之辨""尊华攘夷"观念逐步确立，形成了"大一统"的政治理念。孔子云："四海之内皆兄弟也。"② 孟子曰："欲辟土地，朝秦楚，莅中国，而抚四夷也。"③ 春秋战国时期"中国"指诸夏国，"四海"指"四夷"，即蛮夷戎狄。《荀子·儒效》阐述曰："此君

---

① 刘志扬、李大龙：《"藩属"与"宗藩"辨析——中国古代疆域形成理论研究之四》，《中国边疆史地研究》2006 年第 3 期。关于藩属体制研究的著作，主要有李大龙：《汉唐藩属体制研究》，中国社会科学出版社 2006 年版；黄松筠：《中国古代藩属制度研究》，吉林人民出版社 2008 年版。

② （魏）何晏注，（宋）邢昺疏：《论语注疏》卷 12《颜渊》，（清）阮元校刻：《十三经注疏》下册，中华书局 1980 年影印本，第 2503 页上栏。

③ （清）焦循：《孟子正义》卷 1《梁惠王章句上》，中华书局 1957 年版，第 54 页。

义信乎人矣，通于四海，则天下应之如谨。是何也？则贵名白而天下治也。故近者歌讴而乐之，远者竭蹶而趋之，四海之内若一家，通达之属莫不从服，夫是之谓人师。诗曰：'自西自东，自南自北，无思不服。'此之谓也。"①在荀子看来，"天子"居中国与四海之中心，"天下从之如一体，如四胑（肢）之从心。夫是之谓大形"②。中国与四海，即中原与边疆是"一体"之关系，天子是人体之心脏，无论躯干还是四肢皆从之。时人从"华夷有序"的原则出发，形成同服不同制的"服事制"和"天下观"，如先秦史籍记载者就有"五服制""六服制""九服制"等说。③《荀子·正论》曰：

> 诸夏之国同服同仪，蛮、夷、戎、狄之国同服不同制。封内甸服，封外侯服，侯卫宾服，蛮夷要服，戎狄荒服。甸服者祭，侯服者祀，宾服者享，要服者贡，荒服者终王。日祭、月祀、时享、岁贡、终王，夫是之谓视形埶而制械用，称远近而等贡献，是王者之至也。④

对于不守服事之制者，周王室并非听之任之，《国语·周语》云："有不祭则修意，有不祀则修言，有不享则修文，有不贡则修名，有不王则修德，序成而有不至则修刑。"⑤"要服"的蛮夷和"荒服"的戎狄，要对天子尽服事，如有不贡、不王，则先"修名""修德"。周伟洲认为此即明尊卑，动之以"德"，若再不贡不王，则将"修刑"，动用"刑罚之辟""攻伐之兵"，这是时人心目中处理民族关系的理想模式。⑥尽管这种服事之制在当时未能实行，却成为秦汉王朝建构朝贡制

① （清）王先谦：《荀子集解》卷4《儒效篇第八》，《新编诸子集成》第1辑，中华书局1988年版，第120—121页。

② （清）王先谦：《荀子集解》卷8《君道篇第十二》，第239页。

③ （汉）孔安国传，（唐）孔颖达疏：《尚书正义》卷6《禹贡》，（清）阮元校刻：《十三经注疏》上册，中华书局1980年影印本，第153页；上海师范大学古籍整理组校点：《国语》卷1《周语上》，上海古籍出版社1978年版，第4页；（汉）郑玄注，（唐）贾公彦疏：《周礼注疏》卷33《夏官司马·职方氏》、卷37《秋官司寇第五·大行人》，（清）阮元校刻：《十三经注疏》上册，第863页中栏、892页上栏、中栏。

④ （清）王先谦：《荀子集解》卷12《正论篇第十八》，第329—330页。

⑤ （清）徐元诰：《国语集解·周语上第一》，中华书局2002年版，第7页。

⑥ 周伟洲：《儒家思想与中国传统民族观》，《民族研究》1995年第6期。

度的理论发端。

战国时，中央集权体制在某些诸侯国中已见雏形，① "天下归一"成为各种思想流派的中心话题，《墨子·尚同上》云："天子唯能壹同天下之义，是以天下以治也。"② 认为天子能一统天下，方可以为治。《孟子·尽心上》说："中天下而立，定四海之民。"③ 《文子·道原》曰："立于中央，神与化游，以抚四方，是故能天运地墆，轮转而无废。"④ 诸子认为只有天子居天地之中，抚定四海之域，统辖四方之民，才符合天地运行之规律，达到天下大治。

先秦诸子的政治理想在秦始皇时代被付诸实施。秦汉王朝建立后，中心地区实现统一，然而"大一统"的政治目标并没有完成。下一步是要将分布着众多蛮夷戎狄的四海地区，纳入王朝的"大一统"范围，统一中央集权王朝的朝贡制度遂应运而生。秦与西汉时期是建构边疆朝贡制度的开创期，奉承传统的天下观，以"大一统"为主旨的公羊学派，尤其受到汉朝统治集团的推崇和重视。西汉时期，传习《公羊传》的儒士形成公羊学派，十分兴盛，大师辈出。⑤ 《公羊传》开篇云："隐公元年，春，王正月……何言乎王正月？大一统也。"进而言："王者无外。"汉何休注曰："王者以天下为家。"⑥ 所谓"天下"包括"诸夏"与"夷狄"，在公羊学派的"大一统"政治思想中，主张内诸夏而外夷狄，传文曰："王者欲一乎天下，曷为以外内之辞言之？言自近者始也。"注云："当先正京师乃正诸夏，诸夏正乃正夷狄，以渐治之。"⑦ 董仲舒进一步阐述曰：

> 臣谨案《春秋》谓一元之意，一者万物之所从始也，元者辞之所谓大也。谓一为元者，视大始而欲正本也。《春秋》深探其

---

① 周振鹤：《中国地方行政制度史》，上海人民出版社 2005 年版，第 32—33 页。

② 吴毓江：《墨子校注》卷 3《尚同上第十一》，《新编诸子集成》第 1 辑，中华书局 1993 年版，第 110 页。

③ （清）焦循：《孟子正义》卷 13《尽心章句上》，第 534 页。

④ （春秋）辛妍：《文子》卷 1《道原》，上海古籍出版社 1989 年版，第 3 页。

⑤ 刘泽华主编：《中国古代政治思想史》，南开大学出版社 1992 年版，第 293 页。

⑥ （汉）何休注，（唐）徐彦疏：《春秋公羊传注疏》卷 1，（清）阮元校刻：《十三经注疏》下册，第 2196 页上栏、下栏，2199 页下栏。

⑦ （汉）何休注，（唐）徐彦疏：《春秋公羊传注疏》卷 18，第 2297 页中栏。

本，而反自贵者始。故为人君者，正心以正朝廷，正朝廷以正百官，正百官以正万民，正万民以正四方。四方正，远近莫敢不壹于正，而亡有邪气奸其间者。是以阴阳调而风雨时，群生和而万民殖，五谷孰而草木茂，天地之间被润泽而大丰美，四海之内闻盛德而皆俫臣，诸福之物，可致之祥，莫不毕至，而王道终矣。

《春秋》大一统者，天地之常经，古今之通谊也。①

公羊学说可谓先秦诸子大一统思想的集大成者。武帝即位之后，派遣"严助、朱买臣等招来东瓯，事两越，江淮之间萧然烦费矣。唐蒙、司马相如开路西南夷，凿山通道千余里，以广巴蜀，巴蜀之民罢焉。彭吴贾灭朝鲜，置沧海之郡，则燕齐之间靡然发动"②。经武帝朝君臣的努力，边疆民族地区朝贡制度已初具规模，如董仲舒所言："今陛下并有天下，海内莫不率服，广览兼听，极群下之知，尽天下之美，至德昭然，施于方外。夜郎、康居，殊方万里，说德归谊，此太平之致也。"③ 传统的"天下观"和儒家"大一统"思想，不仅为建构和确立朝贡制度提供了理论依据，而且分别成为此后两千年间内外两种朝贡制度的核心思想。

秦汉以来，无论在一统时期还是分裂时期，历代王朝都秉承"大一统"思想，积极营建边疆民族朝贡制度。汉、唐、元大一统王朝时，百蛮入贡，八方远夷来朝，被认为是王朝兴盛强大，皇恩远播的体现，对此学界多有论述。④ 三国、东晋十六国、南北朝、辽宋夏金的分裂时期，重建大一统王朝，是各个王朝与政权追求的目标，朝贡制度是各王朝、政权标榜正统地位，昭示将一统天下的重要标志。如三国时，魏辽东太守公孙渊遣使称藩于孙吴，孙权喜出望外，诏曰："今使持节督幽州领青州牧辽东太守燕王，久胁贼虏，隔在一方，虽乃心于国，其路靡缘。今因天命，远遣二使，款诚显露，章表殷勤，朕之得此，何喜如之！虽汤遇伊尹，周获吕望，世祖未定而得河右，方之今日，岂复是过？普天一统，于是定矣。"于是遣使"将兵万人，金宝珍货，九锡备

---

① 《汉书》卷56《董仲舒传》，中华书局1962年版，第2502—2503、2523页。
② 《史记》卷30《平准书》，中华书局1959年版，第1420—1421页。
③ 《汉书》卷56《董仲舒传》，第2511页。
④ 何芳川：《"华夷秩序"论》，《北京大学学报》1998年第6期；喻常森：《试论朝贡制度的演变》，《南洋问题研究》2000年第1期。

物，乘海授渊"①。魏元帝景元四年（263），钟会在对蜀的檄文中称："（魏）布政垂惠而万邦协和，施德百蛮而肃慎致贡。"② 孙楚作遗吴主孙皓书中曰："自兹以降，九野清泰，东夷献其乐器，肃慎贡其楛矢，旷世不羁，应化而至，巍巍荡荡，想所具闻也。"③ 皆以"四方称藩"，"远夷朝贡"，作为昭显正统地位的标志，并被王朝（政权）统治者视为将要一统天下的预兆。

在当时人的观念中，只有具备正统地位，才有资格建立大一统王朝。当少数民族在中原建立政权后，便向传统观念发起挑战，提出何谓"正统"的问题。东晋十六国时期，前赵（原称汉）刘渊云："夫帝王岂有常哉，大禹生于西戎，文王生于东夷，顾惟德所授耳。"④ 认为君有德便可为正统。前秦苻坚亦曰："今四海事旷，兆庶未宁，黎元应抚，夷狄应和，方将混六合以一家，同有形于赤子。"⑤ 认为非汉人政权，也可以建立"混六合以一家"的大一统王朝。后赵、前秦、诸燕等较大的北族政权，在争正统地位的同时，都积极建构和发展本国的朝贡制度。辽宋夏金时期，华夷强弱之势发生重大变化，辽金以军事强势而居两宋之上。在新的形势下，"大一统"思想与"正统观"的联系更加紧密，司马光曰："苟不能使九州合为一统，皆有天子之名而无其实者也。虽华夏仁暴，大小强弱，或时不同，要皆与古之列国无异，岂得独尊奖一国谓之正统，而其余皆为僭伪哉！"⑥ 我们看到，在魏晋南北朝时期，边疆民族朝贡制度非但没有解体，反而比秦汉时期规模更大，制度更加完善，彰显了"大一统"思想是驱动各族王朝（政权）积极建构、发展朝贡制度的内在核心思想。

明朝取代元朝，"天下一统，东成辽海，南镇诸番，西控戎夷，北屯沙漠"⑦。然如明成祖所言："太祖高皇帝统一华夏，溥天率土莫不臣

① 《三国志》卷47《吴书·孙权传》，中华书局1971年版，第1137、1138页。
② 《三国志》卷28《魏书·钟会传》，第788页。
③ 《晋书》卷56《孙楚传》，中华书局1974年版，第1540页。
④ （北魏）崔鸿：《十六国春秋》卷1《前赵录一》，光绪十二年六月湖北官署处重刊本，第56页。
⑤ 《晋书》卷113《苻坚载记上》，第2896页。
⑥ 《资治通鉴》卷69，文帝黄初二年三月，中华书局1956年版，第2187页。
⑦ 《明太祖实录》卷65，洪武四年五月乙卯，"中研院"历史语言研究所1962年版，第1225页。

妾，惟胡寇余孽奔窜沙漠。"① 有明一代始终未能在蒙古草原地区建立起真正的政治统治。故有学者认为，北元政权与明朝相始终。② 在这种形势下，明朝统治者向边疆各族昭示本朝的正统地位，显得尤为重要，便一面遣使诏谕边疆各族，一面积极建构朝贡制度，如洪武七年（1374），明太祖赐竺监藏等藏区首领的诏书曰：

> 朕受天明命，君主华夷。凡诸施设，期在安民。是以四夷之长，有能抚其众而悦天心者，莫不因其慕义，与之爵赏，以福斯民。曩者西蕃效顺，为置乌思藏行都指挥使司，以官其长，使绥镇一方安辑众庶。今复遣使，修贡请官，朕如其请，特以赏竺监藏等为某官，尔其恪修厥职，毋怠。③

与汉唐相比，明朝边疆民族朝贡制度更为发展，对以羁縻建置形式进行朝贡的各族，如乌斯藏行都指挥使司，东北女真、兀良哈蒙古的羁縻卫所，西南土司等的朝贡活动，分别制定详细而具体的规定，要求各族朝贡成员"各守境土，防护边疆，勉于为善，竭诚报国"，④ 力图实现"华夷万里，地图归一"⑤，如明朝的朝贺乐章《抚安四夷》舞曲中所云："大一统。四夷来贡，玉帛捧。文轨同，世际昌隆，共听舆人颂。"⑥ 随着君臣关系的加强，中国边疆统治也愈加巩固。

"天下观"、"大一统"思想、"正统"观念，三者密切相关，尤其"大一统"思想，是古代王朝建构边疆民族朝贡制度的核心思想。边疆民族朝贡制度的确立与发展，为建构古代王朝的疆域发挥了至关重要的作用。

---

① 《明太宗实录》卷104，永乐八年五月丙戌，"中研院"历史语言研究所1962年版，第1351页。

② 达力扎布：《明代漠南蒙古历史研究》，内蒙古文化出版社1997年版，第149页。

③ 《明太祖实录》卷95，洪武七年十二月壬辰，第1642页。

④ 《明宪宗实录》卷34，成化二年九月戊寅，"中研院"历史语言研究所1962年版，第678页。

⑤ 《明太祖实录》卷56，洪武三年九月乙卯，第1110页。

⑥ 《明史》卷63《乐志三·乐章二》，中华书局1974年版，第1574页。

二　两个基本思想

在古代王朝建构朝贡制度的过程中，"华夷之辨"与"同服不同制"思想作为"大一统"思想的延伸部分，也是古代王朝经营边疆民族朝贡制度的两个基本思想。"华夷之辨"思想形成于春秋时期。

西周后期，以行周礼为文化标志的华夏族基本形成。春秋时期，礼崩乐坏，"夷狄也，而亟病中国，南夷与北狄交，中国不绝若线，桓公救中国，而攘夷狄"①。面对这种形势，"华夷之辨"成为春秋战国时期各学派的热门话题，孔子云："裔不谋夏，夷不乱华。"② 管仲言："戎狄豺狼，不可厌也，诸夏亲昵，不可弃也。"③ 公羊学派主张："内诸夏而外夷狄。"④ 还有人认为："非我族类，其心必异。"⑤ 主张严华夷之别，华贵夷贱，是"华夷之辨"思想的核心内容。但"华夷之辨"思想并不是以夷狄为敌，孔子曰："四海之内，皆兄弟也。"⑥ 荀子亦云："四海之内若一家，通达之属莫不从服，夫是之谓人师。诗曰：'自西自东，自南自北，无思不服。'此之谓也。"⑦ 四海之内，华夏与夷狄的关系是一统关系，⑧ 天子居中，华夏居内，夷狄居外。对于天子而言，华夏与夷狄的不同，主要是"内服"与"外服"之别，华夷虽贵贱地位不同，但皆为天子之臣民，这同样是"华夷之辨"的基本思想之一，也反映了"大一统"思想与"华夷之辨"思想的关系。

"同服不同制"思想在先秦已经存在，《礼记·王制》认为对戎夷五方之民，应"修其教不易其俗，齐其政不易其宜"⑨。荀子在其"五

---

① （汉）何休注，（唐）徐彦疏：《春秋公羊传注疏》卷10，第2249页中栏。
② （晋）杜预注，（唐）孔颖达疏：《春秋左传正义》卷56，（清）阮元校刻：《十三经注疏》下册，第2148页上栏。
③ （晋）杜预注，（唐）孔颖达疏：《春秋左传正义》卷11，第1786页上栏。
④ （汉）何休注，（唐）徐彦疏：《春秋公羊传注疏》卷1，第2200页中栏。
⑤ （晋）杜预注，（唐）孔颖达疏：《春秋左传正义》卷26，第1901页中栏。
⑥ （魏）何晏注，（宋）邢昺疏：《论语注疏》卷12，第2503页上栏。
⑦ （清）王先谦：《荀子集解》卷4《儒效篇第八》，第121页。
⑧ 张博泉：《中华一体的历史轨迹》，辽宁人民出版社1995年版，第118—124页。
⑨ （汉）郑玄注，（唐）孔颖达疏：《礼记正义》卷12《王制》，（清）阮元校刻：《十三经注疏》下册，第1338页中栏。

服说"的构想中主张:"诸夏之国同服同仪。蛮、夷、戎、狄、之国同服不同制。"所谓"同服不同制",唐人杨倞注曰:"夷、狄遐远,又各在一方,虽同为要、荒之服,其制度不同也。"①

到战国后期,秦、楚、吴、越等各诸侯国,基本完成了变夷从夏的过程。秦始皇建立大一统王朝后,便形成了华夏居内地、夷狄居边疆的民族分布格局。秦汉王朝统治者秉承"天下观",奉行"大一统"思想,开始建构塞外边疆民族朝贡制度,在其过程中,体现了"华夷之辨"与"同服不同制"的思想。在东北,"辽东太守即约满为外臣,保塞外蛮夷,无使盗边;诸蛮夷君长欲入见天子,勿得禁止"②。"徙乌桓于上谷、渔阳、右北平、辽西、辽东五郡塞外,为汉侦察匈奴动静。其大人岁一朝见,于是始置护乌桓校尉,秩二千石,拥节监领之"③。朝鲜、乌桓、夫余、高句丽、鲜卑相继被纳入朝贡制度之下。在南方、西南,汉高祖"遣陆贾因立(赵)佗为南越王,与剖符通使,和集百越,毋为南边患害"。高后时,赵佗自立为南越帝,孝文帝时再遣陆贾至南越责让之,南越王"乃顿首谢,愿长为藩臣,奉贡职"④。东南闽越、西南滇国、夜郎、钩町等诸夷相继称臣入朝。纳入朝贡制度的边疆各族与中原王朝皇帝的关系,如贾谊所言:"凡天子者,天下之首,何也?上也。蛮夷者,天下之足,何也?下也。"⑤"君臣""华夷"上下有别,在这种政治前提下,朝贡制度内实行因俗而治的羁縻政策,西汉司马相如云:"盖闻天子之于夷狄也,其义羁縻勿绝而已。"唐司马贞《索隐》曰:"羁,马络头也。縻,牛靷也。《汉官仪》云:'马云羁,牛云縻。'言制四夷如牛马之受羁縻也。"⑥羁縻制的基本特点是,天子一般不直接干涉四夷内务,由本族首领因本族旧俗管理本族事务,只需对皇朝称臣奉贡,接受边地郡县管理朝贡事务。东汉至魏晋,对迁入北方边地郡县内的少数民族,在一段时期内,实行聚族而居、"因俗而治"的羁縻政策,建构了边郡内少数民族的朝贡制度。⑦

---

① (清)王先谦:《荀子集解》卷12《正论篇第十八》,第329页。
② 《史记》卷115《朝鲜列传》,第2986页。满,即卫满,为朝鲜王。
③ 《后汉书》卷90《乌桓鲜卑传》,中华书局1965年版,第2981页。
④ 《史记》卷113《南越列传》,第2967—2968、2970页。
⑤ 《汉书》卷48《贾谊传》,第2240页。
⑥ 《史记》卷117《司马相如传》,第3049、3050页。
⑦ 程妮娜:《汉魏晋时期东部鲜卑朝贡制度研究》,《学习与探索》2014年第4期。

经过魏晋南北朝数百年，南北民族大融合。隋唐时期，"华夷之辨"思想发生了新的变化，唐太宗认为："仁孝之性，岂隔华夷？"①"夷狄亦人耳，其情与中夏不殊，人主患德泽不加，不必猜忌异类。盖德泽洽，则四夷可使如一家；猜忌多，则骨肉不免为仇敌。""自古皆贵中华，贱夷、狄，朕独爱之如一，故其种落皆依朕如父母。"②唐太宗基于臣民由多族构成的国情，提出应否定"贵中华，贱夷狄"的华夷观，明确指出华夷皆有仁孝之性，同为人，夷狄与汉人皆为皇帝之赤子。同样的情形也发生于明朝初年，朱元璋起兵反元时，号召中原人起来，"驱逐胡虏，恢复中华"。建立明王朝后，明太祖又告知百姓："蒙古、色目，虽非华夏族类，然同生天地之间，有能知礼义，愿为臣民者，与中夏之人抚养无异。"③明成祖朱棣亲制的碑文中曰："朕君临天下，抚治华夷，一视同仁，无间彼此，推古圣帝明王之道，以合乎天地之心，远邦异域，咸欲使之各得其所。"④可见在唐、明之时，传统的"华夷之辨"思想发生一定变化，这与王朝内部民族分布状况有关，也与统治者在边疆民族地区，推行以羁縻建置形式为主的朝贡制度有密切关系。

同时还应注意到，在经营边疆民族朝贡制度的过程中，"尊华攘夷"观念在汉族统治集团中仍根深蒂固。唐太宗贞观四年（630），唐灭东突厥，其部落归降者众，太宗诏议安边之策，众臣辩论中，反映了各自的"华夷观"。魏徵曰："匈奴人面兽心，非我族类，强必寇盗，弱则卑伏，不顾恩义，其天性也。"他坚持"非我族类，其心必异"的传统"华夷观"。温彦博曰："天子之于万物也，天覆地载，有归我者则必养之，今突厥破除，余落归附，陛下不加怜悯，弃而不纳，非天地之道，阻四夷之意，臣愚甚谓不可，宜处之河南。所谓死而生之，亡而存之，怀我厚恩，终无叛逆。"主张将归附的突厥部落安置于内地，以君臣之道对待之。杜楚客则持反对意见曰："北狄人面兽心，难以德怀，易以威服。今令其部落散处河南，逼近中华，久必为患……夷不乱华，前哲明训。存亡继绝，列圣通规。臣恐事不师古，难以长久。"其

---

① （唐）吴兢：《贞观政要》卷5《孝友第十五》，上海古籍出版社1978年版，第162页。

② 《资治通鉴》卷197，贞观十八年十二月；卷198，贞观二十一年五月，第6215—6216、6247页。

③ 《明太祖实录》卷26，吴元年十月丙寅，第404页。

④ 《明太宗实录》卷183，永乐十四年十二月丁卯，第1970页。

后，唐太宗谓侍臣曰："中国百姓，实天下之根本，四夷之人，乃同枝叶，扰其根本以厚枝叶，而求久安，未之有也。"① 可见在唐太宗心目中，华夷虽可使如一家，但华夷的地位是有区别的，有如树木的根本与枝叶，稳固根本最为重要。在安置归附的突厥部落时，太宗综合采纳了温彦博和李百药的建议，"全其部落，顺其土俗，以实空虚之地，使为中国扞蔽"；"突厥虽云一国，然其种类区分，各有酋帅。今宜因其离散，各即本部署为君长，不相臣属……请于定襄置都护府，为其节度，此安边之长策也"②。在归附的突厥部落地区，设置羁縻府州，"以其首领为都督、刺史，皆得世袭"，开启了在边疆民族地区大规模推行羁縻府州形式朝贡制度的进程。③ 这种新形式的边疆民族朝贡制度，是统治集团在秉持"华夷之辨"思想的同时，注重其中"华夷一体"与以"华"为根本的因素，将内地府州制度与边疆民族朝贡制度相结合的产物。这一思想特征为明朝统治集团所继承，明宣宗在《驭夷篇》中云："四夷非可以中国概论，天地为之区别，夷狄固自为类矣。夷狄非有诗书之教，礼义之习，好则人，怒则兽，其气习素然。故圣人亦不以中国治之，若中国乂安，声教畅达，彼知慕义而来王，斯为善矣。"④ 然明统治者在强调"华夷"之别的同时，更注重边疆朝贡制度所体现的"华夷一体"下的君臣关系，如英宗敕谕海西女真塔山卫都指挥佥事弗刺出："坚守臣节，遵守礼法，抚绥部属。"⑤ 翻开《明实录》，常见明朝统治者对从东北到西南各族朝贡成员有类似要求。明代边疆羁縻建置朝贡制度也比唐代更加发展和完善，《明史·兵志》记载，明朝先后在东北地区设置了384个羁縻卫，24个羁縻所，7个站、7个地面、1个寨。⑥《明会典》中记载了明廷对边疆各族朝贡活动的详细规定，并由中央和边地政府共同管理。

---

① （唐）吴兢：《贞观政要》卷9《安边第三十六》，第274—277页。

② 《资治通鉴》卷193，贞观四年四月，第6075—6076页。

③ 马驰、马文军：《唐代羁縻府州与中央关系初探》，《陕西师范大学学报》1997年第1期。

④ 《明宣宗实录》卷38，宣德三年二月，"中研院"历史语言研究所1962年版，第951页。

⑤ 《明英宗实录》卷147，正统十一年十一月己卯，"中研院"历史语言研究所1962年版，第2892页。

⑥ 《明史》卷90《兵志二》，第2222—2227页。

古代王朝后期，辽金元三朝的建立者契丹人、女真人、蒙古人，属于汉人观念中的"夷狄"，他们摒弃了传统的"华夷之辨"思想，辽道宗作《君臣同志华夷同风诗》进皇太后；[①] 金海陵王完颜亮作诗云："万里车书已混同，江南岂有别疆封。屯兵百万西湖上，立马吴山第一峰。"[②] 元朝统治者更是以"中国"自居，《元史·拜住传》载："时天下晏然，国富民足，远夷有古未通中国者皆朝贡请吏。"[③] 元代《宗庙乐章》中亦云："绍天鸿业，继世隆平。惠孚中国，威靖边庭。厥功惟茂，清庙妥灵。歆兹明祀，福禄来成。"[④] 连朱元璋也不得不承认"自宋祚倾移，元以北狄入主中国，四海内外罔不臣服"，认为"此岂人力，实乃天授"。[⑤] 辽金元三朝统治集团虽然摒弃了"贵华贱夷"的思想观念，但也承认各族社会发展水平不同，文化风俗相异，皆吸收儒家"同服不同制"的思想，以"因俗而治"作为王朝的基本国策。从政治统治层面上看，三朝对其本族（统治民族）、汉人、其他各族（包括边疆民族）均实行因俗设制，形成了不同系统的地方政治制度，在边疆民族地区奉行与内地相似的强力统治，当某族社会发展水平达到与内地接近的程度时，便适时废止朝贡制度，设立民族地区建置进行直接统辖。[⑥] 满清统治者在由朝贡制度向民族建置的转变与运作中，仍然奉行"同服不同制"思想。可以说从秦汉到明清，在不同民族王朝中，无论"华夷之辨"思想出现怎样的变化，在各族王朝经营边疆民族朝贡制度的过程中，"同服不同制"思想始终得以贯彻。

三 思想的道德化特征

古代王朝在经营边疆朝贡制度过程中，奉行"修德怀柔远夷"与

---

① 《辽史》卷21《道宗纪》，中华书局1974年版，第255页。

② 徐梦莘《三朝北盟会编》卷242引张棣《正隆事迹记》云，此诗为蔡圭所作，参见（宋）徐梦莘：《三朝北盟会编》卷242引张棣《正隆事迹记》，上海古籍出版社1987年影印本，第1741页。宋人李心传认为此诗为海陵王完颜亮作，参见（宋）李心传：《建炎以来系年要录》卷183，绍兴二十九年十二月，中华书局1983年版，第3067页。学界一般采用后说。

③ 《元史》卷136《拜住传》，中华书局1976年版，第3306页。

④ 《元史》卷69《礼乐三》，第1729页。

⑤ 《明太祖实录》卷26，吴元年十月丙寅，第401页。

⑥ 程尼娜：《辽朝黑龙江流域属国、属部朝贡活动研究》，《求是学刊》2012年第1期。

"厚往薄来"思想，其源于儒家政治思想，它从一个侧面呈现出道德化特征。然而，这一思想又与王朝"守在四夷"的政治目的紧密相关。

自汉武帝"罢黜百家，独尊儒术"以来，历代王朝皆以儒家思想为主要治国思想。孔子提倡"爱人""克己"，主张行"仁政"，倡导"有教无类"，曰："远人不服，则修文德以来之。既来之，则安之。"①孔子所说的远人包括与华夏不同族类的夷狄，他把政治的实施过程看作是道德感化过程。②董仲舒进一步阐释儒家的"仁爱"思想，云："春秋之所治，人与我也。所以治人与我者，仁与义也。以人安人，以义正我。故仁之为言人也，义之为言我也，言名以别矣。仁之于人，义之于我者，不可不察也。"提出"仁者爱人""王者爱及四夷"。③在建构边疆民族朝贡制度时，儒家思想主张天子对于夷狄应抚以恩德，管仲曰："招携以礼，怀远以德。"颜师古注曰："携，谓离贰者也。怀，来也。言有离贰者则招集之，恃险远者则怀来之也。"④这种以仁爱为本，重在恩抚、怀柔的思想，自汉朝以来，成为历代汉族王朝经营朝贡制度所奉行的主要思想之一。贾谊认为："强国战智，王者战义，帝者战德……今汉帝中国也，宜以厚德怀服四夷，举明义博示远方，则舟车之所至，人力之所及，莫不为畜，又孰敢忿然不承帝意？"⑤天子如何以厚德怀服四夷？孔子云："君子喻于义，小人喻于利。"⑥以财利招抚四夷，是天子厚德的具体体现，《中庸》亦云："柔远人则四方归之，怀诸侯则天下畏之""厚往而薄来，所以怀诸侯也。"⑦自汉朝以来，"厚往薄来"成为历代汉族统治集团安抚、招徕四夷，运行朝贡制度的主要方针之一。

汉代边地郡县官员秉承朝廷旨意，奉行"修德怀柔远夷"与"厚

①（魏）何晏注，（宋）邢昺疏：《论语注疏》卷12《颜渊》、卷15《卫灵公》、卷16《季氏》，第2504页下栏、2505页上栏、2518页中栏、下栏、2520页下栏。

②刘泽华主编：《中国古代政治思想史》，第54页。

③（汉）董仲舒：《春秋繁露》卷8《仁义法》，中华书局1975年版，第306—307、308、309页。

④（晋）杜预注，（唐）孔颖达疏：《春秋左传正义》卷13，第1798页下栏；《汉书》卷95"赞"颜师古注，第3868页。

⑤（汉）刘向编：《贾谊新书》卷4《匈奴》，上海古籍出版社1989年影印本，第30页下栏。

⑥（魏）何晏注，（宋）邢昺疏：《论语注疏》卷4《里仁》，第2471页下栏。

⑦（汉）郑玄注，（唐）孔颖达疏：《礼记正义》卷52《中庸第三十一》，第1630页上栏。

往薄来"思想，从事建构和经营边疆民族朝贡制度的活动。汉明帝永平年间，益州刺史朱辅"在州数岁，宣示汉德，威怀远夷。自汶山以西，前世所不至，正朝所未加。白狼、盘木、唐菆等百余国，户百三十余万，口六百万以上，举种奉贡，称为臣仆"。朱辅在向明帝的上疏中，奏上莋都夷白狼王唐菆等慕化归义后，所作的乐诗三章，《远夷乐德歌诗》曰："大汉是治，与天合意。吏译平端，不从我来。闻风向化，所见奇异。多赐缯布，甘美酒食。昌乐肉飞，屈申悉备。蛮夷贫薄，无所报嗣。愿主长寿，子孙昌炽。"《远夷慕德歌诗》曰："圣德深恩，与人富厚。"《远夷怀德歌》亦曰："父子同赐，怀抱匹帛。传告种人，长愿臣仆。"① 莋都位于今四川西南山区，土地硗埆，峭危峻险，其人贫薄，食肉衣皮，不见盐谷，朝廷对归附的莋都部民赐予布帛、粮食。于是，天子恩德传布其地，数百万人慕汉德向化，这对建构、发展西南地区朝贡制度，无疑发挥了重要作用。汉代每年要用大量财物经营朝贡制度，如明帝永平年间，"鲜卑大人皆来归附，并诣辽东受赏赐，青徐二州给钱岁二亿七千万为常"②。和帝时，司徒袁安曾说："汉故事，供给南单于费直岁一亿九十余万，西域岁七千四百八十万。"③ 仅赏赐三方的岁钱就高达五亿三千多万，若加上对西南、南方等地区朝贡成员的赏赐，其费用是相当可观的。"重义轻利"是儒家的价值观，通过"厚往薄来"，使皇恩远播，招徕四夷，建构起具有羁縻特点的朝贡制度，令其保塞无事，进而达到"守在四夷"的政治目的，以实现当时君臣心目中的大一统理想模式，其政治意义不可低估。

边疆民族朝贡制度确立后，伴随着汉族王朝对朝贡成员实行各种赏赐，政治统辖力度也逐步加强。《册府元龟》云："怀柔之以德，厚其存恤。以至张官置吏，设亭筑塞，锡之以衣冠印绶，振之以缯絮菽粟，因以弭兵息役，开疆拓土。斯皆得来远之道，达御戎之要者焉。"④ 自晋朝以来，王朝不仅对边疆朝贡成员赏赐财物、册封具有褒义的封号，而且开始授予地方官号和军官号，开疆拓土和守土卫疆的政治目的愈加明显。唐朝在边疆地区普遍设置羁縻府州，张官置吏，授予朝贡成员以

① 《后汉书》卷86《南蛮传·莋都》，第2854—2855、2856—2857页。
② 《后汉书》卷90《乌桓鲜卑传》，第2986页。
③ 《后汉书》卷45《袁安传》，第1521页。
④ 《册府元龟》卷977《外臣部·降附》，凤凰出版社2006年版，第11304页。

羁縻官职，并依据官职的高低进行赏赐，如唐朝玄宗封契丹大酋李过折为"北平郡王，授特进，检校松漠州都督，赐锦衣一副、银器十事、绢彩三千匹"①。肃宗时，以回纥叶护出兵助平定安史之乱，"诏进司空，爵忠义王，岁给绢二万匹，使至朔方军受赐"，回纥"屡遣使以马和市缯帛，仍岁来市，以马一匹易绢四十匹，动至数万马"②。作为政治笼络手段的边疆互市贸易也贯彻"厚往薄来"方针。

经辽金元三朝，东北民族朝贡制度已经处于向民族地区建置转变的尾声，但明朝统治集团仍秉持传统的"华夷之辨"思想，摈弃了元朝的东北边疆制度，回复到唐代的羁縻建置朝贡制度。五代史家在评论唐朝治边策略时曰："夷狄之国，犹石田也，得之无益，失之何伤，必务求虚名，以劳有用。但当修文德以来之，被声教以服之，择信臣以抚之，谨边备以防之，使重译来庭，航海入贡，兹庶得其道也。"③ 这种"修德怀柔远夷"思想在明朝君臣中十分普遍，明太祖朱元璋说："自古人君之得天下，不在地之大小，而在德之修否。"④ 明宣宗认为，四夷"若中国乂安声教畅达，彼知慕义而来王斯为善矣""能安中国者，未有不能驭夷者也。驭夷之道，守备为上。春秋之法，来者不拒，去者不追。盖来则怀之以恩，畔而去者不穷追之"⑤。明朝是朝贡制度最为完善的时期，李秉曰："中国之待夷狄，来则嘉其慕义，而接之以礼，不计其物之厚薄也，若必责其厚薄，则虏性易离而或以启衅，非圣朝怀远人，厚往薄来之意。"⑥ 以明朝赏赐东北兀良哈蒙古三卫朝贡成员为例，每年既有定赏，又有流赏；既有贡赏，又有市赏（抚赏）；马市贸易皆给善价，赏赐额度不断增加，明末朝廷每年用于兀良哈三卫朝贡的行赏费用，已是明初的100多倍。然而，明朝对兀良哈三卫实行如此丰厚的赏赐，并不仅仅是"修德怀柔远夷"，而是很大程度上，有赖于他们为明朝捍御蒙古。因此，当边疆出现变故，羁縻卫所朝贡活动减少时，明朝就要派官员到兀良哈蒙古地区诏谕来朝，如明宣德六年到九年

---

① 《旧唐书》卷199下《契丹传》，中华书局1975年版，第5353页。
② 《新唐书》卷217上《回鹘传》，中华书局1975年版，第6116页；《旧唐书》卷195《回纥传》，第5207页。
③ 《旧唐书》卷199下《北狄传》，"史臣曰"，第5364页。
④ 《明太祖实录》卷76，洪武五年十一月辛未，第1406页。
⑤ 《明宣宗实录》卷38，宣德三年二月，第951—952页。
⑥ 《明宪宗实录》卷35，成化二年十月甲寅，第698页。

（1431—1434），兀良哈三卫出现不贡和少贡的现象，引起了明朝的警觉，担心兀良哈投附蒙古部，对明朝构成威胁。于是，明宣宗连续 7 次遣使赍敕及金织彩币表里，往兀良哈蒙古地区诏谕。① 显然，明朝边疆民族朝贡地区与内地的政治关系已经相当紧密。透过"厚往薄来"思想的伦理化表象，可看到历代王朝运用这一思想，经营边疆民族朝贡制度的实质，是为了达到治边的目的。

在朝贡制度建构初期，王朝统治者奉行的"修德怀柔远夷"与"厚往薄来"思想，对于边疆民族具有较强的吸引力，四夷主动归附，愿为中原王朝的朝贡成员，这对边疆民族朝贡制度的建构，以及在朝贡成员中确立君臣观念具有积极作用。随着朝贡制度的发展，边疆与内地政治关系日益紧密，"厚往薄来"成为王朝治边的重要思想。以往学界对中国古代王朝奉行的"厚往薄来"思想，多从经济利益上加以评论，然李云泉先生认为"厚往薄来"有更深刻的政治寓意和现实考虑，物质上的付出，换来的不仅是周边民族和属国对宗主地位的承认，更重要的是，彼此之间稳定的朝贡关系，使王朝获得了安定的周边环境，从而达到"守在四夷"的政治目的。②

四　思想的文化冲突映象

秦汉中央集权王朝通过推行"车同轨、书同文"，完成了南北诸侯国的文化一统，但自然环境复杂、民族众多的边疆地区，文化依然是千姿百态，"其与中国殊章服，异习俗，饮食不同，言语不通，避居北垂塞露之野，逐草随畜，射猎为生，隔以山谷，雍以沙幕"③。不同民族在对外发展与交往中，不可避免地出现文化冲突现象，尤其是游牧文化与农耕文化之间冲突不断，绵延 2000 年。为了解决不同文化碰撞引起的各种矛盾冲突，维护朝贡制度正常运行，汉代统治集团从中央王朝立

---

① 《明宣宗实录》卷 82，宣德六年八月癸丑；卷 93，宣德七年七月丁巳；卷 100，宣德八年三月己巳；卷 103，宣德八年六月乙丑与丁丑；卷 110，宣德九年四月己酉，第 1902、2110、2246、2311、2317、2461 页。

② 李云泉：《朝贡制度的理论渊源与时代特征》，《中国边疆史地研究》2006 年第 3 期。

③ 《汉书》卷 94 下《匈奴传》，第 3834 页。

场出发，形成了"恩威并行"思想。

西汉前期，匈奴边患严重，《汉书·匈奴传下》赞曰："高祖时则刘敬，吕后时樊哙、季布，孝文时贾谊、晁错，孝武时王恢、韩安国、朱买臣、公孙弘、董仲舒，人持所见，各有同异，然总其要，归两科而已。缙绅之儒则守和亲，介胄之士则言征伐，皆偏见一时之利害，而未究匈奴之终始也。自汉兴以至于今，旷世历年，多于春秋，其与匈奴，有修文而和亲之矣，有用武而克伐之矣，有卑下而承事之矣，有威服而臣畜之矣，诎伸异变，强弱相反。"① 这里班固将各种观点归纳为两类，一是主和，一是主战，他认为皆偏见一时之利害。那么如何才能消弭边患保持边疆稳定？

淮南王刘安提出"威德并行"的思想，武帝发兵伐闽越，刘安上疏云："自三代之盛，胡越不与受正朔，非强弗能服，威弗能制也，以为不居之地，不牧之民，不足以烦中国也。"对于闽越"中国之人不知其势阻而入其地，虽百不当其一。得其地，不可郡县也；攻之，不可暴取也"。越人名为藩臣，但其"贡酎之奉，不输大内，一卒之用不给上事。自相攻击而陛下发兵救之，是反以中国而劳蛮夷也"。他认为此时"闽越王弟甲弑而杀之，甲以诛死，其民未有所属。陛下若欲来内，处之中国，使重臣临存，施德垂赏以招致之，此必携幼扶老以归圣德。若陛下无所用之，则继其绝世，存其亡国，建其王侯，以为畜越，此必委质为藩臣，世共贡职。陛下以方寸之印，丈二之组，填抚方外，不劳一卒，不顿一戟，而威德并行"。又说："臣闻天子之兵有征而无战，言莫敢校也。如使越人蒙徼幸以逆执事之颜行，厮舆之卒有一不备而归者，虽得越王之首，臣犹窃为大汉羞之。"② 主张天子重兵，威德并行，对藩臣继绝存亡，册封王侯，授予印绶，使其世供贡职。刘安的"威德并行"思想是以德为主，秉承先秦"天子之兵有征而无战"③ 的观念，认为不到万不得已，不要对边疆民族地区出兵。但武帝并不赞同刘安的主张，使严助谕刘安曰："夫兵固凶器，明主之所重出也，然自五帝三王禁暴止乱，非兵，未之闻也。汉为天下宗，操杀生之柄，以制海

---

① 《汉书》卷94下《匈奴传》，第3830页。
② 以上引文，见《汉书》卷64上《严助传》，第2777、2778、2782—2783、2784页。
③ 《汉书》卷64上《严助传》，第2784页。

内之命，危者望安，乱者卬治。"① 从之后武帝四处出兵征讨四夷看，刘安的主张在当时并没有得到重视，但对后世王朝经营朝贡制度则产生了重要影响。

班固则提出"来则惩御，去则备守"的策略，主张对夷狄"不与约誓，不就攻伐；约之则费赂而见欺，攻之则劳师而招寇。其地不可耕而食也，其民不可臣而畜也，是以外而不内，疏而不戚，政教不及其人，正朔不加其国；来则惩而御之，去则备而守之。其慕义而贡献，则接之以礼让，羁縻不绝，使曲在彼，盖圣王制御蛮夷之常道也"②。班固主张严华夷之别，"以外而不内"，虽然他赞赏武帝"百蛮是攘，恢我疆宇，外博四荒，武功既抗"③，但不主张攻伐夷狄，认为"攻之则劳师而招寇"，主张以抵御和防备为主。对慕义前来朝贡者，应以礼待之，羁縻不绝。班固的思想也具有"恩威并行"的特点，较之刘安的思想，班固更多地强调了军事打击与防御的作用。他的思想对后世王朝治边思想同样产生了较大影响。

虽然历代王朝在经营朝贡制度时，皆奉行"恩威并行"的思想，但因王朝治边方针有所差异，在边疆民族朝贡地区推行的具体政策中，"恩"与"威"的比重有所不同。如西晋武帝时，慕容鲜卑出兵攻打晋朝"世守忠孝"的朝贡国夫余，王城沦陷，夫余王自杀。晋朝虽助夫余复国，慕容鲜卑依然掠夺夫余人口，晋以官物为夫余赎还被转卖的人口，对慕容鲜卑采取了宽容的态度。④ 可见晋武帝接受了刘安以德为主的思想，对藩臣继绝存亡，不轻易出兵讨伐破坏朝贡制度规则的少数民族。明宣宗主张："来者不拒，去者不追。盖来者怀之以恩，畔而去者不穷追之。"⑤ 对于数次寇边的女真人，他主张"夷狄寇边固当诛，然谕之不从而后诛之，彼将无悔"⑥。这应取自于班固的思想。总之"恩威并行"思想始终为历代统治者奉行，虽然治边政策中"恩""威"比重有所变化，却不曾完全偏废一方。

---

① 《汉书》卷 64 上《严助传》，第 2787 页。
② 《汉书》卷 94 下《匈奴传》，第 3834 页。
③ 《汉书》卷 100 下《叙传下》，第 4237 页。
④ 《晋书》卷 97《夫余传》，第 2532—2533 页。
⑤ 《明宣宗实录》卷 38，宣德三年二月，第 952 页。
⑥ 《明宣宗实录》卷 58，宣德四年九月丙午，第 1373 页。

"恩威并行"思想不主张王朝轻易出兵攻伐反叛的朝贡成员，一个重要的原因是"中国之人不知其势阻而入其地，虽百不当其一"。① 那么如何能使王朝不出兵，或少出兵，还能达到维护边疆的统治秩序，保证边疆民族朝贡制度的正常运行？

西汉文帝时，晁错提出"以蛮夷攻蛮夷"的策略，他说："小大异形，强弱异势，险易异备。夫卑身以事强，小国之形也；合小以攻大，敌国之形也；以蛮夷攻蛮夷，中国之形也。"所谓"以蛮夷攻蛮夷"，颜师古注曰："不烦华夏之兵，使其同类自相攻击也。"② 东汉章帝时，班超同样主张"以夷狄攻夷狄，计之善者也"，"兵可不费中国而粮食自足"③。《册府元龟》对此进一步阐释：

> 昔晁错有言曰："以蛮夷攻蛮夷，中国之形也。"盖言其同类自相攻击，不烦华夏之兵，亦御戎之良策，而杂霸之善利也。盖夫裔夷殊俗，天性忿鸷，气类不一，嗜欲靡同，故先王不以臣畜之，而置于度外。然其种族斯众，区落实繁，恃气力以相高，专战斗而为务。以至强凌弱，大侵小，称兵构乱，迭为寇掠，侮亡攻昧，更相吞噬。虽复保塞内附，参与属国；守约来援，闻于有司，然亦荒忽之无常，但可羁縻而不绝，又岂足烦王师之赴救？④

"以蛮夷攻蛮夷"的策略自提出，便被汉朝君臣运用于经营边疆民族朝贡制度，如东汉时，班超在西域"率疏勒、康居、于寘、拘弥兵一万人攻姑墨石城，破之，斩首七百级"⑤。辽东太守祭肜切断鲜卑与匈奴的联合，以恩义与财利，诱鲜卑偏何部，击败匈奴左伊秩訾部，偏何获匈奴人二千首级，诣辽东郡请赏，于是鲜卑与匈奴岁岁相攻，"自是匈奴衰弱，边无寇警，鲜卑、乌桓并入朝贡"⑥。在朝贡制度地区，以臣服的当地民族出兵，打击反叛的民族势力，既省朝廷兵力、财力，

① 《汉书》卷64上《严助传》，第2778页。
② 《汉书》卷49《晁错传》，第2281页。
③ 《后汉书》卷47《班超传》，第1576页。
④ 《册府元龟》卷995《外臣部·交侵》，第11516页。
⑤ 《后汉书》卷47《班超传》，第1575页。
⑥ 《后汉书》卷20《祭肜传》，第745页。

又可达到平叛治边的目的。对于中原王朝来说，的确是"计之善者也"①，故为历代王朝所承用。翻开史书可以看到，不仅对边疆地理、民情了解不多的汉族王朝如此，而且出自边疆，熟悉边疆的北族王朝也奉行"以夷制夷"的策略进行边疆统治。如辽圣宗置隗衍突厥部、奥衍突厥部"以镇东北女直之境"；置北敌烈部"戍隗乌古部"②，金朝北方草原上，有南北两属部为金捍边数十年，在界壕（长城）外以汪古部守关口。③北族统治者吸收汉族"恩威并行"思想的同时更推崇军威，他们与汉族统治者一样，深谙"以夷制夷"策略在边疆统治中的作用。

五　思想的强权政治特点

从 10 世纪初到 14 世纪 60 年代，契丹、女真、蒙古建立的辽金元三朝均为中央集权制度，三朝统治者同样推崇"大一统"思想，在继承中国王朝政治制度的同时，程度不同地保留了本民族的政治制度，于边疆原始氏族部落地区皆设朝贡制度，形成多种制度并存的政治体系。比较而言，辽朝的朝贡制度区范围最大，金朝次之，元朝最小。契丹、女真、蒙古统治集团在建构和经营朝贡制度时，秉承的思想观念与汉族统治者有同有异，其中一个突出的特点是奉行"重威辅恩"思想，实行"讨逆抚顺"政策，在边疆推行强力统治。

契丹以武立国，太祖耶律阿保机"东征西讨，如折枯拉朽。东自海，西至于流沙，北绝大漠，信威万里"④。太宗继续开创国家规模"甫定多方，远近向化"⑤。辽朝属国可纪者有 59 个，初建时皆纳入朝贡制度。契丹人萧韩家奴曰：

---

① 《后汉书》卷47《班超传》，第1576页。
② 《辽史》卷33《营卫志》，第390、391页。
③ 《金史》卷95《董师中传》，中华书局1975年版，第2114页；［波斯］拉施特：《史集》第1卷第2分册，余大钧、周建奇译，商务印书馆1997年版，第3—4页。
④ 《辽史》卷2《太祖纪》，第24页。
⑤ 《辽史》卷4《太宗纪》，第60页。

阻卜诸部，自来有之。曩时北至胪朐河，南至边境，人多散居，无所统壹，惟往来抄掠。及太祖西征，至于流沙，阻卜望风悉降，西域诸国皆愿入贡。因迁种落，内置三部，以益吾国，不营城邑，不置戍兵，阻卜累世不敢为寇。统和间，皇太妃出师西域，拓土既远，降附亦众。自后一部或叛，邻部讨之，使同力相制，正得驭远人之道……方今太平已久，正可恩结诸部，释罪而归地，内徙戍兵以增堡障，外明约束以正疆界。每部各置酋长，岁修职贡。叛则讨之，服则抚之。诸部既安，必不生衅。①

萧韩家奴所说的"叛则讨之，服则抚之"即出于契丹统治集团一贯奉行的"重威辅恩"思想。边疆朝贡制度建立起来后，契丹统治集团仍以武力作为统辖朝贡成员的主要手段，如上引萧韩家奴所言："一部或叛，邻部讨之，使同力相制。"并且向朝贡成员征收高额贡品，如辽圣宗开泰七年（1018）三月，"命东北越里笃、剖阿里、奥里米、蒲奴里、铁骊等五部岁贡貂皮六万五千，马三百"②。若有战事，朝廷则遣使至属国、属部征兵，"不从者讨之"③。在契丹统治集团看来这"正得驭远人之道"。

女真人建国前后，太祖完颜阿骨打奉行"重威辅恩"思想，开创王朝基业，对于归顺者，金太祖诏曰："四方来降者众，宜加优恤。自今契丹、奚、汉、渤海、系辽籍女直、室韦、达鲁古、兀惹、铁骊诸部官民，已降或为军所俘获，逃遁而还者，勿以为罪，其酋长仍官之，且使从宜居处。"④奚王回离保对抗金军自行称帝，对于叛逆者，太祖诏曰："闻汝胁诱吏民，僭窃位号……倘能速降，尽释汝罪，仍俾主六部族，总山前奚众，还其官属财产。若尚执迷，遣兵致讨，必不汝赦。"⑤结果回离保兵败身亡。后来的女真皇帝将这一思想运用到建构和经营朝贡制度之中，金章宗朝发生草原朝贡成员反叛事件，完颜宗浩曰："国家以堂堂之势，不能扫灭小部，顾欲藉彼为捍乎？臣请先破广吉剌，然

---

① 《辽史》卷103《萧韩家奴传》，第1447页。
② 《辽史》卷16《圣宗纪》，第183页。
③ 《辽史》卷36《兵卫志下》，第429页。
④ 《金史》卷2《太祖纪》，第29页。
⑤ 《金史》卷67《奚王回里保传》，第1588页。

后提兵北灭阻䪂羹。"① 有金一代，始终以剿抚结合的手段来维持对草原游牧民的朝贡统辖关系。

元代朝贡制度地区大为缩小，在东北仅设置在黑龙江下游地区。吉列迷、骨嵬等族群归附元朝后，时叛时服，蒙古统治者在黑龙江入海口附近置征东招讨司（一度升为征东元帅府）镇守之。《札剌尔公神道碑》记载："斡拙（吾者部）、吉烈灭（吉列迷部）僻居海岛，不知礼义，而镇守之者，抚御乖方，因以致寇。乃檄诸万户，列壁近地，据其要冲。使谕之曰：'朝廷为汝等远人，不需教化自作弗靖，故遣使来切责有司，而存恤汝等。令安其生业，苟能改过迁善，则为圣世之良民，否则尽诛无赦。'"② 显然蒙古统治集团同样奉行"重威辅恩"思想，以强力统治经营边疆民族朝贡制度。

努尔哈赤建立后金政权时，效仿明制，对边远渔猎部落推行朝贡制度，"恩威并行，顺者以德服，逆者以兵临"③。乙卯年（1615），努尔哈赤出兵东海渥集部东额黑库伦城，"至顾纳喀库伦，招之不服，遂吹螺布兵，拆其栅，越三层壕，攻取其城，杀人八百，俘获万余，收降五百户而回"④。努尔哈赤的后继者皇太极同样以"重威辅恩"思想经营边疆民族朝贡制度，"叛则声罪而讨，顺则加恩而抚"，讨喀尔喀之背盟，收察哈尔之余众，取黑龙江虎尔哈等旧部，"威震万方，仁均一体"、"自东海暨于北海极之使犬、使鹿诸国输诚向化"⑤。而且自皇太极时起，皇帝在边疆推行强力统治的过程中，适时将朝贡制度转变为具有民族特点的行政建置，对归附的边疆部民，"任其择便安居，其中有能约束众人堪为首领者，即授为牛录章京，分编牛录"⑥。到清朝康雍时期，清朝边疆地区基本完成了由羁縻朝贡制度向各种类型的民族建置的转变过程，实现了中央集权对边疆民族地区的直接统治。

---

① 《金史》卷93《宗浩传》，第2073页。

② （元）黄溍：《金华黄先生文集》卷25《札剌尔公神道碑》，《四部丛刊》集部，商务印书馆1918年初次影印本，第22页b—23页a。

③ 辽宁省档案馆编：《满洲实录》卷1，辽宁教育出版社2012年版，第42页。

④ 辽宁省档案馆编：《满洲实录》卷4，第372—373页。

⑤ 《清太宗实录》卷65，崇德八年十月丁卯，中华书局1985年影印本，第911页。

⑥ 《清太宗实录》卷51，崇德五年五月戊戌，第687页。

结 论

本文开篇提到中国古代王朝存在着两种性质不同的朝贡体系，一种实行于周边国家地区，另一种实行于边疆民族地区。王朝初期，统治者建构两种朝贡制度的思想基本是同一的。但随着古代王朝国家结构的发展，指导运行和发展两种朝贡制度的思想不仅出现差别，而且逐步扩大和完善，使其成为不同领域的政治思想。通过本文的考察，可以得出如下几点认识：

其一，古代王朝的两种朝贡制度皆发端于传统的"天下观"和"服事制"，经秦汉至隋唐，统治者经营朝贡制度的政治思想已发生变化，从基本相同，逐渐发展为"治边"与"交邻"两种不同领域的政治思想，因而导致形成了内外两种性质的朝贡制度。值得注意的是，内外朝贡制度成员并不是一成不变，尤其是靠近内外朝贡圈边缘的朝贡成员，在不同的历史时期，受各种因素的影响，曾出现内外变化的现象。若将 2000 年发展史作为一个整体进行考察，可分为前后两个阶段。前期，从秦汉到唐初，"天下观"与"大一统"思想，是建构整体朝贡制度的指导思想。然而，王朝统治者在建构边疆民族朝贡制度时，更偏重将"天下观"中的"服事"思想与"大一统"思想相结合，强调"华夷之辨"中的"华夷一统"思想，[1] 确立了以边地政府管理边疆民族朝贡活动的体制，将其纳入王朝地方政治统辖体系。这与注重强调华夷尊卑等级差别的邻国朝贡制度有明显区别。[2] 后期，从唐太宗到清康雍时期，"大一统"思想成为发展边疆民族朝贡制度的核心思想，随着羁縻府州形式的朝贡制度广为推行，王朝开启了向边疆地区推行中央集权统治的进程，尽管在不同的边疆地区，表现形式不尽相同，并且时有曲折，但向"中华一体"发展的大方向是一致的，到清康雍时期，在大部分边疆地区，以民族建置取代了羁縻朝贡制度。另一方面，"天下

---

[1] 关于古代"大一统"思想的研究，目前学界多从王朝统一时期与分裂时期的角度进行讨论，本文关注的则是郡县地区与边疆地区的"大一统"关系。

[2] 程尼娜：《羁縻与外交：中国古代王朝内外两种朝贡体系——以古代东北亚地区为中心》，《史学集刊》2014 年第 4 期。

观"始终是中国王朝经营邻国朝贡制度的指导思想，以中国王朝为中心的"国际秩序"更加成熟，[1] 清代后期被近代国际条约体系所取代。[2]

其二，"华夷之辨"同样是建构和发展两种朝贡制度的重要思想，从强调"贵华贱夷"，尊崇"华夏中心论"的角度看，二者是相同的。然而若从中长时段进行考察，在边疆民族朝贡制度运行过程中，汉族统治集团汲取了"华夷之辨"思想中"华夷一体"与以"华"为根本的思想因素，注重强化边疆民族朝贡制度的政治统属性。少数民族统治者摒弃了"华夷之辨"中"贵华贱夷"的观念，使之成为认识各族社会发展水平不同的思想方法。由"华夷之辨"派生的"同服不同制"思想，在古代王朝治边实践中一直发挥着重要作用。"华夷之辨"思想运用于邻国朝贡制度，确立并完善了以中国王朝为中心的不平等的外交秩序，[3] 因此不见以政治统治为目的的"同服不同制"思想。这也决定了二者走向不同的发展方向。

其三，"修德怀柔远夷""厚往薄来"思想在两种朝贡制度的运作过程中，虽然具有明显的相同性，但是若对朝贡制度进行细化研究，便可发现有所不同。在边疆民族朝贡制度运行中，"厚往薄来"思想与"固边安邦"的治边活动有着密切关系，王朝对边疆民族朝贡成员行赏授官，主要目的是为了维护和稳定边疆统治秩序，如明宪宗授予兀良哈蒙古搜失得以羁縻卫所官职时说："搜失得，以夷人能敌杀北虏。一心内附，若褒赏不及，何以为效顺者劝乎，可授泰宁卫正千户使，藉朝廷之威，部署其下，以为东藩之助。"[4] "厚往薄来"思想运作于边疆民族朝贡制度，是儒家"德治""仁政"治边思想的具体体现，其核心仍是"治"。"厚往薄来"思想运作于周边国家朝贡制度，其重点则是彰显天朝之君"以德怀远"之胸襟，[5] 更多地体现在朝贡贸易活动之中，[6] 为建立"事大字小""臣而不治"的"国际秩序"发挥着重要作用。

其四，"恩威并行""重威辅恩"思想，主要体现在边疆民族朝贡

---

① 何芳川：《"华夷秩序"论》，《北京大学学报》1998 年第 6 期；尚会鹏：《"伦人"与"天下"——解读以朝贡体系为核心的古代东亚国际秩序》，《国际政治研究》2009 年第 2 期。
② 喻常森：《试论朝贡制度的演变》，《南洋问题研究》2000 年第 1 期。
③ 李宝俊、刘波：《"朝贡—册封"秩序论析》，《外交评论》2011 年第 2 期。
④ 《明宪宗实录》卷 266，成化二十一年五月戊午，第 4503 页。
⑤ 李云泉：《朝贡制度的理论渊源与时代特征》，《中国近疆史地研究》2006 年第 3 期。
⑥ 陈志刚：《关于封贡体系研究的几个理论问题》，《清华大学学报》2010 年第 6 期。

制度的运行中，是为应对不同民族的文化冲突，实现边疆统治的政治思想。总体看，汉族王朝偏重于奉行"恩威并行"思想，北族王朝偏重于奉行"重威辅恩"的强力统治思想。从秦汉到明清，北族王朝的边疆战事比汉族王朝多得多，边疆民族朝贡制度地区的战事比邻国朝贡制度地区多得多。究其原因，前者与北族王朝奉行"重威辅恩"思想，在边疆推行强力统治密切相关；后者则由中国王朝边疆统治与古代东亚外交关系两种政治行为的不同属性所决定的。

总之，探索中国古代王朝建构、发展边疆民族朝贡制度的思想特质，不仅为区分古代东亚世界两种朝贡体系提供一把钥匙，而且对探寻中国古代王朝疆域形成的路径具有重要的学术价值。

（原载《社会科学战线》2016 年第 1 期）

羁縻与外交：中国古代王朝
内外两种朝贡体系

——以古代东北亚地区为中心

中国古代王朝的朝贡制度建立在传统的"天下观""大一统"理念和"华夏中心论"的基础上，由边疆地区推广到邻国，甚至遥远的国家。中外学者常用同心圆来比喻以中国王朝为中心的具有等级特点的东亚朝贡体系，即以天子所居的京师王畿为中心，其外是州县地区，其外是边疆民族地区，其外是藩属国地区，其外是贸易国地区。朝贡制度主要实行于后三个地区，因此"朝贡制度"涉及古代王朝两个领域的政治制度与活动，一是历代王朝统辖边疆民族的羁縻制度，二是中国王朝与周边国家的外交制度。中外学界一般认为古代边疆民族与朝贡国之间的界限模糊，二者有时会互相转换，往往视为一类不去分辨。近代以来国内外学界在涉及这一领域的研究中出现过诸多学术用语，如"中国的世界秩序"[①]"华夷秩序"[②]"册封体制"[③]"封贡体制（体系）"[④]"天朝礼治体系"[⑤]"中华朝

---

① ［美］费正清编：《中国的世界秩序：传统中国的对外关系》，杜继东译，中国社会科学出版社 2010 年版。

② ［日］信夫清三郎编：《日本外交史》上册，天津社会科学院日本问题研究所译，商务印书馆 1980 年版，第 10—13 页；何芳川：《"华夷秩序"论》，《北京大学学报》1998 年第 6 期。

③ ［日］西嶋定生：《西嶋定生東アジア史論集》第三卷《東アジア世界と冊封體制》，东京：岩波書店 2002 年版，第 52—55 页。

④ ［日］堀敏一著，韩昇编：《隋唐帝国与东亚》，韩昇、刘建英译，云南人民出版社 2002 年版，第 12、2 页。

⑤ 黄枝连：《天朝礼治体系研究（上卷）亚洲的华夏秩序——中国与亚洲国家关系形态论》《天朝礼治体系研究（中卷）东亚的礼义世界——中国封建王朝与朝鲜半岛关系形态论》《天朝礼治体系研究（下卷）朝鲜的儒化情境构造——朝鲜王朝与满清王朝的关系形态论》，中国人民大学出版社 1992 年、1994 年、1995 年版。

贡贸易体系"① 等等。现有研究成果不仅多数是从中外关系的角度研究朝贡制度，而且绝大多数都混淆了两种朝贡体系的区别。国外学界一般认为古代中国是汉人的中国，其辖境仅限于郡县地区，这种状况直到清代才发生重大的转变。

然而自秦汉大一统王朝建构朝贡制度以来，随着王朝对边疆地区政治统治的加强，两种朝贡体系的区别日趋鲜明。近年有学者注意区别两种朝贡体系，从一种朝贡制度入手展开研究，并取得重要成果。② 但目前学界对于什么是区别两种朝贡体系的核心标准仍然模糊不清。我认为首先应明确朝贡制度的基本属性，抓住根本问题进行考察，才可能将这一复杂的问题分辨清楚。中国古代王朝建构朝贡制度最核心的部分是政治制度，对于中国王朝而言，无论是作为边疆统治的朝贡制度，还是作为外交关系的朝贡制度，其政治属性居首要地位，经济与文化属性居附属地位。本文以东北亚地区朝贡体系为例，重点从政治关系的角度来讨论两种朝贡体系的区别，以就教于方家。

一　中央与地方：两种朝贡管理体系

朝贡制度发端于秦朝建立大一统王朝之后，形成于西汉王朝时期。秦汉统治者秉承传统的"天下观"，在中央集权确立后，开始着手在郡县以外社会文化风俗各异的边疆民族地区建构具有羁縻特点的朝贡制度。秦与西汉时期被纳入朝贡制度下的主要是先秦以来与中原王朝、诸侯国保持各种政治、经济关系的周边民族政权和部落，也就是《周礼·夏官司马》说的"四夷、八蛮、七闽、九貉、五戎、六狄之人民"；③ 荀

---

① ［日］滨下武志：《近代中国的国际契机——朝贡贸易体系与近代亚洲经济圈》，朱荫贵、欧阳菲译，虞和平校审，中国社会科学出版社 1999 年版；［日］浜下武志：《朝贡システムと近代アジア》，东京：岩波书店 1997 年版。

② 李云泉：《朝贡制度史论——中国古代对外关系体制研究》，新华出版社 2004 年版；李大龙：《汉唐藩属体制研究》，中国社会科学出版社 2006 年版。

③ （汉）郑玄注，（唐）贾公彦疏：《周礼注疏》卷 33《夏官司马四》，（清）阮元校刻：《十三经注疏》下册，中华书局 1980 年影印本，第 861 页下栏。

子所说"同服不同制"的"蛮、夷、戎、狄之国"①。朝贡制度的建构有一个从内向外的发展过程，在东北亚地区最早被纳入的是西汉孝惠帝时期东南部的朝鲜国及其附近真番等"诸蛮夷"古国、古族，或封朝鲜国王卫满为"朝鲜王"。②汉武帝时纳入东北中部第二松花江流域的夫余国与西部松漠草原地带的游牧部落乌桓人，汉朝封夫余王为"濊王"，册封各部乌桓大人为"亲汉都尉""率众王""率众侯""率众君"等。③接着汉武帝灭朝鲜设四郡，昭帝合并四郡时，将句骊、沃沮等濊貊古族亦纳入朝贡体系。东汉光武帝册封高句丽国主为"高句丽王"；册封朝鲜半岛中部与北部的"不耐、华丽、沃沮诸县皆为侯国"④，其渠帅封号当为"沃沮侯""不耐濊侯""华丽侯"等，"皆岁时朝贺"。⑤东汉初年，鲜卑人已由大兴安岭北段南下迁至邻近郡县的塞外地区，光武帝三十年（54）"鲜卑大人内属，朝贺"⑥，被纳入朝贡体系，汉册封其酋长为"率众王""率众侯""率众长"等。⑦

此时东汉王朝建构的朝贡制度由内陆扩展到朝鲜半岛南端的三韩地区和日本列岛小国，光武帝"建武二十年，韩人廉斯人苏马諟等诣乐浪贡献"，光武帝封苏马諟为"汉廉斯邑君"，"使属乐浪郡，四时朝谒"⑧。日本列岛居民"分为百余国，以岁时来献见云"⑨。东汉光武帝末年"建武中元二年，倭奴国奉贡朝贺，使人自称大夫，倭国之极南界也。光武赐以印绶。安帝永初元年，倭国王帅升等献生口百六十人，愿请见"⑩。1784年在日本福冈市志贺岛出土了一枚蛇钮金印，印文曰：

① （清）王先谦：《荀子集解》卷12《正论篇第十八》，《新编诸子集成》第1辑，中华书局1988年版，第329页。
② 《史记》卷115《朝鲜列传》，中华书局1959年版，第2986页。
③ 《三国志》卷30《魏书·夫余传》《魏书·乌丸鲜卑传》，中华书局1959年版，第842、833页；《后汉书》卷90《乌桓鲜卑传》，中华书局1965年版，第2983页。
④ 《后汉书》卷85《濊传》，第2817页。
⑤ 《三国志》卷30《魏书·东夷传》，第846页。
⑥ 《后汉书》卷1下《光武帝纪下》，第80页。
⑦ 《后汉书》卷90《乌桓鲜卑传》，第2988页。
⑧ 《后汉书》卷85《韩传》，第2820页。
⑨ 《汉书》卷28下《地理志》，中华书局1962年版，第1658页。
⑩ 《后汉书》卷85《倭传》，第2821页。

"汉委奴国王"①，这极有可能是《后汉书》记载的光武帝所赐印绶。东北亚封贡体制在西汉时还处于草创状态，到东汉初年已经建构起来，其成员遍布东北亚各个地区。

秦汉初建东北亚朝贡制度时期，主要以边郡和设在边郡的护乌桓校尉府管理各个朝贡成员为主的朝贡活动：

辽东郡（郡治在今辽宁辽阳）先后掌管朝鲜国、鲜卑、夫余国等族的朝贡活动，孝惠、高后时天下初定，"辽东太守即约满为外臣，保塞外蛮夷，无使盗边；诸蛮夷君长欲入见天子，勿得禁止"②。东汉初年，"鲜卑大人皆来归附，并诣辽东受赏赐，青、徐二州给钱岁二亿七千万为常。明章二世，保塞无事"③。

玄菟郡④先后掌管夫余国、高句丽国的朝贡活动，夫余国"其王葬用玉匣。汉朝常豫以玉匣付玄菟郡。王死则迎取以葬焉"。东汉末年，夫余国王"求属辽东云"⑤。高句丽国"汉时赐鼓吹技人，常从玄菟郡受朝服衣帻，高句丽令主其名籍。后稍骄恣，不复诣郡，于东界筑小城，置朝服衣帻其中，岁时来取之"⑥。其中"高句丽令"指玄菟郡郡治所在高句丽县的县令。

乐浪郡先后管理沃沮、濊、韩人的朝贡活动，汉昭帝正始五年（前82），朝鲜半岛单单大岭（今朝鲜半岛北大峰山脉与阿虎飞岭山脉）以东"沃沮、濊貊悉属乐浪"，由东部都尉管理其朝贡活动。⑦ 朝鲜半岛南端三韩人朝贡，"使属乐浪郡，四时朝谒"⑧。

护乌桓校尉府先后管理乌桓、鲜卑人的朝贡活动，汉武帝元狩年间（前122—前117），迁乌桓于东北五郡塞外，"其大人岁一朝见，于是始置护乌桓校尉，秩二千石，拥节监领之，使不得与匈奴交通"。东汉

① ［日］梶山勝：《金印と東アジア世界——金印と東アジア世界——"廣陵王璽"金印と"漢委奴國王"金印——》，大谷光男编著：《金印研究論文集成》，东京：新人物往来社1994年版。

② 《史记》卷115《朝鲜列传》，第2986页。

③ 《后汉书》卷90《乌桓鲜卑传》，第2986页。

④ 玄菟郡，初设在朝鲜半岛东北部。汉昭帝五年（前82）合并四郡，玄菟郡内迁至今辽宁新宾或赫尔苏驿，东汉安帝永初元年（107）玄菟郡再迁至今辽宁抚顺。

⑤ 《后汉书》卷85《夫余传》，第2811、2812页。

⑥ 《三国志》卷30《魏书·高句丽传》，第843页。

⑦ 《后汉书》卷85《濊传》《东沃沮传》，第2817、2816页。

⑧ 《后汉书》卷85《韩传》，第2820页。

光武帝时，"置校尉于上谷宁城，开营府，并领鲜卑，赏赐、质子、岁时互市焉"①。东汉时期对于倭国的朝贡活动主要采取直接入京朝贡的形式，但到东汉末年，北方陷于各势力割据状态，公孙氏割据辽东，设带方郡，②"后倭、韩遂属带方"③。曹魏时仍以带方郡管理韩、倭国的朝贡活动，如景初中"诸韩国臣智加赐邑君印绶，其次与邑长。……下户诣郡朝谒"④。景初二年（238）"（倭）女王遣使至带方朝见，其后贡聘不绝"⑤。

两汉东北亚朝贡制度的管理体系是以边地郡县代表朝廷管理朝贡成员的活动，各朝贡成员均以州郡朝贡为主，只有东汉时倭国朝贡不是由地方政府统辖的，直接至京师朝贡，这使东北亚朝贡制度出现分层现象，东汉末倭国则被纳入边郡管理体系。可见在朝贡制度建立初期，内外分层尚不鲜明。

魏晋南北朝时期，东北亚地区政治形势复杂多变，除高句丽、大余国的名称没有明显变化外，其他朝贡国和古族因其内部的发展变化，国名或族名出现新的变化。两汉时受夫余国统辖的挹娄（肃慎）人，到曹魏时脱离了夫余国的控制，单独遣使向中原王朝朝贡，北朝时改称为勿吉。十六国时期，鲜卑人建立本族政权（诸燕政权），并开始建构和经营自己的朝贡制度。南北朝时期，西部地区又新出现契丹、奚、室韦等古族；朝鲜半岛南部的三韩发展成为新罗、百济二国；日本列岛的倭国由众多分散的小国发展为一个统一国家。魏晋时期中原王朝主要以设在边郡的护乌桓校尉府（初治昌平，后迁幽州，即今北京，多由幽州刺史兼任）、护东夷校尉府（治平州，即今辽宁辽阳，由平州刺史兼任）分管东北边疆东、西两地的朝贡成员事务，朝贡地点以二府所在地为主。如《晋书·唐彬传》记载："彬为使持节、监幽州诸军事、领护乌丸校尉、右将军。……于是鲜卑二部大莫廆、摘何等并遣侍子入

① 《后汉书》卷90《乌桓鲜卑列传》，第2981、2982页。
② 日本学者谷井氏在朝鲜黄海道凤山发现了"带方太守"张氏墓葬，认为凤山郡古"唐城"是带方郡治所在地。参见《朝鲜史大系》第2卷《朝鲜总督府古迹调查报告》，转引自王绵厚：《秦汉东北史》，辽宁人民出版社1994年版，第311页。
③ 《三国志》卷30《魏书·韩传》，第851页。
④ 《三国志》卷30《魏书·韩传》，第851页。
⑤ 《晋书》卷97《倭人传》，中华书局1974年版，第2536页。

贡。"① 晋武帝泰始三年（267），"各遣小部献其方物。至太熙初……各遣正副使诣东夷校尉何龛归化"②。晋武帝时慕容鲜卑破夫余国"有司奏护东夷校尉鲜于婴不救夫余，失于机略。诏免婴，以何龛代之"③。东晋十六国与南北朝时期，内陆各朝贡国与朝鲜半岛、日本列岛各国皆至各王朝（政权）的都城朝贡。但是，内陆各朝贡成员如夫余、高句丽、挹娄（勿吉、靺鞨）、契丹、库莫奚、室韦等仍由地方政府幽州、平州、营州、护东夷校尉府管理其朝贡活动。朝鲜半岛的百济、新罗与日本列岛的倭国的朝贡活动未见受边州地方政府管理的事迹。这一时期东北亚朝贡制度出现内外两种朝贡体系，一是受地方政府管理的朝贡体系被纳入边疆地方政治体系，二是不受地方政府管理的朝贡体系则向外交体系发展。对此应给予充分的注意。

隋唐王朝以来，随着古代王朝国家结构形式的发展与变化，东北亚朝贡制度的内外两种管理体系的区别日趋鲜明。

隋唐时期两种朝贡体制的朝贡地点仍同为京师，由中央鸿胪寺掌管其朝贡事务，边疆民族朝贡成员的诸种事务同时要由边州、都督府进行管理，如隋营州总管韦冲"宽厚得众心。怀抚靺鞨、契丹，皆能致其死力。奚、霫畏惧，朝贡相续"④。唐玄宗开元二十九年（741）以"安禄山为营州刺史，充平卢军节度副使，押两番、渤海、黑水四府经略使"⑤。两番即契丹与奚人。唐代边地都督府、节度使还常派使者至朝贡成员地区，如幽州节度府遣行军司马张建章往聘渤海等。⑥ 作为朝贡国的日本国主要与中央政府发生朝贡关系，如《新唐书·高智周传》载，高智周子高涣"永泰初历鸿胪卿，日本使尝遗金帛，不纳，唯取笺一番，为书以贻其副云"⑦。记述了日本使臣与鸿胪寺官员的交往。与前一个时期相同，史籍中未见日本受边州地方政府管理的事迹。

北方民族建立的辽金元王朝时期，对边疆民族实行强力统治政策，

① 《晋书》卷42《唐彬传》，第1219页。
② 《晋书》卷97《东夷传》，第2536—2537页。
③ 《晋书》卷97《夫余国传》，第2532页。
④ 《隋书》卷47《韦冲传》，中华书局1973年版，第1270页。
⑤ 《旧唐书》卷9《玄宗纪下》，中华书局1975年版，第213—214页。
⑥ 《唐张建章墓志》，王承礼、张中澍点校：《渤海国志三种》附录，天津古籍出版社1992年版，第773—774页。
⑦ 《新唐书》卷106《高智周传》，中华书局1975年版，第4042页。

在加大地方政府管理边疆朝贡成员力度的同时，进一步规范了与邻国的封贡体制。如辽朝前期边疆各族属国、属部的朝贡地点是契丹皇帝所在的捺钵，辽以地方详稳司、都统司与府州管理朝贡成员的事务，甚至以契丹人担任属部长官，辽中期以后大部分属国、属部的朝贡活动骤然减少，甚至不再朝贡，处于由羁縻统辖体制向一般行政建置管理体制转变过程中。① 金元两朝边疆实行朝贡制度的民族地区越来越小，朝贡活动主要在边地进行，金朝由招讨司、元朝由万户府、宣慰司管理，几乎不见到京师朝贡记载。外交层面上，辽金时期是东北亚朝贡体制日臻完善时期，辽朝与高丽国的朝贡关系始于辽圣宗统和十二年（994），高丽"始行契丹统和年号"②，确立于圣宗开泰九年（1020），高丽显宗"遣李作仁奉表如契丹，请称藩纳贡如故"③。每年贺正、贺生辰、季节问候双方互遣使致贺，遇重大丧事互遣使吊祭。④ 高丽虽是辽朝的朝贡成员，但在外交礼仪上享有独立的国际地位。另外高丽与辽东京（今辽宁辽阳）偶尔会互派"持礼使"和"回礼使"，高丽地接近辽东京辖区，这属于一种礼节性的互访，与地方政府管辖无关。金灭辽后，"高丽以事辽旧礼称臣于金"，"凡遣使往来当尽循辽旧"⑤。金熙宗皇统二年（1142），高丽受金朝册封，行金朝年号。⑥ 金朝与高丽的册封朝贡关系较之辽朝更加制度化和完善，因此有学者提出古代东亚国际关系模式的封贡体制确立于辽金时期。⑦

明朝是东北亚内外两种朝贡体系最为完善时期，由中央礼部总理朝贡制度事务，对于外交制度层面的朝贡国日本、朝鲜和边疆统辖制度层面的女真、兀良哈蒙古羁縻卫所，在贡道、贡期、人数、贡物、回赐和册封均有详细规定。⑧ 对于后者，明朝又以中央兵部管理羁縻卫所官员

---

① 程尼娜：《辽朝黑龙江流域属国、属部朝贡活动研究》，《求是学刊》2012 年第 1 期。

② （朝）郑麟趾等：《高丽史》卷 3，成宗十三年三月，平壤：朝鲜民主主义人民共和国科学院 1957 年版，第 45 页。

③ （朝）郑麟趾等：《高丽史》卷 4，显宗十一年二月，第 63 页。

④ 魏志江：《辽金与高丽关系考》，香港：天马图书有限公司 2001 年版，第 34—35 页。

⑤ 《金史》卷 135《高丽传》，中华书局 1975 年版，第 2881、2885 页。

⑥ （朝）郑麟趾等：《高丽史》卷 17，仁宗二十年五月、七月，第 258 页。

⑦ 杨军：《东亚封贡体系确立的时间——以辽金与高丽的关系为中心》，《贵州社会科学》2008 年第 5 期。

⑧ 李云泉：《朝贡制度史论——中国古代对外关系体制研究》，第 72—109 页。

的世袭罔替，并在地方先后以奴儿干都司、辽东都司管理边疆朝贡成员的具体事务。后金到清初重建东北亚朝贡体系时，主要经营外交关系的朝贡体制，边疆民族朝贡制度逐渐被新制度所取代，到康雍时期全面废止。

综上，中国古代王朝的东亚朝贡体制分为内外两层，或称之为"内圈"和"外圈"，"内圈"为边疆民族朝贡制度，从建构之初就被纳入地方统辖体系，无论其朝贡地点是边郡州还是京师，始终受边地政府或专设机构所管辖，早期主要掌管纳贡、质子、互市和统军作战等事务，随着王朝对边疆地区统辖的加强，逐渐增加了巡查、安抚、赈济朝贡成员的行政职责。"外圈"为周边国家的朝贡制度，主要受中央相关部门管理其朝贡活动，一般是诣阙朝贡，在进入中国王朝的口岸时与当地的地方政府打交道，主要是办理入境朝贡手续，也会有些贸易活动，不存在日常的政治统属关系，在外交礼仪上具有独立性，到 10 世纪以后发展成为较完善的外交体制。

二　羁縻建置与朝贡国：两种朝贡成员身份

隋唐重建大一统王朝后，王朝政治制度进一步改革完善，重建规模更大的一元化东亚朝贡体系，边疆各族、周边属国，乃至远自欧洲的国家皆纷纷遣使朝贡，如唐高祖所云"蛮夷率服，古未尝有"[1]。及至"贞观、开元之盛，来朝者多也"[2]。这一时期东北亚朝贡制度也出现了新的变化，内陆边疆民族开始以羁縻建置形式进行朝贡活动，这使东北亚朝贡制度"内圈"与"外圈"两种朝贡成员身份的区别愈加显著。

唐朝为了加强对边疆治理，太宗以灭亡东突厥为契机，在边疆朝贡制度地区大规模设立羁縻府州，"即其部落列置州县。其大者为都督府，以其首领为都督、刺史，皆得世袭。虽贡赋版籍，多不上户部，然声教所暨，皆边州都督、都户所领，著于令式"[3]。唐朝在东北亚内陆

---

① 《旧唐书》卷 1《唐高祖纪》，第 17 页。
② 《旧唐书》卷 197《南蛮西南蛮传》，第 5286 页。
③ 《新唐书》卷 43 下《地理志七下》，第 1119 页。

设置羁縻府州，首先从西南部西拉木伦河与老哈河地区开始，唐太宗贞观二十二年（648），契丹大贺氏联盟长窟哥"举部内属"，唐于其地"置松漠都督府，以窟哥为使持节十州诸军事、松漠都督，封无极男，赐氏李"①。奚部落联盟长可度者亦"率其所部内属"，②唐于其地复置饶乐都督府，以可度者为"使持节六州诸军事、饶乐都督，封楼烦县公，赐李氏"③。唐高宗显庆五年（660），西北部霫人地区设置居延都督府，"以其首领李含珠为居延都督"④。龙朔三年（663），唐朝于朝鲜半岛新罗国设置鸡林州都督府，"以王为鸡林州大都督"⑤。武则天万岁通天年间，靺鞨人在牡丹江上游建立震国，唐玄宗先天元年（712）册封震国王大祚荣为"左骁卫员外大将军、渤海郡王，仍以其所统为忽汗州，加授忽汗州都督"⑥。从此震国改国号为"渤海"。玄宗开元十三年（725）进一步在渤海国北面黑龙江流域设置黑水都督府，"以其首领为都督，诸部刺史隶属焉。中国置长史，就其部落监领之。十六年，其都督赐姓李氏，名献诚，授云麾将军兼黑水经略使，仍以幽州都督为其押使，自此朝贡不绝"⑦。唐德宗贞元八年（792），"室韦都督和解热素等来朝"⑧，说明最晚此时唐朝在大小兴安岭一带的室韦地区已经设置了室韦都督府。唐朝在东北亚内陆和朝鲜半岛先后设置松漠、饶乐、居延、鸡林州、忽汗州、黑水、室韦等七个都督府，各政权、部落联盟、部落集团以羁縻都督府的形式进行朝贡。上述各羁縻都督府有的始终与唐朝保持稳定的朝贡关系，有的设置时间很短，有的有名无实。而且有的地区羁縻府州撤销后，转变为王朝边疆以外的朝贡国。但值得注意的是，唐朝开启了东北亚朝贡体制下边疆民族以羁縻建置形式进行朝贡的新模式，并为后来的王朝所继承。

---

① 《新唐书》卷 219《契丹传》，第 6168 页。

② 《旧唐书》卷 199 下《奚传》，第 5354 页。

③ 《新唐书》卷 219《奚传》，第 6173 页。

④ （宋）王溥撰：《唐会要》卷 98《霫矽国》，中华书局 1955 年版，第 1755 页。

⑤ （高丽）金富轼著，孙文范等校勘：《三国史记》卷 6《新罗本纪六·文武王》，吉林文史出版社 2003 年版，第 82 页。

⑥ 《旧唐书》卷 199 下《渤海靺鞨传》，第 5360 页。

⑦ 《旧唐书》卷 199 下《靺鞨传》，第 5359 页。

⑧ 《册府元龟》卷 972《外臣部·朝贡五》，凤凰出版社 2006 年版，第 11249 页。

　　辽朝在各族朝贡成员地区建立各种形式的属国、属部羁縻建置,[①]并定制了一套属国、属部封号、官职,如《辽史·百官志》所言:"属国、属部官,大者拟王封,小者准部使。命其酋长与契丹人区别而用,恩威兼制,得柔远之道。"[②] 辽朝对各属国、属部的贡期、贡物均有明确规定"诸蕃岁贡方物充于国,自后往来若一家焉"[③]。辽代羁縻建置形式的朝贡制度已出现逐步向具有民族特点的行政建置过渡的趋势。金元王朝大幅推进设置边疆民族地区建置的进程,元代东北边疆仅在黑龙江下游地区还残存朝贡制度。然而,明朝统治者全面实行"内华夏,外夷狄"的边疆政策,东北边疆大部分地区再次恢复羁縻建置形式的朝贡制度,朝廷对前来朝贡的女真、兀良哈蒙古各部落"官其长,为都督、都指挥、指挥、千百户、镇抚等官"[④]。与唐朝不同的是明朝在同一边疆民族内以部为单位众建羁縻卫所,如女真地区建300多个羁縻卫所,兀良哈蒙古地区建3个羁縻卫所,羁縻卫所人员持朝廷授予的敕书进行朝贡。明朝对各羁縻卫所的朝贡人数、贡道、贡期、贡物以及羁縻卫所官员升迁、罢黜、袭替都有明确而具体的规定,是羁縻建置朝贡制度最为完善时期,朝贡成员已具有一定地方建置官员的特点。

　　处于东北亚朝贡体系"外圈"的朝贡国具有政治上的独立性,在国际秩序中根据其与中国古代王朝的朝贡关系疏密程度又可分为不同类型。韩国全海宗先生将东亚朝贡体系下朝贡国所实行的朝贡制度分为三种形态:一是典型的朝贡关系,两国间具有贡物与回赐的经济关系,以封典为主的礼仪形式关系,相互求兵及出兵的军事关系,朝贡国采用宗主国年号、年历,宗主国干涉朝贡国内政,纳质子等政治关系。二是准朝贡关系,两国间政治上主要出于边境界限及越境等政治问题,经济上相互交易,文化上进行思想、宗教、文化、技艺方面的交流。三是非朝贡关系,两国间的敌对关系与和平交往,但非朝贡形式的交易和往来也以朝贡面貌出现,按常例文化交流同朝贡紧密相连,视其情况可归于非

---

　　① 程尼娜:《辽代女真属国、属部研究》,《史学集刊》2004年第2期;程尼娜:《辽朝乌古敌烈地区属国、属部研究》,《中国史研究》2007年第2期。
　　② 《辽史》卷46《百官志二》,中华书局1974年版,第754页,
　　③ 《辽史》卷85《萧挞凛传》,第1314页。
　　④ 《明史》卷90《兵志》,中华书局1974年版,第2222页。

朝贡制度。① 魏志江对此提出质疑，认为中国与外国的朝贡关系可分为"礼仪性的朝贡关系"和"典型而实质性的朝贡关系"②。纵观两千余年东北亚朝贡制度的发展，至少出现过三种类型的朝贡国。如，南北朝时期的百济国，百济与北朝建立朝贡关系主要出于政治和军事目的，孝文帝延兴二年（472）"八月丙辰，百济国遣使奉表请师伐高丽"③。然百济与南朝建立朝贡关系则以经济和文化目的为主，如梁大同七年（541年）"求涅盘等经疏及医工、画师、毛诗博士"④。南北朝各国对百济有行册封者，也有未行册封者。类似全氏所言第二类朝贡关系。又如，隋唐时期的日本国，日本与隋唐王朝建立朝贡关系的目的，由以前寻求中原王朝的庇护变为从中国移植先进的政治、文化、经济等各项文物制度，即从政治角度转到了文化层面，日本频繁派遣"遣隋使""遣唐使"，在隋唐王朝统治者看来是朝贡活动，却没有对日本天皇进行册封，日本与隋唐对等外交的要求也日益强烈。当属全氏所言第三类朝贡国和魏氏所说的礼仪性朝贡关系。再如，辽金时期高丽和明清时期的朝鲜，以朝鲜为例，《同文汇考》记载朝鲜出使清朝的使行名称主要有："封典（建储、嗣位、册妃、追崇），哀礼（告讣、请谥、赐祭、赐谥），进贺（登极、尊号、尊谥、册立、讨平），陈慰（进香），问安，节使（岁币、方物），陈奏（辩诬、讨逆），表笺式，请求，赐赉，蠲币、饬谕，历书，日月食，交易，疆域，犯越，犯禁，刷还，漂民，推征，军务，赙恤，倭情，杂令，洋舶情形。"⑤ 对于朝鲜的朝贡，清朝作为宗主国不仅对朝贡国行册封、回赐，而且在军事上具有保护朝贡国的义务。此当属全氏所言第一类朝贡关系和魏氏所谓典型而实质性的朝贡关系。然上述各种类型的朝贡国在东北亚朝贡体系下都是独立的国家。

综上，东北亚朝贡制度下"内圈"边疆地区羁縻建置朝贡制度，

---

① ［韩］全海宗：《中韩关系史论集》，全善姬译，中国社会科学出版社 1997 年版，第133—134 页。

② 魏志江：《关于清朝与朝鲜宗藩关系研究的几个问题——兼与韩国全海宗教授商榷》，《东北史地》2007 年第 1 期。

③ 《魏书》卷 7 上《高祖纪》，中华书局 1974 年版，第 137 页。

④ 《南史》卷 7《梁本纪·武帝下》，中华书局 1975 年版，第 216 页。

⑤ （朝）郑昌顺等编：《同文汇考》（原编一），台北：珪庭出版社有限公司 1978 年版，第2—4 页。

是中国古代王朝由直接统辖（郡县）与羁縻统辖（朝贡）共存的国家结构形式，向全面实行中央集权的单一制国家结构形式发展过程中，由边疆朝贡制度向民族地区建置发展的过渡形式，其与中央政府是政治隶属关系，羁縻建置朝贡成员的身份是王朝统治下的臣民。"外圈"各朝贡国具有政治独立性，它们虽然程度不同地从属于（或仅是在中国王朝统治者的观念中处于从属地位）宗主国，但它们的身份仍然是独立国家，与中国古代王朝之间保持着不平等的外交关系。

三　君臣与交邻：两种政治关系与终结形式

东北亚朝贡体系下"内圈""外圈"两种朝贡制度，派生出来两种不同的政治关系。在由前近代社会向近代社会发展的历史进程中，国内边疆统治制度与国际外交制度都发生了重大变化，两种朝贡制度先后为两种不同的制度、体制所取代。

所谓"内圈"的边疆民族朝贡制度，是中国古代王朝在"华夷有别""华夷有序"的大一统思想指导下建构的边疆统辖制度。边疆民族朝贡成员作为王朝的臣民，需服从王朝的政令，为王朝保塞安边。如西汉构建边疆朝贡制度之初，汉帝命朝鲜王"保塞外蛮夷，无使盗边"①；令乌桓人"为汉侦察匈奴动静……使不得与匈奴交通"②。唐玄宗命契丹松漠都督李邵固"输忠保塞，乃诚奉国"③。辽朝经常征调各朝贡成员的部落兵随从征战，"一部或叛，邻部讨之，使同力相制"④。明朝规定"诸番都司卫所，各统其官军及其部落，以听征调、守卫、朝贡、保塞之令"⑤。明宪宗赐兀良哈蒙古敕书曰："尔三卫皆我祖宗所立，授以官职，卫我边境，尔之前人，岁时朝贡，无有二心…须效尔前人所为，各守境土，防护边疆，勉于为善，竭诚报国。"⑥ 中央王朝对护边

① 《史记》卷115《朝鲜列传》，第2986页。
② 《后汉书》卷90《乌桓鲜卑列传》，第2981页。
③ 《册府元龟》卷979《外臣部·和亲》，第11333页。
④ 《辽史》卷103《萧韩家奴传》，第1447页。
⑤ 《明史》卷72《职官志一》，第1752—1753页。
⑥ 《明宪宗实录》卷34，成化二年九月戊寅，上海书店1982年版，第677—678页。

保塞的朝贡成员实行物质奖励，以"厚往薄来"的政策怀远、招徕、安抚朝贡成员。然应注意到辽、金、元、后金等北族建立的王朝则奉行强力统治边疆的政策，如辽朝若边疆有战事，朝廷则遣使至属国、属部征兵"不从者讨之"。① 另一方面，朝贡成员要求中央王朝给予政治保护，希望能够获得物质赏赐，与内地建立贸易关系和文化交流。但当这种要求没有得到满足时，朝贡成员往往采取武力进行抢夺。我们发现一种现象，在与王朝政治关系紧密的边疆朝贡制度地区，各种战事远比外交层面朝贡制度地区的战事多得多，其中游牧民族朝贡制度地区战事尤为频繁。对于朝贡成员的叛盗行为，臣服于汉朝的匈奴单于曾说："乌桓与匈奴无状黠民共为寇入塞，譬如中国有盗贼耳！"② 这反映了当时朝贡成员对寇抄边郡行为的一种认识，寇边行为多数是以贪图财物为目的，与汉人劫掠乡民的盗贼无异。游牧民族较为单一的经济类型使其需经常从邻近农业民族那里获得日常必要的粮食、布匹等生活用品，若正常互市达不到要求，就会发生以武力掠夺的事件。因此表现出边疆民族朝贡制度地区大大小小的战事频繁，寇抄劫掠者不是为了脱离王朝统治，而是在王朝统治下的违法行为。如从这个角度考察朝贡体制下不稳定的现象，便可以在一定程度上说明朝贡制度成员们为何总是朝贡与寇边交替出现。王朝对各种经济类型边疆朝贡成员的反叛行为并不手软，在平定朝贡成员叛乱、寇边的过程中采取一系列政治、军事手段，反而进一步拉紧了双方之间的君臣关系。

所谓"外圈"的周边朝贡国的朝贡制度，中国古代王朝从传统的"天下观"出发，认为"际天所覆，悉臣而属之"，③ 在朝贡制度下奉行"事大字小"的原则，实行"厚往薄来"的交往政策，北族王朝往往初期采取追求利益最大化的政策，在接受儒家治国思想后，也修正为与汉族王朝朝贡制度相似的"交邻之道"。由于中国王朝在东北亚地区与朝贡国相邻的主要是边疆民族，因此边疆摩擦主要表现为朝贡制度的"内圈"与"外圈"的摩擦，当边疆摩擦升级惊动了中央王朝，宗主国通常以遣使责问等外交手段进行交涉。如上文所引《同文汇考》记载，

---

① 《辽史》卷36《兵卫志下》，第429页。
② 《汉书》卷94下《匈奴下》，第3827页。
③ 《新唐书》卷219《北狄传》，第6183页。

在朝贡国与宗主国之间"疆域、犯越、犯禁、刷还、漂民"等问题①，通常是以双方遣使交涉的外交手段解决。如明代女真与朝鲜，明太祖洪武二十六年（1393），遣使诘责朝鲜，令其"将诱女真之人，全家发来，并已往女真大小送回，朕师方不入境"②。在宗主国的要求没有得到满足时，宗主国也可能出兵攻打朝贡国，如辽圣宗时期，因鸭绿江江东六州问题和高丽"越海事宋"之事，几次出兵东伐高丽。在宗主国强势扩张时期，曾出现征服藩属国的现象，如元朝征服高丽于其地设置征东行省。总体看，这一层次朝贡体系下宗主国与朝贡国之间战争很少。当朝贡国受到外来威胁和侵略，宗主国有义务保护朝贡国，如明万历年间即李朝宣祖时期（1592—1598）明朝出兵帮助朝鲜击退日本入侵，即著名的"壬辰战争"，朝鲜认为明朝对其有"再造之恩"。③因此，宗主国与朝贡国双方为名义上"君臣"的交邻关系，保持着一种不对等的外交关系。

随着前近代向近代社会发展，中国王朝的朝贡制度也逐渐走向终结。清代前期边疆民族朝贡制度被民族地区建置所取代；清代后期东北亚国际秩序的朝贡体制为近代国际条约体制所取代。

后金政权建立后，以武力和招抚并用的手段征服了东北黑龙江、乌苏里江和东部沿海地区的原始族群，并效仿明朝建构起朝贡制度，清初东北边疆朝贡制度地区已经很小。17世纪40年代，沙俄开始侵入贝加尔湖以东地区。为有效地阻止沙俄在黑龙江流域日益猖獗的入侵活动，清朝以武力抗击的同时，顺治年间开始在虎尔哈人地区编佐，康熙时进一步在朝贡成员地区全面设立行政建置，先后在黑龙江中上游民族地区设置布特哈八旗制度、鄂伦春地区设置路佐制度、乌苏里江流域与黑龙江下游民族地区设置噶珊制度，对各族人口进行编户、收税、征兵。到雍正朝，民族地区建置全面取代了边疆民族朝贡制度，从而实现了对东北边疆民族地区实行具有"因俗而治"特色的中央集权统治。

鸦片战争以后，随着西方列强对东亚各国经济控制的加强，19世纪80年代以来，随着《朝美条约》《汉城条约》《天津条约》等各项条

---

① （朝）郑昌顺等编：《同文汇考》（原编一），第2—4页。
② 《朝鲜太祖实录》卷3，太祖二年五月丁卯，太白山史库本，第9页。
③ 《朝鲜宣祖实录》卷34，宣祖二十六年正月乙丑，第10页a面。

约的签订，清朝与包括朝鲜国在内的周边朝贡国之间传统的政治、经济联系相继断裂，对等的条约关系开始成为双方的共识。清朝与各属国之间的边界以条约的形式加以确定，主权国家的观念已经形成。中国与各属国之间的关系不再是不平等的朝贡关系，而是主权国家之间的平等关系，东北亚朝贡体系最终瓦解，① 近代条约体系取代了中国古代王朝国际秩序的朝贡体制。

综上所述，中国古代王朝朝贡体制具有"内圈"与"外圈"不同政治属性的区别，在两千余年的发展史上，在不同的历史时期、不同的区域，两种朝贡制度的区别呈现出不同的特点，表现形式错综复杂。本文从东北亚地区朝贡制度的角度出发，对两种朝贡体制的区别进行历时性和全景式的考察，提出"是否被纳入地方行政管理体系""是羁縻建置的君臣身份还是具有独立性的藩属国身份""是否存在政治隶属关系"以及"是发展为民族地区建置还是被条约体系所取代"，上述四个方面是区别中国古代王朝朝贡制度"内圈"与"外圈"的核心标准，大体也可以适用于古代东亚朝贡体系的其他地区。由于东亚周边国家与边疆民族的经济类型、社会制度与文化风俗具有明显的区域性差别，东亚朝贡体系在各个地区的形式也有不同。而且古代王朝的朝贡制度大致以隋唐王朝为界限，早期与晚期也有明显差别，研究者应对中国古代国家结构形式的发展变化给予充分注意，切不可以晚期的现象与标准用于早期朝贡制度的研究。本文研究是以东北亚地区为主，具有一定的局限性，然不揣鄙陋，抛砖引玉，希望随着日后广泛而深入的研究，全面揭示中国古代王朝朝贡制度的实态。

（原载《史学集刊》2014 年第 4 期）

---

① 杨军、张乃和主编：《东亚史》，长春出版社 2006 年版，第 362—363 页。

从羁縻制到民族地区行政建置

东北地区自上古到清朝中叶，始终是以少数民族为主的多民族聚居区。[①] 自秦汉建立多民族中央集权王朝以来，无论在汉族王朝统治时期还是在少数民族王朝统治时期，乃至近现代国家时期，东北地区始终存在着民族地区建置。民族地区建置是指设在少数民族地区的建置，东北地区历史上出现过两种基本类型，一是羁縻建置类型；二是具有民族特点的行政建置类型。以往学界研究主要着力于东北某个时期或某个民族的某种建置的个案研究，尚未见到对东北民族地区建置进行通贯性的长时段研究的论著发表。本文在系统梳理和研究古代东北民族地区建置的起源、发展、转型及区域性特征的基础上，进一步探讨我国古代各时期中央王朝（国家）不同的边疆治理方略与东北边疆民族社会发展程度，制约和推进东北地区不同类型民族建置的设立、由羁縻制向行政建置转型的作用，进而从一个侧面揭示我国从古代中央集权王朝发展为近现代单一制国家结构形式的历史轨迹。

一 东北民族地区建置的初始阶段：三种建置的出现与废止

秦朝建立统一的多民族中央集权王朝后，整合了原各诸侯国的郡县制度，"分天下以为三十六郡"，"地东至海暨朝鲜，西至临洮、羌中，

---

① 直到清朝后期，"闯关东"的移民浪潮持续了百余年，分布在东北各地的汉族农民达1000万左右，东北地区的民族结构才由少数民族为主转变为以汉人为主。

南至北向户，北据河为塞，并阴山至辽东"①。于中心地区确立了郡县二级地方行政建制。形成了华夏（汉人）居国之中心地区，其他民族居周边地区的民族分布格局。秦朝也曾向南部、北部边疆地区努力开拓设置郡县，"发诸尝逋亡人、赘婿、贾人略取陆梁地，为桂林、象郡、南海，以适遣戍。西北斥逐匈奴。自榆中并河以东，属之阴山，以为四十四县，城河上为塞。又使蒙恬渡河取高阙、阳山、北假中，筑亭障以逐戎人。徙谪，实之初县"②。所谓"初县""初郡"与中心地区的普通郡县有较大区别，其特点为"以其故俗治，毋赋税"③，是具有羁縻统治特点的民族地区建置。对于包括东北在内的大部分边疆民族地区还没有来得及全面规划，秦朝就灭亡了。

汉承秦制并有所发展，汉武帝时期，开始向东北民族地区推行郡县建置。武帝元朔元年（前128），"东夷薉君南闾等口二十八万人降，为苍海郡"④。然仅历时一年，公孙弘上书武帝曰："愿罢西南夷、苍海，专奉朔方。"武帝许之。⑤苍海郡虽仅设置一年便废罢，但其是首个东北民族地区建置，在东北民族地区建置史上占有重要地位。

武帝元封三年（前108）秋，汉灭卫氏朝鲜，"以其地为乐浪、临屯、玄菟、真番郡"⑥。汉灭朝鲜的原因是朝鲜王卫右渠不遵守汉朝东亚封贡体制的规则，为了发展自己的势力，"所诱汉亡人滋多，又未尝入见；真番旁众国欲上书见天子，又拥阏不通"，与匈奴遥相呼应，攻杀辽东郡东部都尉涉何，⑦与汉朝中央为敌，故武帝出兵灭其国改置郡县。四郡统辖人口主要是"朝鲜、濊貉、句骊蛮夷"⑧，还有部分汉人。四郡是汉朝设置在东北民族地区的行政建置，统辖范围大致在朝鲜半岛的北部和今辽宁省的东北部。26年后，汉昭帝正始五年（前82），汉

① 《史记》卷6《秦始皇本纪》，中华书局1963年版，第239页。
② 《史记》卷6《秦始皇本纪》，第253页。
③ 《史记》卷30《平准书》，第1440页。
④ 《汉书》卷6《武帝纪》，中华书局1964年版，第169页。苍海郡在今何地，学界意见不一。早年日本学者有人认为郡地在今鸭绿江、浑江流域；有人认为在今朝鲜半岛江原道一带。我国学者王绵厚认为大体在今朝鲜半岛大同江和狼林山以东、以北的近海之地。参见王绵厚：《秦汉东北史》，辽宁人民出版社1994年版，第70—71页。
⑤ 《汉书》卷58《公孙弘传》，第2619页。
⑥ 《汉书》卷6《武帝纪》，第194页。
⑦ 《史记》卷115《朝鲜列传》，第2986页。
⑧ 《汉书》卷28下《地理志》，第1658页。

对四郡做了一次较大的调整，"罢临屯、真番，以并乐浪、玄菟。玄菟复徙居句骊。自单单大领已东，沃沮、秽貊悉属乐浪。后以境土广远，复分领东七县，置乐浪东部都尉"①。这次郡县调整的主要原因是"为夷貊所侵"。②四郡合并为二郡，单单大岭（今朝鲜半岛北部狼居胥山与飞虎岭）以东七县是沃沮、秽貊等古族的聚居地，置乐浪郡东部都尉统领。从《后汉书》《三国志》的《东夷传》关于沃沮和秽人社会组织的记载看，秽人"无大君长，自汉已来，其官有侯邑君、三老。统主下户"，"唯不耐秽侯至今犹置功曹、主簿诸曹，皆秽民作之，沃沮诸邑落渠帅，皆自称三老，则故县国之制也"③。可知县以下基层社会组织，是以少数民族的首领担任三老等职务，因俗而治。表明这次调整后，在新合并的乐浪郡之下出现了具有羁縻统辖特点的民族建置。

东汉初年，统治者忙于统一中原割据势力的战争，无暇顾及对东北边疆民族地区的统治。于是，光武帝建武六年（30），罢乐浪郡东部都尉官，撤消了单单大岭以东统辖沃沮、秽人的羁縻建置，"皆以其县中渠帅为县侯，不耐、华丽、沃沮诸县皆为侯国"④，恢复了汉武帝以前的朝贡制度。此时，玄菟郡已由少数民族地区向西迁入汉人地区，即由少数民族地区建置转变为汉人地区郡县建置。由汉入魏至晋，乐浪郡始终设置在朝鲜半岛，郡治在今朝鲜平壤南大同江西南的古城洞古城。⑤东汉末，公孙氏政权统治辽东时期，又在乐浪郡南部设置带方郡，所辖居民亦以秽貊人为主，同样为民族地区的行政建置。

西晋末年，愍帝建兴元年（313），乐浪郡、带方郡内迁，侨置于辽西。朝鲜半岛原郡县地区很快为高句丽、百济所占领。⑥自汉武帝元朔元年（前128）置苍海郡到晋愍帝建兴元年（313）乐浪等郡西迁，东北东部民族地区行政建置前后存续了400多年。

---

① 《后汉书》卷85《东夷传·秽》，中华书局1965年版，第2817页。
② 《三国志》卷30《魏书·东夷传·东沃沮》，中华书局1964年版，第846页。
③ 《三国志》卷30《魏书·东夷传·秽》，第848页；《东夷传·东沃沮》，第846页。
④ 《三国志》卷30《魏书·东夷传·东沃沮》，第846页。
⑤ 20世纪20年代以来日本学者在古城一带调查、收集了多枚与乐浪郡相关的封泥，如"乐浪太守章""乐浪大尹章""朝鲜令印""朝鲜东尉"以及乐浪郡下属诸县长、丞印的封泥。［日］藤田亮策：《樂浪封泥考》，《小田先生頌壽紀念：朝鮮論集》，大阪屋號書店，昭和九年（1934）。
⑥ 《资治通鉴》卷88，晋愍帝建兴元年，中华书局1956年版，第2799页。

东汉时期，分布在东北西部草原丛林地带的乌桓、鲜卑部落，不断以内附的形式迁入塞内郡县地区。如光武帝建武二十五年（49），乌桓大人郝旦等九千余人率众归附汉，"使居塞内，布列辽东属国、辽西、右北平、渔阳、广阳、上谷、代郡、雁门、太原、朔方诸郡界"①。安帝时期，为了加强对东北边郡内乌桓、鲜卑部落的统辖，析辽西、辽东两郡各三县设置了辽东属国。②《后汉书·郡国志》曰："辽东属国，……昌辽故天辽，属辽西。宾徒故属辽西。徒河故属辽西。无虑有医无虑山。险渎，房。"③ 无虑、险渎、房三县，原属辽东郡；昌辽、宾徒、徒河三县，原属辽西郡。辽东属国的方位大致在今辽宁锦县、北镇一带。"属国"之制，始于西汉武帝时期，"置属国都尉，主蛮夷降者"④。史称"因其故俗为属国"⑤。可见属国是具有"因俗而治"特点的民族建置。⑥ 大约东汉末年，辽东属国一度废置。曹魏齐王正始五年（244），"鲜卑内附，置辽东属国，立昌黎县以居之"⑦。魏晋时期随着边郡中内迁少数民族的数量不断增加，辽东属国"主蛮夷降者"的特点不再突出，大约到西晋重整东北郡县设置时，撤销辽东属国，设昌黎郡，与邻近郡县建置划一。

综上，东北民族地区建置出现于西汉武帝时期，延续到西晋，可分为3种形式：一是在少数民族原住地以中原郡县制度为模式设置的郡县，即西汉武帝灭朝鲜国之后所设置的乐浪、临屯、玄菟、真番四郡。四郡之下各族群社会发展不平衡，设在原始社会族群地区的郡县很快就名存实亡，不久被省并，只有设在社会发展程度与中原相近的原朝鲜国地区的乐浪郡存留较长时期。二是设在少数民族地区具有羁縻特点的民族设置，即汉昭帝正始五年（前82）以后，乐浪郡东部都尉所统辖的

---

① 《三国志》卷30《乌桓鲜卑传》裴松之注引《魏书》，第833页。

② 关于辽东属国设置的时间，学界一般认为辽东属国设置于东汉安帝（107—125）时期。这与前引《三国志》的史料有所不同，笔者认为尚不能轻易排除在汉光武帝时期曾设置辽东属国的可能性，有待发现新史料来证实。

③ 《后汉书》志23《郡国五》，第3530页。

④ 《后汉书》志28《百官五》，第3621页。

⑤ 《汉书》卷55《霍去病传》，第2483页。

⑥ 汉代属国制度大体可分为两种类型，一是设置在少数民族地区的属国，如《汉书·韦贤传》载汉武帝时"北攘匈奴，降昆邪十万之众，置五属国，起朔方，以夺其肥饶之地"（第3126页）。二是设置在汉人郡县内的属国，如辽东属国。

⑦ 《三国志》卷4《魏书·三少帝纪·齐王》，第120页。

岭东七县。东部都尉是因当地族群原有的社会组织、经济生活与文化习俗对其统辖之。三是设在汉人郡县地区具有羁縻特点的行政设置，即辽东属国。以"因俗而治"的方针管理内迁的乌桓、鲜卑部落。第一种是行政建置，第二三种是羁縻建置。后两种形式的羁縻建置为隋唐王朝统辖东北民族地区提供了有益的借鉴。

这一时期东北民族地区建置尚处于初始阶段，设置范围小，统辖人口少，而且到西晋便全面废止。其原因大致三：一是自西汉到西晋，因王朝内部的兴衰与分合，导致中央王朝对东北边疆的经略方针总体上由扩张转向收缩；二是东北边疆民族社会发展水平较为低下，除原朝鲜侯国地区社会发展水平与中原相近之外，大部分地区处于原始社会阶段，制约了王朝在民族地区推行行政建置的策略；三是中原陷于分裂状态后，东北边疆民族政权兴起、相互争长，这在很大程度上促使中原王朝放弃在东北地区设立民族建置进行统辖的策略。西晋废止东北民族地区建置之后，全面以朝贡制度统辖东北边疆民族。

二　东北民族地区羁縻建置发展阶段：普遍设置羁縻府州

隋唐时期，随着王朝的发展与强盛，对边疆民族地区的统辖制度也出现了新的变化，由朝贡制度为主转向以羁縻府州制度为主，这在我国边疆民族地区建置史上具有划时代的意义。所谓"羁縻府州"，是唐朝对设在边疆地区具有羁縻特点的民族建置的统称，《新唐书·地理志》曰："唐兴，初，未暇于四夷，自太宗平突厥，西北诸蕃及蛮夷稍稍内属，即其部落列置州县。其大者为都督府，以其首领为都督、刺史，皆得世袭。虽贡赋版籍，多不上户部，然声教所暨，皆边州都督、都护所领，著于令式。……大凡府州八百五十六，号为羁縻云。"[1] 隋唐时期东北边疆的羁縻府州，与前一时期民族地区建置一样，既有设置在边疆民族地区的，也有设置在边地普通州县境内的，前者设置范围十分广大，羁縻制度更加灵活多样。

---

[1] 《新唐书》卷43下《地理志七下》，中华书局1975年版，第1119—1120页。

东北民族地区设置羁縻府州，始于隋朝，发展于唐朝。到唐代宗时期，东北民族地区已经普遍设置羁縻府州。东北边疆各民族社会发展程度不一，在内外多种因素的作用下，各民族兴衰强弱变化较大。东部早期有强大的高句丽国，[①] 后期有号称"海东盛国"的渤海国；东北与北部分布着靺鞨与室韦原始氏族部落；西部则是契丹、奚、霫等游牧部落联盟的驻牧地。此外，从隋到唐不断有东北民族与北方民族内附，迁入州县地区。隋唐王朝依据"因俗而治""因族而设"的原则，不求完全划一，前后设置了五种类型羁縻府州，其中一种设在边地营州都督府境内，四种设在边疆民族地区。

最早设置的是边地府州境内类型的羁縻州县，即设置在营州境内的羁縻州县。隋文帝时期为安置内附的靺鞨、契丹等部落，在营州（后为柳城郡）境内设置羁縻郡县。《北蕃风俗记》记载："初，开皇中，粟末靺鞨与高丽战，不胜。有厥稽部渠长突地稽者率忽使来部、窟突始部、悦稽蒙部、越羽部、步护赖部、破奚部、步步括利部，凡八部，胜兵数千人，自夫余城西北，举部落向关内附，处之柳城，乃燕郡之北。炀帝大业八年为置辽西郡，并辽西、怀远、泸河三县以统之。"[②]《旧唐书·地理志》营州都督府条下记载："玄州，隋开皇初置，处契丹李去间部落。"[③] 唐朝东北少数民族内属部落的数量和规模远超过隋朝，朝廷仍采取在营州境内设置羁縻州县的方式进行安置和统辖，先后为安置内属的靺鞨、契丹、奚、突厥、新罗、室韦等族而设置的羁縻州，最多时达 17 个。[④] 武则天万岁通天元年（696）营州地区爆发了大规模的契丹部民反营州虐政斗争，辽西地区陷于战乱，唐朝将营州境内的羁縻州大批内迁，唐中期以后营州境内的羁縻州所剩无几。

唐太宗时期开始在州县以外的边疆民族地区设置羁縻府州，经高宗、玄宗、德宗几朝的经营，东北民族地区设置了 1 都护府、6

---

① 高句丽，在我国正史中《晋书》以前均称为"高句丽"。南北朝的各史书中开始出现以"高丽"称"高句丽"的现象，如《魏书》卷100《高句丽传》记载，正始中，高句丽使臣自称"高丽系诚天极，累叶纯诚"（第2216页）。隋唐时，已普遍称高句丽为高丽。《隋书》、新旧《唐书》皆为《高丽传》。

② （宋）乐史：《太平寰宇记》卷71引《北蕃风俗记》，中华书局2007年版，第1436—1437页。

③ 《旧唐书》卷39《地理志二》，中华书局1975年版，第1522页。

④ 参见《新唐书》卷43下《地理志七下》，第1125—1128页。

都督府。① 可分为都护府类型、民族政权类型、部落联盟类型、氏族部落类型等四种类型羁縻府州，实行因地、因时、因族不同的统辖方式，将东北边疆各族普遍置于羁縻府州的统辖之下。

羁縻都护府为唐高宗总章二年（669）到唐肃宗上元二年（761），设置在原高句丽（高丽）政权地区的安东都护府。唐高宗总章元年（668），唐朝灭亡高句丽以后，② 于其地设安东都护府，治平壤城。《旧唐书·高丽传》记载："高丽国旧分为五部，有城百七十六，户六十九万七千；乃分其地置都督府九、州四十二、县一百，又置安东都护府以统之。擢其酋渠有功者授都督、刺史及县令，与华人参理百姓。乃遣左武卫将军薛仁贵总兵镇之。"③ 安东都护府设置初期统辖范围，为原高句丽政权的旧境和臣服于高句丽的靺鞨部落地区，西起辽河，东滨日本海，北到今黑龙江省南部和俄罗斯滨海州东南部，南至今朝鲜半岛大同江以南，与新罗接壤。高宗咸亨元年（670），朝鲜半岛爆发了大规模的高句丽遗民复国运动，唐朝平定了高句丽遗民叛乱后，将安东都护府治所由平壤迁往辽东半岛。④ 武则天圣历元年（698）到长安四年（704）曾一度"改安东都护府为安东都督府"⑤，"授高藏男德武为安东都督，以领本蕃"⑥。由原来在都护府下实行羁縻统治，转为全面实行羁縻统治。神龙二年（706）唐朝再次恢复安东都护府，但与前期已有较大的差别，安东都护府长官由边地府州长官兼任，如唐休璟以"夏官尚书，兼检校幽、营等州都督，兼安东都护"；颖王李璬"遥领安东都护、平卢军节度大使"等等。⑦ 这表明安东都护府与幽、营州都督府、平卢节度使等地方官府，已合二为一。安东都护府的晚期，其统治中心地区由辽东转入辽西。安史之乱爆发后，极大地削弱了唐朝对营

① 《新唐书》卷43下《地理志七下》记载东北地区还设有"安静都督府"（第1128页）。除名称外，没有任何记载，故未计其中。
② 隋唐王朝要求封贡体制下各民族政权尽守臣礼，岁时朝贡，藩屏边疆。高句丽面对空前强大的中央王朝，颇感自危，统治集团唯恐失去已经占有的辽东半岛和朝鲜半岛的原郡县地区，采取了与中央敌对的政策，导致隋唐两朝多次大规模讨伐高句丽，使其遭到灭顶之灾。
③ 《旧唐书》卷199上《高丽传》，第5327页。
④ 关于安东都护府迁徙的时间与地点，史书有不同记载，金毓黻先生对此有详细考辨，参见金毓黻：《东北通史》，社会科学战线杂志社1979年版，第233页。
⑤ （宋）王溥：《唐会要》卷73《安东都护府》，中华书局1955年版，第1318页。
⑥ 《旧唐书》卷199上《高丽传》，第5328页。
⑦ 《旧唐书》卷93《唐休璟传》，第2979页；卷107《玄宗诸子传》，第3263页。

州的统治，肃宗上元二年（761）冬，平卢节度使兼安东都护侯希逸与叛军连年相攻，难以支撑，朝廷又无力支援，加上契丹、奚等族乘乱侵逼州县地区，只好放弃营州之地，移至山东半岛的青州（今山东青州市），安东都护府随之废止。

民族政权类型的羁縻都督府，为唐睿宗延和元年（712）至唐亡（907），设置在渤海国的忽汗州都督府。渤海国建于698年，初名"震国"。713年，唐睿宗派遣郎将崔忻摄鸿胪卿，任敕持节宣劳靺鞨使，[1] 册封国王大祚荣为"左骁卫员外大将军、渤海郡王，仍以其所统为忽汗州，加授忽汗州都督"[2]。从此，大祚荣去震国号，"专称渤海"[3]。渤海国最强盛时四至大体为：南至泥河（今朝鲜龙兴江）；西南抵鸭绿江下游；东濒日本海；北部极盛时控制了黑水靺鞨部；西达辽河东岸及昌图至哈尔滨一线。忽汗州都督、渤海郡王（后进封为渤海国王）[4] 既是渤海国的统治者，又是唐朝羁縻府州的长官。唐朝要求忽汗州都督、渤海王"永为藩屏，长保忠信，效节本朝"[5]。唐朝基本不干预渤海国的内政，赋予忽汗州都督府较大的自治权，渤海王甚至可以自立年号。中央政府通过册封、朝贡、通使、质子宿卫、调兵助战等各种政治、军事统辖形式，实现唐朝对忽汗州都督府——渤海政权的管辖。随着唐朝的灭亡，忽汗州都督府自行废止。

部落联盟类型的羁縻都督府，为唐太宗贞观二十二年（648）至唐文宗末年（840），设置在契丹部落联盟的松漠都督府、奚部落联盟的饶乐都督府；唐高宗显庆五年（660），设置在霫部落联盟的居延都督府。[6] 贞观二十二年（648），契丹大贺氏联盟长窟哥与奚部落联盟长可

---

① 罗福颐辑校：《满洲金石志》卷1《唐·井阑题名》，中国东方文化研究会历史文化分会编：《历代碑志丛书》第23册，江苏古籍出版社1998年版，第16页。

② 《旧唐书》卷199下《渤海靺鞨传》，第5360页。

③ 《新唐书》卷219《渤海传》，第6180页。

④ 据新、旧《唐书》、《册府元龟》记载：代宗广德元年（763），唐进封渤海第三代王大钦茂为渤海国王；德宗贞元十一年（795），唐再封渤海第五代王大嵩璘为渤海郡王、忽汗州都督；贞元十四年（798），唐加封大嵩璘为渤海国王。此后唐朝册封历代渤海王的封号为渤海国王、忽汗州都督没有变化。

⑤ 《册府元龟》卷964《外臣部·册封第二》，凤凰出版社2006年版，第11174页。

⑥ 《新唐书》卷219《渤海传》，第6174页。史籍关于居延州都督府记载十分简略，何时废止不详。

度者同时率其所部内属，① 唐依照全其部落、顺其土俗的原则，以契丹地"置松漠都督府，以窟哥为使持节十州诸军事、松漠都督，封无极男，赐氏李"；以奚地"置饶乐都督府，拜可度者使持节六州诸军事、饶乐都督，封楼烦县公，赐李氏"②。二都督府以西拉木伦河和老哈河流域为中心，松漠在东，饶乐在西，二者以冷陉山（今松岭山脉）为界。东达辽河西岸，西到大洛泊（今内蒙古达来诺尔），北为霫人地区，南是唐州县地区。唐朝对二都督府的统辖关系主要表现为封贡、互市、和亲、调动部落兵作战等，只要不出现涉及反叛朝廷的事件，唐廷一般不过问二都督府内部的事务。唐朝后期，政治衰微，藩镇渐成割据势力，朝廷对边疆羁縻府州无力经营，"藩镇擅地务自安，郭戍斥候益谨，不生事于边，奚、契丹亦鲜入寇"。8 世纪中叶，北方草原游牧民族回纥强盛起来，745 年回纥取代突厥称霸西部草原地区。唐文宗时契丹、奚人叛唐转投回鹘，"天子恶其外附回鹘，不复官爵渠长"③。文宗末年，唐朝废止了二都督府。

这一类型的羁縻府州还有设置在霫人地区的居延都督府，唐太宗贞观二十一年（647）以归附的霫人之地置真延州、居延州；唐高宗显庆五年（660），升为居延都督府，"以其首领李含珠为居延都督。含珠死，以其弟厥都为居延都督，自后无闻焉"④。其地在契丹之北，突厥之东。史籍中关于居延都督府的记载甚少，推测唐朝对其统辖关系与松漠、饶乐大致相同。

氏族部落类型的羁縻都督府，为唐玄宗开元十三年（725）到唐宪宗末年（820），在黑水靺鞨地区设置的黑水都督府；唐德宗时期（780—804），在室韦地区设置的室韦都督府。唐朝在黑水靺鞨地区设置羁縻州始于唐太宗时期，"贞观十四年，黑水靺鞨遣使朝贡，以其地为黑水州。自后或酋长自来，或遣使朝贡，每岁不绝"⑤。唐玄宗开元十年（722）又于黑水靺鞨地区设置勃利州。⑥ 开元十三年（725），

① 《旧唐书》卷 199 下《契丹传》《奚传》，第 5350、5354 页。
② 《新唐书》卷 219《契丹传》《奚传》，第 6168、6173 页。
③ 以上引文参见《新唐书》卷 219《契丹传》，第 6172 页。
④ （宋）王溥：《唐会要》卷 98《霫殊国》，第 1755 页。
⑤ （宋）王溥：《唐会要》卷 96《靺鞨》，第 1723 页。
⑥ 《新唐书》卷 219《黑水靺鞨传》，第 6178 页。

"安东都护薛泰请于黑水靺鞨内置黑水军。续更以最大部落为黑水府，仍以其首领为都督，诸部刺史隶属焉。中国置长史，就其部落监领之。十六年，其都督赐姓李氏，名献诚，授云麾将军兼黑水经略使"①。它是建立在分散的氏族部落之上的，黑水都督府治所学界多认为在黑龙江下游地区。②《新唐书·黑水靺鞨传》记载："其地南距渤海，北、东际于海，西抵室韦，南北袤二千里，东西千里。"③ 从地理方位看，其东濒日本海，西到松嫩平原，北至鄂霍次克海，南到今黑龙江省依兰县一带与忽汗州都督府（即渤海政权）相接。大约在渤海王大仁秀时期（817—830），"（黑水）靺鞨皆役属之，不复与王会矣"④。唐宪宗以后，各种文献都不再见有记载黑水靺鞨各部入唐朝贡的事迹，大约此时唐朝废止了黑水都督府。

室韦都督府设置的具体时间，史籍中没有明确记载，目前有关室韦都督府的记载最早见于唐德宗贞元八年（792），"室韦都督和解热素等来朝"⑤。这说明贞元八年以前，唐朝在室韦地区已经设置了室韦都督府。室韦都督府的治所在今何地，尚不能确指，《新唐书·地理志》蓟州渔阳郡条下记载："自古卢龙北经九荆岭、受米城、张洪隘度石岭至奚王帐六百里。又东北行傍吐护真河五百里至奚、契丹衙帐。又北百里至室韦帐。"⑥ 吐护真河，即今辽西老哈河。室韦帐在契丹牙帐北百里，当在西拉木伦河以北地区。室韦帐或许即是室韦都督府所在地。

综上，隋唐时期东北民族建置均为羁縻建置，从设置的形式上看，一是设在边地营州地区（城傍羁縻州），二是设在边疆民族地区（羁縻都督府、都护府）。继承了前朝羁縻建置的基本特点，从设置地区的发展顺序看，最初在边地营州境内设置羁縻州，其后在邻近营州的民族地区由西向东设置羁縻都督府、都护府，最后在北部地区由东向西设置羁

---

① 《旧唐书》卷199下《靺鞨传》，第5359页。
② 张博泉师考证认为在黑龙江下游俄罗斯境内阿纽依河口附近（张博泉：《东北地方史稿》，吉林大学出版社1985年版，第209页）；孙进己认为在今俄罗斯哈巴罗夫斯克（伯力）附近（孙进己、冯永谦主编：《东北历史地理》第2卷，黑龙江人民出版社1989年版，第302页）。
③ 《新唐书》卷219《黑水靺鞨传》，第6179页。
④ 《新唐书》卷219《黑水靺鞨传》，第6179页。
⑤ 《册府元龟》卷972《外臣部·朝贡第五》，第11249页。
⑥ 《新唐书》卷39《地理志三》，第1022页。

縻都督府。从设置的存续时间看，从隋初到唐末，都有羁縻府州存在，但整个东北边疆地区普遍存在羁縻府州的时间并不长，大约在 8 世纪后半叶 9 世纪初。如果不考虑室韦都督府地区的话，东北大部分地区设置羁縻府州的时间在 7 世纪后半叶到 9 世纪上半叶，大约 150 年。东北羁縻府州与内地的一般府州县相比，政治统辖功能有较大的区别，主要表现在以下几个方面：

其一，各种类型的羁縻建置均不同程度地任用少数民族首领为羁縻府州县的官员，如担任羁縻都督府的都督、羁縻州的刺史、羁縻县的县令。首批羁縻府州官员或是当地民族政权的王，或是部落联盟的酋长，或是氏族部落长。羁縻府州官职通常是世袭职，"诸蕃酋帅有死亡者，必下诏册立其后嗣焉"[①]。一般依据该民族的习惯法而实施。另外，为了加强对安东都护府的统辖，中央政府又派遣一定数量的汉族官吏参理羁縻府州事务，汉官则是流官，除了协助羁縻府州的治理之外，主要是代表中央政权对羁縻府州实行监督。

其二，以定期朝贡作为羁縻府州与中央王朝之间主要的政治、经济联系方式。中央王朝对边疆羁縻府州实行怀柔、安抚的政策，对前来朝贡的羁縻府州官员授予官称，给予丰厚的物质赏赐，以达到稳定边疆民族地区统治的目的。边疆羁縻府州上层集团受自身发展的政治和经济利益所驱动，积极主动地甚至超过规定前来朝贡。可见朝贡活动承载着中央与羁縻府州双方的利益互动，这在客观上日益拉紧双方政治、经济关系，逐渐向不可分割的一体关系发展。

其三，唐朝设置羁縻府州的主要目的之一是"使为中国扞蔽"，[②]在唐廷对东北各种类型羁縻府州统辖中都存在着军事征发方面的内容。中央王朝有向羁縻府州征调军队的权力，羁縻府州有出兵协助中央王朝维持边疆稳定的义务。用羁縻府州的蕃兵作战，可增强唐朝驻守边防的力量，也可以缓解中原地区向边疆投入人力与物力的负担。

其四，在地方行政系统上，羁縻府州受上一级地方政府的统辖。唐朝前期，东北诸羁縻都督府皆受营州都督府统辖。唐中期，以平卢节度使统辖安东都护府、松漠都督府、饶乐都督府；以幽州都督府统辖忽汗

---

① （宋）王溥：《唐会要》卷73《安北都护府》，第1312页。
② 《资治通鉴》卷193，唐太宗贞观四年，第6076页。

州都督府（渤海政权）、黑水都督府。唐后期，以淄青平卢节度使统辖忽汗州都督府。羁縻府州与内地州县不同，不缴纳定额的赋税，"虽贡赋版籍，多不上户部"①，只是将一定数量土贡（土特产）交到边州都督府或节度使官府，这体现着一种政治统辖关系。此外，唐于边州开设定期互市贸易，以此作为控制笼络羁縻府州的手段。

由此可见，隋唐时期东北羁縻府州制度实现了较前代分散的朝贡制度更为有效的羁縻统治。中央王朝对羁縻府州的政治统辖关系中，一方面在很大程度上保存了过去分封朝贡制的遗制，另一方面又出现了中央集权国家地方行政区划管理统辖关系的新制，这种新制的比重与少数民族社会发展的进步程度成正比，设置在边疆民族社会比较发达地区的羁縻府州（如营州境内羁縻州、安东都护府），羁縻统治成分较少，这促进了羁縻府州逐渐向一般州县转化的进程，这也是隋唐以后，东北边疆民族地区羁縻建置向行政建置过渡的基本途径与特点。

三 东北民族地区建置转型阶段：由羁縻建置向行政建置过渡

唐朝灭亡后，中国王朝再次陷入分裂时期，东北地区先后在契丹人建立的辽王朝与女真人建立的金王朝的统治下。随后，蒙古汗国灭亡了金朝，忽必烈再次统一南北，建立了我国历史上第三次统一的多民族中央集权王朝。明灭元后，却始终未能统一蒙古草原，这直接影响了明朝对东北边疆民族的统治政策。在辽金元明时期，由于北族王朝与汉族王朝的治边思想与政策有明显的差异，这促使东北民族地区建置经历了曲折的发展历程。

（一）辽朝东北民族羁縻建置的发展与初步转型

辽朝（916—1125）是以契丹为统治民族具有蕃汉分治特点的多民族中央集权制的北方王朝。《辽史·百官志》记载："辽国官制，分北、南院。北面治宫帐、部族、属国之政，南面治汉人州县、租赋、军马之

---

① 《新唐书》卷43下《地理志七下》，第1119页。

事。因俗而治，得其宜矣。"① 辽朝政治制度从中央到地方都实行蕃汉分治，全国设置五大行政区划，分别为上京道、中京道、东京道、西京道、南京道。五道之下以州县制统辖汉、渤海等农业民族，以部族制统辖契丹、奚等游牧民族，以属国、属部羁縻制统辖女真、室韦、乌古（羽厥）、敌烈、阻卜等原始部落，首次将东北少数民族地区整体纳入王朝的一般地方行政区划之中。

辽朝的民族建置为属国、属部制，② 大部分设置在上京道北部、东京道东部山区与东北部寒冷地带的边疆民族地区，小部分设置在东京道州县之间的原始民族聚居地。辽代属国、属部的形制多样而复杂，不仅不同民族设置不同，而且同一民族也存在不同建置，形成了多层次民族建置共存的状态。

上京道北部，大兴安岭东西与蒙古草原北部的游牧民族乌古（于厥）、③ 敌烈、室韦、阻卜地区的属国、属部制度，大体可分为两种类型：一是由土著民部落酋长担任长官，具有较强自治特征的属国、属部，如于厥国王府、迪烈德国王府、敌烈八部详稳司、室韦国王府、阻卜国大王府、阻卜诸部节度使司等十余个属国、属部。《辽史·百官志》记载属国、属部长官分别为：某国某部大王、某国某部节度使、某国某部详稳。其下官职有：某国于越、左相、右相、惕隐（亦曰司徒）、某国太师、太保、司空，某国都监、将军、小将军，夷离堇等。④另一类是以契丹人担任长官，基层社会组织仍然保持一定自治特点的属部，有三河乌古部都详稳司、乌古部详稳司、乌古部节度使司、八部敌烈节度使司（道宗清宁年间及以后）等。以乌古部节度使司为例，任命契丹官员担任乌古部节度使、详稳、都监、行军都监，授给乌古部酋

---

① 《辽史》卷45《百官志一》，中华书局1974年版，第685页。

② 此外，辽朝太祖至圣宗朝对渤海族实行东丹国制度，本文从略。参见程妮娜：《辽代渤海人地区的东丹国探析》，《东北史地》2005年第6期。

③ 孟广耀《辽代乌古敌烈部初探》认为于厥是乌古的另一汉语记音，即两部实为一部。（《中国蒙古史学会成立大会纪念集刊》，内蒙古人民出版社1979年版，第241页）贾敬颜也认为羽厥里即乌古部。（《东北古代民族古代地理丛考》，中国社会科学出版社1993年版，第59页）孙秀仁等人认为，于厥里与乌古是两个部，分别源于室韦的不同部。《辽史》中于厥里与乌古部往往并列出现，同时进贡。将两部误认为一部，也源于《辽史》将厥里和乌古混用，乌古有时用来统称与乌古部同种同语的诸部。参见孙仁秀、孙进己：《室韦史研究》，北方文物杂志社1985年版，第104页。

④ 《辽史》卷46《百官志二》，第755—756页。

长"夷离堇"官号。① 以契丹官员就其部，与乌古部酋长共同管理部内各种军政事务。如耶律盆奴"景宗时，为乌古部详稳，政尚严急，民苦之"，② 是保持一定羁縻制特点的民族建置。辽设乌古敌烈都详稳司、都统军司，以管理乌古、敌烈地区属国、属部事务。以西北、西南两招讨司管理阻卜属国、属部的朝贡事务。另外，据《辽史·萧蒲奴传》记载，萧蒲奴"重熙六年，改北阻卜副部署"③。这表明辽还曾设置了北阻卜都部署司，以加强对阻卜地区的军事管理。

东京道州县之间与东部山区、东北部寒冷地带以狩猎经济为主的女真、兀惹、达卢古、五国部、鼻骨德地区的属国、属部，大体可分三种类型：第一类是分布在东京道州县地区或州县边缘地带，即长白山以南地区和东流松花江、鸭绿江流域的系辽籍女真、兀惹、达鲁古等诸属国，如曷苏馆路女真国大王府、鸭渌江女真大王府、回跋部大王府、达卢古国王府、铁骊国王府等。辽朝以其部族酋长任大王府的长官，如其国大王、太师、太保、司空等，"赐印绶"。④ 辽或设置专门的机构如北女真详稳司、南女真详稳司、北女真兵马司、南女真汤河司、东北路女真兵马司管辖之；⑤ 或以邻近府州如黄龙府都部署司对其进行管辖。⑥ 第二类是分布在东京道东北部的北流松花江流域，以及东部滨海地区的生女真（又称不系辽籍女真）属部。辽道宗时期设置生女真部族节度使，以生女真完颜氏部落联盟长为节度使，不受辽印，其下官号有剔隐、详稳，⑦ 保持较大的自治权力。辽沿边诸军将、官员"每到官各管女真部族依例科敛，拜奉礼物各有等差"⑧。辽朝军队不得随意进入生女真部族辖地。辽朝曾以咸州详稳司等统辖之。第三类是生女真之东北

① 《辽史》卷4《太宗纪》：会同三年（940）二月，"庚子，乌古遣使献伏鹿国俘，赐其部夷离堇旗鼓以旌其功"（第47页）。
② 《辽史》卷88《耶律盆奴传》，第1340页。
③ 《辽史》卷87《萧蒲奴传》，第1335页。
④ 《辽史》卷24《道宗纪》，第287页。
⑤ 《辽史》卷19《兴宗纪》第233页；卷24《道宗纪》，第290页；卷46《百官志二》，第750、745页；卷35《兵卫志》，第413页。
⑥ 《辽史》卷18《兴宗纪》：重熙九年（1040），"十一月甲子，女直侵边，发黄龙府铁骊军拒之"（第222页）。表明铁骊国王府由黄龙府都部署司统辖。
⑦ 《金史》卷1《世纪》，中华书局1975年版，第4、5、13页。
⑧ （宋）徐梦莘：《三朝北盟会编》卷3，重和二年正月十日丁巳，上海古籍出版社1987年版，第21页。

直到黑龙江下游的五国部，五国部西南与乌古部相接，辽初设五国部节度使司时，以契丹官员担任五国部节度使，《辽史·兴宗纪》记载，重熙六年（1037），"八月己卯，北枢密院言越棘部民苦其酋帅坤长不法，多流亡；诏罢越棘等五国酋帅，以契丹节度使一员领之"①。按辽制应授予五国部酋帅以某种官号，但史无记载。咸雍七年（1071）五国部发生叛乱，辽朝平定叛乱后，分授五国部酋帅为节度使，以黄龙府都部署司管辖五国部地区属国的朝贡事务。

契丹统治者对各民族的属国、属部在政治、经济、军事上实行强力统治，对其朝贡的次数、时间、贡纳物的额度都有明确规定，如圣宗统和十五年（997）三月，"兀惹乌昭度以地远，乞岁时免进鹰、马、貂皮，诏以生辰、正旦贡如旧，余免"。二十二年（1004），"罢蕃部贺千龄节及冬至、重五进贡"。开泰七年（1018）"三月辛丑，命东北越里笃、剖阿里、奥里米、蒲奴里、铁骊等五部岁贡貂皮六万五千，马三百"。开泰八年（1019）"诏阻卜依旧岁贡马千七百，驼四百四十，貂鼠皮万，青鼠皮二万五千"②。兀惹、达鲁古"每年惟贡进大马、蛤珠、青鼠皮、貂鼠皮、膠鱼皮、蜜腊之物"③。辽后期女真各部岁贡马的数量高达万匹之多。④ 据上述记载，属国、属部的贡纳数额是相当可观的，这与汉族王朝对边疆民族实行"厚往薄来"的政策形成鲜明的对照。而且属国、属部的贡物已成为契丹王朝财政收入的重要组成部分，如《辽史》所云："诸蕃岁贡方物充于国，自后往来若一家焉。"⑤ 遇到辽有大规模的军事行动，朝廷则要在属国、属部征兵，调集部族兵助战，称为属国军。辽规定：属国军，"有事则遣使征兵，或下诏专征；不从者讨之。助军众寡，各从其便，无常额"⑥。如分布在州县之间的系辽籍女真大王府，"遇北主征伐，各量户下差充兵马，兵回，各逐便

---

① 《辽史》卷18《兴宗纪》，第219页。

② 《辽史》卷13《圣宗纪》，第149页；卷69《部族表》，第1096页；卷16《圣宗纪》，第183、186页。

③ （宋）叶隆礼撰，贾敬颜、林荣贵点校：《契丹国志》卷22《四至邻国地里远近》，上海古籍出版社1985年版，第213页。

④ 《辽史》卷60《食货志》，第932页。

⑤ 《辽史》卷85《萧挞凛传》，第1314页。

⑥ 《辽史》卷36《兵卫志》，第429页。

归本处"①。辽朝凡大规模战争都有属国军参加。有辽一代，属国军已成为辽朝正规军的重要补充力量。

辽朝契丹统治者根据"因俗而治"的统治方针，"属国、属部官，大者拟王封，小者准部使。命其酋长与契丹人区别而用，恩威兼制，得柔远之道"②，从而实现了辽朝对整个东北边疆民族地区的政治、军事、经济的有效统治。从辽朝开始东北民族地区建置进入了一个新的发展时代。

（二）金朝东北民族地方行政建置的发展与部分朝贡制的恢复

金朝是女真人建立的北方民族王朝。随着女真人全面进入文明社会，东北民族地区进入空前发展时期，尤其是东部农业经济区发展速度超过了西部游牧经济区，但各民族社会发展不平衡的现象依然存在。由于金代东北各民族多数已经脱离原始社会进入文明社会，这使金朝的东北民族建置基本脱离了羁縻形态，进入以行政统辖制度为主的新阶段。

熙宗天眷元年（1138），金朝主体政治制度完成了自下而上的变革，中央确立三省六部制度，地方实行在路之下蕃汉分治的政治体制，地方主体制度是以猛安谋克制度统辖女真等北方民族，以州县制度统辖汉、渤海民族。民族地区建置是以部族、乣制度统辖北部契丹等草原游牧民族。在行政区划之外，对东北极边远的黑龙江下游的原始渔猎部落和西北草原的原始游牧部落，则实行朝贡制度，维系着较为疏松的政治统辖关系。

部族、乣制度设置于北京路（临潢府路，治所在今内蒙古巴林左旗）西北部和西京路（治所在今山西大同）北部的草原地带，这里是从事游牧业的契丹、乌古、迪烈（敌烈）等北方游牧民族地区。部族制，为金承辽制统辖契丹等游牧民族的行政建置。部族节度使司之下设有秃里、移里堇司等基层行政机构。《金史·百官志》记载："诸部族节度使，节度使一员，从三品，统制各部，镇抚诸军，余同州节度。副使一员，从五品。判官一员。知法一员。"部族节度使"统制各部，镇

① （宋）叶隆礼撰，贾敬颜、林荣贵点校：《契丹国志》卷22《四至邻国地里远近》，第212页。
② 《辽史》卷46《百官志二》，第754页。

抚诸军"，总判部族各种政务，兼管军民两政。秃里置"秃里一员，从七品，掌部落词讼、防察违背等事"。移里董司置"移里董一员，从八品，分掌部族村寨事"，① 可见部族最下层社会组织，既有部落，又有村寨。糺制，为金承辽制名称统辖戍守边地界壕、城堡为主的游牧民族屯戍户的行政建置，②《金史·百官志》记载："诸糺，详稳一员，从五品，掌守戍边堡，余同谋克。皇统八年六月，设本班左右详稳，定为从五品。么忽一员，从八品，掌贰详稳。"糺详稳的职掌为"掌守戍边堡，余同谋克"。谋克是兼管军民两政的地方官，"掌抚辑军户、训练武艺"，督促生产，征收赋税。③ 清朝学者钱大昕认为，《金史》将糺详稳列在部族节度使之后，诸移离董司之前，"则糺亦部落之称"。④ 糺详稳为从五品，其官品明显低于部族节度使的从三品，其职掌也明显少于部族节度使，东北路的诸糺是隶属于部族节度使，还是隶属于招讨司，史无明载。金朝多任命女真人担任诸部族节度使和诸糺详稳，但诸部族、诸糺的下层官吏秃里、移里董、么忽则主要以当地人担任，这与民族地区建置实行因俗而治的基本政策相符合。契丹等族牧民们为金朝政府牧养畜群，向政府缴纳牧税，又要为金朝戍守北边，与壕堑之外阻鞑、蒙古等游牧民族世世征伐，当金朝发动大规模战争，则尽起男丁，随从征战。金朝统辖北部游牧民族诸部族的部族制与糺制是直接统治的民族建置。

金朝对极边远地区原始民族的统辖方式则恢复到隋唐以前的朝贡制度。《金史·地理志》曰："金之壤地封疆，东极吉里迷兀的改诸野人之境。"⑤ 女真征服了黑龙江下游吉里迷、兀的改诸野人地区后，并未推行猛安谋克制度，女真统治者认为"得其人不可用，有其地不可居"⑥。"彼来则听之，不来则勿强其来，此前世羁縻之长策也。"⑦ 对

① 《金史》卷57《百官志》，第1329、1330页。

② 程妮娜：《金朝西北部契丹等游牧民族的部族、糺制度研究》，《吉林大学社会科学学报》2007年第3期。

③ 《金史》卷57《百官志》，第1329页。

④ （清）钱大昕：《潜研堂集》卷34《三答袁简斋书》，上海古籍出版社1989年版，第617页。

⑤ 《金史》卷24《地理志》，第549页。

⑥ 《金史》卷8《世宗纪》，第194页。

⑦ 《金史》卷8《世宗纪》，第201页。

黑龙江下游的乌底改等部落实行朝贡制度，重在维护边疆地区的安宁，要求其不得侵扰边地居民，保持对金朝的臣服关系。金朝这种羁縻政策同样实行于西部草原地带的蒙古、阻䪁等原始游牧部族地区，"岁时入贡"，"每岁其王自至金界贡场，亲行进奉，金人亦量行答赐，不使入其境也"。① 阻䪁、蒙古等部向金廷的贡物主要是马匹。李愈曾上表言："诸部所贡之马，止可委招讨司受于界上，量给回赐，务省费以广边储。"章宗明昌二年（1191）规定，对北部朝贡酋长、使者"五年一宴赐"。如章宗时曹王曾"奉命宴赐北部"。② 金朝对朝贡制度下的诸游牧部族有征调军队的权力，如章宗承安元年（1196），塔塔儿叛金，左丞相完颜襄亲率大军出塞，攻打反叛的塔塔儿部，蒙古铁木真部与格列亦惕部出兵助金军，杀塔塔儿蔑古真部酋长薛兀勒图，"完颜丞相（即完颜襄）甚喜，以成吉思合罕（铁木真）、脱斡邻勒罕二人杀蔑古真薛兀勒图之故，就地与成吉思合罕以札兀惕忽里之号，与格列亦惕之脱斡邻勒罕以王号矣，王罕之称即始于此完颜丞相所号也"。③ 为了防御北方游牧民族的侵扰，金朝在北部缘边之地修筑了长达数千里的壕堑（俗称金界壕），壕堑以内是金朝直接统治的行政区域，壕堑以外是羁縻统治的朝贡制度地区。与辽朝相比，金朝对壕堑以外草原地区的统辖机制明显减弱。

此外，上京路是金朝唯一一处始终以猛安谋克制度为主的地区，有别于金朝其他地区的行政设置。女真族作为金朝的统治民族，始终享受着国家的各种优遇政策，亦可以视为具有统治民族特色的特殊行政区域。

总之，金朝民族建置的总体水平超过了辽朝，这是基于东北主要少数民族（尤其是女真人）社会实现了飞跃发展，民族建置脱离了羁縻建置形态，发展为具有民族特征的地方行政建置。但金朝对极边远族群地区的统辖关系则有所倒退，恢复了隋唐以前的朝贡制度。

（三）元朝东北民族地区行政建置的全面发展

元朝结束了南北中国分立的局面，"起朔漠，并西域，平西夏，灭

---

① （宋）李心传：《建炎以来朝野杂记》乙集卷19《边防二·鞑靼款塞》，中华书局1985年版，第848页。

② 上述引文皆见《金史》卷96《李愈传》，第2129页。

③ 道润梯步新译简注本：《蒙古秘史》卷4，内蒙古人民出版社1978年版，第100页。

女真，臣高丽，定南诏，遂下江南，而天下为一"，① 再度建立起大一统的多民族中央集权王朝。元朝统一后，将边疆地区纳入行省的统辖体系，如《元史·地理志》所言："盖岭北、辽阳与甘肃、四川、云南、湖广之边，唐所谓羁縻之州，往往在是，今皆赋役之，比于内地。"② 东北地区的西部为蒙古诸王封地，中部与东部为辽阳行省辖区。辽阳行省下主要有两种民族地区建置，一是设置在黑龙江流域的女真水达达路；二是设置在辽东地区的沈阳等路安抚高丽军民总管府。

女真水达达路管辖松花江下游、乌苏里江东西、黑龙江中下游包括库页岛在内的广大地区，这里聚居着女真人，以及"逐水草为居，以射猎为业"，尚处在原始社会阶段的乞烈迷、吉里迷、乌底改、兀者（又作吾者野人）、骨嵬（苦兀）、亦里于、野人女真。元朝任命当地土著部落酋长为百户、千户（世袭土官），各仍旧俗，"设官牧民，随俗而治"。③ 在千户所之上设置万户府，形成路、府、所三级行政建置。万户府与路级官署机构属于一般地方行政机构，如武宗时以蒙古贵族曷刺"兼直东水鞑靼女直万户府达鲁花赤"。④ 世祖至元二十年（1283）五月，"立海西辽东提刑按察司，按治女直、水达达部"⑤，仁宗皇庆元年（1312）三月，"省女直水达达万户府冗员"。⑥ 这表明女真水达达路及其下属万户府的各级官员有定额，监察机构对其行政行为进行监督和监察。同时，元朝在女真水达达地区驻军镇守，实行屯田。女真水达达地区大部分各族居民户口被纳入王朝版籍，政府据此进行征税签军。《元史·地理志》记载，至顺年间统计女真水达达路有"钱粮户数二万九百六"。⑦ 世祖至元十六年（1279）九月规定，"女直、水达达军不出征者，令隶民籍输赋。"⑧ 遇到灾荒，中央政府对女真水达达户实行赈灾济贫，如世祖至元二十四年（1287），"以女直、水达达部连岁饥荒，

---

① 《元史》卷58《地理志一》，中华书局1976年版，第1345页。
② 《元史》卷58《地理志一》，第1346页。
③ 《元史》卷59《地理志二》，第1400页。
④ 《元史》卷135《曷刺传》，第3286页。
⑤ 《元史》卷12《世祖纪》，第254—255页。
⑥ 《元史》卷24《仁宗纪》，第550页。
⑦ 《元史》卷59《地理志二》，第1400页。
⑧ 《元史》卷10《世祖纪》，第215页。

移粟赈之"。① 与以前各王朝相比,前朝均采用羁縻制(羁縻建置或朝贡制)统辖原始氏族部落,而元朝则实行具有较大程度的直接统治,对于极边远地区分散而迁徙不定的各原始部落也征收赋税,元朝每年由辽阳行省派遣通事前去"问征赋,乃约以明年某月某日,到来此山中林间相会,随所出产将来"②。使这一地区民族建置处于由羁縻建置向地方行政建置过渡的阶段。

沈阳等路安抚高丽军民总管府是设置在辽东州县地区的民族建置,主要统辖由朝鲜半岛迁入的高丽人。蒙古灭金后便开始对高丽国用兵,③ 窝阔台汗十年(1238),高丽王向蒙古大汗称臣。在此期间不断有高丽人投附蒙古,迁入辽东半岛。如窝阔台汗六年(1234)高丽国麟州神骑都领洪福源率1500余户高丽人迁入辽东。"十年(1238)五月,其国人赵玄习、李元祐等率二千人迎降,命居东京,受洪福源节制,且赐御前银符,使玄习等偏之,以招未降民户。又李君式等十二人来降,待之如玄习焉。"④ 蒙古统治者对于迁到辽东半岛的高丽人,采取聚族而居、单独建置的方式进行统辖,授高丽降将洪福源为"高丽军民万户","初创城郭,置司存,侨治辽阳故城"⑤。忽必烈中统二年(1261)改置为高丽军民总管府。⑥ 此外,太宗十三年(1241),高丽王族子王綧入质蒙古,⑦ 宪宗时期(1251—1259)又有2000余户投附蒙古,中统四年(1263),忽必烈"以(高丽)质子淳为安抚高丽军民总管,分领二千余户,理沈州"⑧。成宗时,元朝在两个高丽军民总管府之上设置沈阳等路安抚高丽军民总管府,《元史·地理志》沈阳路条

① 《元史》卷14《世祖纪》,第296页。类似记载不绝于史册,仅元世祖年间就有7次。
② (元)熊梦祥著,北京图书馆善本组辑:《析津志辑佚·物产》,北京古籍出版社1983年版,第238页。
③ 此高丽国非汉唐时期的高句丽国(高丽)。918年朝鲜半岛南部的新罗人王建改其国号"泰封"为"高丽",936年统一原新罗疆域,史称王建所建立的高丽国为"王氏高丽"。
④ 《元史》卷208《高丽传》,第4610页。
⑤ 《元史》卷59《地理志二》,第1399页。
⑥ 《元史》卷154《洪福源传》,第3629页。
⑦ (朝)郑麟趾:《高丽史》卷23《高宗世家》记载:高宗二十八年(1241)夏四月,"以族子永宁公綧称为子,率衣冠子弟十人入蒙古为秃鲁花,遣枢密院使崔璘、将军金宝鼎、左司谏金谦伴行,秃鲁花华言质子也"(朝鲜民主主义人民共和国科学院1957年版,第356页)。
⑧ 《元史》卷59《地理志二》记载,安抚高丽军民总管府所领二千余户,即宪宗时期投附的高丽人(第1399页)。

下记载："元贞二年，并两司为沈阳等路安抚高丽军民总管府，仍治辽阳故城，辖总管五、千户二十四、百户二十五。至顺钱粮户数五千一百八十三。"[①] 沈阳等路安抚高丽军民总管府与周围汉族实行的州县制度不同，下辖总管府、千户所、百户所，具有军政合一特点，所辖的高丽民户以农业生产为主，向元朝缴纳赋税，承担徭役、兵役。元朝前期总管府、千户所、百户所的官员主要由高丽人担任，其官职实行世袭制。元后期出现以蒙古贵族担任万户府达鲁花赤的记载，《元史·顺帝纪》记载，顺帝元统二年（1334）四月，"命唐其势为总管高丽女直汉军万户府达鲁花赤"[②]。唐其势是元朝太平王燕帖木儿之子。高丽人地区建置一直保持到元末。

此外，东北西部和西北部草原地区是蒙古东道诸王的封地，子孙世代相袭，可自行设置王府官属，任免官吏，征收赋税，断理诉讼，拥有军队，是维护统治民族贵族利益的特殊行政区，亦可视为具有统治民族特色的特殊行政区。元朝于世祖至元二十四年（1287）到元末，在朝鲜半岛高丽国设置了征东行省，日本学者北村秀人认为这是元朝统治高丽国而设置的地方统辖机构。[③] 元朝以高丽王为行省长官，以高丽官吏为行省的主要官员，因高丽国俗而统治之。征东行省执行元朝的旨意，亦是具有羁縻统治特点的地方建置。

综上，元代将边疆少数民族地区切实纳入行省的管辖体系，在行省之下根据各民族社会状况设立各种民族建置随俗而治，使元廷对边疆少数民族地区的统辖，直接而富有成效。东北民族地区建置中羁縻统治的成分不断减少，具有民族特色的行政管理成分日趋强化，推进了对边疆地区全面实现中央集权统治的进程。

（四）明朝东北民族地区建置大幅后退为羁縻建置

明承元制在全国普遍设置行省，但在东北边疆，以"华夷杂糅之民，迫近胡俗，易动难安，非可以内地之治治之也"，于是"辽独划去

---

① 《元史》卷59《地理志二》，第1399页。
② 《元史》卷38《顺帝纪》，第821页。
③ ［日］北村秀人：《高麗における征東行省について》，《朝鲜学报》第三十二辑，昭和三十九年（1964）七月。

州邑，并建卫所，而辖之都司"①。在东北地区建置了辽东都司与奴儿干都司，隶属于山东行省。二都司中辽东都司是一般行政建置，但其下统辖的自在州、安乐州、东宁卫则是民族地区建置；奴儿干都司是因地因民因俗而设的民族地区建置。

奴儿干都司设置于明成祖永乐七年（1409），②废止于何年，学界看法不一，郑天挺先生认为在宣宗末年（1435）撤销，奴儿干都司仅存26年。③丛佩远先生认为在成化（1471—1487）中叶撤销，奴儿干都司存在了70年左右。④明朝设置奴儿干都司后，曾两次打算在奴儿干地区（今黑龙江下游）建立官府，派遣官吏，驻扎军队。永乐九年（1411）春，镇守辽东太监亦失哈、奴儿干都司都指挥同知康旺等率领官军1000余人，乘巨船25艘，前往奴儿干"开设奴儿干都司"，"依土立兴卫所，收集旧部人民，使之自相统属"⑤。十二年（1414）"命辽东都司以兵三百往奴儿干都司护印"⑥。宣德三年（1428）正月，明廷又命奴儿干都司"都指挥康旺、王肇舟、佟答剌哈往奴儿干之地，建立奴儿干都指挥使司，并赐都司银印一、经历司铜印一"⑦。但由于黑龙江下游路途遥远，气候寒冷，与当地人语言不通，奴儿干都司的官员并没有常驻这里，据史籍记载明永乐九年至宣德年间，镇守辽东太监亦失哈基本上是每两年一次巡视奴儿干。⑧《辽东志》亦曰：奴儿干都司

① （明）王之诰：《全辽志·叙》，金毓黻编：《辽海丛书》第1册，辽沈书社1985年版，第496页。

② 《明太宗实录》卷91，永乐七年闰四月条记载："初，头目忽剌冬奴等来朝，已立卫。至是复奏，其地冲要，宜令立元帅府。故置都司，以东宁卫指挥康旺为都指挥同知，千户王肇舟等为都指挥金事，统属其众。岁贡海青等物，仍设狗站递送。"（上海书店1982年版，第1194页）

③ 郑天挺：《明代在东北黑龙江的地方行政组织奴儿干都司》，《史学集刊》1982年第3期。

④ 佟冬主编：《中国东北史》第3卷，吉林文史出版社1998年版，第606—607页。

⑤ 《永宁寺记》碑文，参见丛佩远、赵鸣岐编：《曹廷杰集》上册，中华书局1985年版，第184页。

⑥ 《明太宗实录》卷156，永乐十二年闰九月壬子，第1795页。

⑦ 《明宣宗实录》卷35，宣德三年正月庚寅，第877页。

⑧ 关于亦失哈巡视奴儿干都司的次数，学界有9次和10次的分歧，若按9次计，亦失哈到奴儿干分别为永乐九年（1411）、十一年（1413）、十三至十八年（1415—1420）之间有两次、洪熙元年（1425）、宣德元年（1426）、三年（1428）、五年（1430）、七年（1432），除永乐十三年到洪熙元年的10年间有些例外，其他基本上是每两年一次。

的官员"间岁相沿领军"出巡奴儿干。① 奴儿干都司的官署侨置于辽东都司境内，长官都指挥、都指挥同知、都指挥佥事等，虽是流官，但明朝主要以谙熟东北边疆民族事务的少数民族官员任之。如宣德八年（1433），"以奴儿干都司都指挥同知王肇舟老疾，命其子贵袭为都指挥佥事，食副千户俸"②。都指挥同知王肇舟（女真人）年老多病，其子王贵虽未袭其职，但因王贵熟悉女真土俗也被任命为奴儿干都司的重要官职。奴儿干都司是为管理女真、兀良哈蒙古的羁縻卫所事务而设。撤销奴儿干都司后，羁縻卫所改由辽东都司统领。

明朝在东北民族地区设置羁縻卫所始于明太祖末年，洪武二十二年（1389）"五月辛卯，置泰宁、朵颜、福余三卫于兀良哈"③。成祖永乐元年（1403），"遣行人邢枢偕知县张斌往谕奴儿干，至吉烈迷诸部落招抚之"。这一次招抚的成效显著，此后几年内"海西女直、建州女直、野人女直诸酋长悉境来附"④。到永乐七年（1409）设置奴儿干都司时，明朝在女真地区已设置了115个卫。正统十二年（1447），奴儿干都司所辖羁縻卫所达到184卫、20所、58个地面、城站。奴儿干都司撤销后，明朝仍继续在女真人地区设置羁縻卫所，万历年间，增加到384卫、24所、7个地面、7个站、1个寨。羁縻卫所是因当地部族或部落而设，卫下设千户所、百户所，卫所的地点随部落的迁徙而变化。羁縻卫所官员为土官，卫设指挥使、指挥同知、指挥佥事；千户所设正千户、副千户；百户所设百户。朝廷不发给卫所官员官禄，只是在朝贡之际给予一定的赏赐，授给"诰印、冠带、袭衣及钞币有差"⑤。卫所官员为世袭职，新任者必须得到明廷的批准方可承袭官职。明朝对羁縻卫所实行中央与地方双重管理的体制，各卫所直接向朝廷进贡，重大事务要由明廷批准和处理。辽东都司于边地开设"马市"贸易，并管理卫所的入关朝贡事宜。

辽东都司辖区内的自在州、安乐州是统辖内迁的女真人等的民族建

① （明）毕恭等：《辽东志》卷9《外志·外夷卫所》，金毓黻编：《辽海丛书》第1册，第470页。

② 《明宣宗实录》卷105，宣德八年闰八月己卯，第2355页。

③ 《明史》卷3《太祖纪》，中华书局1974年版，第46页。

④ （明）严从简：《殊域周咨录》卷24《女直》，中华书局1993年版，第733页。

⑤ 《明太宗实录》卷26，永乐元年十二月辛巳，第479页。

置。永乐初年，松花江、黑龙江流域的女真部落纷纷遣使向中央王朝朝贡，女真各部要求内迁定居的人越来越多。永乐六年（1408）四月，成祖朱棣曰："朕即位以来，东北诸胡来朝多愿留居京师，以南方炎热，特命于开原置快活、自在二城居之"①。五月，成祖"命于辽东自在、快活二城设自在、安乐二州"②。二州专为安置内迁的少数民族人口，"部落自相统属，各安生聚"③，任其耕猎，概许免差，并可出入辽东境进行贸易。二州设置之初，"每州置知州一员、吏目一员"。不久"添设辽东自在、安乐二州同知、判官各一员"④。二州官员为土官，世代相袭，享有到京师朝贡领赏的权利。七年，自在州由开原（今辽宁开原）迁到辽阳（今辽宁辽阳）。

明太祖洪武十九年（1386）置东宁卫（治所在今辽宁辽阳），⑤下辖左右前后中5个千户所，除中千户所辖汉人军户之外，其他4个千户所辖高丽（朝鲜）、女真人户。永乐十年自在州迁到辽阳后，辽东都司内的女真人逐渐归自在州统辖，朝鲜人则由东宁卫统辖。《李朝实录》记载："本国平安之民逃赋役者流入于彼，东自开州西，西至辽河，南至于海、盖州，聚落相望，不知几千万人。永乐年间漫散军几四万余人。近年辽东户口东宁卫居十之三。"⑥15世纪中叶至16世纪初，出现一次朝鲜边民迁入辽东的小高峰，散居于东八站地区（今辽宁本溪到丹东一带），鸭绿江流域形成了东宁卫统辖下的朝鲜人聚居区。东宁卫长官多以朝鲜人担任，其官职为流官，但卫下所辖朝鲜千户、百户则主要是土官。明前期土官可免各种丁差，成化、嘉靖间才开始承担少量丁差，"辽东军人多有畏卫所苦累私投东宁卫土官者"⑦。东宁卫下的朝鲜

---

① 《明太宗实录》卷78，永乐六年四月乙酉，第1053页。

② 《明太宗实录》卷79，永乐六年五月甲寅，第1062页。

③ 《明太宗实录》卷78，永乐六年四月乙酉，第1053页。

④ 《明太宗实录》卷79，永乐六年五月甲寅，第1062页；卷80，永乐六年六月乙酉，第1066页。

⑤ 《明太祖实录》卷178，洪武十九年七月戊午："初，辽东都指挥使司以辽阳高丽、女直来归官民，每五丁以一丁编为军，立东宁、南京、海洋、草河、女直五千户所分隶焉。至是从左军都督耿忠之请置东宁卫，立左右中前后五所，以汉军属中所，命定辽前卫指挥佥事芮恭领之。"（第2699页）

⑥ 《李朝睿宗实录》卷6，睿宗元年六月辛巳，（日本）学习院东洋文化研究所复印刊出，第14册，昭和三十二年（1957），第518页。

⑦ 《明神宗实录》卷458，万历三十七年五月辛巳，第8633页。

人生活稳定，乐不思归，成为今天中国朝鲜族的先人。

明朝统治者奉行儒家传统的"内华夏外夷狄"的治边思想，放弃了元朝将民族建置纳入王朝一般行政区划行省之下实行最大化集权统治的方针，恢复隋唐时期以羁縻建置统辖东北边疆民族的政策，奉行怀远、招徕、安抚的治边方针，于辽东都司之外广泛推行羁縻卫所建置，对迁入辽东都司的边疆民族采取在民族建置下实行具有一定羁縻特点的统辖方式。从隋唐以来东北民族地区建置从羁縻制度向地方行政制度发展的进程看，明代可以说是个后退时期，削弱了中央王朝对东北边疆民族地区的统治。然而，明朝羁縻卫所建置与唐朝羁縻府州建置相比又有所进步，唐朝是在一个民族地区设置一个羁縻府州，明朝则是在一个民族地区设置若干个羁縻卫所，采取分而治之的政策，政治统辖程度远比唐朝紧密得多。

综上所述，在辽金蒙元统治东北的460余年间，东北边疆民族地区建置开始由羁縻建置向具有民族特点的行政建置转型，到元代这一进程除新占领的朝鲜半岛外已经接近尾声。然而，在明灭元后，明朝统辖东北边疆的250多年间，不仅没有推进这一转型的全面完成，反而有较大的后退，东北民族地区建置大部分再次回到羁縻建置形态。

四　东北民族地区行政建置的确立：多类型民族地区行政建置并存

明朝末年，女真建州左卫努尔哈赤起兵，1616年建立后金政权，1635年皇太极改"女真"族名为"满洲"，1636年改国号为清。1644年清灭明。清朝以八旗制度辖满洲人，以州县制度辖汉人。[①] 到康雍时期，在东北西部的蒙古诸部与东北部边远地区人数较少、社会发展较落后的赫哲、鄂伦春、鄂温克、达斡尔等诸族地区，建立起各种类型的民族地区行政建置，因俗而治，全面实行中央集权统治。

---

① 清朝前期和中期，东北人口以满族为主，还分布着蒙、汉、回、朝鲜、瓦尔喀、呼尔哈、赫哲、鄂伦春、鄂温克、达斡尔等民族。到清朝后期，汉人"闯关东"浪潮，改变了东北以少数民族为主的民族结构，汉人成为占东北人口大多数的主要民族，并且分布在东北的各个地区。

东北西部即漠南东蒙古诸部，是清朝最早设置行政建制（盟旗制度）的蒙古地区。努尔哈赤时期，东蒙古诸部相继归附后金政权。皇太极天聪三年（1629）春正月，遣使"敕谕于科尔沁、敖汉、奈曼、喀尔喀、喀喇沁五部落，令悉遵我朝制度"①。天聪八年（1634）设立蒙古衙门，② 崇德元年（1636）前后，清政府开始在东蒙古诸部编佐设旗，划分游牧地，封授蒙古贝勒、贵族为各旗旗主、佐领。如科尔沁部编6旗，分左右两翼，每翼分前、后、中旗，共106佐。③ 其后，清政府又在诸旗之上，从北到南设立了哲里木盟、昭乌达盟和卓索图盟，即在漠南东蒙古地区共设3盟，26旗，901佐。④ 蒙古族的旗佐制度是将蒙古族原有的社会组织与满族八旗制度相结合形成的一种符合蒙古社会特点的军政合一的地方行政建置。东蒙古诸旗中1旗内一般有20—40佐，少者如喀尔喀左翼旗仅有1佐，多者如土默特左右翼2旗达80—90佐。通过"众建以分其势"的政策，消除了蒙古王公贵族势力坐大的隐患。同时，清朝通过制定各种法律条文约束蒙古牧主行为，以盟长监督和控制各旗主，限制蒙古内部建立联系，分化蒙古各势力，从而将诸多权力集中于中央，维护了清帝国中央集权统治。

入关前满族统治者对黑龙江中上游一带的鄂温克、达斡尔、鄂伦春等族，在保留其原有部落的情况下，进行编"佐"，以"其中有能约束众人，堪为首领者，即授为牛录章京"⑤，发给佐领（章京）以朝服、袍褂，直属中央理藩院管辖。康熙二十三年（1684）于齐齐哈尔设布特哈总管，任命鄂温克、达斡尔总管二员，副总管八员，谓之打牲头目、副头目。不久将布特哈总管改由黑龙江将军管辖，陆续增设"满洲总管一员，副总管八员，掌印治事，以佐领、骁骑校各九十七员，关

---

① 《清太宗实录》卷5，天聪三年正月辛未，中华书局1985年影印本，第67页。
② 《清太宗实录》卷18，天聪八年五月甲辰条记载，皇太极在布置后方防御时曾说："凡此遣退蒙古及发喀喇沁兵，俱不可无蒙古衙门官员，可留该衙门扈什布、温太，并其下办事四人，以任其事"（第244页）。达力扎布根据这条史料认为蒙古衙门的建立时间最晚也在天聪八年。参见氏著《清代内扎萨克六盟和蒙古衙门设立时间蠡测》，《黑龙江民族丛刊》1996年第2期。
③ （清）张穆撰：《蒙古游牧记》卷1，同治六年（1867）刻本。
④ 佟冬主编：《中国东北史》第4卷，第1349—1353页。
⑤ 《清太宗实录》卷51，崇德五年五月戊戌，第687页。

防笔帖式八员为之属，皆部人"①。雍正十年（1732）设立布特哈八旗。佐领之下设骁骑校、领催（小领催）、族长，下辖披甲和牲丁。清朝将鄂伦春人分两部分进行统治，"摩凌阿鄂伦春"被编入布特哈八旗；"雅发罕鄂伦春"则单独设路佐加以管辖。②清政府按照其姓氏、部落和活动地区编制为5路：库玛尔路，3佐；阿力路，1佐；多布库尔路，1佐；托（河）路，1佐；毕拉尔路，2佐。③每路设协领1员，每佐设佐领1员、骁骑校1员、领催4员。每佐领经常保持50—60个"披甲"，担负着巡逻边境和驻守国境线上卡伦（哨所）的任务。清朝规定"布特哈，无问官、兵、散户，身足五尺者，岁纳貂皮一张，定制也"④。每年五月，举行纳貂大会（又称"楚勒罕""会盟"），黑龙江将军、齐齐哈尔副都统率僚属驻扎其地，审定貂皮等级，给予贡貂者一定的实物赏赐（后期改为银两）。征收上来的貂皮解送木兰，咨报行在户部、理藩院、内务府，甄别收贮。⑤清朝通过建立的旗佐、路佐制度对布特哈各族收赋税、征兵役，体现了中央集权对民族建置直接有效的行政管理机制。

清朝对乌苏里江流域和黑龙江下游的赫哲、费雅喀、库页等各族人实行噶珊制度（又称边民姓长制度），在编审户籍的基础上，以土著民原有的自然村落进行设置。"自宁古塔（今黑龙江宁安）水程至其所居尽处四千五百余里，各设姓长（哈喇达）、乡长（噶珊达），分户管辖，盖与编户无异云。"⑥据杨余练等人研究，分布在松花江流域、乌苏里江流域、黑龙江下游包括库页岛地区的赫哲、费雅喀、鄂伦春、奇勒尔、恰克拉、库页等族，总计56姓，2398户，分布于252个噶珊（村寨），清朝任命了哈喇达22名、噶珊达188名、弟子107名、白人2081名。⑦

① （清）西清：《黑龙江外记》卷3，（台北）成文出版社1969年版，第94页。

② 秋浦：《鄂伦春社会的发展》，上海人民出版社1978年版，第118页。

③ 《库玛尔路鄂伦春源流记，民国七年三月十五日》，黑龙江省档案馆、黑龙江省民族研究所编：《档案史料选编：黑龙江少数民族》，1985年内部发行，第78页。

④ （清）西清：《黑龙江外记》卷5，第150页。

⑤ （清）西清：《黑龙江外记》卷5，第152页。

⑥ （清）嵇璜等：《皇朝文献通考》卷271《舆地三》，（上海）商务印书馆1936年版，第7279页。

⑦ 杨余练、关克笑：《清廷对吉林边疆少数民族地区的统治》，《历史研究》1982年第6期。

噶珊制度使当地民族原有的氏族部落血缘组织，转变为地域性的行政管理组织，成为具有少数民族特色的行政统辖地区。"哈喇达（halada）""噶珊达（gašanda）"，为世袭职，其下设有协助办理公务的"穿袍人（即姓长、乡长之子弟）""白丁（亦称白人、户长）"，作为清政府的基层官员，他们负有管理户口，催纳贡貂，处理噶珊内部民诉讼纠纷，戍卫边防等职责。噶珊制度统辖的打牲乌拉户要向清政府贡纳貂皮和服兵役。他们以户为单位每年缴纳一张貂皮，这比布特哈男丁每年缴纳一张貂皮的税额略轻一些。康熙年间，根据各部分布的远近，分别规定为每年一贡和三年一贡。① 纳貂大会称为"赏乌林"，与布特哈地区"楚勒罕"大致相同，清政府对于噶珊制度下各族贡貂户回赐衣物或布帛等财物。清朝初年以中央内务府直辖打牲乌拉地区，康熙五十三年（1714）在三姓（今黑龙江依兰）置协领衙门，设协领二员。② 雍正五年（1727），添设副协领一员。③ 九年（1731）置三姓副都统衙门。④ 无论是三姓协领衙门，还是三姓副都统衙门，都是协助中央内务府管理打牲乌拉事务的行政部门，打牲乌拉户的贡貂，尤其是征兵，由中央与地方官员会同一起办理，足见清廷对这一地区的特殊重视，

综上，清代东北民族地区建置已经脱离了羁縻制形态，全面进入具有民族特点的地方行政建置形态。与前朝相比，清政府对东北各民族地区的行政管理深入基层社会组织，无论是蒙古地区的盟旗制度，布特哈地区的旗佐、路佐制度，还是打牲乌拉地区的噶珊制度，都是中央直辖或地方政府统辖之下具有民族特色的行政管理制度。在清朝中央集权制国家的统治下，形成了东北地区较为稳定的民族分布格局。清代后期，随着汉人大批迁入东北，汉人分布区逐步扩大，少数民族分布区逐渐缩小，形成了大分散、小聚居的"你中有我，我中有你"的民族分布局面。民族杂居促进了民族经济文化的交融，其直接后果是促进了东北民族的社会进步，满族社会发展程度已与汉族相差无几，清末东北三将军制度改为省制，东北大部分地区转为与中原相同的普通行政区划，只有边疆小部分地区是民族建置地区。

---

① （清）杨宾：《柳边纪略》卷3，金毓黻编：《辽海丛书》第1册，第251页。
② 《清圣宗实录》卷258，康熙五十三年春正月戊辰，第548页。
③ 《清世宗实录》卷56，雍正五年夏四月庚寅，第853页。
④ 《清世宗实录》卷112，雍正九年十一月辛巳，第500页。

五　结语

　　中国古代东北民族地区建置从羁縻制到行政建置，经历了一个从初创到发展、转型、确立的过程。汉魏时期设在少数民族原住地以中原郡县制度为模式的郡县设置，由于不适应边疆民族较落后的社会发展水平，逐渐被淘汰。设在少数民族地区和汉人郡县地区的两种羁縻建置，则在隋唐时期以羁縻府州的形式得以普遍推广和实行。辽金元北方王朝时期，东北民族地区建置被纳入王朝的一般地方行政区划之中，随着东北主要民族步入文明社会，民族地方建置的层次有了大幅度的提高。元朝"中华一体"的单一制国家结构基本形成后，全力将地方行政区划推行到边疆少数民族地区，东北民族地区建置已经处于羁縻制向行政建置过渡的最后阶段。然而，由于明朝坚持传统的"华夷之辨"，实行"内华夏，外夷狄"的边疆政策，东北民族地区建置与金元时期相比有较大幅度的倒退。清朝建立后，在东北边疆地区因族因地因俗设置了符合东北各民族社会特点的盟旗、旗佐、路佐、噶珊等多种形式的民族地方建置，在强化王朝对民族建置统辖机制的同时，促进了各民族社会的发展。近现代中国同样实行具有民族特点的行政建置统辖边疆民族地区，可以说在我国对少数民族地区实行设立民族地方建置进行管辖，是一种历史传统。

东北古史分期探赜

　　东北自古以来就是多民族聚居区，各民族社会发展不平衡是东北古史最基本和最显著的特点。其南部一部分地区与中原发展基本同步，但其他大部分地区则明显滞后于中原地区，有的在公元前后开始建立民族政权，有的到公元三四世纪才脱离原始社会形态，还有的直到近代社会尚处于原始氏族部落阶段。另一方面，东北民族经济类型多样，社会发展道路不尽相同，有的由原始社会经由奴隶社会进入封建社会，有的由原始社会末期直接飞跃到封建社会，加上各民族与中原王朝的里程远近不一，受中原文化影响亦有大小之别，使得东北古史呈现出复杂多样的局面，为这一地区历史分期带来了诸多困难。

　　金毓黻先生曾在《东北通史》中将东北史划分为六期：（1）汉族开发时代（上古至汉魏，公元前3000年—公元279年）；（2）东胡、夫余二族互竞时代（晋至隋初，280年—588年）；（3）汉族复兴时代（隋至唐高宗，589年—695年）；（4）靺鞨、契丹、女真、蒙古迭相争长时代（唐武后至元末，696年—1370年）；（5）汉族与女真、蒙古争衡时代（明初至明亡，1371年—1643年）；（6）东北诸族化合时代（1644年—1936年）。但后来研究东北史的学者并没有采用这一分期法，大多以中央王朝的更替为东北古史分期的依据，如秦汉东北、魏晋东北等。① 笔者认为，从东北古史自身发展的阶段性和特点出发进行分

---

　　① 佟冬主编《中国东北史》（吉林文史出版社1998年版）将东北古史分为三期：夏代以前为原始社会；商代中前期，开始进入奴隶社会；燕后期至秦，开始进入封建社会。其下又分为三小段：汉至南北朝为初期；隋唐迄辽金为中期；元明至清道光二十年（1840）为后期。张博泉《东北地方史稿》（吉林大学出版社1985年版）、董万仑《东北史纲要》（黑龙江人民出版社1987年版）、宁梦辰《东北地方史》（辽宁大学出版社1999年版）等，基本上以中央王朝的更替为东北古史分期的依据。

期，对从整体上把握和深入研究东北古史具有重要意义。

本文以东北各民族社会发展总体水平的演进、民族区域建制的出现与发展、中央王朝及北方王朝对东北地方统治形式由疏到密的变化等为依据，将东北古史分为五期。下面分别论述之。

一 蒙昧至文明开端时期

从旧石器时代早期到公元前3世纪后期，是东北地区蒙昧至文明开端时期。东北是中华大地人类早期生存的重要区域之一，与中原文化交流源远流长。由于自然环境等因素的制约，东北各地文化发展呈现出不平衡的局面，只有南部一小部分地区发展迅速，率先进入文明社会，并与中原地区同步发展。代表东北地区总体发展水平的、绝大部分的各少数民族地区，始终还处于原始社会的不同发展阶段。

东北地区早在人类童年阶段就开始有原始人类生活的足迹，他们经由旧石器时代发展进入新石器时代，创造了丰富灿烂的原始文化，成为中华文明重要的起源地之一。

20世纪七八十年代，考古工作者在辽河流域发现和发掘了辽宁营口金牛山洞穴遗址、[①] 本溪庙后山洞穴遗址[②]。20世纪90年代末，又在松花江流域发现了位于我国境内最北的旧石器早期遗址——黑龙江省阿城交界镇洞穴遗址。[③] 据报道，通过对上述地区出土的动物化石进行铀系法测定，可知其年代为距今26.3万—17.5万年左右，说明在旧石器时代早期东北地区已经有原始人类生活。到了旧石器时代中、晚期，随着人类征服自然的能力增强，原始人类居地几乎遍布整个东北地区，仅发现有原始人类化石的遗址就有七处。这些原始人类被命名为"鸽子洞人""建平人""前阳人""榆树人""安图人""青山头人""哈尔滨人"，已具有一定现代人的特征。有人认为东北原始人类源于华北"北京猿人"，但是东北还有一种同样古老却具有地方特征的大

① 张森水：《辽宁营口金牛山》，吴汝康、吴新智、张森水主编：《中国远古人类》，科学出版社1989年版，第130—133页。

② 辽宁省博物馆等：《庙后山——辽宁本溪市旧石器文化遗址》，文物出版社1986年版。

③ 于汇历：《黑龙江省旧石器时代考古二十年》，《北方文物》2000年第1期。

石器文化，① 这为人们探讨东北地区是否也可能是人类起源地之一提供了线索。

直到距今 5000 年前左右，辽西地区原始氏族部落的文化发展较快，氏族成员之间出现了明显的等级差别，红山文化东山嘴遗址和牛河梁遗址发现了大型祭坛建筑，女神庙和积石冢，放射出辽西大地上第一道文明曙光。苏秉琦在研究了红山文化的陶器之后，认为在距今五六千年间，关中仰韶文化的一支与辽西红山文化的一支各自向外伸延，在河北的西北部相遇，然后在辽西大凌河上游重合，红山文化坛、庙、冢就是它们相遇后迸发出的"火花"所导致的社会文化飞跃发展的迹象。② 可见，生活在中华大地各地区的人群彼此进行文化交流由来久矣。

新石器时代，东北各地文化面貌已呈现出地区性差异，发展程度日趋不平衡。中原进入国家时期后，东北各地发展不平衡的特征越发凸显。东北的南部地区几乎与中原同步进入文明社会，东南部、中部和北部地区，原始文化发展水平明显落后，并呈现出递减的趋势，由于越向东北方向气候越加寒冷，受人类征服自然能力的限制，原始文化发展速度也越缓慢。东北的中部、北部和东北部等绝大部分地区的居民，则长期停滞在原始社会的不同发展阶段，并逐渐按地域形成三个不同经济生活类型的原始集团，即中部和东部的秽貊集团、东北部的肃慎集团、西部的东胡集团，分别以氏族部落的形式向中央王朝称臣纳贡，进行政治、经济、文化交往。

在中原早期国家时期，中原王朝就开始对东北地区有一定的政治统辖关系。夏商时期，辽西地区文化被认为与先商文化有密切关系，亦有史学家提出商朝起源于辽西，认为与红山文化有渊源关系的夏家店下层文化是先商文化，即夏代的商侯文化遗存。③ 商王朝统治时期，某些方

---

① 张博泉、魏存成主编：《东北古代民族·考古与疆域》，吉林大学出版社 1998 年版，第 196 页。

② 苏秉琦：《辽西古文化古城古国——试论当前田野考古工作重点和大课题》，《辽海文物学刊》1986 年第 1 期；郭大顺：《牛河梁红山文化女神庙、积石冢的发现和中华文明起源问题的研究》，中国史学会《中国历史学年鉴》编辑部编：《中国历史学年鉴·1987》，人民出版社 1988 年版。

③ 金景芳：《商文化起源于我国北方说》，《中华文史论丛》第 7 辑（复刊号），上海古籍出版社 1978 年版，第 65—70 页；张博泉：《关于殷人的起源地问题》，《史学集刊》1981 年复刊号。

国的领域可能已到达了辽西。商末周初，殷贵族箕子率 5000 族人迁入东北南部地区，建立了遗民政权（后称朝鲜侯国）。西周曾封韩侯于东北，管理当地的少数民族事务。到战国中期，燕昭王以大将秦开北伐东胡，东击朝鲜，史称扩大疆宇三千余里，"置上谷、渔阳、右北平、辽西、辽东郡以拒胡"①，其中辽东、辽西郡和右北平郡的一部分在东北地区。朝鲜侯国被迫退缩到朝鲜半岛的北部。燕国官吏、军队、百姓随着郡县的设置大批进入东北地区，建立起中原王朝式政治、经济制度，这不仅对中原王朝在东北区域的统治具有重要的意义，而且对当时乃至后来东北各少数民族的发展也具有特殊的意义。

二　东北各民族及地方政权分立迭起时期

从秦朝到南北朝时期是东北各民族及地方政权分立迭起的时期。秦朝建立了中国历史上第一个大一统王朝，汉朝则将其巩固发展，开创了以汉族为主的统治时期。中原王朝发达的文明对东北民族社会进步产生着重要影响，靠近郡县地区的族群首先迅速发展起来，由东到西地方民族政权相继产生；距离郡县较远的东北、西北地区几个较大的原始族群也已进入原始社会后期发展阶段。处于这一发展阶段的东北各民族与地方政权，一方面表现出强烈的对外发展、联系的愿望；另一方面表现出较强的扩张性和掠夺性，并参与中原地方势力的角逐。东北各民族与地方政权分立迭起，此消彼长，在争衡中迅速发展起来。

秦汉王朝实行中央集权制度，政治统治空前强化，经济实力十分雄厚，对边疆地区统治的加强随之出现，这对散居于东北边疆地区的少数民族社会产生了强烈的影响。

在东北的东部地区，元封三年（前108），汉灭卫氏朝鲜，于其地设置乐浪、玄菟、真番、临屯四郡，将郡县设置推广到朝鲜半岛和辽东郡以外的东北地区。但仅过 20 余年，到汉昭帝始元五年（前82）便将真番、临屯二郡并入乐浪、玄菟二郡之中。这显然是由于当地秽貊人社会还处于较为落后的发展阶段，无法适应汉王朝郡县管理方式，汉朝不

---

① 《史记》卷 110《匈奴列传》，中华书局 1959 年版，第 2886 页。

得不撤销二郡，恢复当地民族原有的社会秩序。然而，郡县制度在东北东部地区的推行，对秽貊人社会发展产生了重要的影响和推动作用。在此前后，秽貊族系人在东北诸族中率先建立了地方民族政权——夫余政权、高句丽政权，[①] 而且这两个政权很快就与中原王朝建立了明确的隶属关系。

东北的西部地区，西汉初年在匈奴人的控制下。汉武帝时期多次出兵大破匈奴，迁乌桓于东北西部郡县外之地，设护乌桓校尉管理乌桓事务。到东汉初年，乌桓人已逐渐向缘边郡县之内迁徙，东汉末年形成了强大的部落联盟。继乌桓南下之后，鲜卑人也开始逐步南迁。汉章帝年间，北匈奴在汉朝的沉重打击下，大举西迁，鲜卑尽占匈奴故地，为鲜卑的勃兴提供了极好的契机。东汉末年，鲜卑诸部曾一度结成横跨蒙古草原的军事部落大联盟。到十六国时期，东部鲜卑人在东北西南部地区建立了前燕、后燕、北燕政权。

在中原王朝强大的国力、富庶的生活与先进的文化吸引下，东北少数民族产生了强烈的内向驱动力，通过和平交往和战争两种形式，一方面与中央王朝的关系越来越紧密，另一方面各族之间的关系也日益加强。到魏晋南北朝时期，东北各族之间、各地方政权之间的相互争长愈演愈烈，其中又掺杂着中原王朝对东北民族政权的战争。如高句丽政权曾遭到三次重大打击。战争与迁徙导致包括汉族在内的东北各民族之间杂居和融合的现象越来越普遍，强化了彼此之间及与中原王朝之间的政治关系、经济联系和文化交往。

魏晋以来，在东北，当东、西部民族及政权相互争衡的时候，地处东北一隅最为落后的肃慎一系挹娄、勿吉人也加快了社会发展的步伐，并向南、西南不断蚕食沃沮、夫余之地，进入第二松花江流域和长白山南北地区。东部鲜卑衰落后，西部地区又出现了契丹、库莫奚、室韦、豆莫娄、地豆于、乌洛侯等原始族群，在角逐中前三者在东北的西部地区逐渐强大起来。

---

① 关于夫余政权建立的年代说法不一，佟冬主编：《中国东北史》第1卷认为夫余国建立于公元前2世纪末以前；《三国遗事》中记载夫余建国在公元前59年；《三国史记》记载高句丽政权建立于公元前37年。

三 隋唐王朝羁縻统治时期

隋朝结束了南北对峙的分裂局面，建立了我国历史上第二个全国空前统一的中央王朝。唐朝进一步发展，将中国古代王朝社会发展推向繁荣昌盛的新阶段。隋代及唐初，两朝已开始在归附的东北少数民族地区设置羁縻州县，《新唐书·地理志》记载："唐兴，初未暇于四夷，自太宗平突厥，西北诸蕃及蛮夷稍稍内属，即其部落列置州县。其大者为都督府，以其首领为都督、刺史，皆得世袭。虽贡赋版籍，多不上户部，然声教所暨，皆边州都督、都护所领，著于令式。"① 最晚到唐代宗时期，东北各地已经普遍设置羁縻府州。唐朝在东北地区设置的羁縻府州可分为四种类型：民族政权型（渤海—忽汗州都督府）、边地府州型（安东都护府）、军事部落联盟型（松漠、饶乐都督府）、部落集团型（黑水、室韦、居延都督府）。羁縻府州的统治形式，不仅强化了中央王朝对东北地区的政治统治，而且扩大了中原经济、文化对东北各地区的影响，对促进东北各民族社会的发展与进步产生了积极作用。从东北民族区域建制史上看，这是一个具有划时代意义的时期，同时也使中原王朝对东北地区的统治进入了一个新的发展时期。

隋朝及唐朝初年，中央王朝在东北设置的州县仅限于辽西南部地区，较之燕秦两汉时期东北郡县地区大大缩小，辽东、朝鲜半岛北部、西辽河上游等大部分郡县之地，自两晋以后，逐渐为少数民族政权或少数民族部落所占有。隋唐统治集团虽然没有恢复郡县设置，但要求周边少数民族政权对中央王朝尽守臣礼，岁时朝贡，藩屏边疆，不得违抗中央、扰乱边疆统治秩序。

在东北的东部地区，高句丽政权面对空前强大的中央王朝，颇感自危，生怕失去已占有的原郡县地区，采取了与中央敌对的政策，结果适得其反，促使隋唐两朝多次大规模征伐高句丽，致使其遭到了灭顶之灾。668 年唐朝灭高句丽政权后，于其地设置安东都护府。

高句丽政权灭亡 30 年后，粟末靺鞨人以本族为主体，联合高句丽

---

① 《新唐书》卷 43 下《地理志七下》，中华书局 1975 年版，第 1119 页。

遗民、汉人以及靺鞨其他部落人，于698年到926年在故地建立起肃慎族系历史上第一个民族政权，唐于其地设置忽汗州都督府，以王为都督，封渤海郡王（后晋封为国王），其政权亦因唐朝封号改称为"渤海国"，其强盛时典章文化效仿唐朝，被誉为"海东盛国"。

在东北的最东北地区，贞观十四年（640），黑水靺鞨遣使朝贡，太宗以其地为黑水州，这是中央王朝在黑龙江流域设羁縻州之始。玄宗开元十三年（725），安东都护薛泰请于黑水靺鞨内置黑水军。十四年（726），于黑水靺鞨中最大部落的所在地设置黑水都督府，"仍以其首领为都督，诸部刺史隶属焉。中国置长史，就其部落监领之"[1]。自此，黑水都督府向唐朝遣使朝贡不绝。

东北的西部地区，太宗贞观二十二年（648），契丹大贺氏首领窟哥举部内属，唐置松漠都督府。松漠都督府下辖十州，以松漠都督（大贺氏部落联盟长）为持节十州诸军事。同年，奚人在可度者的率领卜举部内属，唐于其地置饶乐都督府，拜可度者持节六州诸军事、饶乐都督。贞观二十一年（647），霫向唐朝遣使朝贡，太宗以其地为寘颜州、居延州，以部落长俟斤为刺史，隶属于燕然都护府，确立了和唐朝的隶属关系。高宗显庆五年（660），唐设置居延都督府，以首领李含珠为居延都督。德宗贞元年间，唐朝在室韦地区已设置室韦都督府，贞元八年（792），室韦都督和解热素来朝；九年（793），室韦大都督阿朱等十三人来朝贡。室韦都督府的设置标志着唐朝在东北少数民族地区全面实现羁縻府州统治。

实行羁縻统治是唐朝对东北边疆少数民族的主要统辖方式，任命少数民族政权的王、部落联盟长或大部落的酋长为都督，册封为王，又实行和亲政策，出嫁宗室公主与少数民族首领通婚。同时为了加强对羁縻府州的控制，唐朝要求较强大的羁縻府州统辖者派子弟入朝，留作宿卫，实为质子，使其不得反叛。下嫁公主除去政治笼络的目的外，还有监视其部落的意图。这一方面说明唐朝统治者放弃对少数民族实行武力征服的策略，采用以安抚、笼络、因俗而治为主的方针；另一方面又从侧面反映出唐朝东北少数民族大多脱离了特别落后的原始状态，或处于原始社会末期，或处于向阶级社会过渡阶段，或已进入文明社会，逐步

---

[1] 《旧唐书》卷199下《北狄·靺鞨传》，中华书局1975年版，第5359页。

强大，独据一方，其本身社会发展状态适于设置羁縻府州进行统辖。

　　唐朝在东北地区设置的羁縻府州，有的一直处于中央政府的统治下，后来发展成为边地州县；有的则因部族强大，逐渐脱离了唐朝的控制，如契丹后来建立了少数民族王朝——辽朝；有的由于各种原因羁縻府州废止了，但部落仍保持着与中央王朝的朝贡关系。前者是羁縻府州发展的总趋势，这为唐以后东北民族区域设置的发展所证实。

四　辽金北方王朝统治时期

　　辽宋金时期，中国进入后南北朝时期，东北地区作为北朝统治民族契丹、女真人的勃兴之地，成为辽金王朝的内地。契丹、女真统治者用政治手段将中原制度、经济技术、儒家文化输入东北民族地区，契丹、女真在较短的时间内缩短了与汉族间的差距，从而达到了强化统治的目的。辽金时期，首次将直接统辖的地方行政区划遍置于东北各民族地区，在"因俗而治"的治国方针指导下，又形成了多种制度并存的局面。辽金地方行政设置区划东及日本海，北达外兴安岭以南，西越大兴安岭，对于确立我国东北疆域具有十分重要的意义。

　　对宋战争的胜利，使辽金王朝不断将大批汉人迁入契丹、女真居地。契丹、女真统治者都十分注意搜罗汉族礼乐仪仗、儒家图书文籍，吸纳汉、渤海等各族文人为新兴政权服务。如辽会同九年（946），太宗灭后晋，取"图书、礼器而北"。① 金天辅二年（1118），太祖诏曰："国书诏令，宜选善属文者为之。其令所在访求博学雄才之士，敦遣赴阙。"② 辽金王朝很快发展成为以"尊孔崇儒"为基本国策，具有中原制度基本特征的北方民族王朝。地处东北的辽上京（内蒙古巴林左旗林东）和中京（内蒙古宁城）、金上京（黑龙江阿城）都曾是当时政治、经济、文化的中心，汉、渤海等各族官吏和士大夫云集其地，中原的政治、经济、文化在东北地区空前传播与发展，东北各民族进入了前所未有的大发展时期。

---

① 《辽史》卷103《文学上》，中华书局1974年版，第1445页。
② 《金史》卷2《太祖纪》，中华书局1975年版，第32页。

辽朝东北地区居住着社会发展水平不相一致的各民族，就其经济生活类型看，大致可分为两种，一是"畜牧畋渔以食，皮毛以衣，转徙随时，车马为家"的契丹等游牧民族；二是"耕稼以食，桑麻以衣，宫室以居，城郭以治"①的汉和渤海等农耕民族。辽朝实行"以国制治契丹，以汉制待汉人"的蕃汉分治的南北面官制，全国分为五道，五道之下实行多种制度并存的统治体系，以部族制统辖契丹、奚等北方游牧民族；以州县制统治汉、渤海等农业民族；对东、西部边地女真、阻卜等社会发展缓慢的民族，置大王府、王国、都部署司、都详稳司、部族节度使等等，实行羁縻统治。

金朝建立后，迅速完成了国家政权的中原化制度变革，政治制度的基本模式是以中原制度为主体，兼容女真、契丹等族制度，一元化于中央集权制的政治体系之中，其政权中原化程度明显高于辽朝。东北地区各民族既混居杂处，又各自有相对的聚居区，金朝设置了上京路（以女真人为主）、东京路（以渤海、汉人为主）、北京路（以契丹、奚、汉人为主）等路，形成了各具特色的政治统治区域。路下为汉、渤海等族的州县制度与女真等族猛安谋克制度、部族制度并行，消除了羁縻统治的制度，对东北各民族地区的统治明显加强。但是，金朝对于草原鞑靼、蒙古等游牧民族则采取朝贡制以维系隶属关系，与辽朝相比，金朝对界壕以外西部草原地区的统辖关系有所减弱。

辽金对东北地区的开发卓有成效，尤其金代东北农业经济有长足的发展。各民族文化与风俗在一定程度上发生重要变化，契丹、女真统治者皆崇尚儒学，以契丹文、女真文译儒家经典，推行于少数民族社会，渗透于少数民族的观念之中，使以儒家文化为基本特征的中原文化在东北得以广泛传播，促进了各民族之间文化相互交流、影响，乃至吸收与交融，在各具特色的民族文化发展的同时，又出现华夷同风的地方文化特色。

五　元明清中央王朝统治时期

元明清时期，中国结束了南北分立的形势，再次建立起大一统王

---

① 《辽史》卷32《营卫志中》，第373页。

朝，东北地区首次纳入全国统一的行政区划，清代后期基本确定了现代中国东北部的疆界。建立元朝的蒙古人和建立清朝的满族人，分别起源于古代东北的西、东部地区，他们对祖先肇兴之地怀有特殊情感，尤其清朝统治时期，东北被视为龙兴之地而备受重视。这一时期东北仍然具有多民族聚居区的地方特点，三朝在统治东北的政治、经济政策及行政建制等方面都具有鲜明的区域特征。

元代，忽必烈即位后，在东北实行与中原相一致的行省制度。至元二十四年（1287），设置辽阳行省，统辖辽阳、懿州、广宁、大宁、沈阳、开元、东宁、女真水达达等八路，路下一般设府州县，但在少数民族聚居地则设有因俗而治的特殊行政机构，如沈阳路下设有安抚高丽军民总管府、千户所、百户所，女真水达达路下辖兀者、吉烈迷等若干军政合一的万户府。东北西部一部分地区由中书省的泰宁路、应昌路、全宁路和岭北行省的和宁路统辖，在蒙古族聚居地区一般不设府州县，而是设置千户、百户等机构。

明朝废除了元辽阳行省，以东北地区地处边疆，设置辽东都司、奴尔干都司及若干属部、卫所。辽东都司及所属卫所都设有衙署，派有官吏，驻守军队，管理居民，征收赋税，是军事卫所与州县相结合具有军政合一特点的地方统治机构。奴尔干都司则是实行羁縻统治，因当地部族或部落而设，以其酋长为都督、都指挥、指挥、千百户、镇抚等职，给予印信，对统辖的各族人民采取因俗而治的政策。

清代，东北被视为祖宗龙兴重地，行政统辖制度与中原地区有一定的差别，清廷先后设置了奉天将军、吉林将军和黑龙江将军，统辖东北的大部分地区，其下为旗、民分治的管理体系。而在西部蒙古族分布地区另设置哲里木盟、昭乌达盟、卓索图盟，实行盟旗制度进行统辖。

元明清时期，东北各民族分布格局与辽金时期略有变化，一些民族逐渐消亡了，又有一些民族迁入东北。曾经在辽金时期活跃于东北的契丹、奚、渤海等族，到了元代中期以后已融入汉、蒙古等民族之中。金朝时期迁到南部已经完全中原化的那部分女真人基本融入汉族与其他北方民族之中，但留居东北女真起源地的保持原有渔猎生活的女真人，仍是活跃于元明东北地区的一个重要民族。明清时期，东北地区人数较多的三个主要民族：蒙古族主要分布在东北的西部地区；汉族主要分布于南部地区；女真族（后改称满族）主要分布在东北北部地区。此外，回回（色目人）进入东北，主要分居在东北的西部和南部。在东南部地区分布着一些从朝鲜半岛迁来的高丽（朝鲜）人；黑龙江流域还分布着鄂伦春、赫哲、达斡尔、鄂温克等民族。这一时期在统一的中央王朝统治下，东北各民族既保持了本族特有的经济、文化特色，又有统一王朝政治文化的因素，是东北民族文化与全国各族文化共同形成中华民族文化的发展时期。

东北各民族地区被纳入全国统一王朝地方行政区划之后，中央王朝对东北地区各民族的管理日趋完备与巩固。各族之间的经济、政治、文化的交流更加密切，大多数民族有自己稳定的名称和鲜明的民族特征，逐渐形成了以汉族为主体，包括满、蒙古、回、朝鲜、鄂伦春、赫哲、达斡尔、鄂温克等多民族的比较稳定的民族分布格局。但随着各民族的迁徙流动，民族杂居的现象也相当普遍，尤其是汉族，除了在南部较为集中的居住区以外，东北大部分地区几乎都可以看到散居的汉人村落。在统一中央王朝的统治下，东北各民族以及与中原各民族在文化交流中结成了密不可分的关系，成为中华民族不可分割的重要组成部分。

（原载《中国边疆史地研究》2002 年第 2 期）

东部乌桓从朝贡成员到编户齐民的演变

乌桓（又作乌丸），自汉武帝时期开始见于中国史籍记载，汉魏时期与匈奴、鲜卑并称北方"三虏"，与王朝北部疆域的形成、发展和变化有着密切关系。中外学界前贤关于乌桓已有诸多研究，清代何秋涛、民国金毓黻以及日本学者内田吟风开启了乌桓历史研究的序幕，[①] 马长寿先生堪称中国乌桓史研究的奠基者，[②] 林幹、田余庆、船木胜马、三崎良章等学者在其论著中对乌桓历史皆有深入研究。[③] 以往研究重点多集中在乌桓的族源、起源地、社会形态、文化风俗，以及乌桓与中原王朝、北方各族的关系等方面。与本文主题相关的汉魏护乌桓校尉，以及乌桓与汉魏王朝的朝贡关系，学界已有探讨，[④] 但对汉魏王朝在乌桓地区建构的朝贡制度的运作形式、乌桓主体从塞外迁入塞内后朝贡制度的变化关注不够，尤其是乌桓人如何从朝贡成员发展变化为王朝编户齐民

---

① 参见（清）何秋涛：《朔方备乘》，咸丰十年刻本；金毓黻编：《东北通史》，社会科学战线杂志社翻印，1980 年版；［日］内田吟風：《烏桓族に関する研究——上代蒙古史の一部として》，《满蒙史論叢》第四，昭和十八年（1943）版。

② 参见马长寿：《乌桓与鲜卑》，广西师范大学出版社 2006 年版。

③ 参见林幹：《东胡史》，内蒙古人民出版社 1989 年版；田余庆：《代北地区拓跋与乌桓的共生关系——〈魏书·序纪〉有关史实解析》（上、下），《中国史研究》2000 年第 3、4 期；［日］船木勝馬：《古代遊牧騎馬民の国——草原から中原へ》，東京：誠文堂新光社，1989 年版；［日］三崎良章：《"十六国"与乌桓——特别以乌桓与三燕的关系为中心》，中国魏晋南北朝史学会、山西大学历史文化学院编：《中国魏晋南北朝史学会第十届年会暨国际学术研讨会论文集》，北岳文艺出版社 2011 年，第 32—37 页。

④ 参见林幹：《两汉时期"护乌桓校尉"略考》，《内蒙古社会科学》1987 年第 1 期；何天明：《两汉皇朝解决北方民族事务的统治机构——"护乌桓校尉"》，《内蒙古师大学报》1987 年第 1 期；王庆宪：《浅谈两汉时期乌桓史中的几个问题》，《内蒙古大学学报》1989 年第 1 期；成永娜：《略论乌桓与中原王朝的关系》，《烟台大学学报》2008 年第 4 期。

的过程,只简要提及。① 汉魏时期乌桓分布于北方缘边十郡内外,各地乌桓的发展道路有所不同,本文以东部乌桓②为主,以上述问题为切入点,力图从一个侧面揭示汉魏王朝建构的乌桓朝贡制度运作的实态,以及乌桓人从朝贡成员转变为编户齐民的发展路径,希望对中国古代王朝边疆朝贡制度政治功能的探讨有推进作用。

一 西汉东部乌桓的塞外朝贡体制

"乌桓"之族名,首见于《史记·货殖列传》:"上谷至辽东,地踔远,人民希,数被寇,大与赵、代俗相类,而民雕捍少虑,有鱼盐枣栗之饶。北邻乌桓、夫余,东绾秽貉、朝鲜、真番之利。"③《史记》成书于武帝征和二年(前91)前后,文中提到"朝鲜",说明在武帝元封三年(前108)火朝鲜设乐浪等四郡之前,在上谷全辽东五郡之北已有乌桓人分布。关于乌桓的族源和早期社会形态、经济类型、文化风俗,最早见于西晋陈寿的《三国志》、王沈《魏书》和司马彪《续汉书》,称:"乌丸者,东胡也。汉初,匈奴冒顿灭其国,余类保乌丸山,因以为号焉。俗善骑射,随水草放牧,居无常处,以穹庐为宅,皆东向。日弋猎禽兽,食肉饮酪,以毛毳为衣。"④ 至于汉武帝时期设官建构朝贡制度统辖乌桓的事迹,则始见于南朝刘宋范晔所撰《后汉书》:"乌桓自为冒顿所破,众遂孤弱,常臣伏匈奴,岁输牛马羊皮,过时不具,辄没其妻子。及武帝遣骠骑将军霍去病击破匈奴左地,因徙乌桓于上谷、渔阳、右北平、辽西、辽东五郡塞外,为汉侦察匈奴动静。其大人岁一朝见,于是始置护乌桓校尉,秩二千石,拥节监领之,使不得

---

① 三崎良章先生说乌桓人"在前燕社会中具体是以何种方式生存的却无法判明"。参见[日]三崎良章:《"十六国"与乌桓——特别以乌桓与三燕的关系为中心》,中国魏晋南北朝史学会、山西大学历史文化学院编:《中国魏晋南北朝史学会第十届年会暨国际学术研讨会论文集》,第35页。

② 本文所说的"东部乌桓"是为了与"代北乌桓"区别,指辽东、辽西、右北平郡塞外和塞内,以及魏晋时期的幽冀乌桓。

③《史记》卷129《货殖列传》,中华书局1959年版,第3265页。

④《三国志》卷30《魏书·乌丸鲜卑传》注引王沈《魏书》,中华书局1959年版,第832页。

与匈奴交通。"① 据此可知西汉始置护乌桓校尉，② 开始以朝贡制度统辖南迁的乌桓人。

霍去病击破匈奴左地之事，《史记·卫将军骠骑列传》系于元狩四年（前119），自此，乌桓人离开原住地乌桓山③迁至五郡塞外。南迁后乌桓人分布的地理位置，可依据汉代长城走向来考察，西汉初年承用燕秦北方长城，其东北段的走向大致为：西起今河北沽源，经内蒙古、河北和辽宁的多伦、丰宁、围场、喀喇沁旗、赤峰、建平、敖汉、北票、阜新、彰武、法库、宽甸，向东南进入朝鲜半岛，直抵清川江入海口。④ 五郡塞外（长城以北）之地，即今西拉木伦河南北地区。

王沈《魏书》曰：乌桓"邑落各有小帅，不世继也"⑤。日本学者船木胜马先生认为"乌桓大人"即是统领邑落的小帅。⑥ 西汉时期分布在五郡塞外的乌桓有多少邑落，尚不清楚，史籍中也没有见到有关西汉时期乌桓人朝贡的记载。对于这种现象，推测有两种可能：其一，从汉

---

① 《后汉书》卷90《乌桓鲜卑传》，中华书局1965年版，第2981页。有学者对西晋以来史家关于乌桓早期历史记载的真实性提出质疑，认为这很可能是史家从两汉时期文献中推导并加上自己的主观认识而撰写出来的。参见潘玲：《西汉时期乌桓历史辨析》，《史学集刊》2011年第1期。但是，陈寿撰写《三国志·魏书·乌丸传》时云："乌丸、鲜卑即古所谓东胡也。其习俗、前事，撰汉记者已录而载之矣。故但举汉末魏初以来，以备四夷之变云。"此"撰汉记者"必在陈寿之前，可见当时流传的史籍中已有关于乌桓"习俗、前事"的记载。范晔《后汉书》关于汉武帝时期霍去病将乌桓迁至五郡塞外，汉设护乌桓校尉建构朝贡制度以统辖乌桓的记载，很有可能是他看到相关文献，因体例需要系统记述乌桓历史，故采用了前人未用史料。因此，对西晋以来史家的相关记载，尚不能轻易否定其真实性。

② 田余庆认为："西汉护乌桓校尉驻蓟城或其周边地区。"但未言其依据为何。参见田余庆：《代北地区拓跋与乌桓的共生关系（上）——〈魏书·序纪〉有关史实解析》，《中国史研究》2000年第3期。

③ 关于乌桓山的所在地学界有不同看法，本文支持张博泉先生的观点：乌桓山即今蒙古国境内肯特山。参见张博泉：《乌桓的起源地与赤山》，《黑龙江文物丛刊》1984年第2期。

④ 参见项春松：《昭乌达盟燕秦长城遗址调查报告》、郑绍宗：《河北省战国、秦、汉时期古长城和城障遗址》，文物编辑委员会编：《中国长城遗迹调查报告集》，文物出版社1981年版；孙守道：《汉代辽东长城列燧遗迹考：兼论辽东郡三部都尉治及若干近塞县的定点问题》，《辽海文物学刊》1992年第2期。

⑤ 《三国志》卷30《魏书·乌丸鲜卑传》注引王沈《魏书》，第832页。

⑥ 参见［日］船木胜马著，古清尧摘译：《关于匈奴、乌桓、鲜卑的"大人"》，《民族译丛》1984年第3期。

代东北边疆的夫余、高句丽、鲜卑等族朝贡的主要地点在边郡看，[①] 众多乌桓邑落大人"岁一朝见"的朝贡地点，可能也主要是边郡，不是京师。其二，不排除曾有少数几位乌桓大人赴京师朝贡，但因乌桓并未形成强大的部落联盟组织，没有产生"王"一类的人物，入京朝贡的乌桓大人，未能获得朝见天子的资格，故不为史官所记载。汉朝为管理众多的乌桓部落朝贡活动，专门设置护乌桓校尉，从"秩二千石"看，其官地位相当于郡守，并且"拥节监领之"。林幹先生指出"拥节"是代表皇帝行使权力和传达皇帝意旨的一种标志，西汉时护乌桓校尉的等级虽与郡太守相当，但权力和地位却比郡太守要高。[②] 这足以说明朝廷对监管塞外乌桓朝贡制度十分重视。汉朝通过朝贡制度，将乌桓与东北各族有序地纳入地方统治体系，因其故俗，实行羁縻统辖，这对汉朝东北边疆地区的经营、安边固土具有重要意义。

汉代边疆朝贡制度的一个重要功能是守边御敌，西汉王朝不仅要求乌桓不得与匈奴交通，而且要求乌桓为汉朝侦查匈奴动静，通过朝贡制度在汉朝东北西部边地建构一道防备匈奴的藩屏。武帝时乌桓保塞无事，汉昭帝时开始见到乌桓人犯塞的记载，昭帝始元中（前86—前81）"兵诛乌桓"。[③] 元凤三年（前78）冬，"辽东乌桓反，以中郎将范明友为度辽将军，将北边七郡郡二千骑击之"[④]。六年，度辽将军范明友再击乌桓，《汉书·匈奴传上》记载："汉复得匈奴降者，言乌桓尝发先单于冢，匈奴怨之，方发二万骑击乌桓。大将军霍光欲发兵邀击之，以问护军都尉赵充国。充国以为'乌桓间数犯塞，今匈奴击之，于汉便。又匈奴希寇盗，北边幸无事。蛮夷自相攻击，而发兵要之，招寇生事，非计也。'光更问中郎将范明友，明友言可击。于是拜明友为度辽将军，将二万骑出辽东。匈奴闻汉兵至，引去。初，光诫明友：'兵不空出，即后匈奴，遂击乌桓。'乌桓时新中匈奴兵，明友既后匈

---

① 《三国志》卷30《魏书·东夷传》记载，西汉时，高句丽"常从玄菟郡受朝服衣帻"（第843页）。"汉时，夫余王葬用玉匣，常豫以付玄菟郡，王死则迎取以葬"（第842页）。《后汉书》卷90《乌桓鲜卑传》记载：东汉明帝时，"鲜卑大人皆来归附，并诣辽东受赏赐"（第2986页）。

② 参见林幹：《两汉时期"护乌桓校尉"略考》，《内蒙古社会科学》1987年第1期。

③ 《汉书》卷26《天文志第六》，中华书局1962年版，第1307页。

④ 《汉书》卷7《昭帝纪》，第229页。

奴，因乘乌桓敝，击之，斩首六千余级，获三王首，还，封为平陵侯。"① 乌桓与匈奴之间相攻，既有本族与匈奴间的积怨，也有身为汉朝外臣，与汉朝宿敌作战的因素。汉朝大将军霍光以"乌桓间数犯塞"，令范明友如未能邀击匈奴，可出兵打乌桓。范明友便在乌桓新被匈奴所败时，"乘人之危"击败之，这显然胜之不武，不利于招抚乌桓。这件事导致乌桓愈加频繁地寇抄边地郡县，直到宣帝元康三年（前63）才重新归附汉朝。②

宣帝甘露年间（前53—前50）匈奴呼韩邪单于归附汉朝，成为西汉朝贡制度成员。之后，匈奴与包括乌桓在内的其他朝贡成员的关系变得复杂起来，并出现了彼此役属的现象，这直接影响了汉朝中央的利益，导致汉朝在游牧民地区建立的朝贡制度不很稳定，这使西汉君臣认为"匈奴不可不备，乌桓不可不忧"③。哀帝时，对于西域和北方游牧民族各朝贡成员之间的关系进行了新的规定，《汉书·匈奴传下》记载：

> （汉朝）乃造设四条：中国人亡入匈奴者，乌孙亡降匈奴者，西域诸国佩中国印绶降匈奴者，乌桓降匈奴者，皆不得受。遣中郎将王骏、王昌、副校尉甄阜、王寻使匈奴，班四条与单于，杂函封，付单于，令奉行。……
>
> 汉既班四条，后护乌桓使者告乌桓民，毋得复与匈奴皮布税。匈奴以故事遣使者责乌桓税，匈奴人民妇女欲贾贩者皆随往焉。乌桓距曰："奉天子诏条，不当予匈奴税。"匈奴使怒，收乌桓酋豪，缚到悬之。酋豪昆弟怒，共杀匈奴使及其官属，收略妇女马牛。单于闻之，遣使发左贤王兵入乌桓责杀使者，因攻击之。乌桓分散，或走上山，或东保塞。匈奴颇杀人民，驱妇女弱小且千人去，置左地，告乌桓曰："持马畜皮布来赎之。"乌桓见略者亲属二千余人持财畜往赎，匈奴受，留不遣。④

---

① 《汉书》卷94上《匈奴传上》，第3784页。
② 参见《汉书》卷69《赵充国传》，第2972页。
③ 《汉书》卷69《赵充国传》，第2990页。
④ 《汉书》卷94下《匈奴传下》，第3819、3820页。

汉朝规定匈奴不得接受私自逃入匈奴的汉人和其他朝贡成员,不得役属其他朝贡成员,不得向其他朝贡成员征税,这应是同样适用于边疆各族朝贡制度的规则。匈奴依仗自己的实力,并不严格遵守汉朝的规定,乌桓奉天子诏条抵制匈奴的要求,遭到匈奴使者的责打,相对弱小的乌桓人之所以敢于反抗,正是因为他们是汉朝的朝贡成员,可以倚仗汉朝的保护。在这种形势下,为了逃避匈奴人的骚扰,一部分乌桓人请求内迁,汉朝出于保护朝贡成员的责任,允许部分乌桓邑落迁入边郡地区。王莽时,欲击匈奴,兴十二部军,"使东域将严尤领乌桓、丁令兵屯代郡,皆质其妻子于郡县。乌桓不便水土,惧久屯不休,数求谒去。莽不肯遣,遂自亡畔,还为抄盗,而诸郡尽杀其质,由是结怨于莽"①。从"诸郡尽杀其质"看,入居郡县地区的乌桓部落已有一定数量。王莽与诸郡的做法导致一些乌桓人亡出边塞,匈奴因诱乌桓豪帅为吏。两汉之际,匈奴、乌桓屡寇边郡。

二 东汉东部乌桓的塞内朝贡体制

东汉初年,汉光武帝不仅重新恢复了西汉武帝以来在塞外乌桓地区建立的朝贡制度,而且根据乌桓大批内迁的形势,在边郡地区增设塞内乌桓朝贡制度,两者并行。2世纪中叶以后,乌桓主体部分已迁入北方诸郡,乌桓朝贡制度由塞外转变为以塞内为主。查阅史籍,东汉一朝乌桓人大规模迁入或迁出郡县,主要有如下诸次:

第一次乌桓大规模归附东汉王朝迁入缘边郡县的时间是汉光武帝建武二十五年(49)。东汉初,光武帝稳定了国内统治后,一面命大将率师出塞打击反叛的乌桓,一面派官以币帛赂乌桓,加上匈奴发生内乱,乌桓乘机击破之,乌桓与匈奴再次反目。于是,在建武二十五年,乌桓大规模诣阙归附。王沈《魏书》记载:

> 建武二十五年,乌丸大人郝旦等九千余人率众诣阙,封其渠帅
> 为侯王者八十余人,使居塞内,布列辽东属国、辽西、右北平、渔

---

① 《后汉书》卷90《乌桓鲜卑传》,第2981页。

阳、广阳、上谷、代郡、雁门、太原、朔方诸郡界，招来种人，给
其衣食，置校尉以领护之，遂为汉侦备，击匈奴、鲜卑。①

《后汉书·乌桓鲜卑传》记载：

> 二十五年，辽西乌桓大人郝旦等九百二十二人率众向化，诣阙
> 朝贡，献奴婢牛马及弓虎豹貂皮。
> 是时四夷朝贺，络绎而至，天子乃命大会劳飨，赐以珍宝。乌
> 桓或愿留宿卫，于是封其渠帅为侯王君长者八十一人，皆居塞内，
> 布于缘边诸郡，令招来种人，给其衣食，遂为汉侦候，助击匈奴、
> 鲜卑。②

这在乌桓的历史上是一个重大的事件，两处记载有差异，这涉及乌
桓内迁人数与归附前乌桓人的分布地，不可不辨。

首先，内附乌桓大人的人数，《三国志》曰9000多人，《后汉书》
则云922人。王沈《魏书》曰：乌桓"邑落各有小帅，不世继也。数
百千落自为一部"③。"落"是乌桓社会基本单位，"邑落"是"落"之
上的社会组织。莫任南先生梳理了学界关于乌桓、匈奴"落"的研究，
认为"落"应即户。④那么一"落"有几口？日本内田吟风先生认为匈
奴和鲜卑每帐户为七口。⑤与鲜卑社会经济、社会组织相同的乌桓人，
可能也是七口一"落"。据马长寿先生估算乌桓每邑落当为二三十户
（落）。⑥若以每邑落25帐户计，为170口左右。9000多邑落其人口高
达150万以上；922个邑落人口则为15万以上。西汉迁到五郡塞外的
乌桓部落，经百年人口繁衍有可能近百万，但这次乌桓内迁只是其中一
部分，另外从汉朝后册封乌桓"渠帅为侯王君长者八十一人"看，此
次率众归附的乌桓渠帅为922人似乎更近是。

---

① 《三国志》卷30《魏书·乌丸鲜卑传》注引王沈《魏书》，第833页。
② 《后汉书》卷90《乌桓鲜卑传》，第2982页。
③ 《三国志》卷30《魏书·乌丸鲜卑传》注引王沈《魏书》，第832页。
④ 莫任南：《匈奴、乌桓的"落"究竟指什么？》，《民族研究》1994年第1期。
⑤ 参见［日］内田吟風：《烏桓族に関する研究——上代蒙古史の一部として》，《満蒙
史論叢》第四，昭和十八年（1943）版。
⑥ 参见马长寿：《乌桓与鲜卑》，第113页。

其次，"乌桓大人郝旦"，《后汉书》比《三国志》增加了"辽西"二字，郝旦是归附前已迁入辽西郡？还是居住在辽西塞外？容易引起歧义。王莽时期分布在边郡地区的乌桓人为反抗新莽征兵"自亡叛"，"诸郡尽杀其质，由是结怨于莽"，"匈奴因诱其豪帅以为吏，余者皆羁縻属之"①。在这种情况下边郡内乌桓当所剩无几，乌桓大人郝旦作为这次乌桓大规模归汉行动的率领者，当是塞外乌桓诸部中享有很高声望的乌桓大人。如果《后汉书》所记"辽西"二字不是衍字，很可能是郝旦内附前其部落分布在辽西塞外。当然也有可能他在内附后居住在辽西郡内，范晔据所见文献记载郝旦内附后居地，而冠之"辽西乌桓"。

光武帝建武二十五年这次乌桓大规模内迁，从上文有"令招来种人，给其衣食"之语看，还延续了一段时期，之后又有一定数量的塞外乌桓人陆陆续续迁入塞内。汉朝将这些内迁的乌桓邑落安置于辽东属国②、辽西、右北平、渔阳、广阳、上谷、代郡、雁门、太原、朔方缘边诸郡，自此从辽河之畔到代北一线，分布着十几万口乌桓人的邑落，开始了百年来乌桓主体由塞外迁入塞内的进程。

第二次乌桓较多人口内迁是在和帝永元四年（92）。和帝永元初年，汉军连续几年出兵攻打北匈奴，三年冬，南匈奴单于与塞外乌桓大人趁乱俱反，和帝"以大司农何熙行车骑将军事，中郎将庞雄为副，将羽林五校营士，及发缘边十郡兵二万余人，又辽东太守耿夔率将鲜卑种众共击之，诏（梁）慬行度辽将军事。……明年正月，慬将八千余人驰往赴之，至属国故城，与匈奴左将军、乌桓大人战，破斩其渠帅，杀三千余人，虏其妻子，获财物甚众"③。从汉朝发兵二万余又有鲜卑助军看，这次讨伐反叛的南匈奴和乌桓的规模较大，永元四年度辽将军梁慬又率军八千破斩匈奴、乌桓渠帅，"杀三千余人，虏其妻子，获财物甚众"。按游牧民族的习俗，部落男子出战时，其随行家小通常驻在距离战场不远处，当战败军队溃逃时，其家人牲畜财物很容易被战胜方

①　《后汉书》卷90《乌桓鲜卑传》，第2981页。
②　《后汉书》志23《郡国五》辽东属国条下曰："安帝时以为属国都尉，别领六城。"（第3530页）学界一般认为"辽东属国"是"辽东"之误。但我认为不能轻易排除在汉光武帝时期曾设置辽东属国的可能性。参见程妮娜：《古代中国东北民族地区建置史》，中华书局2011年版，第52—53页。
③　《后汉书》卷47《梁慬传》，第1592—1593页。

获得。这次汉军俘获乌桓妇女、儿童、老人当在万人以上，被强行迁入缘边郡县。

然而，汉安帝时期曾发生一次大批塞内乌桓逃回塞外的事件，永初三年（109）"渔阳、右北平、雁门乌丸率众王无何等复与鲜卑、匈奴合，钞略代郡、上谷、涿郡、五原，乃以大司农何熙行车骑将军，左右羽林五营士，发缘边七郡黎阳营兵合二万人击之。匈奴降，鲜卑、乌丸各还塞外"。① 是后，又有部分乌桓在大人戎末廆的率领下复内附，汉帝拜戎末廆为都尉。

第三次乌桓大规模内迁是在顺帝建康元年（144）。顺帝永和五年（140）南匈奴左部句龙吾斯等立句龙王车纽为单于，"东引乌桓，西收羌戎及诸胡等数万人，攻破京兆虎牙营，杀上郡都尉及军司马，遂寇掠并、凉、幽、冀四州"。② 顺帝遣匈奴中郎将张耽"将幽州乌桓诸郡营兵，击叛虏车纽等，战于马邑，斩首三千级，获生口及兵器牛羊甚众。车纽等将诸豪帅骨都侯乞降，而吾斯犹率其部曲与乌桓寇钞"。③ 六年春，张耽率军"绳索相悬，上通天山，大破乌桓，悉斩其渠帅，还得汉民，获其畜生财物"。④ 顺帝汉安二年（143）使匈奴中郎将马实（寔）募刺杀句龙吾斯，送首洛阳。建康元年，马实率军"进击余党，斩首千二百级。乌桓七十万余口皆诣寔降，车重牛羊不可胜数"⑤。这次以南匈奴左部为首联合东部乌桓、西部羌人以及塞外诸胡，为时四年的叛乱中，塞外乌桓的大部分邑落参与其中，汉军平定叛乱后，"乌桓七十万余口"内附，这是史籍记载内附乌桓人数最多的一次，此后估计塞内乌桓人口已远远超过了塞外乌桓的人口。

第四次乌桓大规模内迁是在桓帝延熹九年（166）。桓帝时塞外鲜卑势力日益强大，延熹九年夏，鲜卑"招结南匈奴、乌桓数道入塞，或五六千骑，或三四千骑，寇掠缘边九郡，杀略百姓。秋，鲜卑复率八九千骑入塞，诱引东羌与共盟诅。于是上郡沈氏、安定先零诸种共寇武

① 《三国志》卷30《魏书·乌丸鲜卑传》注引王沈《魏书》，第833页。
② 《后汉书》卷89《南匈奴传》，第2961、2962页。
③ 《后汉书》卷89《南匈奴传》，第2962页。
④ 《后汉书》卷89《南匈奴传》，第2962页。
⑤ 《后汉书》卷89《南匈奴传》，第2963页。马实，《后汉书》卷6《顺帝纪》作"马寔"。

威、张掖，缘边大被其毒"。^① 桓帝再次以在塞外诸族享有很高威望的张奂任护匈奴中郎将，"以九卿秩督幽、并、凉三州及度辽、乌桓二营，兼察刺史、二千石能否，赏赐甚厚。匈奴、乌桓闻奂至，因相率还降，凡二十万口。奂但诛其首恶，余皆慰纳之。唯鲜卑出塞去"^②。乌桓与南匈奴内迁 20 万口中当有众多的乌桓邑落。

经过几次大规模的迁徙，加上其他时期乌桓人小规模的内附，灵帝初年（167）迁入缘边郡县的乌桓人当在百万余口，塞外乌桓所剩无几。东部缘边郡县内分布的乌桓邑落，据史载上谷乌桓有九千余落，辽西乌桓有五千余落，辽东属国乌桓有千余落，右北平乌桓有八百余落，^③ 共计有 16000 余落（帐户），人数达十余万口。

东汉时期，由于北方游牧民族的侵扰，北方诸郡边塞普遍内移。陈得芝先生通过对比《汉书·地理志》和《续汉书·郡国志》所记户数，得出东汉北疆诸郡的属县及户口数比西汉大为减少的结论。现将两汉东北部五郡户数比较情况转录如下：

郡	西汉		东汉	
	县数	户数	县数	户数
辽东	18	55972	11	64158
辽西	14	72654	5	14150
右北平	16	66689	4	9170
渔阳	12	68802	9	68456
上谷	15	36008	8	10352

陈先生认为《续汉志》所载户口系指汉民，不包括南匈奴与乌桓部众，在许多边郡里，匈奴、乌桓居民数量显然超过了汉人，诸边郡有了两种管辖体制：一是郡县，管百姓（汉民）；一是藩属，包括南单于

---

① 《后汉书》卷 65《张奂传》，第 2139 页。

② 《后汉书》卷 65《张奂传》，第 2139—2140 页。

③ 参见《三国志》卷 30《魏书·乌丸鲜卑传》，第 834 页。"辽东属国"，《后汉书》卷 90《乌桓鲜卑传》第 2984 页，作"辽东"。从史籍关于乌桓事迹的记载，其分布主要范围东边到辽东属国，并未有大量乌桓人进入辽东郡。

所统匈奴诸部和诸郡乌桓大人所管各自的部众。① 东汉建武二十五年
（49）光武帝对于第一次大规模内迁的乌桓邑落，采取因俗而治的统辖
政策，将其安置在边郡适宜亦牧亦耕的地区，保持其原有的社会经济形
态和文化习俗，建构起郡县地区乌桓朝贡制度。为管理塞内外乌桓、鲜
卑朝贡制度，光武帝采纳班彪的建议，重新恢复了一度废止的护乌桓校
尉府，② 《后汉书·乌桓鲜卑传》记载："时司徒掾班彪上言：'乌桓天
性轻黠，好为寇贼，若久放纵而无总领者，必复侵掠居人，但委主降掾
史，恐非所能制。臣愚以为宜复置乌桓校尉，诚有益于附集，省国家之
边虑。'帝从之。于是始复置校尉于上谷宁城，开营府，并领鲜卑，赏
赐质子，岁时互市焉。"③ 护乌桓校尉于上谷宁城（今河北万全县）"开
营府"，营为屯营，驻兵之处；府为衙署，官府所在之地。掌管塞内外
乌桓、鲜卑人的"赏赐质子岁时互市"三大朝贡事务。内蒙古和林格
尔发掘一座东汉时期的护乌桓校尉壁画墓，护乌桓校尉端坐在校尉府正
堂中央，正堂阶下跪拜着前来朝贡的乌桓、鲜卑大人、渠帅，④ 再现了
乌桓人朝贡时的情景。东汉前期内迁分布于缘边十郡的乌桓人主要由护
乌桓校尉统领，除了管理朝贡事务外，护乌桓校尉时常统领各郡乌桓出
战，如汉明帝永平年间，汉军大举攻打匈奴，其中一路军即是由骑都尉
来苗、护乌桓校尉文穆"将太原、雁门、代郡、上谷、渔阳、右北平、
定襄郡兵及乌桓、鲜卑万一千骑出平城塞"⑤。

　　东汉中期尤其是顺帝时期塞外乌桓大举内迁后，分布于缘边十郡的
乌桓人数量猛增，设在北部边郡地区的使匈奴中郎将、度辽将军和各郡
官员的职责也增加了对乌桓人的兼领和管辖。东汉使匈奴中郎将设置于
光武帝建武二十六年（50），以监领内附的南匈奴，其府衙治于西河美
稷（今内蒙古准格尔旗一带），"设官府、从事、掾史。令西河长史岁
将骑二千，弛刑五百人，助中郎将卫护单于，冬屯夏罢。自后以为

---

① 参见陈得芝：《秦汉时期的北疆》，刘迎胜主编：《元史及民族与边疆研究集刊》第21
辑，上海古籍出版社2009年版，第134—150页。
② 阚骃认为西汉时护乌桓校尉曾并于匈奴中郎将。参见（北凉）阚骃：《十三州志》，
中华书局1985年版，第1页。
③ 《后汉书》卷90《乌桓鲜卑传》，第2982页。
④ 盖山林：《和林格尔汉墓壁画》，书后附图七"宁城图"，内蒙古人民出版社1978年版。
⑤ 《后汉书》卷23《窦融传》，第810页。

常"①。李大龙先生认为其职权范围虽然主要是南匈奴，但不仅限于此，还涉及对东至乌桓、鲜卑，北及北匈奴，西到西羌的统辖与防范。②东汉中后期史籍中常见使匈奴中郎将征讨和统辖乌桓的记载，如上文所引使匈奴中郎将马实、张奂的典型事例。度辽将军这一官职在西汉昭帝时已见，但作为统辖边郡内外少数民族官府则设置于东汉明帝永平八年（65），"初置度辽将军，屯五原曼柏"③，"以中郎将吴棠行度辽将军事，副校尉来苗、左校尉阎章、右校尉张国将黎阳虎牙营士"④。应劭《汉官仪》曰：度辽将军"银印青绶，秩二千石。长史、司马六百石"⑤。据何天明先生研究，东汉年间度辽将军除了统有度辽营兵外，对黎阳、虎牙营兵也有一定指挥权，固定兵员可能达8千左右。其职责是配合使匈奴中郎将、北方各郡和有关机构，加强对北方各民族地区的政治统治和军事控制。⑥其中"有关机构"当包括护乌桓校尉，其统领的军队中有乌桓突骑，如汉安帝建光元年（121）"虏入种羌与上郡胡反，攻谷罗城，度辽将军耿夔将诸郡兵及乌桓骑赴击破之"⑦。然东北部边郡内的乌桓邑落还是主要受护乌桓校尉统辖。

此外内迁的乌桓邑落还受所在州郡地方官管理，史籍中记载东部诸郡乌桓的活动常常冠有郡名，如辽东属国乌桓、辽西乌桓、右北平乌桓、上谷乌桓、渔阳乌桓等。东汉后期幽州刺史已有管辖塞内外东北民族（包括乌桓在内）朝贡制度的职责，如汉灵帝时期，刘虞任幽州刺史期间，"民夷感其德化，自鲜卑、乌桓、夫余、秽貊之辈，皆随时朝贡，无敢扰边者，百姓歌悦之"⑧。到曹魏明帝青龙年间，开始以幽州刺史兼任护乌桓校尉，这是由于幽州所辖郡县之内已分布着大量的乌桓、鲜卑邑落，故管理和安抚郡县内外乌桓、鲜卑事务已成为幽州重要

---

① 《后汉书》卷89《南匈奴传》，第2945页。
② 参见李大龙：《东汉王朝使匈奴中郎将略论》，《中国边疆史地研究》1994年第4期。
③ 《后汉书》卷2《明帝纪》，第110页。东汉五原曼柏，据谭其骧主编《中国历史地图集》（中国地图出版社1982年版，第17—18页）在今内蒙古鄂尔多斯东北。
④ 《后汉书》卷89《南匈奴传》，第2949页。
⑤ 《后汉书》志24《百官一》唐李贤注引，第3565页。
⑥ 何天明：《两汉北方重要建制"度辽将军"探讨》，《北方文物》1988年第3期。
⑦ 《后汉书》卷87《西羌传》，第2892页。
⑧ 《后汉书》卷73《刘虞传》，第2353页。

的地方行政事务。① 护乌桓校尉府的治所也当与幽州治所同在一地。

根据史籍关于东汉乌桓人活动的记载统计，有具体时间记载的乌桓人朝贡（内附）活动为18次，随护乌桓校尉（或度辽将军、使匈奴中郎将等）出战平叛有17次，寇抄边郡的行动有10次。朝贡活动最多，随军出战次之，寇抄边郡最少。此外，还有一些没有确切年份，而是一段时期乌桓事迹的记载，如光武帝后期"边无寇警，鲜卑、乌桓并入朝贡"；乌桓"及明、章、和三世，皆保塞无事"；灵帝时"自鲜卑、乌桓、夫余、秽貊之辈，皆随时朝贡，无敢扰边者，百姓歌悦之"②，等等。因此，在朝贡制度下，按时朝贡是乌桓人的常态活动，随军出战是乌桓人的义务，寇抄边郡则是乌桓人的反叛行为。乌桓人的朝贡地点始终以边郡为主，偶见诣阙朝贡记载。《后汉书·明帝纪》记载："宗祀光武皇帝于明堂，帝及公卿列侯始服冠冕、衣裳、玉佩、绚履以行事……乌桓、秽貊咸来助祭，单于侍子、骨都侯亦皆陪位。"同书《班固传》亦曰："今乌桓就阙，稽首译官"。③ 赴京朝贡的既有塞外乌桓，也有塞内乌桓，其中关于乌桓大人亲自诣阙朝贡的确切记载只见两条，一是光武帝建武二十五年辽西乌桓大人郝旦率922位邑落大人诣阙朝贡，当时他们的身份为塞外乌桓；二是汉献帝建安二十一年（216）"代郡乌丸行单于普富卢与其侯王来朝。天子命王女为公主，食汤沐邑"④。此为塞内乌桓的朝贡活动。一则为东汉初，一则为东汉末，中间乌桓大人诣阙朝贡的具体事迹则阙载。汉帝对于诣阙朝贡的乌桓大人和保塞有功的乌桓大小渠帅进行册封，以嘉奖其对汉朝的臣属和忠心，如建武二十五年，汉帝一次册封81位乌桓大人为"侯王君长"。顺帝时，"乌桓豪人扶漱官勇健，每与鲜卑战，辄陷敌，诏赐号'率众君'"。"乌桓亲汉都尉戎朱廆率众王侯咄归等，出塞抄击鲜卑，大斩获而还，赐咄归等已下为率众王、侯、长，赐彩缯各有差。"⑤ 汉朝册封乌桓大人的封号主要有率众王、率众侯、率众君、率众长，以及乌桓亲

① 参见程妮娜：《古代中国东北民族地区建置史》，第61—62页。
② 《后汉书》卷20《祭肜传》、卷90《乌桓鲜卑传》、卷73《刘虞传》，第745、2983、2353页。
③ 《后汉书》卷2《明帝纪》，第100页；卷40下《班固传》，第1374页。
④ 《三国志》卷1《魏书·武帝纪》，第47页。
⑤ 《后汉书》卷90《乌桓鲜卑传》，第2988页。

汉都尉等官号。从出土的汉代蛮夷印和明代著录的汉代蛮夷印看，汉代授予边疆朝贡体制下少数民族首领的印章有"滇王之印""越青邑君""汉归义寶邑侯""汉匈奴归义亲汉长""汉率善羌长"等，① 汉朝册封乌桓大人"侯王君长"名号的同时也授予印绶，如"汉保塞乌桓率众长"之印等。②

乌桓人大批迁入边郡后，汉朝仍以朝贡制度对乌桓邑落进行羁縻统辖，但地方各级政府、专设机构对其统辖力度明显加强，以渐变的形式使其适应新时统治环境，这使乌桓社会不可避免地开始发生深刻的变化。

三 魏晋南北朝时期东部乌桓向编户齐民的转变

汉末，存续了 400 年的王朝已经濒临灭亡，中原群雄割据，汉朝已无能力经营朝贡制度。各郡乌桓大人趁机发展势力，将若干邑落组成联盟，大人的含义也由普通的邑落渠帅，转变为具有较强政治势力的大酋长，乌桓出现了"王""单于"的称呼，如，"汉末，辽西乌丸大人丘力居，众五千余落，上谷乌丸大人难楼，众九千余落，各称王，而辽东属国乌丸大人苏仆延，众千余落，自称峭王，右北平乌丸大人乌延，众八百余落，自称汗鲁王，皆有计策勇健"③。献帝建安二十一年"代郡乌丸行单于普富卢与其侯王来朝。天子命王女为公主，食汤沐邑"④。汉末逐鹿中原的各方势力，都努力争取原汉朝的朝贡成员为自己效力。在此背景下，东部各郡乌桓结成了更大规模的部落联盟。汉灵帝中平年间"四方兵起"，"车骑将军张温讨贼边章等，发幽州乌桓三千突骑，而牢稟逋悬，皆畔还本国"。前中山相张纯谓前太山太守张举曰："今乌桓既畔，皆愿为乱，凉州贼起，朝廷不能禁。……子若与吾共率乌桓之众以起兵，庶几可定大业。"中平四年（187），张纯等"遂与乌桓大

---

① 参见［日］梶山勝：《漢魏晋代の蛮夷印の用法——西南夷の印を中心として》，［日］大谷光男编著：《金印研究論文集成》，東京：新人物往来社 1994 年版，第 126—128 页。

② 参见（清）瞿中溶：《集古官印考证》卷 9，东方学会 1924 年版，第 14 页。

③ 《三国志》卷 30《魏书·乌丸鲜卑传》，第 834 页。

④ 《三国志》卷 1《魏书·武帝纪》，第 47 页。

人共连盟，攻蓟下，燔烧城郭，虏略百姓，杀护乌桓校尉箕稠、右北平太守刘政、辽东太守阳终等，众至十余万，屯肥如"①。关于此事《三国志·魏书·乌丸鲜卑传》记载：

> 中山太守张纯叛入丘力居众中，自号弥天安定王，为三郡乌丸元帅，寇略青、徐、幽、冀四州，杀略吏民。灵帝末，以刘虞为幽州牧，募胡斩纯首，北州乃定。后丘力居死，子楼班年小，从子蹋顿有武略，代立，总摄三王部，众皆从其教令。②

丘力居为辽西郡乌桓大人，张纯等人以辽西郡为据点与诸部乌桓大人联盟，幽州牧刘虞平定叛张纯乱后，辽西郡乌桓大人仍总摄乌桓三王部。这表明，张纯帮助辽西乌桓大人丘力居在东部诸郡乌桓中确立了首领地位，在张纯败亡"为其客王政所杀"③后，乌桓联盟并没有解体，仍以辽西乌桓大人为乌桓联盟首领，丘力居死后侄子蹋顿代立"总摄三郡，众皆从其号令"④。那么"三郡"是指哪三郡？是不是乌桓联盟只有三郡乌桓？

比对《三国志·乌丸鲜卑传》与《后汉书·乌桓鲜卑传》的记载，可发现二者记载有差异，《三国志》多处称三郡乌丸，除上述记载外，又有"会袁绍兼河北，乃抚有三郡乌丸，宠其名王而收其精骑"；"（袁）绍矫制赐蹋顿、（难）峭王、汗鲁王印绶，皆以为单于"。裴注引《英雄记》亦曰："绍遣使即拜乌丸三王为单于，皆安车、华盖、羽覆、黄屋、左纛。版文曰：'使持节大将军督幽、青、并领冀州牧阮乡侯绍，承制诏辽东属国率众王颁下、乌丸辽西率众王蹋顿、右北平率众王汗卢维：乃祖慕义迁善，款塞内附，北捍獫狁，东拒濊貊，世守北陲，为百姓保障……三王奋气裔士，忿奸忧国，控弦与汉兵为表里，诚甚忠孝，朝所嘉焉……乌桓单于都护部众，左右单于受其节度，他如故事。'"据此三郡当指辽西、辽东属国、右北平，"乌桓单于都护部众"的单于指辽西乌桓率众王蹋顿，左右单于则指辽东属国乌桓率众王颁下

---

① 《后汉书》卷73《刘虞传》，第2353页。
② 《三国志》卷30《魏书·乌丸鲜卑传》，第834页。
③ 《三国志》卷8《魏书·公孙瓒传》，第240页。
④ 《后汉书》卷90《乌桓鲜卑传》，第2984页。

（苏仆延）与右北平乌桓率众王汗卢（乌延）。《三国志》又曰："后楼班大，峭王率其部众奉楼班为单于，蹋顿为王"。① 但《后汉书》则记载为："绍矫制赐蹋顿、难楼、苏仆延、乌延等，皆以单于印绶。后难楼、苏仆延率其部众奉楼班为单于，蹋顿为王。"② 难楼为上谷郡乌桓大人，据此乌桓联盟当为四郡，即辽西、上谷、辽东属国、右北平。上引《三国志》记载中"峭王"之前有一"难"字，是衍字？还是"难"后脱一"楼"字？若据《英雄记》当是衍字，据今人研究《英雄记》为东汉末作品，但部分内容很有可能在流传过程中出现讹误，或经过后人改写加工。③ 若据《后汉书》当是脱一"楼"字，《资治通鉴》亦取四郡说，云："从子蹋顿有武略，代立，总摄上谷大人难楼、辽东大人苏仆延、右北平大人乌延等。袁绍攻公孙瓒，蹋顿以乌桓助之。瓒灭，绍承制皆赐蹋顿、难楼、苏仆延、乌延等单于印绶"。④《三国志》仅记载了北方十郡中辽西、上谷、辽东属国、右北平四郡乌桓的邑落数，这可能是张纯为诸郡乌桓元帅时期，曾记下各郡乌桓大人报上的邑落数，故得以流传下来。马长寿先生认为上谷乌桓是在蹋顿为王时加入乌桓联合阵线。⑤ 显然，乌桓联盟极有可能是四郡，而且可能在丘力居时期就是四郡。后来曹操出兵征服的则确是三郡乌桓，详见下文。

北方兴起的各方势力中袁绍、公孙康等都想将乌桓力量收为己用，《三国志·魏书·牵招传》记载了一段曹操的使者与公孙康的使者在招抚东部乌桓大人时的争斗：

> 太祖将讨袁谭，而柳城乌丸欲出骑助谭。太祖以招尝领乌丸，遣诣柳城。到，值峭王严，以五千骑当遣诣谭。又辽东太守公孙康自称平州牧，遣使韩忠赍单于印绶往假峭王。峭王大会群长，忠亦在坐。峭王问招："昔袁公言受天子之命，假我为单于；今曹公复言当更白天子，假我真单于；辽东复持印绶来。如此，谁当为

---

① 以上分见《三国志》卷30《魏书·乌丸鲜卑传》，第831、834—835页。
② 《后汉书》卷90《乌桓鲜卑传》，第2984页。
③ 刘志伟：《中国历史上第一部"英雄"传记——试论王粲〈英雄记〉》，《兰州大学学报》2002年第3期。
④ 《资治通鉴》卷63，孝献皇帝建安四年，中华书局1956年版，第2013页。
⑤ 参见马长寿：《乌桓与鲜卑》，第139页。

正?"招答曰:"昔袁公承制,得有所拜假;中间违错,天子命曹公代之,言当白天子,更假真单于,是也。辽东下郡,何得擅称拜假也?"忠曰:"我辽东在沧海之东,拥兵百万,又有扶余、濊貊之用;当今之势,强者为右,曹操独何得为是也?"①

从北方割据势力收买乌桓大人皆用册封其为单于的方法看,此时东部各郡乌桓已脱离护乌桓校尉和郡县政府的控制,具有很大的独立自主权。直到建安十二年曹操亲征袁绍残余势力与东部乌桓,"临阵斩蹋顿首,死者被野。速附丸(苏仆延)、楼班、乌延等走辽东,辽东悉斩,传送其首。其余遗迸皆降。及幽州、并州柔所统乌丸万余落,悉徙其族居中国"②。在曹操班师回朝的途中"至易水,代郡乌丸行单于普富卢、上郡乌丸行单于那楼将其名王来贺"③。马长寿先生认为此处"上郡"为"上谷郡"之误,"那楼"即是"难楼"。④曹操所破为辽西、辽东属国、右北平三郡乌桓,上谷郡乌桓未参与此战。曹操将所俘获三郡乌桓人与阎柔所领幽、并乌桓人,共万余落迁居中原内地。应注意到阎柔所领幽、并乌桓人并不包括代郡乌丸行单于普富卢、上谷郡乌丸行单于那楼所领乌桓邑落。而且,公孙康虽将苏仆延、楼班、乌延斩首交付曹操,却将跟随三郡乌桓大人逃入辽东的乌桓邑落留下。直到魏明帝青龙年间(233—236),魏出兵讨灭公孙氏政权前夕,这部分乌桓人才归附曹魏,《三国志·毌丘俭传》记载:

> 青龙中,帝图讨辽东,以俭有干策,徙为幽州刺史,加度辽将军,使持节,护乌丸校尉。率幽州请军至襄平,屯辽隧。右北平乌丸单于寇娄敦、辽西乌丸都督率众王护留等,昔随袁尚奔辽东者,率众五千余人降。寇娄敦遣弟阿罗槃等诣阙朝贡,封其渠率二十余人为侯、王,赐舆马缯采各有差。⑤

① 《三国志》卷26《魏书·牵招传》,第730—731页。
② 《三国志》卷30《魏书·乌丸鲜卑传》,第835页。
③ 《三国志》卷1《魏书·武帝纪》,第30页。
④ 参见马长寿:《乌桓与鲜卑》,第143页。
⑤ 这段记载中:"青龙中";"辽西乌丸都督率众王护留";"封其渠率二十余人为侯、王"(第762页),同书卷30《魏书·乌丸鲜卑传》注引鱼豢《魏略》作"景初元年秋""辽西乌丸都督率众王护留叶""封其渠帅三十余人为王"(第835页),与此异。

这部分乌桓人应与之前内迁的乌桓邑落一样，主要被安置在幽州辖区内。之前曹操命内迁的乌桓"帅从其侯王大人种众与征伐"，[①] 此次右北平乌丸单于寇娄敦遣弟阿罗槃率使团诣阙朝贡，魏明帝封其渠帅二十余人为侯、王，赐舆马缯采各有差，说明魏仍对内迁的乌桓邑落采取聚族而居、因俗而治的羁縻统辖方式，以乌桓大人统领本邑落，并具有较大自主权，由幽州等地方政府进行管理。据《毌丘俭记功碑》残石所存铭文记载，正始五年（244）随从幽州刺史毌丘俭参加讨伐高句丽战争的将领中，有一位"讨寇将军、魏乌丸单于"。王国维认为此人即右北平乌丸单于寇娄敦。[②] 1990 年在河北滦县塔坨村发现一处墓地，发掘者认为是东汉末年的鲜卑墓地。[③] 郑君雷通过对墓地随葬品的分析，认为塔坨墓地确有相当文化因素与早期鲜卑遗存相同，但是塔坨墓地出土的 A 型罐、B 型罐上堆塑小耳，I 式、II 式把杯则不见于早期鲜卑墓地，又与早期鲜卑陶器存在一些差别，从墓地出土一面"位至三公"铜镜看，其年代在东汉末到西晋。他认为滦县一带约当辽西郡西部地，正在乌桓活动区域，这座墓可能是曹魏时期乌桓人的遗存。同时代的河北玉田县大李庄汉墓，[④] 墓葬的结构布局和随葬品与汉墓无差别，但有这两件陶壶是典型的东部鲜卑器物，而且墓地普遍出现铁兵器，埋葬方式草率。郑君雷认为曹操北征三郡乌桓后，将被掠去的汉人和乌桓迁入内地，大李庄墓的墓主或有可能属于这类居民。[⑤]

魏晋时期，迁入内地的东部乌桓人与中西部乌桓人一样走上了与其他民族融合之路，与代北乌桓多与拓跋鲜卑交融不同，[⑥] 东部乌桓主要是与北方汉人和东部鲜卑相融合，融合的途径与魏晋南北朝的世兵制密切相关。魏晋时内迁的乌桓人仍然是同族聚居，这使其在很长一段时期

---

① 《三国志》卷 30《魏书·乌丸鲜卑传》，第 835 页。

② 参见王国维：《观堂集林》卷 20《魏毌丘俭丸都山记功石刻跋》，中华书局 1959 年版，第 984 页。

③ 参见唐山市文物管理处等：《滦县塔坨鲜卑墓群清理简报》，《文物春秋》1994 年第 3 期。

④ 参见唐山市文物管理所等：《河北玉田县大李庄村汉墓清理简报》，《文物春秋》1991 年第 1 期。发掘者认为是汉墓。

⑤ 参见郑君雷：《乌桓遗存的新线索》，《文物春秋》1999 年第 2 期。

⑥ 参见田余庆：《代北地区拓跋与乌桓的共生关系——〈魏书·序纪〉有关史实解析》（上、下），《中国史研究》2000 年第 3、4 期。

内仍保持骁勇善战的传统：通常由乌桓大人统领本部作战，骑兵骁锐善战，劲速如风云。西晋末年爆发"八王之乱"，北方再次陷入战乱，乌桓突骑成为各族割据势力军队的重要组成部分。诸如幽州乌桓助王浚当上幽州刺史，在石勒、苻坚、慕容鲜卑逐鹿中原、建立政权的过程中，乌桓的向背发挥了重要作用等，学界已有详细论述。① 这期间乌桓人作为各族割据势力地方军队的成员，是以什么形式从军？各割据势力和政权对乌桓人的统辖方式是否发生变化？东部乌桓社会又发生了怎样转变？尽管相关史料稀少且零散，但仔细梳理尚可窥见一二。

据马长寿先生研究，东汉时期幽、冀二州皆有一支乌桓突骑，每州额数三千余骑。② 曹操征三郡乌桓后将万余落乌桓人内迁，陈国灿先生认为迁徙的具体地点在幽、并二州州治附近。③ 史称"由是三郡乌丸为天下名骑"④。当遇到战事，州郡或朝廷临时从聚居在州治附近乌桓部落征调"突骑"成员，通常是以乌桓大人率军从征，战事结束再返回原住地。若从征的乌桓突骑和乌桓军队出现变故，邑落住地的妻、子便成为州郡官府要挟乌桓突骑和乌桓军队的砝码。曹操迁乌桓于内地后，曾发生乌桓将领不愿留驻某地私自逃回的事件。如建安二十二年（217），"太祖拔汉中，诸军还到长安，因留骑督太原乌丸王鲁昔，使屯池阳，以备卢水。昔有爱妻，住在晋阳。昔既思之，又恐遂不得归，乃以其部五百骑叛还并州，留其余骑置山谷间，而单骑独入晋阳，盗取其妻"，并州官吏募鲜卑将鲁昔射杀。⑤ 曹操攻占邺城后开始出现世兵制的萌芽，⑥ 并州刺史梁习在曹军占领邺城后，以"吏兵已去之后，稍移其家，前后送邺，凡数万口；其不从命者，兴兵致讨，斩首千数，降附者万计。单于恭顺，名王稽颡，部曲服事供职，同于编户"⑦。攻打邺城的曹军先锋无疑有乌桓突骑，梁习送往邺城的数万口军队家属中也当有乌桓人，"单于恭顺，名王稽颡，部曲服事供职，同于编户"即是

---

① 参见马长寿：《乌桓与鲜卑》，第150—154页。
② 参见马长寿：《乌桓与鲜卑》，第142页。
③ 参见陈国灿：《魏晋间的乌丸与"护乌丸校尉"》，武汉大学历史系魏晋南北朝隋唐史教研室编：《魏晋南北朝隋唐史资料》，1979年第1期。
④ 《三国志》卷30《魏书·乌丸鲜卑传》，第835页。
⑤ 《三国志》卷15《魏书·梁习传》注引鱼豢《魏略》，第470页。
⑥ 黄今言：《东汉末季之家兵与世兵制的初步形成》，《南昌大学学报》2008年第5期。
⑦ 《三国志》卷15《魏书·梁习传》，第469页。

指安置包括乌桓人在内的北族人口。随着世兵制的确立，魏晋时期各州乌桓突骑很可能也被纳入世兵制体系。

西晋末年北方再次陷于分裂，各族势力角逐中原，勇武善战的乌桓人参与到各族混战的争斗中，乌桓人也成为各方势力争夺的人口。史籍记载：后赵石勒时，"乌丸薄盛执渤海太守刘既，率户五千降于勒"。"乌丸审广、渐裳、郝袭背王浚，密遣使降于勒，勒厚加抚纳。司冀渐宁，人始租赋。立太学，简明经善书吏署为文学掾，选将佐子弟三百人教之。""徙平原乌丸展广、刘哆等部落三万余户于襄国。"① 前秦苻坚时，"乌桓独孤部、鲜卑没奕干各帅众数万降秦，秦王坚处之塞南"。"秦王坚徙关东豪杰及杂夷十五万户于关中，处乌桓于冯翊、北地，丁零翟斌于新安、渑池"②。可见进入4世纪初，史籍记载的乌桓人数量单位与汉魏时期已有明显区别，虽还有"部落"之称，但一些乌桓人的社会基本单位出现了"户"，如上文"户五千""三万余户"等。"司冀渐宁，人始租赋"，当包括安置在司、冀之地的乌桓人户，对其按户征收租赋。

淝水之战后，慕容垂乘机脱离前秦。在建立后燕政权的过程中，乌桓人成为慕容鲜卑重点招抚的对象，后燕安置归附的乌桓人户形式，为了解当时乌桓社会状况提供了重要信息。《资治通鉴》卷一〇五，烈宗孝武皇帝太元九年（384）条下记载：

> （正月）慕容农之奔列人也，止于乌桓鲁利家……农乃诣乌桓张骧，说之曰："家王已举大事，翟斌等咸相推奉，远近响应，故来相告耳。"骧再拜曰："得旧主而奉之，敢不尽死！"于是农驱列人居民为士卒，斩桑榆为兵，裂襜裳为旗，使赵秋说屠各毕聪。聪与屠各卜胜、张延、李白、郭超及东夷余和、敕勃、易阳乌桓刘大各帅部众数千赴之。农假张骧辅国将军，刘大安远将军，鲁利建威将军。
>
> 东胡王晏据馆陶，为邺中声援，鲜卑、乌桓及郡县民据坞壁不从燕者尚众；燕王垂遣太原王楷与镇南将军陈留王绍讨之。楷谓绍

---

① 《晋书》卷104《石勒载记上》，中华书局1974年版，第2719—2720、2725页。

② 《资治通鉴》卷101，孝宗穆皇帝升平四年十月，第3183页；卷103，太宗简文皇帝咸安元年正月，第3243页。

曰："鲜卑、乌桓及冀州之民，本皆燕臣，今大业始尔，人心未洽，所以小异；唯宜绥之以德，不可震之以威。吾当止一处，为军声之本，汝巡抚民夷，示以大义，彼必当听从。"楷乃屯于辟阳。绍帅骑数百往说王晏，为陈祸福，晏随绍诣楷降，于是鲜卑、乌桓及坞民降者数十万口。楷留其老弱，置守宰以抚之，发其丁壮十余万，与王晏诣邺。①

综合以上两条史料，可得出如下认识，一是当地乌桓人户与汉人民户杂居。太原王楷与陈留王绍到冀州时，乌桓人与郡县民皆据坞壁而居，在二人招抚鲜卑、乌桓及坞民降者数十万口后，"置守宰以抚之"，不再以"随大人居"的羁縻统辖方式统辖乌桓人。二是以一家一户为单位的乌桓人，不再是"氏姓无常"，②而是各有姓氏。仅上面列举的史料中乌桓人的姓氏就有刘、张、郝、薄、鲁等。三是对当地乌桓人实行兵户制度，慕容垂之子慕容农到列人（今河北肥乡东北）招抚原隶属于前燕的乌桓大人鲁利、张骧、刘大后，"驱列人居民为士卒，斩桑榆为兵，裂襜裳为旗"。太原王楷等招抚冀州乌桓、鲜卑、坞民组成军队，留其老弱，"发其丁壮十余万"，其中当以善战的乌桓、鲜卑人为主。四是北族政权统治集团授予乌桓领兵者，已不是传统的"归义侯""率众王"之类的称号，③而是武官职，如慕容农"假张骧辅国将军，刘大安远将军，鲁利建威将军"。

自曹魏以来到十六国时期，迁入幽冀地区的东部乌桓人成为地方军队的重要组成部分，被纳入世兵制体系下的乌桓人，逐步脱离了原有的邑落社会制度，相继确立了兵户身份。高敏先生系统地研究了魏晋南北朝时期的世兵制，他在论述十六国时期一种部落兵类型时说："他们大都随其本部落豪酋由塞外迁入内地，又往往随其酋帅由甲地徙于乙地，长期流动、转战，而兵将间的从属关系不绝，基于部落兵而来的亦兵亦民的性质及全部落成员皆为兵等特征就更为明显，其服役的终身性甚至

---

① 《资治通鉴》卷105，烈宗孝武皇帝太元九年，第3321—3322、3326页。
② 《三国志》卷30《魏书·乌丸鲜卑传》注引王沈《魏书》，第832页。
③ 如1956年内蒙古凉城出土驼纽金质的"晋乌丸归义侯印"。参见李逸友：《内蒙古出土古代官印的新资料》，《文物》1961年第9期。

世袭性就不言而喻了。"并指出这种部落兵也是世兵制的一种形式。[1] 东部乌桓人早在东汉时期就基本完成了由塞外迁入内地的过程，魏晋时期应有部分东部乌桓人，如各州乌桓突骑先行被纳入世兵制，一部分乌桓人的社会基本单位出现以"户"取代"落"的现象，但仍有乌桓人的社会基本单位为"落"，如"燕主垂立刘显弟可泥为乌桓王，以抚其众，徙八千余落于中山"[2]。进入十六国时期后，尚保持部落组织的东部乌桓人与后迁入郡县地区的鲜卑、氐族一起成为北族政权的部落兵。高敏先生指出在后赵、前燕、前秦、后燕都存在世袭性的兵户制度，但并非兵民分籍，而是合兵、民之籍于一体的户籍，是被控制于军镇、堡、壁与军营之民户，同时也是兵士，既是一种军事组织形式，也是一种政治统治形式。[3] 魏晋十六国乃至北朝的世兵制促进东部乌桓逐渐由朝贡制度的部落民转变为兵户，成为国家的编户齐民。

四 结语

自秦汉建立大一统王朝以来，无论是分裂时期还是统一时期，历代王朝都在边疆民族地区积极经营朝贡制度，以边地政府统领实行羁縻统治。[4] 边疆民族作为朝贡制度成员，向中原王朝称臣纳贡，首领（王）接受王朝授予的封号或官职，官不入品阶，无俸禄。人口不入王朝户籍，不课税徭役。遇战事，王朝或州郡征兵时，助军众寡，各从其便。自公元前 1 世纪初，西汉武帝时期大批乌桓人被迁至东北五郡塞外，成为汉朝东北边疆朝贡制度成员，到五六世纪，南北朝时期东部乌桓基本融入北方各族，以一个较长时段考察东部乌桓人从塞外游牧部落民迁入塞内最后成为王朝的编户齐民的历史过程，从一个侧面揭示这一时期北方游牧民与中原人融合过程的同时，还可以得出如

---

① 参见高敏：《魏晋南北朝兵制研究》，大象出版社 1998 年版，第 182—183、191—210 页。
② 《资治通鉴》卷 107，烈宗孝武皇帝中之下太元十二年八月，第 3379 页。
③ 参见高敏：《魏晋南北朝兵制研究》，第 191—210 页。
④ 中国古代王朝经营的朝贡制度具有两种类型，一是实行于边疆民族地区的朝贡制度，另一是实行于周边国家的朝贡制度。前者是王朝内部的羁縻统治，后者是王朝的外交关系。参见程尼娜：《羁縻与外交：中国古代王朝内外两种朝贡体系——以古代东北亚地区为中心》，《史学集刊》2014 年第 4 期。

下新的认识：

其一，两汉时期，乌桓朝贡制度有一个由塞外朝贡制度向塞内朝贡制度转变的过程，以塞外朝贡为主时期，汉朝主要由护乌桓校尉掌管乌桓人的朝贡事务；以塞内朝贡制度为主时期，除了护乌桓校尉外，使匈奴中郎将、度辽将军和各郡官员乃至幽州刺史的职责也增加了对乌桓人的兼领和管辖，到曹魏时便以幽州刺史兼任护乌桓校尉。

其二，塞外乌桓内迁过程中，学界往往关注东汉初光武帝时和东汉末曹操征乌桓后二次大规模迁徙。① 实际上，塞外乌桓内迁的标志性事件是在东汉中期，顺帝建康元年乌桓七十万余口内附，这是塞外乌桓内迁人数最多的一次，此后塞内乌桓人口远远超过塞外乌桓人口，王朝管理乌桓也由塞外朝贡制度为主转变为塞内朝贡制度为主。

其三，东汉末年东部乌桓联盟是在汉族地方势力的作用下形成的，张纯等人帮助辽西乌桓大人丘力居在东部诸郡乌桓中确立了首领地位。东部乌桓联盟成立伊始，其成员并非是学界常说的三郡乌桓，而是辽西、上谷、辽东属国、右北平四郡乌桓。三郡乌桓是指曹操征服并迁入内地的辽西郡、辽东属国、右北平郡乌桓。

其四，魏晋南北朝时期的世兵制是东部乌桓由朝贡制度的部落民转变为王朝、政权的编户齐民的基本路径。曹魏前期，迁入郡县的乌桓人开始出现转变为纳税户的现象，如魏文帝雁门太守牵招"表复乌丸五百余家租调，使备鞍马，远遣侦候"②。这类向王朝缴纳租调的乌桓人不再是朝贡制度成员，而是郡县的编户齐民。最早被纳入世兵制的应是各州郡的乌桓突骑，经西晋到十六国时期，随着世兵制的发展，乌桓社会发生了明显的变化，然将东部乌桓大批部落民纳入世兵制的，当是十六国时期盛行的部落兵制，从而基本完成了东部乌桓部落民向编户齐民的转变。

北朝时期，乌桓（乌丸）不再是一个特指的民族，《魏书·官氏志》云："其诸方杂人来附者，总谓之'乌丸'，各以多少称酋、庶长，分为南北部，复置二部大人以统摄之。"③ 唐长孺先生认为魏晋以后的

---

① 参见陈国灿：《魏晋间的乌丸与"护乌丸校尉"》，武汉大学历史系魏晋南北朝隋唐史研究室编：《魏晋南北朝隋唐史资料》，1979 年第 1 期。
② 《三国志》卷 26《魏书·牵招传》，第 731 页。
③ 《魏书》卷 113《官氏志》，中华书局 1974 年版，第 2971—2972 页。

乌桓已是"杂人""杂类"的泛称。① 这些入居郡县地区的北方各族人到隋唐时期基本融入北方汉人之中。

（原载《民族研究》2015 年第 5 期）

---

① 参见唐长孺：《魏晋杂胡考》，《魏晋南北朝史论丛》，生活·读书·新知三联书店1955 年版，第 431 页。

汉至唐时期肃慎、挹娄、勿吉、靺鞨及其朝贡活动研究

肃慎、挹娄、勿吉、靺鞨等族群的朝贡活动是汉至唐时期中原王朝对其认识、了解的最基本渠道，朝贡活动的疏与密，也决定着中原人对上述族群的认识程度。在朝代更替频繁，并且一度出现北方民族多政权并立的时代，不同文献关于上述族群的记载出现不相一致、令今人难解的现象，这也是引起学界争议的主要原因之一。[①] 因此，对汉至唐时期肃慎、挹娄、勿吉、靺鞨等族群的朝贡活动进行通盘系统梳理，在一个中长时段考察诸族的变迁及其在东亚范围内的活动，不仅可以对学界长期争论不休的上述族群之间关系，提出一个新的视角和诸种新的认识，而且更重要的是揭示中央王朝对东北边疆统辖的实态。

一 汉魏晋时期肃慎、挹娄及其朝贡活动

肃慎又作息慎，为先秦时期东北古族。《国语》载："昔武王克商……肃慎氏贡楛矢石砮。"[②]《尚书正义》曰："成王既伐东夷，肃慎来贺，王俾荣伯作贿肃慎之命。"[③] 肃慎朝周，周人得知肃慎

---

① 有关研究状况，参见宋卿、陈鹏：《肃慎、挹娄研究综述》，《中国史研究动态》2007 年第 9 期；张晓光：《我国肃慎、挹娄、勿吉史的研究综述》，《满族研究》2008 年第 2 期；姚玉成、杨海鹏：《肃慎族研究分类综述——近现代篇》，《满族研究》2010 年第 3 期。

② 上海师范大学古籍整理组校点：《国语》卷 5《鲁语下》，上海古籍出版社 1978 年版，第 215 页。

③ （汉）孔安国注，（唐）孔颖达疏：《尚书正义》卷 18《周官第二十二》，（清）阮元校刻：《十三经注疏》上册，中华书局 1980 年版，第 236 页。

之名。① 挹娄为汉代东北古族，初臣服于夫余国，曹魏时始脱离夫余控制，单独遣使至中原朝贡。曹魏人鱼豢所撰《魏略》曰："挹娄一名肃慎氏。"② 《三国志·东夷·挹娄传》亦曰：挹娄"古之肃慎氏之国也"。③ 如果说肃慎之名来自西周人的记述，那么挹娄之名来自于谁？魏晋人为何将肃慎与挹娄联系起来？魏晋史籍中挹娄与肃慎并行，是同一族群的不同名称？还是在挹娄部之外，另有肃慎部？这些问题曾引起学界热议，至今仍无定论。当今天再次讨论这些具有内在联系的问题时，以相关史料与不断积累的考古学材料相印证，可看到历史事实远比史书记载的复杂，然而古人关于这一族群的认识并不是混乱不清。

汉代挹娄臣属于夫余，夫余朝贡汉朝，汉人由夫余得知挹娄。《三国志·东夷·挹娄传》记载："（挹娄）自汉已来，臣属夫余，夫余责其租赋重，以黄初中叛之。夫余数伐之，其人众虽少，所在山险，邻国人畏其弓矢，卒不能服也。"④ 曹魏时，挹娄人脱离夫余控制后，文帝黄初年间（220—226）开始自主遣使向魏朝贡，鄄城侯曹植作哀祭魏文帝的诔文中有"肃慎纳贡"之语。⑤ 《三国志》记载魏明帝青龙四年（236），挹类人朝贡，因语言不通，需"重译入贡"。⑥ 两晋南北朝时期，中原人与前来朝贡的挹娄人进行交流，需要通晓挹娄人语言的夫余人、沃沮人、高句丽人的转译才能对话。⑦ 我认为"挹娄"并非是该族群的自称，而是夫余人对这一族群的称呼，即他称。

---

① 《今本竹书纪年》卷上载"帝舜有虞氏……二十五年，息慎氏来朝，贡弓矢"。王国维在《今本竹书纪年疏证自序》中认为《今本纪年》所出本非一源，古今杂陈，矛盾斯起。年月又多杜撰，则其说为无征。无用无征，则废此书可（王国维：《古本竹书纪年辑校·今本竹书纪年疏证》，辽宁教育出版社1997年版，第37页）。故舜时肃慎来朝的记载不足为凭，本文不取。

② 《魏略》久佚，唐李贤等注《后汉书》卷70《孔融传》时引《魏略》此句。(宋) 范晔撰，（唐）李贤等注：《后汉书》卷70《孔融传》，中华书局1965年版，第2272页。

③ 《三国志》卷30《魏书·挹娄传》，第848页。

④ 《三国志》卷30《魏书·挹娄传》，第848页。

⑤ 《三国志》卷2《魏书·文帝纪》裴松之注引鄄城侯植诔文，中华书局1959年版，第87页。

⑥ 《三国志》卷3《魏书·明帝纪》，第87页；卷4《魏书·陈留王奂纪》，第149页。

⑦ 《宋书》卷6《孝武帝纪》：大明三年十一月，"高丽国遣使献方物。肃慎国重译献楛矢石砮"（中华书局1974年版，第125页）。《十六国春秋》卷16《后赵录六》："挹娄国遣使通贡，虎召其使而问之，答曰：每候牛马向西南眠者三年矣，是知有大国所在，故重译来云。"（文渊阁《四库全书》，台北商务印书馆1986年影印本，第463册，第449页）夫余、高句丽、沃沮先后皆与挹类比邻。

中原人对挹娄人的了解十分有限，《三国志》首次为挹娄立传，但却是《东夷传》中字数最少的一个。裴松之注《三国志》时，对《挹娄传》也未能补充只言片语，可见魏晋中原汉人对该族群的了解不多。魏晋人主要是依据挹娄人独特的交往习俗认定其是古肃慎之后。魏景元三年（262）四月，"辽东郡言肃慎（挹娄）国遣使重译入贡，献其国弓三十张，长三尺五寸，楛矢长一尺八寸，石弩三百枚，皮骨铁杂铠二十领，貂皮四百枚"①。楛矢石砮是一种木杆石箭头的箭，在东北新石器时代和青铜时代文化遗址中普遍发现石镞，但史籍记载东北古族彼此交往时，以献上弓与以木石为材的箭表示友好、结盟或臣服的古族则十分少见。先秦肃慎人朝周时，贡献楛矢石砮，《国语·鲁语下》记下其形制："长尺有咫。"挹娄人朝魏，同样贡楛矢石砮，"其弓长四尺，力如弩，矢用楛，长尺八寸，青石为镞"②。在考古学界认定是挹娄文化的黑龙江蜿蜒河类型文化中出土了铁箭头和少量铁器。③ 但挹娄人仍以石木制的"楛矢石砮"作为贡物，应出自这一族群特有的习俗。挹娄人与先秦肃慎人都有这种习俗，二者所贡的楛矢石砮形制大体相同。魏人鱼豢据此认定"挹娄"即"肃慎"，魏末晋初人陈寿同样也据此认为挹娄是古肃慎。南北朝时期拓跋鲜卑人认定勿吉是挹娄、肃慎，也是依据这一古老的习俗。

关于魏晋时期史籍中挹娄、肃慎二族名同时出现的现象，池内宏认为魏晋人出于对"肃慎来朝"的传统认识，有意将古肃慎比附在挹娄身上。④ 林沄认为当时人相信挹娄就是古之肃慎，故以肃慎为挹娄之雅称。⑤ 吉本道雅认为这是中原人"圣天子受命瑞象说"的表现，"肃慎"成为观察正统论的历史发展脉络的一份史料。⑥ 王乐文认为"肃慎来贡"被中原帝王作为体现威德及于四海的重要指标，贡纳楛矢石砮的

① 《三国志》卷4《魏书·陈留王奂纪》，第149页。

② 《三国志》卷30《魏书·东夷传·挹娄》，第848页。

③ 参见黑龙江省文物考古研究所：《黑龙江省双鸭山市滚兔岭遗址发掘报告》，《北方文物》1997年第2期。

④ 参见［日］池内宏：《肃慎考》，《满鲜历史地理研究报告》第十三，东京帝国大学文学院1932年版。

⑤ 参见林沄：《肃慎、挹娄和沃沮》，《林沄学术文集》，中国大百科全书出版社1998年版，第421页。

⑥ ［日］吉本道雅：《肃慎考》，《满语研究》2006年第2期。

挹娄被史家贴上了"肃慎"的标签。① 这些看法从不同侧面探讨了魏晋人以肃慎指代挹娄的现象。要搞清楚为什么会出现这种现象，我认为理清史籍中如何使用这两个族名是至关重要的。在《三国志》中陈寿仅在《东夷传》中使用"挹娄"族称，《挹娄传》记述了挹娄人的地理、风俗、物产，及其与邻族的关系。在《夫余传》《沃沮传》中记述夫余、沃沮与挹娄有关的事迹时，同样使用挹娄族称。但是，在帝纪和人物传中，凡涉及挹娄人的事迹，尤其是朝贡活动，全部以"肃慎"指代"挹娄"。陈寿在一部书中记述同一个族群的事迹，在不同地方没有丝毫错乱地分别使用"挹娄"和"肃慎"两个族名，无疑有其特别的用意。

先秦时期，"肃慎来朝"已被时人视为蛮荒之人服事天子的典型事例。《国语》曰："武王克商，通道于九夷百蛮。使各以其方贿来贡，使无忘职业。于是肃慎氏贡楛矢石砮。"《左传》云："肃慎、燕、亳，吾北土也。"② 秦汉时期，文人们常以肃慎朝贡之事颂扬三代圣王功德，烘托诸侯的霸业，如汉武帝元光元年（前134）的"诏贤良书"、西汉刘安的《淮南子》③ 中都可以见到对先秦肃慎来朝的追述。三国鼎立时期，远夷朝贡称藩被视为拥有正统地位的重要标志。对于谙熟儒家经典知晓肃慎氏贡楛矢石砮之事的士大夫来说，当东北挹娄人贡纳楛矢石砮时，自然会将二者联系起来。陈寿虽是私人撰史，却持有以魏为正统的观念，他关于"挹娄"与"肃慎"名称的使用，一方面出于魏晋人对该族群的认识，另一方面则出于他的正统观。《三国志·挹娄传》曰：挹娄地"出赤玉、好貂"。挹娄人朝魏进纳的贡品中有貂皮、皮骨铁杂铠甲和楛矢石砮，然而魏朝最看重的恰恰是经济价值最低的楛矢石砮，显然楛矢石砮承载着更为重要的政治含义，陈寿撰《三国志》时有意加深了挹娄是古肃慎的政治用意。在祭奠魏文帝的诔文中有："肃慎纳贡，越裳效珍，条支绝域，侍子内宾。"④ 魏元帝景元四年（263）钟会

① 参见王乐文：《"肃慎族系"略论》，《历史教学》2008年第2期。
② 上海师范大学古籍整理组校点：《国语》卷5《鲁语下》，第215页；《春秋左传集解》第22《昭公三》，上海人民出版社1977年版，第1320页。
③ 《汉书》卷6《武帝纪》："周之成康，刑错不用，德及鸟兽，教通四海。海外肃眘（慎），北发渠搜，氐羌徕服。"（中华书局1962年版，第160页）（汉）刘安：《淮南子》卷1《原道训》："（舜）夫能理三苗，朝羽民，徙裸国，纳肃慎。"（岳麓书社2015年版，第4页）
④ 《三国志》卷2《魏书·文帝纪》裴松之注引鄄城侯植诔文，第87页。

在对蜀檄文中称"（魏）布政垂惠而万邦协和，施德百蛮而肃慎致贡"①。魏晋士大夫将"挹娄"称为"肃慎"，记述"肃慎"朝贡及其贡纳的"楛矢石砮"，用以证明魏朝拥有正统地位。陈寿的《三国志》对后世文人、史家的影响很大，南朝宋人范晔撰《后汉书·挹娄传》基本是转录了《三国志》的内容，并开篇直言"挹娄，古肃慎之国也"。两晋时有人撰《肃慎国记》，可惜该书已佚。宋人李昉等撰《太平御览》中保存了《肃慎国记》的部分内容，②《晋书》取材于《肃慎国记》，而且弃"挹娄"之名作《肃慎传》，于开篇曰："肃慎氏，一名挹娄。"晋承魏立国，肃慎朝贡在晋朝被视为皇恩远播，九夷称藩的体现，在朝廷举行盛大礼乐的歌词中有"肃慎率职，楛矢来陈"③。《晋书》除《肃慎传》的首句之外，全书只言肃慎，不提挹娄。

秦汉王朝在东北民族地区初建朝贡制度时期，臣服于夫余的挹娄人未能与汉朝直接发生朝贡关系。魏晋时期，挹娄人开始向中原王朝（政权）朝贡，曹魏和西晋时，挹娄人主要诣辽东郡、护东夷校尉府朝贡。④ 因其朝贡地点主要在边郡，偶尔至京师，故王朝史官关于挹娄人朝贡活动的记载极少，近百年间仅有 4 次：3 次朝魏，1 次朝西晋。若将诣边郡朝贡统计在内，挹娄人朝贡次数要远远超过这几次。晋室南渡，北方陷于分裂，挹娄人才开始至各政权的都城，即诣阙朝贡。但时值战乱，目前所见史籍中关于挹娄朝贡活动的记载仍然不多，1 次朝东晋，2 次朝后赵，2 次朝前秦。所见史籍记载几乎都是"肃慎"朝贡，唯有北魏人崔鸿《十六国春秋》记载为"挹娄"通贡。后赵石虎建武六年（340）冬十月，"挹娄国遣使通贡，虎召其使而问之，答曰：每候牛马向西南眠者三年矣，是知有大国所在，故重译来云。初，李寿将李闳自晋来奔……中书监王波议曰：'……寿既号并日月跨僭一方，今以制诏与之，彼必酬反取诮戎裔。不若直书答之，因请以挹娄国所献楛矢石砮遗寿，曰使其知我能服遐荒也。'虎从之。"⑤ 此事又见于《晋

---

① 《三国志》卷28《魏书·钟会传》，第788 页。
② 参见（宋）李昉等撰：《太平御览》卷784《东夷五·肃慎》，国泰文化事业有限公司1980 年版，第3472 页。
③ 《晋书》卷22《乐志》，中华书局1974 年版，第690 页。
④ 参见程妮娜：《古代中国东北民族地区建置史》，中华书局2011 年版，第80—83 页。
⑤ （北魏）崔鸿撰：《十六国春秋》卷16《后赵录六》文渊阁《四库全书》，第463 册，第449 页。

书》和《资治通鉴》。《晋书·肃慎传》将"挹娄"改为"肃慎",然《资治通鉴》仍记为挹娄朝贡,两书记载均较之《十六国春秋》简略,当取材于后者。① 这也说明在魏晋时期,中原人始终使用肃慎和挹娄这两个名称来称呼这个族群。如前所言,史籍记载王朝事迹时通常使用肃慎之名,十六国时期北方民族纷纷在中原建立政权,史家记载边疆民族事迹似乎不像以前那么严格地使用肃慎之名,于是史籍中偶见用"挹娄"之名记载该族朝贡活动。然唐人撰《晋书》还是依据晋朝史官的习惯,将该族群朝贡活动一并记为肃慎人。

《三国志》和《后汉书》撰写《挹娄传》,其他史籍中也时见挹娄之族名,说明魏晋时期中原人也称这一族群为挹娄,那么在什么场合使用"挹娄"之名呢?《三国志·挹娄传》曰:其地"出赤玉好貂,今所谓挹娄貂是也"。郭义恭《广志》曰:"貂出扶余、挹娄。"② 挹娄地盛产名贵貂皮,魏景元三年(262)"肃慎"朝贡,一次贡献貂皮400张。具有很高经济价值的"挹娄貂"深受中原人的喜爱。对于尚处于前国家形态的挹娄人来说朝贡活动的政治意义不如经济交往更具有吸引力,他们在进行朝贡活动时,积极开展物物交换。"挹娄貂"不仅在中原闻名,而且也是江南人喜爱的名贵物品,如南朝梁元帝作《谢东宫赉貂蝉启》有"挹娄之毳,曲降鸿恩"之句;陈人江总作《华貂赋》曰:"贵丰貂于挹娄,饰惠文而见求。"③ 显然挹娄之名为当时人所知晓。

汉魏晋时期中原人对于东北边远地区原始族群的认识还很模糊,长期处于地域族群文化认识的程度。"挹娄在夫余东北千余里,滨大海,南与北沃沮接,未知其北所极。其土地多山险。"④ 南与沃沮大约在今牡丹江中游一带相接,西至张广才岭与夫余为邻,东滨大海为日本海,北不知所极。挹娄人在这一时期经历了原始社会末期族群迁徙、社会动荡与发展变化,然史籍中记载极少,更多地需要运用考古学研究成果来解读。目前考古学界比较一致地认为分布于黑龙江中下游地区的蜿蜒河

---

① 参见《资治通鉴》卷96,咸康六年三月条,中华书局1956年版,第3041页。

② (宋)罗愿:《尔雅翼》卷21《释兽四·貂》引,文渊阁《四库全书》本。王利华考定郭义恭为北魏前期人(《〈广志〉成书年代考》,《古今农业》1995年第3期)。

③ (明)张溥辑:《汉魏六朝百三名家集》第4册《梁元帝集》,第5册《江令君集》,江苏古籍出版社2002年版,第314、227页。

④ 《三国志》卷30《魏书·东夷·挹娄传》,第847页;《后汉书》卷85《东夷传》,第2812页。

类型文化（俄罗斯境内称为波尔采文化）为汉代挹娄文化；分布于绥芬河流域的团结文化（俄罗斯境内称为克罗乌诺夫卡文化）为沃沮文化。对两种文化之间，即东流松花江以南、张广才岭以东、三江平原南部和牡丹江中下流域的滚兔岭文化、东康类型文化的族属是否为挹娄人则有争议。据《三国志》记载曹魏人曾到过挹娄之地，魏正始六年（245）幽州刺史毌丘俭率军征讨高句丽，高句丽王宫"遂奔买沟。俭遣玄菟太守王颀追之，过沃沮千有余里，至肃慎氏南界，刻石记功"①。此处记载的"肃慎"即挹娄。汉代沃沮人的居地，根据团结文化的分布范围，在图们江流域、绥芬河流域、穆棱河上游，以及这一带的沿海地区。② 玄菟太守王颀率领军队由沃沮北界进入"肃慎（挹娄）南界"，说明二者地域紧邻。那么挹娄南界在今何地？魏晋史籍记载挹娄"土地多山险"，"处山林之间"③。这与三江平原的蜿蜒河——波尔采文化分布地区的自然环境差别较大，却与团结文化之北的滚兔岭文化分布区的自然环境有些相似。滚兔岭遗址的绝对年代据碳 14 测定距今 1955 ± 70 年和距今 2140 ± 70 年，相当于两汉时期。④ 史籍中没有关于魏军渡大河（东流松花江）至肃慎南界的记载，高句丽王宫和魏军也不大可能深入三江平原的腹地。据《三国志·挹娄传》云："未知其北所极。"有学者进一步提出："挹娄系统的物质遗存应包括波尔采—蜿蜒河文化和滚兔岭文化，而文献中所记的挹娄，当主要指滚兔岭文化的居民。"⑤这种观点应给予充分重视，或可以称蜿蜒河类型文化拥有者为北部挹娄，滚兔岭文化拥有者为南部挹娄。

三国时期，挹娄人正处于原始社会末期发展阶段，频繁寇抄掠夺邻族，"挹娄喜乘船寇钞，北沃沮畏之，夏月恒在山岩深穴中为守备，冬月冰冻，船道不通，乃下居村落"。"夫余数伐之，其人众虽少，所在山险，邻国人畏其弓矢，卒不能服也。其国便乘船寇盗，邻国患之。"⑥

① 《三国志》卷 28《魏书·毌丘俭传》，第 762 页。
② 参见林沄：《论团结文化》，《北方文物》1985 年第 1 期。
③ 《三国志》卷 30《魏书·东夷·挹娄传》，第 847 页。
④ 参见黑龙江省文物考古研究所：《黑龙江省双鸭山市滚兔岭遗址发掘报告》，《北方文物》1997 年第 2 期。
⑤ 贾伟明、魏国忠：《论挹娄的考古学文化》，《北方文物》1989 年第 3 期。
⑥ 《三国志》卷 30《魏书·东夷·挹娄传》，第 848 页；《后汉书》卷 89《东夷传》，第 2812 页。相关记载多同。

挹娄人对外扩张和掠夺行为，导致邻近族群之间出现文化碰撞、交流和融合。这一历史现象被考古学文化记录下来，在黑龙江完达山西端与三江平原衔接地带、乌苏里江的支流七星河流域，即与滚兔岭文化分布大致相当的地域，分布着一种晚于滚兔岭文化的"堡寨群"遗存，被命名为"凤林文化"。自 20 世纪 80 年代到 2004 年，共发现 400 多处遗址，其中城址 113 处、遗址 313 处。城址有单垣、双垣、三垣与四垣之分，按照城址的功能，又可分为防御址（83 处）、瞭望址（4 处）、要塞址（18 处）、祭祀址（8 处），表现出很强的军事色彩。聚落址大小不等，一处遗址可见的地表坑（一般为房址）少则几个、十几个，多则几十个、几百个。[①] 最大的城址位于黑龙江省友谊县境内的凤林古城，面积约 114 万平方米，城址呈不规则形，经对取自城墙底部第 19 层草木炭标本的碳 14 测定，年代为公元 215 年 ± 89 年。[②] 但进行考古发掘的古城遗址仅有 4 处，不及全部遗址的百分之一，整体文化面貌尚未揭开。此外，凤林文化分布的边缘以及年代持续的下限还不清楚。对于已发掘的遗址，有学者认为：凤林文化是在继承滚兔岭文化的基础上，"向南、向北分别吸取周邻地区团结文化、蜿蜒河类型的因素，同时又发生了明显改进与嬗变，而发展成为一种内涵广阔、面貌复杂的新的文化遗存"[③]。

如此密集又保存完好的遗址，引起学界的极大兴趣，有人认为是挹娄—勿吉文化，[④] 有人认为是沃沮文化，[⑤] 有人认为是寇漫汗—豆莫娄文化，[⑥] 还有人认为是挹娄、勿吉与北夫余、豆莫娄错居杂处的多族

---

① 参见许永杰：《黑龙江七星河流域汉魏遗址群聚落考古计划》，《考古》2000 年第 11 期；许永杰、赵永军：《七星河流域汉魏遗址群聚落考古的理论与实践》，吉林大学边疆考古研究中心编：《庆祝张忠培先生七十岁论文集》，科学出版社 2004 年版，第 502—519 页。

② 参见黑龙江省文物管理委员会：《黑龙江友谊县凤林古城址的发掘》，《考古》2004 年第 12 期。

③ 赵永军：《黑龙江东部地区汉魏时期文化遗存研究》，教育部人文社会科学重点研究基地吉林大学边疆考古研究中心编：《边疆考古研究》第 3 辑，科学出版社 2004 年版，第 152—177 页。

④ 参见靳维柏、王学良、黄星坤：《黑龙江省友谊县凤林古城调查》，《北方文物》1999 年第 3 期；魏存成：《靺鞨族起源发展的考古学观察》，《史学集刊》2007 年第 4 期。

⑤ 参见许永杰、赵永军：《七星河流域汉魏遗址群聚落考古的理论与实践》，吉林大学边疆考古研究中心编：《庆祝张忠培先生七十岁论文集》，第 152—177 页。

⑥ 参见张碧波、庄鸿雁：《关于黑龙江流域文明研究的几个问题的思考——从凤林古城址族属说起》，《北方文物》2010 年第 1 期。

文化。① 关于一种考古学文化族属的认定，不仅需要对该文化内涵、时代、谱系源流有较全面系统的认识和研究，而且还要与史籍相关记载相互印证。《三国史记》载：高句丽西川王十一年（280），"冬十月，肃慎来侵，屠害边民"，王遣弟达买往伐之，"达买出奇掩击，拔檀卢城，杀酋长，迁六百余家于扶余南乌川，降部落六七所，以为附庸"②。时为西晋武帝太康元年，高句丽按照当时晋朝廷的惯例称挹娄为"肃慎"。此时团结文化的主人沃沮已很弱小，成为高句丽的附庸，挹娄所屠害的很可能是归附高句丽的沃沮人。西晋时期，史籍中出现诸多东夷小国频繁朝贡的记载，自晋武帝泰始三年（267）到晋惠帝永平十二年（291），24 年间东夷小国朝贡、内附达 17 次之多。以每次记载为单位，一次朝贡 10 余国以上的为 9 次，最多时达 30 余国；少则为 2 国、5 国。《晋书·东夷传》记载了 10 个东夷小国的名称："裨离国在肃慎西北，马行可二百日，领户二万。养云国去裨离马行又五十日，领户二万。寇莫汗国去养云国又百日行，领户五万余。一群国去莫汗又百五十日，计去肃慎五万余里。其风俗土壤并未详。泰始三年，各遣小部献其方物。至太熙初，复有牟奴国帅逸芝惟离、模卢国帅沙支臣芝、于离末利国帅加牟臣芝、蒲都国帅因末、绳余国帅马路、沙楼国帅钐加，各遣正副使诣东夷校尉何龛归化。"其中裨离、养云、寇莫汗（又作寇漫汗）、一群在东北部，与肃慎（挹娄）邻近；牟奴、模卢等可能是分布在朝鲜半岛南部的三韩小国。③ 然西晋时期前来朝贡的东夷小国远不止上述 10 国。考古调查者将凤林文化数百处遗址大体划分为 16 个群，认为各个小的区域文化面貌或稍有差异，或存在明显差异。④ 不同遗址群具有一定差异，城堡林立，军事防御色彩浓重，它所体现的是一个各种势力

① 参见干志耿：《三江平原汉魏城址和聚落址的若干问题——黑龙江考古千里行随笔》，《北方文物》1999 年第 3 期。

② （高丽）金富轼：《三国史记》卷 17《高句丽本纪第五》，吉林文史出版社 2003 年版，第 212 页。

③ 《三国志》卷 30《魏书·东夷传·韩》记载三韩小国名称有"牟水国""莫卢国""牟卢卑离"等，与牟奴、模卢、于离末利等国名相似（第 849—850 页）。又《晋书》卷 3《武帝纪》载：太康七年（286）"马韩等十一国遣使来献"（第 77 页）。据此推测牟奴、模卢等可能是分布在朝鲜半岛南端的氏族部落。

④ 许永杰、赵永军：《七星河流域汉魏遗址群聚落考古的理论与实践》，吉林大学边疆考古研究中心编：《庆祝张忠培先生七十岁论文集》，第 502—519 页。

并立争长的时代。那么是南北挹娄诸部的纷争？还是挹娄与邻族之间的纷争？我以为极有可能是二者兼而有之，从已有的迹象看，该文化的时间断限可能不仅限于魏晋时期。经五胡十六国到南北朝前期，这一地区一直处于各族群或氏族部落间争长状态，最终南下的蜿蜒河类型文化拥有者北部挹娄人（后称为勿吉人）成为这一地区的主要居民。

二 南北朝时期勿吉及其朝贡活动

5世纪初，拓跋鲜卑逐步吞并了北方各割据势力，中国进入南北朝时期，史籍中"挹娄"或"肃慎"之称为"勿吉"之名所取代。学界关于勿吉的诸多问题皆众说纷纭。① 我无意评述各家观点，而是在前人研究的基础上，结合近年考古学研究成果，从朝贡活动的角度，对上述问题提出一些认识。勿吉之名最早见于拓跋鲜卑首领郁律（平文皇帝）时期。《魏书·帝纪·序纪》载，平文帝二年（317）："西兼乌孙故地，东吞勿吉以西，控弦上马将有百万。"这应是拓拔鲜卑人首次与东流松花江流域或张广才岭以东的族群接触。张博泉（甫白）指出："勿吉是拓跋鲜卑对其称呼。"② 此说极是。都兴智认为勿吉的族称应与马纪岭（即张广才岭）有关，③ 可备一说。在拓跋鲜卑人初用"勿吉"族称之时，东晋和北方政权仍以"肃慎"或"挹娄"称呼该族群。显然"勿吉"并非是"肃慎"或"挹娄"的改称或音转，而是拓跋鲜卑语言对这一族群名称的记述。

大约在5世纪到6世纪初，勿吉（北部挹娄）人由原居地黑龙江中游南北、三江平原北部对外武力扩张，东南越过牡丹江流域，进入绥芬河流域和长白山地区，并溯东流松花江进入西流松花江流域，成为分布

---

① 日本学者津田左右吉首先撰文《勿吉考》（《满鲜地理历史研究报告》第一，东京帝国大学文科大学1925年版），其后池内宏、日野开三郎又分别作《勿吉考》，三篇专文观点虽有继承又有所不同。我国学者关于东北民族与历史的著作与论文也多有论及。

② 张甫白：《肃慎·挹娄·女真考辨》，《史学集刊》1992年第1期。

③ 参见都兴智：《略论东北古代族名与山水之名的关系》，《社会科学战线》2001年第1期。

地域广阔的族群。《魏书·勿吉传》记载勿吉人初次向北魏朝贡的时间在孝文帝朝："延兴中，遣使乙力支朝献。太和初，又贡马五百匹。"《册府元龟·外臣部·朝贡二》将此事系于延兴五年（475）。三年后乙力支再次朝贡，"乙力支称，初发其国，乘船溯难河西上，至太沵河，沉船于水，南出陆行，渡洛孤水，从契丹西界达和龙"。魏人不仅记下了勿吉人的朝贡路线，而且很快搞清楚了由营州（和龙）到勿吉地的里程："勿吉国，在高句丽北……去洛五千里。自和龙北二百余里有善玉山，山北行十三日至祁黎山，又北行七日至如洛环水，水广里余，又北行十五日至太鲁水，又东北行十八日到其国。"接着又曰："国有大水，阔三里余，名速末水。"①实际上《魏书·勿吉传》关于速末水的记载，与乙力支朝贡路线无关，勿吉进入速末水流域（即西流松花江）是在5世纪末6世纪初夫余国灭亡之后。但中外学界往往忽视了这一点，误将速末水与勿吉早期居地联系起来，引起关于勿吉前期居地的争论，津田左右吉认为难河即今嫩江；速末水即北流松花江（西流松花江），并认为魏人所记东北行十八日，应为"东行"之误，勿吉地西到北流松花江，东到五常附近。池内宏则认为没有特别的理由不能否认魏人所记的行程方向，从太鲁水（洮儿河）东北行十八日到达勿吉的中心地，即今哈尔滨一带，速末水是西流松花江与东流松花江的全称。杨保隆与池内的观点同，孙秀仁、干志耿与津田的观点略同。②关于难河，我赞同李健才的看法，指今嫩江、第一松花江（东流松花江）和黑龙江下游。③乙力支自东流松花江（难河）登船率使团朝贡北魏，这时勿吉的居地在东流松花江流域及其以东地区。

勿吉人为谋求对外发展主动向北魏朝贡，魏孝文帝太和二年（478）乙力支第二次朝贡时，"贡马五百匹"，"自云其国先破高句丽十落，密共百济谋从水道并力取高句丽，遣乙力支奉使大国，请其可否"。此时高句丽是东北最强大的地方政权，勿吉不仅出兵攻破高句丽十落，还要与百济合谋进一步攻取高句丽之地，可见勿吉已是拥有较强

---

① 《魏书》卷100《勿吉传》，中华书局1974年版，第2219—2220页。

② 参见杨保隆：《勿吉地域西南部边至考》，《北方文物》1985年第4期；干志耿、孙秀仁：《黑龙江古代民族史纲》，黑龙江人民出版社1987年版，第208页。

③ 参见李健才：《勿吉、豆莫娄、乌洛侯、失韦的地理位置和朝贡路线》，《东北史地考略》第3集，吉林文史出版社2001年版，第183—187页。

实力的族群。由于高句丽同是北魏朝贡制度的成员，故魏帝"诏敕三国同是藩附，宜共和顺，勿相侵扰"①。勿吉的请求没有得到魏孝文帝的允许，加上百济文周王出猎时被臣下弑杀，新君三斤王只有13岁，②勿吉人的扩张企图只好暂时作罢。自太和九年（485），勿吉"复遣使侯尼支朝献"③，到太和十七年（493），九年间勿吉共遣使朝贡5次，与北魏建立起比较稳定的朝贡关系，其中太和十二年、十三年勿吉人贡纳"楛矢石砮"；另外3次，不记贡纳物，或许与乙力支一样贡纳马匹。此时勿吉人"邑落各自有长，不相总一"④，各部单独遣使朝贡，贡物不同说明朝贡者来自不同地区。贡献楛矢石砮的勿吉部应来自张广才岭以东、汉魏以后的挹娄故地，⑤贡纳马匹的勿吉部可能来自偏西北地区。太和十七年，勿吉朝贡使"婆非等五百余人朝献"⑥。如此庞大的使团应是勿吉各部朝贡使臣结伴而行，表明勿吉各部之间有着各种联系，若干部联合起来对外进行军事扩张行动也是极有可能的。

魏孝文帝太和十八年到宣武帝景明三年（494—502），九年间勿吉一度停止向北魏朝贡。这期间勿吉人大举南下，一支向西南进入西流松花江流域夫余国领地，迫使国势衰落的夫余王携家眷投奔高句丽；⑦另一支向东南发展，进入长白山地区。故《魏书·勿吉传》记载："（勿吉）国有大水，阔三里余，名速末水……国南有徒太山，魏言'大白'。"速末水隋唐时为粟末水，即西流松花江；徒太山即今长白山。勿吉分布地区向南扩展后，对北魏的朝贡活动日益频繁起来，从宣武帝景明四年（503）到孝明帝正光二年（521），19年间勿吉各部遣使朝贡17次，其中有四年（514、515、516、517）一年二次朝

---

① 《魏书》卷100《勿吉传》，第2220页。
② 参见（高丽）金富轼：《三国史记》卷26《百济本纪第四》，第309页。
③ 《魏书》卷100《勿吉传》，第2220页。
④ 《魏书》卷100《勿吉传》，第2219页。
⑤ "自拂涅以东，矢皆石镞，即古肃慎氏也"。《北史》卷94《勿吉传》，中华书局1974年版，第3124页。学界一般认为拂涅部在张广才岭以东。
⑥ 《魏书》卷100《勿吉传》，第2221页。
⑦ 《魏书》卷100《高句丽传》，载，魏宣武帝正始年间，高句丽朝贡使芮悉弗曰："今夫余为勿吉所逐。"（第2216页）（高丽）金富轼：《三国史记》卷19《高句丽本纪第七》载："扶余王及妻孥以国来降。"（第232页）

贡。魏人记载勿吉贡纳方物有6次，均为"贡楛矢"；另11次没有记载贡何物。勿吉人最后一次"贡楛矢"是在孝明帝熙平二年（516）十月，① 这也是这一族群朝贡史上最后一次贡纳楛矢，其原因可能与这一族群内部的部落迁徙、社会文化变迁有关（详见下文）。东魏时，勿吉又恢复了朝贡活动，自孝静帝天平三年（536）到武定五年（547），12年间朝贡6次，多则间隔三四年，少则间隔一二年。随着拓跋鲜卑皇室的统治地位被他族取代，勿吉这一族称也很快被靺羯（靺鞨）取代。

拓跋魏王朝对勿吉的认识，如《魏书·勿吉传》所云："勿吉国，在高句丽北，旧肃慎国也。"旧肃慎，即挹娄。现代学者对勿吉构成的看法归纳起来可分为二种：一是认为勿吉是肃慎、挹娄之后裔。由于学者们对挹娄与肃慎的关系没有达成一致看法，具体观点又有区别。二是认为勿吉诸部是由挹娄后裔、沃沮、夫余等不同族系的人群所构成。我认为应该分为两个方面来认识这个问题：一是北朝人的认识，这一时期中原人对边疆族群的认识仍然很模糊，主要从朝贡者口中获得各种信息，如居住地域、语言、风俗、社会文化发展程度。从北朝人没有记载各部名称，只是笼统地称为勿吉，说明他们对勿吉的认识更多地停留在地域族群文化的层面，并没有达到从族属传承的角度去考察勿吉来源的程度。二是现代史学与考古学研究所揭示的勿吉族源和构成，从考古学文化研究成果看勿吉文化在主体上源于北部挹娄文化，随着勿吉南下扩张，又融入了不同地区的族群文化，这与史籍记载勿吉南下进入西流松花江与长白山地区相吻合。北朝人的认识与现代考古学研究成果都指向勿吉与挹娄有族源关系，勿吉是一个文化面貌既有一定地域差异，又彼此存在内在亲缘关系的族群。

东北地区相当于南北朝时期的勿吉文化遗址，分布范围北越黑龙江，南抵西流松花江流域，西跨过东流松花江，东至日本海，分布之广远超过汉魏晋时期的挹娄文化。各地勿吉文化遗存既有同一性也有差异

---

① 参见《魏书》卷9《肃宗孝明帝纪》，第223页。

性，所谓同一性表现在最具有代表性的器物"靺鞨罐"上，① 这种标志勿吉—靺鞨文化的典型器物最早出现于黑龙江中游地区，南北朝时期开始由北向南迅速地大幅度扩展，与这种文化现象相伴的应是大规模族群迁徙、流动。勿吉人由东流松花江流域南下迁入各地后，是勿吉文化融入当地民族文化，还是相反？以吉长地区为例，董万伦认为："不是先进的夫余同化了落后的肃慎族系各支系，而是人数众多，性'凶悍'，文化落后的肃慎族系各支系，同化了人数稀少，性'谨厚'，文化先进的夫余族。"② 从考古学文化看，大约同样的现象发生于勿吉人南下的各个地区，南迁进入新地区的勿吉部落，在兼并当地人口的同时也吸收了当地的文化，致使勿吉文化出现了地区性差异。乔梁将现已发掘的靺鞨（勿吉）文化分为三区：一是黑龙江中游地区，与当地的挹娄文化（波尔采文化）之间有直接的承袭关系，没有发生明显的文化变异现象。二是牡丹江中、下游地区，靺鞨（勿吉）文化（河口四期遗存）之下的河口三期遗存，其族属目前尚不清楚。二是西流松花江一带的吉长地区，靺鞨（勿吉）文化之下是夫余文化。三个地区早期遗存时代皆可早到南北朝时期（421—581），并延续到 8 世纪初渤海建国时期，黑龙江中游靺鞨文化可延续到五代时期，与女真文化相衔接。③ 据已知的考古学资料可大体做如下推断：4 世纪后期，分布在黑龙江中游南北的族群由于自身社会发展的需求，开始逐渐向南扩展，他们越过东流松花江进入三江平原南部后，遭到七星河流域凤林文化拥有者的激烈反抗，徐永杰、赵永军根据凤林古城内房址所存留的遗物推测该城址毁于战乱，进而推测七星河流域当时发生了一场涉及全流域的战事，七星河

① 俄罗斯学者将黑龙江流域与东部滨海地区继波尔采文化（下限进入魏晋时期）之后的考古学文化命名为靺鞨文化。我国学者在黑龙江、松花江、牡丹江等流域发掘了4—7 世纪文化面貌有一定亲缘关系又有地域性差异的考古学文化，也将其认定为靺鞨文化，"靺鞨罐"是靺鞨文化的典型器物。靺鞨为勿吉的同名异称，两者在文化上具有连续性。据史籍记载靺鞨（初为靺羯）之名初见于北齐武成帝河清二年（563），在靺鞨名称没有出现之前，该文化称为"勿吉文化"更为妥当。

② 董万伦：《关于粟末靺鞨几个问题的探讨——兼与靺鞨新说商榷》，《黑河学刊》1989年第 1 期。

③ 参见乔梁：《靺鞨陶器分期初探》，《北方文物》1994 年第 2 期；乔梁：《靺鞨陶器的分区、分期及相关问题研究》，教育部人文社会科学重点研究基地吉林大学边疆考古研究中心《边疆考古研究》第 9 辑，科学出版社 2010 年版，第 170—187 页。

流域的居民因此而背井离乡。① 在东流松花江南、北的挹娄部落的冲突中，最终是南下的部落取得了胜利。胜利者们继续向南进入牡丹江、绥芬河流域，然而强大的高句丽国阻止了勿吉人（即挹娄）南下的脚步，于是他们的南端停留在长白山地区。另外一支由原住地向西南方向扩张，如魏存成所言他们溯东流松花江南下，经阿什河、拉林河流域到达西流松花江中游地区，② 于 5 世纪末 6 世纪初定居在吉长地区。北朝后期形成勿吉七部，各部都保持了以"靺鞨罐"为代表的传统文化，使之具有一定的同一性。也正是这种同一性表明了勿吉各部是一个具有文化亲缘关系的族群，不是一个多族群的混合体。

唐人李延寿在参加撰写《隋书》之后，又撰写了《北史》，他将《隋书·靺鞨传》中"靺鞨七部"的内容，抄入《北史·勿吉传》，改为"勿吉七部"，即粟末部、白山部、伯咄部、安车骨部、拂涅部、号室部、黑水部。虽然后人对此多有微词，但从考古学研究成果看，6 世纪初或稍晚些勿吉七部已经基本形成，李延寿采取这种做法或许有一定依据。《隋书·靺鞨传》云："自拂涅以东，矢皆石镞，即古之肃慎氏也。"学界一般认为张广才岭以东的牡丹江中下游地区为拂涅部，我以为拂涅部可能主要分布在三江平原的南部，自魏晋起那里的挹娄人很长时期保持着向中原王朝贡纳"楛矢石砮"的古老习俗，勿吉拂涅部形成后仍保持这种习俗，从北魏太和十二年（488）到熙平二年（517），勿吉 8 次向北魏朝廷贡纳楛矢。③ 值得注意的是大明三年（459）"肃慎国重译献楛矢、石砮"④。肃慎即魏晋之挹娄，这可能是三江平原南部挹娄（勿吉）人在尚未被江北部落征服之前，最后一次从海路向南朝刘宋朝贡。熙平二年之后不再见勿吉人贡纳楛矢石砮的记载，其原因是因为南部强大的高句丽阻断了拂涅部的朝贡道，还是勿吉人摈弃了当地这一古老传统？如是前者，熙平二年之后朝贡的勿吉部当以粟末部及其北边的部落为主。北朝末年政局不稳，社会动荡，政权一再易主，勿吉人也停止了朝贡活动。

---

① 参见许永杰、赵永军：《七星河流域汉魏遗址群聚落考古的理论与实践》，吉林大学边疆考古研究中心编：《庆祝张忠培先生七十岁论文集》，第 502—519 页。
② 参见魏存成：《靺鞨族起源发展的考古学观察》，《史学集刊》2007 年第 4 期。
③ 据《魏书》卷 7、卷 8、卷 9 的记载统计。
④ 《宋书》卷 6《孝武帝纪》，中华书局 1974 年版，第 125 页。

三　北朝末年到唐代靺鞨（靺羯）、黑水都督府及其朝贡活动

6世纪下半叶，东亚与北亚地区的政治形势都发生了重大变化。原居金山（阿尔泰山）之阳的突厥人崛起，很快发展成为横跨蒙古高原的游牧汗国。隋唐时期东部高句丽政权和西部突厥汗国极力向靺鞨地区发展势力，这使靺鞨诸部发生了明显的变化，形成分别依附于隋唐中央王朝、高句丽和突厥汗国的局面。7世纪中期高句丽灭亡后，7世纪末8世纪初，以南部靺鞨诸部为主建立了渤海国，[①] 8世纪唐朝在北部靺鞨地区建立了黑水都督府。这里重点考察渤海国建立之前靺鞨诸部与渤海国建立之后北部黑水靺鞨集团及其朝贡活动。

（一）北朝后期到唐前期靺鞨及其朝贡活动

北齐建立后，在朝贡者中再次出现"肃慎"之名。《北齐书·文宣帝纪》载：天保五年（554），"肃慎遣使朝贡"。[②] 此时文宣帝登基不久，勿吉人来朝贡，史官认为勿吉"旧肃慎国也"，[③] 依照魏晋体例将其记载为"肃慎"来朝，意在突出北齐的正统地位。十年后，勿吉再次遣使朝贡，北齐史官则开始以"靺鞨"之名记录之。[④]《北齐书》记载：武成帝河清二年（563），"是岁，室韦、库莫奚、靺羯、契丹并遣使朝贡"。[⑤] 勿吉与靺鞨的关系，如隋文帝时靺鞨朝贡使在说明其族属时所言：靺鞨"即勿吉也"。[⑥]《旧唐书·靺鞨传》亦曰："靺鞨，盖肃

---

① 渤海国与唐朝中央政府的朝贡关系，参见程妮娜《唐朝渤海国朝贡制度研究》，《吉林大学社会科学学报》2013年第3期。

② 《北齐书》卷4《文宣帝纪》，中华书局1972年版，第58页。

③ 《魏书》作者魏收为北齐史官，在《勿吉传》中云："勿吉国，在高句丽北，旧肃慎国也。"（第2219页）勿吉即是古之肃慎，当是北齐士大夫的认识。

④ 目前所见的史籍中，靺羯（靺鞨）之名最早见于隋《北蕃风俗记》。参见李玲、东青：《也谈"靺鞨"名称之始见》，《北方文物》1997年第2期。

⑤ 《北齐书》卷7《武成帝纪》，第92页。

⑥ （唐）杜佑：《通典》卷186《边防二·勿吉》，中华书局1988年版，第5023页。

慎之地，后魏谓之勿吉。"① "靺鞨"与"勿吉"音近，为同一语词在不同时期的异写。但在《北齐书》中"靺羯"又常写作"靺鞨"，如天统元年（565），"高丽、契丹、靺鞨并遣使朝贡"。② 靺羯与靺鞨字形近。范恩实通过对史籍版本的考察，发现唐代史籍中还主要写作"靺鞨"，但也有若干使用"靺羯"的例证，宋代以后才统一为"靺鞨"。③《北齐书》在北宋以后渐散佚，《钦定四库全书提要》云："今所行本，盖后人杂取《北史》等书以补亡，非旧帙矣。"后人补入时改写为"靺鞨"，却未注意前后用字统一。然而不仅《北齐书》如此，在隋唐史籍中也可见到这种现象。

北齐到隋朝，中原人对靺鞨的了解还基本限于对北朝后期勿吉七部的认识，《隋书·靺鞨传》载："靺鞨，在高丽之北，邑落俱有酋长，不相总一。凡有七种：其一号粟末部，与高丽相接，胜兵数千，多骁武，每寇高丽中。其二曰伯咄部，在粟末之北，胜兵七千。其三曰安车骨部，在伯咄东北。其四曰拂涅部，在伯咄东。其五曰号室部，在拂涅东。其六曰黑水部，在安车骨西北。其七曰白山部，在粟末东南。"隋朝靺鞨社会中还没有出现高居各氏族部落之上的政治权威，仍处于分散的氏族部落阶段，靺鞨七部与勿吉七部同样是总体文化面貌具有一定的亲缘关系，又各自具有地域文化特征的七个靺鞨族群，并没有形成七个部落联盟。粟末部在西流松花江流域，黑水部在黑龙江中下游地区，拂涅部在三江平原的南部，伯咄部在粟末部之北，号室部在最东部，白山部在粟末部东南长白山地区，基本方位无大争议。只是对安车骨部的分布地学者们看法不同，《吉林通志》推定"安车骨部在今阿勒楚喀，五常厅境"④。以安车骨与金代按出虎水发音相近而推定在阿勒楚喀，即今哈尔滨阿城。津田左右吉认同此说。⑤ 但此说与上文记载安车骨部在黑水部东南的方位不符。张博泉认为该部在乌苏里江下游；⑥ 王承礼认

① 《旧唐书》卷199下《靺鞨传》，中华书局1975年版，第5358页。

② 南北朝时期，中原王朝开始以"高丽"称呼汉魏晋时期的高句丽，到北朝后期基本不再用高句丽这一族称。隋唐时期，完全以"高丽"取代"高句丽"。

③ 参见范恩实：《靺鞨兴嬗史研究》，博士学位论文，北京大学，2006年，第49页。

④ （清）长顺修：《吉林通志》卷10《沿革志一》，清光绪十七年（1891）刻本。

⑤ 参见［日］津田左右吉《勿吉考》，《满鲜地理历史研究报告》第一，东京帝国大学文科大学1925年版。

⑥ 参见张博泉：《东北地方史稿》，吉林大学出版社1985年版，第146页。

为在牡丹江中下游地区。[1]

北齐时，靺鞨诸部各自遣使朝贡，据史籍记载统计从河清二年到北齐后主武平六年（563—575），12 年间靺鞨朝贡 10 次，其中与室韦、库莫奚、契丹等西部族群同来朝贡有 2 次。室韦在嫩江大兴安岭地区，契丹、库莫奚在西辽河流域，皆在靺鞨诸部之西，与西邻各族同来朝贡的靺鞨人，很可能是位于西南部的粟末部。与东南部高句丽人同来朝贡有 3 次可能是白山部。与突厥人同来朝贡有 3 次，[2] 可能为靠西部的粟末部或伯咄部。靺鞨单独朝贡有 2 次，除受高句丽人控制较为严密的白山部以外，其他六部皆有可能。

隋朝建立后，隋文帝开皇元年（581）七月，"靺鞨酋长贡方物"[3]。《隋书·靺鞨传》云："开皇初，相率遣使贡献。高祖诏其使曰：'朕闻彼土人庶多能勇捷，今来相见，实副朕怀。朕视尔等如子，尔等宜敬朕如父。'对曰：'臣等僻处一方，道路悠远，闻内国有圣人，故来朝拜。既蒙劳赐，亲奉圣颜，下情不胜欢喜，愿得长为奴仆也。'"[4] 这年八月，"突厥阿波可汗遣使贡方物"；九月，"突厥沙钵略可汗遣使贡方物"；十二月，"高丽王高阳遣使朝贡"。[5] 可见靺鞨朝贡活动既早于突厥，也早于高句丽。据《隋书·高祖文帝纪》记载，开皇元年到四年，靺鞨 4 次遣使朝贡。《隋书·靺鞨传》曰："其国西北与契丹相接，每相劫掠。后因其使来，高祖诫之曰：'我怜念契丹与尔无异，宜各守土境，岂不安乐？何为辄相攻击，甚乖我意！'使者谢罪。高祖因厚劳之，令宴饮于前。……然其国与隋悬隔，唯粟末、白山为近。"[6] 其时，白山部为高句丽所控制，粟末部有较大独立性，隋朝初年率先向中央政府朝贡的靺鞨人，极有可能是邻近郡县地区的粟末靺鞨。

隋朝忙于统一南方时期，高句丽也加紧了征服邻近粟末靺鞨的步伐，隋《北蕃风俗记》记载："开皇中，粟末靺鞨与高丽战，不胜。有

<hr />

[1] 参见王承礼：《中国东北的渤海国与东北亚》，吉林文史出版社 2000 年版，第 11 页。

[2] 其中一次记载为勿吉朝贡，《北史》卷 8《后主纪》记载：武平三年（572），"是岁，新罗、百济、勿吉、突厥并遣使朝贡"（第 294 页）。此处"勿吉"，即"靺鞨"，当为撰者写作不规范所造成。

[3] 《隋书》卷 1《高祖纪上》，中华书局 1973 年版，第 15 页。

[4] 《隋书》卷 81《靺鞨传》，1822 页。

[5] 《隋书》卷 1《高祖纪上》，第 16 页。

[6] 《隋书》卷 81《靺鞨传》，1822 页。

厥稽部渠长突地稽首者率忽赐来部、窟突始部、悦稽蒙部、越羽部、步护赖部、破奚部、步步括利部，凡八部，胜兵数千人，自扶余城西北，举部落向关内附，处之柳城，柳城乃燕郡之北。"① 高句丽的夫余城，据李健才考证在今吉林市龙潭山山城。② 与高句丽战败后，粟末靺鞨的厥稽部渠长突地稽率八部"千余家内属"③ 投附隋朝，以一家五口计，当在 5000 人以上。这次战争之后，高句丽并没有占据粟末靺鞨的全部地区，吉林永吉杨屯大海猛靺鞨遗址、永吉查里巴靺鞨墓地以及榆树老河深靺鞨遗址一直延续到渤海建国前，说明这里一直有粟末靺鞨人生活。但高句丽对粟末靺鞨的控制明显加强了，开皇五年到十年（585—590）靺鞨一度停止朝贡活动。十一年到十三年，靺鞨连续三年遣使向隋朝朝贡之后，再次停止了朝贡活动，其原因可能是受到高句丽人的阻止。之后仅在炀帝大业十一年（615）贺正之日，见到靺鞨朝贡的记载："春正月甲午朔，大宴百僚。突厥、新罗、靺鞨、毕大辞、诃咄、传越、乌那曷、波腊、吐火罗、俱虑建、忽论、靺鞨、诃多、沛汗、龟兹、疏勒、于阗、安国、曹国、何国、穆国、毕、衣密、失范延、伽折、契丹等国并遣使朝贡。"④ 上述朝贡的属国、属部主要是北部和西北部民族，此时高句丽尚未恢复向隋朝的朝贡，因此前来朝贡的靺鞨部可能是北部邻近西部草原地区的伯咄等靺鞨部落。

隋末唐初，趁中原战乱，突厥势力东进，高句丽势力西进，东北边疆各族多受二族控制。靺鞨诸部"或附于高丽，或臣于突厥"⑤。东突厥颉利可汗时期（620—630），⑥ 兵强马壮，"以突利可汗主契丹、靺鞨部，树牙南直幽州，东方之众皆属焉"。颉利可汗受故隋义成公主的挑唆，⑦ 与唐朝为敌，岁岁寇边，控制了居地靠近西北的靺鞨诸部。太宗

---

① （宋）乐史：《太平寰宇记》卷 71 "燕州" 条引，乾隆癸丑（1793）南昌万氏刊本。《隋书》卷 81 《靺鞨传》，将突地稽率部内属之事，系于隋炀帝时期，误。

② 参见李健才：《东北史地考略（续集）》，吉林文史出版社 1995 年版，第 88—89 页。

③ 《旧唐书》卷 199 下 《靺鞨传》，中华书局 1975 年版，第 5358 页。

④ 《隋书》卷 4 《炀帝纪下》，第 88 页。文中两处记 "靺鞨"，后一处当为衍文。

⑤ 《旧唐书》卷 199 下 《靺鞨传》，第 5358 页。

⑥ 583 年突厥分裂为东、西两部，靺鞨等东北民族主要与东突厥发生各种关系。

⑦ 隋文帝时以宗女义成公主妻东突厥启民可汗，启民可汗去世后，按照突厥人收继婚的习俗，义成公主先后嫁给始毕可汗、处罗可汗、颉利可汗。《隋书》卷 84 《突厥传》，第 1863—1876 页；《旧唐书》卷 194 上 《突厥传》，第 5154—5155 页。

贞观四年（630），唐灭东突厥，原依附于突厥的靺鞨诸部才开始独立向唐遣使朝贡。五年（631）"室韦、倭、黑水靺鞨并遣使朝贡"①，这是首次见到冠有具体部落名称的靺鞨部落朝贡。《旧唐书·靺鞨传》曰："黑水靺鞨最处北方，尤称劲健，每恃其勇，恒为邻境之患。"② 大概因黑水部是当时唐人已知距离中原最远、最北边的靺鞨部，其部落名称便被明确记下，其他朝贡部落的名称直到唐玄宗朝才有明确记载。黑水部的朝贡暗示着靺鞨西面的朝贡道已经通畅，越来越多的靺鞨部落相继遣使朝唐。《唐会要》载贞观十四年（640），"黑水靺鞨遣使朝贡，以其地为黑水州。自后或酋长自来，或遣使朝贡，每岁不绝"③。然而，北。方草原上继突厥之后薛延陀兴起，贞观十五年（641），"薛延陀尽其甲骑并发同罗、仆骨、回纥、靺鞨、霫等众，合二十万，卒一人马四匹，度漠，屯白道川，据善阳岭，以击思摩之部"。④ 西部一些靺鞨部落收到薛延陀的控制，必然影响靺鞨诸部的朝唐活动。查阅史籍，在贞观十四年以后，只有十九年（645）正月"靺鞨、霫等遣使来贺各贡方物"。此后相隔60多年，直到唐睿宗景云二年（711）十一月，才再见到"靺鞨、室韦遣使献方物"⑤。《唐会要》载黑水州设置之后靺鞨部"每岁不绝"显然是夸大其词。实际上黑水州设置后不久便有名无实，并未起到加强唐朝对靺鞨地区羁縻统治的作用。

东面的高句丽政权自唐高祖武德二年（619）始连年向唐遣使朝贡。五年（622）"十一月靺鞨渠帅阿固郎来朝"。⑥ 二年后，又见"靺鞨渠帅阿固郎来朝"。⑦ 阿固郎两次赴唐朝贡，却没有留下此人属于哪部靺鞨的记载。此时突厥与唐朝交恶，在唐太宗灭东突厥以前，武德九年（624）到贞观三年（629）靺鞨部4次向唐遣使朝贡。史载"白山部，素附于高丽"，⑧ 阿固郎紧随高句丽之后来朝唐，当是依附于高句

---

① 《册府元龟》卷970《外臣部·朝贡第三》，中华书局2006年版，第11229页。
② 《旧唐书》卷199下《靺鞨传》，第5358页。
③ （宋）王溥：《唐会要》卷96《靺鞨》，中华书局1960年版，第1723页。
④ 《册府元龟》卷985《外臣部·征讨第四》，第11403页。
⑤ 《册府元龟》卷970《外臣部·朝贡第三》，第11235页。
⑥ 《册府元龟》卷970《外臣部·朝贡第三》，第11228页。
⑦ 《册府元龟》卷970《外臣部·朝贡第三》，第11228页。《新唐书》卷219《北狄·黑水靺鞨传》关于阿固郎的记载有误，是将《旧唐书·靺鞨传》中突地稽的事迹错记其中。
⑧ 《旧唐书》卷199下《靺鞨传》，第5359页。

丽的白山靺鞨部。贞观五年（631），高句丽与唐朝关系发生变化，因太宗"诏遣广州都督府司马长孙师往收瘗隋时战亡骸骨，毁高句丽所立京观。（高句丽王）建武惧伐其国，乃筑长城，东北自扶余城，西南至海，千有余里"①。高句丽加强了对唐朝的防备，不再允许自己所控制的靺鞨部对唐朝贡。自贞观五年以后，前来朝贡的靺鞨主要是分布在西部地区的部落，他们与西邻室韦、霫等族群结伴而来。

贞观十八年（644）唐太宗再次亲征高句丽，此后辽东战事断断续续一直持续到高宗后期。在唐朝与高句丽的战争中，白山靺鞨部民和部分粟末靺鞨部民受高句丽驱使与唐军作战，北边伯咄、安居骨、号室等靺鞨部亦与高句丽合兵对抗唐朝，"每战，靺鞨常居前"。贞观十九年（645）唐太宗再次亲征高句丽，"收靺鞨三千三百，尽坑之"②。总章元年（668）唐灭高句丽，受高句丽驱使的白山、粟末靺鞨的部众多被迁入郡县地区，北部伯咄、安居骨、号室等部"皆奔散，寖微无闻焉"③。接着唐将靺鞨人李多祚又率军北伐，"讨黑水靺鞨，诱其渠长，置酒高会，因醉斩之，击破其众"④，打击了东北边地靺鞨部中具有反唐倾向的势力，加强了唐朝对靺鞨地区的影响。⑤

8世纪初前后，居住在营州的部分靺鞨人利用营州地区爆发了契丹反抗营州都督赵文翙虐政的斗争之机，返回靺鞨故地建立政权，初名"震国"，后因唐朝册封改名"渤海国"。渤海王大武艺曾与属下说：黑水靺鞨"旧请突厥吐屯，皆先告我同去"⑥。可见，在震国建立之初曾一度归附突厥。突厥对诸属部"遣吐屯一人监统之，督其征赋"⑦。黑龙江中游北面今俄罗斯阿穆尔州特罗伊茨基墓地，发现近千座靺鞨墓葬，年代为唐代中期到辽初，现已发掘了200多座墓葬，出土陶器、串珠、马具、腰带牌饰、铁镞、铁刀等多种随葬品。其中陶器形制表现出

① 《旧唐书》卷199上《高丽传》，第5321页。
② 以上引文见《新唐书》卷219《黑水靺鞨传》，中华书局1975年版，第6177—6179页；《旧唐书》卷199上《高丽传》，第5319—5328页。
③ 《新唐书》卷219《黑水靺鞨传》，第6178页。
④ 《新唐书》卷110《李多祚传》，第4125页。
⑤ 魏国忠、孙正甲《唐与黑水靺鞨之战》（《社会科学战线》1985年第3期）认为李多祚打击黑水靺鞨的时间大致在691—692年之间。
⑥ 《旧唐书》卷199下《靺鞨传》，第5361页。
⑦ 《旧唐书》卷194下《突厥传》，第5181页。

明显受粟末靺鞨文化影响的因素，但陶器纹饰却与贝加尔湖、叶尼塞河中游的陶器风格非常接近，各种牌饰、蹀躞带具又承继了突厥带具的特点，文化面貌呈现多元文化特征。人类学研究的成果同样表明居住在黑龙江中下游两岸的黑水靺鞨居民，受到了来自贝加尔湖草原地带文化的影响和挤压，同时也导致了群体的迁徙与融合。① 从贝加尔湖地带迁来的人群与突厥派遣吐屯是否有关系？还有待于新资料的发现，但它表明黑水靺鞨曾经与突厥发生过密切关系。我认为突厥发展的重点始终是北方和西北，虽对黑龙江流域有一定的经营，但由于室韦、黑水靺鞨尚处于分散的原始氏族部落阶段，很难建立起较为集中的统治，因此突厥文化对黑龙江下游及滨海地区的影响应视为经济贸易与文化传播的结果。

隋唐时期东北各族皆诣阙朝贡，中央三省六部之下管理边疆民族朝贡事务的机构日益健全。重要事务由礼部主客司主掌，隋朝"改主客郎为司蕃郎"，唐朝复为主客郎。具体事务则由鸿胪寺职掌。如朝廷对朝贡者的册封（袭封号）、赏赐物品的数额，由主客司奏请皇上批准，再由鸿胪寺具体执行。鸿胪卿常常亲赴边疆朝贡国对番王行册封礼，"诸蕃封命，则受册而往"。而且"凡蕃客至，鸿胪讯其国山川、风土，为图奏之，副上于职方"。职方，指兵部职方司，与边疆经略有关的事宜，要在兵部备案。在朝贡过程中朝贡者们的经济贸易活动由少府监、户部掌管。② 在地方政治统辖体系中，以边地府州管理边疆民族朝贡事务。在东北，先后以营州总管府、营州都督府、平卢节度使、卢龙节度使、幽州都督府（节度使）管理靺鞨诸部的朝贡事务。③ 随着中央王朝对靺鞨诸部朝贡事务的管理逐渐规范化，中原人对靺鞨族群的了解也从比较模糊到日益清晰。中原人对靺鞨的认识从地域文化意义上的族群，发展为对其族群内部各较大部落的认识，《旧唐书·靺鞨传》记载：

---

① 参见冯恩学：《特罗伊茨基靺鞨墓地的陶器来源》，《北方文物》2006年第4期；黑龙江省文物考古研究所、中国社会科学院考古研究所：《黑龙江绥滨同仁遗址发掘报告》，《考古学报》2006年第1期；冯恩学：《黑水靺鞨的装饰品及渊源》，《华夏考古》2011年第1期；张全超、冯恩学、朱泓：《俄罗斯远东地区特罗伊茨基靺鞨墓地人骨研究》，《人类学学报》2008年第2期。

② 上述引文与各机构相关职掌，参见《隋书》卷28《百官志下》，第794页；《新唐书》卷46《百官志一》、卷48《百官志三》，第1198、1257页。

③ 参见《旧唐书》卷38《地理志一》、卷39《地理志》；《新唐书》卷39《地理志三》、卷43下《地理志七下》。并参见后文关于黑水都督府隶属关系的论述。

"其国凡为数十部，各有酋帅。"翻查史籍可发现在唐朝关于靺鞨的记载中，原有的靺鞨（勿吉）七部之名，除了黑水、拂涅两部还继续沿用外，粟末、白山两部在唐灭高句丽前后有所提到，其他三部只有在追述前朝事迹时才出现。显然唐朝人已经认识到靺鞨有众多不相统属的部落，"黑水部"和"拂涅部"因又是具体的部落名称而仍见于史册。

唐睿宗时东北政治局势已经稳定，唐朝重整一度陷于瘫痪状态的东北边疆朝贡制度，靺鞨又开始遣使朝贡。景云二年（711），"靺鞨、室韦遣使献方物"①。随着唐朝进入鼎盛时期，唐朝再次在靺鞨地区设置羁縻府州，靺鞨诸部的朝贡活动也进入全面发展时期。

（二）黑水都督府下靺鞨部落及其朝贡活动

渤海国建立后，原靺鞨七部之地的南部纳入渤海，北部仍为靺鞨之地，唐人统称为黑水靺鞨。《新唐书·黑水靺鞨传》曰："其地南距渤海，北、东际于海，西抵室韦，南北袤二千里，东西千里。""分十六落，以南北称，盖其居最北方者也。"《新唐书·地理志》载贞元年间（785—804）宰相贾耽《道里记》云，营州入安东道，"至渤海王城，城临忽汗海，其西南三十里有古肃慎城，其北经德理镇，至南黑水靺鞨千里"。德理镇之北为黑水靺鞨，佟柱臣认为德理镇在今黑龙江依兰，②学界多承用此说。王承礼认为渤海国强盛时，黑水靺鞨南界退至今黑龙江省鹤岗、萝北、同江及其迤东一带。③8世纪时黑水靺鞨在东西千里、南北二千里的范围内，分布16个较大的部落。《新唐书·北狄·黑水靺鞨传》记载："初，黑水西北又有思慕部，益北行十日得郡利部，东北行十日得窟说部，亦号屈设，稍东南行十日得莫曳皆部，又有拂涅、虞娄、越喜、铁利等部。其地南距渤海，北、东际于海，西抵室韦，南北袤二千里，东西千里。拂涅、铁利、虞娄、越喜时时通中国，而郡利，屈设、莫曳皆不能自通。"这里记载了九部的名称、方位和里程，除黑水部外，黑水部之南有四部：拂涅部在三江平原南部；铁利部大约在今牡丹江与松花江合流以北地区。虞娄部或在张广才岭之西。越喜部在铁

---

① 《册府元龟》卷970《外臣部·朝贡第三》，第11235页。
② 参见佟柱臣：《我国历史上对黑龙江流域的管辖和其他》，《文物》1976年第7期。
③ 参见王承礼：《中国东北的渤海国与东北亚》，第156页。

利部之东近海处，《通典》载安东府"东至越喜部落二千五百里"①。马一虹据此认为越喜在兴凯湖、密山以北一带。对于黑水部之北四部的分布地，马一虹在吸收日、中学界前贤研究成果的基础上又提出了自己的看法：思慕部在结雅河、布列亚河与黑龙江汇合处之间；郡利部在今黑龙江下游沿江；窟说部在今库页岛的北部；关于莫曳皆部，她不同意白鸟库吉认为在滨海地区"东岸"的土姆宁河流域，以及和田清等认为在日本北海道的观点，认为在库页岛的南部。②另有七部的名称与居地不详。"其酋曰大莫拂瞒咄，世相承为长"③，从各部单独遣使朝贡看，黑水靺鞨诸部并未形成部落联盟。

开元十年（722）黑水靺鞨酋长倪属利稽入唐朝贡，请求归属，玄宗于其地设置勃利州，以倪属利稽为刺史。④张博泉认为勃利州在今俄罗斯哈巴罗夫斯克，⑤虽然建置规模不大，但这是唐朝在黑水靺鞨地区建立羁縻统治之始，也暗示黑水靺鞨与突厥关系转弱，或脱离了突厥的控制。开元十三年（725），"安东都护薛泰请于黑水靺鞨内置黑水军。续更以最大部落为黑水府，仍以其首领为都督，诸部刺史隶属焉。中国置长史，就其部落监领之。十六年，其都督赐姓李氏，名献诚，授云麾将军兼黑水经略使，仍以幽州都督为其押使，自此朝贡不绝"⑥。唐玄宗开元年间先后设置了勃利州、黑水军，最后以黑水靺鞨诸部中最大的部落黑水部设置黑水都督府。因靺鞨诸部不相统属，唐朝只能以黑水部酋长为黑水都督府的都督，赐其姓名为"李献诚"，授其官号为"云麾将军兼黑水经略使"，这是史籍关于黑水都督府建立及对黑水部督任命、册封的唯一记载。黑水都督府的所在地，张博泉认为在黑龙江下游俄罗斯境内阿纽依河口附近。⑦孙进己认为在今俄罗斯哈巴罗夫斯克

---

① （唐）杜佑：《通典》卷180《州郡十·古青州》，第4776页。

② 参见马一虹：《靺鞨部族分布地域考述》，《中国文化研究》2004年第2期。张亚红、鲁延召《唐代黑水靺鞨地区思慕诸部地望新考》（《中国历史地理论丛》2010年第1期）认为思慕部在今俄罗斯犹太自治州比罗比詹市；郡利部在今俄罗斯哈巴罗夫斯克边疆区阿穆尔斯克市；莫曳皆部在同区的苏维埃港市；窟说部在今俄罗斯萨哈林州奥哈市波吉比镇。可备一新说。

③ 《新唐书》卷219《黑水靺鞨传》，第6178页。

④ 参见《新唐书》卷219《黑水靺鞨传》，第6178页。

⑤ 参见张博泉：《东北地方史稿》，第203—204页。

⑥ 《旧唐书》卷199下《靺鞨传》，第5359页。

⑦ 参见张博泉：《东北地方史稿》，第209页。

（伯力）附近。①

唐朝设立黑水都督府后，强化了靺鞨地区的朝贡制度。黑水部以北四部因路途遥远且艰难，不能各自单独遣使朝贡，是否有随黑水部前来朝贡者已不得而知。南面四部与黑水部自开元年间起，频繁遣使朝贡，《新唐书·黑水靺鞨传》记载：黑水部"朝献者十五，大历世凡七，贞元一来，元和中再"②。"拂涅，亦称大拂涅。开元、天宝间八来，献鲸睛、貂鼠、白兔皮；铁利，开元中六来；越喜，七来，贞元中一来；虞娄，贞观间再来，贞元一来。后渤海盛，靺鞨皆役属之，不复与王会矣。"③ 实际上靺鞨各部的朝贡活动要多于这条史料的记载（详见后文）。

唐玄宗开元年间，史官比较详细地记载了前来朝贡的靺鞨部落名称、使者姓名，以及封授的官号与赏赐物品。根据对开元年间诸部朝贡活动统计情况，几乎每年都有靺鞨朝贡使赴唐，他们来自黑水、拂涅（大拂涅）、越喜、铁利等靺鞨四部，常常是几部使者相伴而来，所献方物有马匹、鲸、鲵、鱼睛、貂鼠皮、白兔、猫皮，以及其他土特产。唐朝圣历三年（698）三月六日，武则天敕："东至高丽国；南至真腊国；西至波斯、吐蕃，及坚昆都督府。北至契丹、突厥、靺鞨。并为入番。以外为绝域。其使应给料各依式。"④ 开元四年（716）正月九日，玄宗敕："靺鞨、新罗、吐蕃，先无里数，每遣使给赐，宜准七千里以上给付也。"⑤ 唐朝赏赐靺鞨朝贡者的物品主要是绢帛，并时常封授前来朝贡的靺鞨首领、使者以官爵号。唐对靺鞨人的封授是表明双方臣属关系的重要标志，据《册府元龟》《新唐书》《旧唐书》相关记载，唐对黑水靺鞨首领、使臣授予的官爵号，除黑水部为黑水都督、酋长倪属利稽为羁縻州刺史外，所授予官号的军事色彩较浓，有武官官号（如折冲、果毅），亦有武散官和勋官的官爵号（如将军、中郎将、郎将等），这应与唐朝在靺鞨地区设置黑水军有关。俄罗斯特罗伊茨基墓地M84出土一组4件长方形铁带銙，冯恩学认为这种带銙和该墓地出土的

①　参见孙进己、冯永谦主编：《东北历史地理》第 2 卷，黑龙江人民出版社 1989 年版，第 302 页。

②　《新唐书》卷 219《黑水靺鞨》，第 6178 页。

③　《新唐书》卷 219《黑水靺鞨》，第 6179 页。

④　（宋）王浦：《唐会要》卷 100《杂录》，第 1798 页。

⑤　（宋）王溥：《唐会要》卷 100《杂录》，第 1798 页。

玉环、玉璧为唐文化特色的装饰品。①《新唐书·车服志》记载："黄为流外官及庶人之服，铜铁带绔七。"② 据此推测特罗伊茨基墓地出土的带銙、玉环、玉璧极有可能是唐朝在授予黑水靺鞨首领官爵号同时赐予官服上的佩饰。黑水都督府与其他地区羁縻府州一样具有出兵协助唐朝征战的义务，黑水都督府一旦出兵助唐征战，这些被授予官号的首领便是率军作战的将领。开元二十年（732），渤海王大武艺出兵攻袭唐朝州县。韩愈《乌氏庙碑铭》曰："渤海扰海上，至马都山，吏民逃徙失业，尚书领所部兵，塞其道，堑原累石，绵四百里，深高皆三丈，寇不得进，民还其居，岁罢运钱三千万余，黑水、室韦以骑三千来属麾下，边威益张。"③ 黑水靺鞨与室韦派骑兵五千助唐，打退了渤海对唐朝的进攻，在战争中，应有被唐封授的靺鞨将领率军作战。

根据《唐会要》《旧唐书》《新唐书》《册府元龟》关于黑水靺鞨各部朝贡的记载统计，各部朝贡的次数为：拂涅部在玄宗开元年间17次，有明确纪年最后一次朝贡是在开元二十七年（739）。铁利部在开元年间14次，有明确纪年最后一次朝贡是在开元二十八年（740）。但《唐会要·靺鞨传》云："拂涅、铁利等诸部落，自国初至天宝末，亦尝朝贡，或随渤海使而来"。④ 但天宝年间未见二部朝贡的明确记载。越喜部在开元年间11次，德宗贞元十八年（802）1次，也是最后一次，共12次。虞娄部在太宗贞观年间2次，最后一次德宗贞元十八年（802），共3次。黑水部在太宗贞观年间2次，玄宗开元年间11次，天宝年间5次，代宗永泰年间1次，大历年间6次，德宗贞元八年1次，最后一次宪宗元和十年（815），共27次。⑤

综合各书记载，靺鞨诸部最后向唐朝贡时间：拂涅、铁利，天宝末（755）；越喜、虞娄，贞元十八年（802）；黑水，元和十年（815）。

---

① 参见冯恩学：《黑水靺鞨的装饰品及渊源》，《华夏考古》2011年第1期。

② 《新唐书》卷24《车服志》，第529页。

③ （唐）韩愈：《乌氏庙碑铭》，《韩愈文集汇校笺注》，中华书局2010年版，第1784页。

④ （宋）王溥：《唐会要》卷96《靺鞨传》，第1724页。

⑤ 靺鞨各部朝贡次数在参考宋卿：《论唐代东北羁縻府州对中原王朝的朝贡》（吉林大学硕士学位论文，2002年）基础上又有所补充。另外，需说明的是玄宗以后，史籍记载靺鞨朝贡除个别记载具体部名外，一般只记"靺鞨"，本文将这类记载都归入黑水部，其中不排除有其他靺鞨部的朝贡活动。

唐玄宗时期，常见同一靺鞨部一年多次遣使朝贡的现象，如开元七年，拂涅部于正月、二月、八月三次遣使朝贡；开元十二年（724），铁利部于二月、五月；越喜部于二月、十二月，分别两次遣使朝贡；开元十三年（725），黑水部于正月、三月、四月、五月四次遣使朝贡。这反映了靺鞨地区始终没有形成统一的政治中心，黑水都督府建立后，各部仍是单独遣使朝贡，而且各部内也没有形成较强的政治势力，各部内的各氏族部落往往单独遣使朝贡。唐朝授予黑水都督的官职中有"黑水经略使"一职，含有使黑水都督尽快在黑水靺鞨诸部中建立起统辖关系的用意。为了加强黑水都督对黑水诸部的管理，唐朝曾派遣长史到黑水都督府，"就其部落监领之"，① 协助黑水都督建立起对这一地区的统治，但效果并不明显。开元十八年（730），"正月壬子，大拂涅靺鞨兀异来朝，献马四十匹，授左武卫折冲，赐帛三十段，留宿卫"②。这是唯一一例黑水都督府辖区靺鞨诸部遣使留宿卫的记载。从记载上看，这一行为似乎并不是代表黑水都督，而是代表大拂涅部，这也表明拂涅部具有很强的独立性和一定的实力。

靺鞨各部停止朝贡活动与其南部渤海政权向北拓展势力有直接关系，据史籍记载渤海有两次较大规模对外拓土时期。第一次在武王大武艺时期（719—736），"斥大土宇，东北诸夷畏臣之"。③ 但大武艺向北拓土的欲望，被唐朝在靺鞨地区设置黑水都督府所遏制，并引发了渤海与唐朝之间唯一的一次战争，④ 如上所述这次战争中靺鞨出兵助唐军，最终大武艺向唐上表谢罪称臣。⑤ 第二次在大仁秀时期（818—829）"仁秀颇能讨伐海北诸部，开大境宇"⑥，《唐会要·靺鞨传》："惟郡利、莫曳皆三两部未至。及渤海浸强，黑水亦为其所属。"⑦ 关于渤海役属靺鞨诸部的时间，马一虹断定在8世纪中叶，认为：《旧唐书·地理志》记载，"平卢军节度使，镇抚室韦、靺鞨，统平卢、卢龙二军，

① 《旧唐书》卷199下《靺鞨传》，第5359页。
② 《册府元龟》975《外臣部·褒异第三》，第11452页。
③ 《新唐书》卷219《渤海传》，第6180页。
④ 《旧唐书·玄宗纪》记载，开元二十年九月，"渤海靺鞨寇登州，杀刺史韦俊，命左领军将军盖福顺发兵讨之"（第198页）。
⑤ 参见（唐）韩愈《昌黎集》卷26。
⑥ 《新唐书》卷219《渤海传》，第6181页。
⑦ （宋）王溥：《唐会要》卷96《靺鞨传》，第1724页。

榆关守捉，安东都护府"①。其中"靺鞨"是指渤海，黑水靺鞨已不在其中。天宝元年（742）以后唐朝放弃了对黑水靺鞨的羁縻政策，黑水靺鞨诸部对唐朝贡是作为渤海的附属而来。这一推论明显存在问题。首先，唐朝接受黑水靺鞨部落朝贡即表明唐朝认为他们是黑水都督府下的部落成员，按照唐朝的朝贡制度规则，朝贡成员之间禁止建立隶属关系，渤海事唐甚谨，不大可能明目张胆地挑战天朝权威。"靺鞨"并非单指渤海，应包括渤海与黑水靺鞨。其次，安史之乱后，平卢节度使南迁山东重组为淄青平卢节度使押领渤海、新罗；幽州卢龙节度使押领契丹、奚。此处虽然未提靺鞨，但应注意到，这里同样没有提到室韦。安史之乱之后，室韦与靺鞨皆并未停止对唐朝贡，大约在代宗朝后期唐朝设置了室韦都督府。②《册府元龟》记载会昌二年（842），武宗以幽州卢龙军节度副大使、押奚契丹两蕃张仲武"兼充东面招抚回鹘使，其当道行营兵马使及契丹室韦等并自指挥"③。由此可推知在平卢节度使南迁后，直到宪宗元和十年（815），前来朝贡的黑水靺鞨与室韦同由幽州卢龙节度使押领。再次，黑水靺鞨诸部先后在不同时间停止向唐朝贡，对此马一虹认为是由于渤海在各部地区设立建置（其又称为吞并）的时间不同，黑水部又一度独立于渤海所致。然而从前文统计结果看，紧邻渤海国的铁利、拂涅二部与地近滨海地区的越喜、虞娄二部，停止朝唐的时间相隔了几十年。④很难想象渤海在已经吞并的靺鞨地区，设立建置的时间竟相隔近半个世纪，这与古代政权设立建置的一般规律不符。综上，马一虹否认《新唐书·黑水靺鞨传》载"后渤海盛，靺鞨皆役属之，不复与王会矣"的观点⑤不能成立。我认为《新唐书》所言无误，黑水靺鞨诸部停止对唐朝贡时期便是开始被渤海国役属时期，黑水部停止向唐朝贡之时即是黑水都督府最后撤销时期。大约在渤海王大仁秀时在所占领的靺鞨地区设立建置：铁利部之地设铁利府，拂涅部之

① 《资治通鉴》将"分平卢别为节度"系于唐玄宗天宝元年（742）春正月（第6847页）。

② 参见程妮娜：《古代中国东北民族地区建置史》，第167—171页。

③ 《册府元龟》卷994《外臣部·备御第七》，第11508页。

④ 《续日本纪》卷35光仁天皇宝龟十年（779）九月庚辰条："渤海及铁利三百五十九人慕化入朝。"马一虹据此认为779以前铁利虽被渤海役属，但未被渤海吞并。

⑤ 参见马一虹：《靺鞨、渤海与周边国家、部族关系史研究》，中国社会科学出版社2011年版，第93—104页。

地设东平府，越喜部之地设怀远、安远二府，虞娄部之地设定理、安边二府。① 渤海在黑水靺鞨诸部地区设置的府州属于羁縻性质，保留了靺鞨各部原有的社会组织和习俗，实行带有自治特点的统治。目前在黑龙江依兰以北三江平原地区很少发现渤海文化的遗物，加之渤海末年国势衰落后，原黑水靺鞨部落又纷纷脱离渤海统治，独立与中原王朝发生朝贡关系，五代以后称为女真，皆证明了这一点。

结　论

通过对东北古族肃慎—靺鞨族群变迁史的通贯研究，考察中原王朝对这一族群的认识与政治统辖关系的进程与特点，可以得出如下几点结论：

其一，汉至唐时期，挹娄、肃慎、勿吉、靺鞨的族名均为他称，"挹娄"是夫余人的称呼，"肃慎"是中原人的称呼，"勿吉"是拓跋鲜卑的称呼。"靺羯"（后作靺鞨）是勿吉的音转，同样不是该族群的自称。

其二，以往学界均以"楛矢石砮"这一工具或武器，作为中原人认定魏晋挹娄是先秦肃慎之后的主要依据。我认为东北古族使用弓与以木石为材的箭是十分普遍的现象，唯有挹娄人拥有在朝贡时献上这种弓箭以表示友好、结盟或臣服的习俗。在中原人对东北边疆族群认识模糊的时期，正是这种独特的交往习俗使中原士大夫将先秦的肃慎与汉魏挹娄，以及南北朝的勿吉联系在一起，这种联系承载着证明该王朝拥有正统地位的重要政治含义。

其三，魏晋时期"肃慎"与"挹娄"两个族名在不同领域并行不悖。对于该族的朝贡活动，中原王朝（政权）的君臣们看重其贡纳的"楛矢石砮"，强调其自三代起远夷朝贡的身份，以"肃慎"之名记载于史册；而在经济活动领域，中原人重视该族的"挹娄貂"等物产，

---

① 参见《新唐书》卷219《渤海传》。但是，《新唐书·渤海传》将虞娄记为"挹娄"。金毓黻认为该传中"挹娄"为"虞娄"之误。（金毓黻编：《东北通史》上编，社会科学战线杂志社1981年翻印本，第281页）所言甚是，从之。

用其最初通中原的"挹娄"之名。

其四，唐朝以前，中原人对于东北边远地区原始族群的认识不很清晰，往往以地理方位、某种特殊的物产或风俗作为该地区原始族群的标志，对肃慎—靺鞨的认识长期停留在族群地域文化的认识程度上。所谓勿吉—靺鞨七部，并不是部落联盟，而是基于地域文化差别而划分的七个部落集团。随着边疆各族与中原王朝联系日益加强，到唐朝才对该族群内部的部落组织有所认识，史籍也开始明确记载靺鞨各部具体名称及其分布的大体方位。由于受东（高句丽）西（突厥）强邻的控制，这一族群（渤海国除外）从未建立过长期大规模稳定的部落联盟。

其五，我不赞同学界已有关于 8 世纪中叶唐朝放弃了对黑水靺鞨羁縻统治的观点，认为唐朝对黑水靺鞨的羁縻统治一直延续到 9 世纪初。尽管东部高句丽国与西部突厥汗国一度干扰、控制了该族群的朝贡活动，但从长时段看该族群一直保持了与中原王朝的朝贡关系。随着突厥汗国、高句丽国的灭亡及唐朝的衰落，中原已知的靺鞨部落先后成为渤海国的附属。10 世纪初，北部靺鞨又脱离了渤海统治，以"女真"名称见诸史籍记载。

其六，汉至唐时期中原王朝对东北边疆政治统治的主要形式是朝贡制度。魏晋时期挹娄、肃慎主要诣边郡（辽东郡、护东夷校尉府）朝贡，偶尔至京师。东晋十六国到隋唐王朝时期挹娄、肃慎、勿吉、靺鞨主要诣阙朝贡，但同时仍由各王朝设在东北边地的护东夷校尉府、营州、平卢节度使、幽州等官署管理其朝贡活动。唐朝开始于靺鞨地区设置羁縻州、黑水都督府，在羁縻府州之下实行朝贡制度。这与唐朝将边疆各族纳入具有羁縻特点的地方政治制度体系，推进对边疆民族地区朝贡制度的管理是同步的。近年来我一直在探讨古代东北民族朝贡制度的实态和发展演变的轨迹，汉至唐时期，挹娄、肃慎、勿吉、靺鞨这一族群的朝贡活动与东北边疆其他古族、政权的朝贡活动有一个共同的特点，即受王朝政治制度体系中的边地官署所管辖，这与王朝域外属国的朝贡制度有明显不同。我认为是否由王朝地方官署管理朝贡制度，是区别边疆民族朝贡制度与域外藩属国朝贡制度的核心标准之一。

（原载《中国边疆史地研究》2014 年第 2 期）

辽代女真属国、属部研究

辽代属国、属部是设置在社会发展水平较为落后的民族地区，具有一定羁縻统辖性质的民族建置。《辽史·百官志》记载："辽国官制，分北、南院。北面治宫帐、部族、属国之政，南面治汉人州县、租赋、军马之事。因俗而治，得其宜矣。"[①] 北面官统辖下的属国、属部皆分布在五京道的统辖区域内，其中女真属国、属部主要分布在东京道内。目前学界关于辽代女真属国、属部的研究甚少，本文主要通过对辽代在系辽籍女真、生女真及与女真同族属的五国部人地区设置的属国、属部及其所实行的统辖制度的探析，揭示契丹统治者对女真（五国部）地区统治的实态，从而更为深入地认识辽朝"因俗而治"的政治体系。

一 系辽籍女真地区的属国、属部

系辽籍女真，即著辽籍的女真部落，史籍中又称为"熟女真"，主要散居在辽朝东京道的东部与南部各地，辽朝于这一地区设置的属国、属部建置称为大王府。《辽史》记载系辽籍女真地区的大王府有：南女直国大王府（在辽东半岛南端）、曷苏馆路女直国大王府（今辽宁辽阳以南盖州东北一带地区）、鸭渌江女直大王府（在鸭绿江东西地区）、北女直国大王府（在今辽宁铁岭南北到吉林四平一带地区）、黄龙府女直部大王府（在今吉林农安一带地区）、回跋部大王府（在今吉林境内辉发河流域）、女直国顺化王府（在今吉林市以南地区）、长白山女直国大王府（长白山中部到朝鲜半岛咸镜南道一带地区）。《契丹国志》

---

① 《辽史》卷45《百官志一》，中华书局1974年版，第685页。

卷二十二《四至邻国地里远近》曰：

> 五节度熟女真部族。共一万余户，皆杂处山林，尤精弋猎。有屋舍，居舍门皆于山墙下辟之。耕凿与渤海人同，无出租赋，或遇北主征伐，各量户下差充兵马，兵回，各逐便归本处。所产人参、白附子、天南星、茯苓、松子、猪苓、白布等物。并系契丹枢密院所管，差契丹或渤海人充节度管押。其地南北七百余里，东西四百余里，西北至东京五百余里。①

> 又次东南至熟女真国。不属契丹所管。其地东西八百余里，南北一千余里。居民皆杂处山林，耕养屋宇，与熟女真五节度同。然无君长首领统押，精于骑射，今古以来，无有盗贼词讼之事，任意迁徙，多者百家，少者三两家而已。不与契丹争战，或居民等自意相率赍以金、帛、布、黄蜡、天南星、人参、白附子、松子、蜜等诸物，入贡北番；或只于边上买卖，讫，却归本国。契丹国商贾人等就入其国买卖，亦无所碍，契丹亦不以为防备。西至东京二百余里。②

关于"五节度熟女真部族"，张博泉师认为从里程上推算当即鸭渌江女直大王府。③而下面的"熟女真国"，从里程上看，在东京以东二百里处，即今辽宁本溪与桓仁之间地区，这里属长白山支脉地区，大约是长白山女真分布的西部边缘地区。

从上述记载看，同是处于州县地区的熟女真人受辽朝统治的方式和程度有所不同，诸系辽籍女真大王府根据其与辽朝的政治、经济的统辖关系又可分为两类。

一类是以曷苏馆路女直国大王府为代表的女真属国、属部。曷苏馆女真形成于辽朝初年，辽太祖耶律阿保机在安置归附的女真部落时，"诱

---

① （宋）叶隆礼撰，贾敬颜、林荣贵点校：《契丹国志》卷22《四至邻国地理远近》，上海古籍出版社1985年版，第212页。

② （宋）叶隆礼撰，贾敬颜、林荣贵点校：《契丹国志》卷22《四至邻国地理远近》，第212—213页。

③ 张博泉等：《金史论稿》第1卷，吉林文史出版社1986年版，第60页。

豪右数千家，迁之辽阳之南而著籍焉，使不得与本国通，谓之合苏款"①。继而，在曷苏馆女真地区设置曷苏馆路女真国大王府，对部族大人授以各种官职，如"曷苏馆大王曷里喜"②、"曷苏馆惕隐阿不葛、宰相赛剌"③、"以女直太师台押为曷苏馆都大王"④ 等。其官职有（都）大王、宰相、惕隐，大王当是辽朝授予曷苏馆女真部族首领的官号，宰相、惕隐等是辽朝授予曷苏馆女真部族贵族的官号，并没有实际职务。圣宗太平六年（1026），"曷苏馆部乞建旗鼓，许之"⑤。这表明曷苏馆部女真大王府具有一定的独立性，当时女真社会发展程度还处于原始社会末期，或处于向阶级社会过渡时期，曷苏馆部女真各级官职当实行世袭制。

系辽籍女真人对辽朝承担一定的兵役和赋税，《辽史·圣宗纪》记载：开泰四年（1015），"曷苏馆部请括女直王殊只你户旧无籍者，会其丁入赋役，从之"。若国家有战事，政府对这部分女真人"各量户下差充兵马"。如辽圣宗时东征，"东京留守善宁、平章涅里衮奏，已总大军及女直诸部兵分道进讨"⑥。在熟女真社会经济中农业经济占有一定的比重，"耕凿与渤海人同"，说明其农业生产水平与同样生活在辽东半岛上的渤海人大致相同。但辽代女真人始终保持着一定的狩猎畜牧经济，他们向辽朝贡纳的赋税主要是马匹和土产品，《辽史·食货志》记载女真岁贡马万匹，所谓土产当为"人参、白附子、天南星、茯苓、猪苓、白布等物"，因所纳并非田亩税，故曰"无出租赋"。

属于曷苏馆女真大王府一类的女真大王府有：南女直国大王府、鸭渌江女直大王府、北女直国大王府、黄龙府女直部大王府。对于这部分系辽籍女真大王府，辽朝"差契丹或渤海人充节度管押"，据《辽史》记载管理这些女真大王府事务的辽朝地方官署为详稳司，详稳司的官员皆由契丹人、奚人和渤海人担任，如北女直详稳萧高六、萧柳、东北路女直详稳高家奴和南女直详稳萧袍里、萧酬斡等。⑦《辽史·萧柳传》

① （清）厉鹗：《辽史拾遗》卷18，《丛书集成初编》本，中华书局1985年版，第362页。
② 《辽史》卷15《圣宗纪六》，第170页。
③ 《辽史》卷16《圣宗纪七》，第186页。
④ 《辽史》卷19《兴宗纪二》，第226页。
⑤ 《辽史》卷17《圣宗纪八》，第200页。
⑥ 《辽史》卷15《圣宗纪六》，第176页。
⑦ 参见《辽史》卷19《兴宗纪二》、卷85《萧柳传》、卷21《道宗纪一》、卷24《道宗纪四》、卷100《萧酬斡传》，第233、1316、258、290、1429页。

记载萧柳为北女直详稳时，"政济宽猛，部民畏爱"①。说明担任女真详稳的辽朝官员直接管理女真部族事务。另外，辽朝还设置了北女直兵马司、南女直汤河司、东北路女直兵马司掌管这一地区的军事防务。② 显然，辽朝对这部分系辽籍女真人的大王府统治比较严密。但大王府之下女真部族仍保持着原有的社会组织形式，以女真部落酋长治理部民，对女真上层人物辽朝授予官号，"赐印绶"，③ 使之具有辽朝地方官员的身份。同时辽朝没有在女真大王府下设置基层行政机构，不征收田亩税。这些特征表明辽朝对女真大王府是实行具有一定自治特征的羁縻统治。

另一类是长白山女直国大王府、女直国顺化王府、回跋部大王府等女真属国、属部。这类大王府建立在长白山、辉发河与松花江上游一带山林地区，这部分女真人居住地虽然邻近州县地区，但一直保持着本族传统的原始狩猎畜牧经济形态，原始农业经济尚不发达，"精于骑射"，"任意迁徙"。辽朝统治者在征服这部分女真部落之后，同样将其系辽籍，设置大王府进行统辖。对于归顺朝廷的女真部落长授了各种官号，如景宗保宁九年（977），"女直二十一人来请宰相、夷离堇之职，以次授之"④。圣宗统和八年（990）五月，"庚寅，女直宰相阿海来贡，封顺化王"⑤。兴宗重熙十五年（1046）七月，"以女直部长遮母率众来附，加太师"⑥。此外还有太保、详稳、惕隐等官号。令其遵守职贡，入纳土产、马匹。如前举《契丹国志》中所言："居民等自意相率赍以金、帛、布、黄蜡、天南星、人参、白附子、松子、蜜等诸物，入贡北蕃。"但从《辽史》关于女真纳贡的记载看，女真各部纳贡的物品主要是马匹。

在经济方面，辽朝在东京城内设市，在边地府、州设置榷场，与女真各部间进行各种形式的贸易活动，"故女直以金、帛、布、蜜、蜡诸药材及铁离、靺鞨、于厥等部以蛤珠、青鼠、貂鼠、胶鱼之皮、牛羊驼

① 《辽史》卷85《萧柳传》，第1316页。
② 北女直兵马司，置于辽州，在今辽宁新民县东北辽古城。参见张博泉等：《东北历代疆域史》，吉林人民出版社1981年版，第162页。其他两司治所无记载。三女真详稳司或许与兵马司治所同在一处，还有待新资料证实。
③ 《辽史》卷24《道宗纪四》，第287页。
④ 《辽史》卷9《景宗纪下》，第99页。
⑤ 《辽史》卷13《圣宗纪四》，第139页。
⑥ 《辽史》卷19《兴宗纪二》，第233页。

马、毳罽等物，来易于辽者，道路繈属"①。另一方面允许内地商人自由往来于女真大王府之间，"契丹国商贾人等就入其国买卖，亦无所碍"，进行更广泛的民间贸易。这种较为密切的互市、通商等经济贸易关系，对进一步加强女真各部臣属辽朝的政治关系有积极的促进作用。

这一类女真大王府对辽朝所奉行的义务，一是向辽朝称臣纳贡，纳贡的形式与内容如前所述。另外还体现在维护辽朝对其地区的统治权和维护地区的稳定，辽圣宗统和十二年（994）松花江流域的兀惹人叛辽，"女直以宋人浮海赂本国及兀惹叛来告"②。二是若遇辽朝有大规模战事女真大王府则需出兵助战，如辽圣宗时南与宋朝交战，东出兵伐高丽，统和四年（986）"女直请以兵从征，许之"③。统和二十八年（1010）"女直进良马万匹，乞从征高丽，许之"④。女真部族兵组成的军队被称为"属国军"，对于属国军，辽朝"有事则遣使征兵，或下诏专征；不从者讨之。助军众寡，各从其便，无常额"⑤。这与前一类女真大王府"各量户下差充兵马"相比，辽朝对其统辖关系要疏松多了。

辽朝主要通过邻近府州对这种类型女真大王府进行统辖，《辽史·圣宗纪》记载太平元年（1021）"夏四月戊申，东京留守奏，女直三十部酋长请各以其子诣阙祗候。诏与其父俱来受约"⑥。这女真三十部即指长白山女真三十部，可见长白山女真大王府是由邻近的东京留守司管理其贡纳、授爵秩、征兵等事务。在这类大王府中也有因辽朝对其管辖逐渐加强而向前一类型大王府转化的现象，如兴宗重熙十二年（1043）"夏四月己亥，置回跋部详稳、都监"⑦。这表明辽朝开始设立专门管辖回跋部大王府的机构，任命契丹官员管理回跋部大王府的事务。

此外分布在松花江上、中游一带地区的兀惹部、蒲卢毛朵部大王府亦大致属于后一类型的属国、属部，《契丹国志·四至邻国地理远近》记载："又东北至屋惹国、阿里眉国、破骨鲁国等国。每国各一万余户。西南至生女真国界。衣装、耕种、屋宇、言语与女真人异。契丹枢

① 《辽史》卷60《食货志下》，第929页。
② 《辽史》卷13《圣宗纪四》，第146页。
③ 《辽史》卷11《圣宗纪二》，第125页。
④ 《辽史》卷15《圣宗纪六》，第168页。
⑤ 《辽史》卷36《兵卫志下》，第429页。
⑥ 《辽史》卷16《圣宗纪七》，第189页。
⑦ 《辽史》卷19《兴宗纪二》，第229页。

密院差契丹或渤海人充逐国节度使管押，然不出征赋兵马，每年惟贡进大马、蛤珠、青鼠皮、貂鼠皮、胶鱼皮、蜜腊之物，及与北番人任便往来买卖。西至上京四千余里。"[1]《辽史·营卫志》称这类部族、大王府为"附庸于辽，时叛时服，各有职贡，犹唐人之有羁縻州也"[2]。所谓职贡即每岁向辽朝廷贡纳土产。《辽史·兴宗纪》记载重熙十二年（1043），"五月辛卯，斡鲁、蒲卢毛朵部二使来贡失期，宥而遣还"[3]。说明辽朝对女真属国、属部一年内贡纳的时间是有具体规定的。圣宗统和十五年（997）三月，"兀惹乌昭度以地远，乞岁时免进鹰、马、貂皮，诏以生辰、正旦贡如旧，余免"[4]。这说明辽朝一些属部过去不仅在正旦、当朝皇帝的生辰时要纳贡，而且在重五、冬至等岁时节日时也要纳贡。统和二十二年（1004），圣宗进一步规定"罢蕃部贺千龄节及冬至、重五进贡"[5]。圣宗以后辽朝属国、属部一年至少于正旦贡纳一次。

二　生女真地区的属部

辽朝东京道之下东北部边地，自松花江、牡丹江流域到东部滨海地区，分布着众多的女真部落。辽太祖征服渤海政权后，东北边地的女真部落纷纷归附辽朝，但没有著辽籍，故被称为"生女真"。《契丹国志·诸蕃国杂记·女真国》记载："其地乃肃慎故区也。地方数千里，户口十余万，无大君长，立首领，分主部落。地饶山林，田宜麻谷，土产人参、蜜蜡、北珠、生金、细布、松实、白附子，禽有鹰、鹃、海东青之类，兽多牛、马、麋、鹿、野狗、白彘、青鼠、貂鼠。后为契丹所制，择其酋长世袭。又于长春路置东北统军司，黄龙府置兵马都部署司，咸州置详稳司，分隶之，役属于契丹。"[6]

---

① （宋）叶隆礼撰，贾敬颜、林荣贵点校：《契丹国志》卷22《四至邻国地理远近》，第213页。

② 《辽史》卷33《营卫志下》，第393页。

③ 《辽史》卷19《兴宗纪二》，第229页。

④ 《辽史》卷13《圣宗纪四》，第149页。

⑤ 《辽史》卷69《部族表》，第1096页。

⑥ （宋）叶隆礼撰，贾敬颜、林荣贵点校：《契丹国志》卷26《诸蕃国杂记·女真国》，第246页。

辽圣宗时期，以阿什河流域（今黑龙江阿城一带）为中心的生女真完颜部逐渐发展起来，完颜部酋长完颜石鲁"稍以条教为治，部落寖强。辽以惕隐官之"。得到辽朝的封赐后，完颜石鲁借辽威，"耀武致于青岭、白山，顺者抚之，不从者讨伐之，入于苏滨、耶懒之地，所制克捷"①。青岭，为今张广才岭；苏滨，为今绥芬河地区；耶懒，在吉林东南，东滨日本海之地。②到其子完颜乌古乃继任完颜部酋长后，"稍役属诸部，自白山、耶悔、统门、耶懒、土骨论之属，以至五国之长，皆听命"③。统门，为今图们江流域；五国，为今黑龙江依兰一带。辽道宗时期，完颜乌古乃初步建立起以完颜部为中心的生女真军事部落大联盟。

生女真之东北是五国部，其地盛产俊鹰海东青，契丹贵族嗜放鹰狩猎为乐，每年要五国部贡纳海东青，称五国部通往产鹰地之路为"鹰路"。《金史·世纪》记载："既而五国蒲聂部节度使拔乙门畔辽，鹰路不通。辽人将讨之，先遣同干来谕旨。景祖（完颜乌古乃）曰：'可以计取。若用兵，彼将走保险阻，非岁月可平也。'辽人从之。盖景祖终畏辽兵之入其境也，故自以为功。于是景祖阳与拔乙门为好，而以妻子为质，袭而擒之，献于辽主。辽主召见于寝殿，燕赐加等，以为生女直部族节度使。辽人呼节度使为太师，金人称'都太师'者自此始。辽主将刻印与之。景祖不肯系辽籍，辞曰：'请俟他日。'辽主终欲与之，遣使来。景祖诡使部人扬言曰：'主公若受印系籍，部人必杀之。'用是以拒之，辽使乃还。既为节度使，有官属，纪纲渐立矣。"④此为辽朝设置生女真部族节度使之始。

从此，生女真部落联盟地区纳入辽朝属国、属部体系中，辽朝以女真部落联盟长为生女真节度使，使之成为辽国属部的长官。乌古乃不肯受印系辽籍，是要保持较大的自治权力。生女真区域设置建立后，始有官属，纪纲渐立，"兵势稍振，前后愿附者众。斡泯水蒲察部、泰神忒保水完颜部、统门水温迪痕部、神隐水完颜部，皆相继来附"⑤。斡泯

---

① 《金史》卷1《世纪》，中华书局1975年版，第4页。
② 张博泉等：《金史论稿》第1卷，第61—62页。
③ 《金史》卷1《世纪》，第4页。
④ 《金史》卷1《世纪》，第5页。
⑤ 《金史》卷1《世纪》，第6页。

水，王会安先生认为在今吉林通化市东北哈密泥河；① 泰神忒保水，王会安先生认为在朝鲜咸镜南道北部；② 神隐水，《吉林通志》认为在吉林靖宇县境内。可见辽朝在生女真地区的民族设置对分散的女真部落具有一定吸引力，生女真部落纷纷来附，扩大了辽朝生女真部族节度使的统辖地区，同时壮大了完颜氏女真部落联盟的力量。完颜乌古乃以后历任生女真部落联盟长都袭任辽生女真部族节度使的官职，但在袭位之际要得到辽廷的任命才能取得合法地位。

由于女真完颜氏军事部落联盟后来建立了金王朝，史书中关于辽朝对生女真部落联盟的统治记载较多，这为我们了解生女真部族节度使这一辽代属国、属部制度中羁縻统治关系最疏松的民族区域设置，提供了珍贵的资料。辽朝对生女真地区属部的羁縻统辖关系主要体现在以下方面：

首先，在政治上，生女真部族节度使每年要到春捺钵朝见契丹皇帝，生女真部族有向辽朝纳贡，并为辽朝打通鹰路的义务。契丹皇帝一年之中往来于四时捺钵之间，辽中、后期春捺钵驻地主要在鸭子河、松花江一带（今吉林省月亮泡以东、黑龙江省肇源县以西的一段嫩江，称鸭子河）。《辽史·天祚帝纪》记载："（天庆）二年（1112）春正月己未朔，如鸭子河。丁丑，五国部长来贡。二月丁酉，如春州，幸混同江钩鱼，界外生女直酋长在千里内者，以故事皆来朝。适遇'头鱼宴'，酒半酣，上临轩，命诸酋次第起舞；独阿骨打辞以不能。谕之再三，终不从。他日，上密谓枢密使萧奉先曰：'前日之燕，阿骨打意气雄豪，顾视不常，可讬以边事诛之。否则，必贻后患。'奉先曰：'粗人不知礼义，无大过而杀之，恐伤向化之心。假有异志，又何能为？'"③ 在这次朝见中，生女真部族节度使完颜阿骨打的表现引起天祚帝的猜疑。可见，辽帝每年到春捺钵不仅是放鹰捕鹅、钩鱼娱乐，更重要的是巡视东北部边疆民族地区，接受民族区域设置的长官和首领的朝贡，名为赏赐抚慰，实则是一种监督、考察、管束的方式。

生女真部族节度使每年要向辽朝纳贡，缴纳的贡赋主要是马匹、土

---

① 蔡美彪等：《中国通史》第 6 册，人民出版社 1979 年版，第 482 页。
② 蔡美彪等：《中国通史》第 6 册，第 479 页。
③ 《辽史》卷 27《天祚皇帝纪一》，第 326 页。

产，并要提供助契丹皇帝围猎的猎人。契丹皇帝每岁至秋捺钵，入秋山，"女真常从，呼鹿、射虎、搏熊，皆其职也。辛苦则在前，逸乐则不与"①。生女真部族节度使完颜阿骨打"其弟吴乞买、粘罕、胡舍等尝从猎，能呼鹿、刺虎、搏熊。上喜，辄加官爵"②。自生女真部族节度使设置后，就承担起为辽朝打通鹰路的职责，"辽咸雍八年（1072），五国没撚部谢野勃堇畔辽，鹰路不通。景祖伐之，谢野来御。景祖被重铠，率众力战。谢野兵败，走拔里迈泺。时方十月，冰忽解，谢野不能军，众皆溃去。乃旋师"③。然五国部对辽时附时叛，契丹贵族又酷爱这种"小而俊健，能擒鹅鹅"的海东青，"岁岁求之女真，女真至五国，战斗而后得，女真不胜其扰"④。辽朝"岁遣使者，称天使，佩银牌自别，每至女真国，遇夕，必欲美姬艳女荐之枕席。女真旧例，率输中下之户作待国使处，未出适女待之，或有盛色而适人者，逼而取之，甚至近贵阀阅高者，亦恣其丑污，屏息不敢言"。这些辽廷派来的官员在生女真部落"需求无厌"，"多方贪婪，女真浸忿之"⑤。及天祚嗣位，责贡尤苛。"天使所至百般需索于部落，稍不奉命，召其长加杖，甚者诛之，诸部怨叛。"⑥ 由此可见，即便是在辽朝统辖关系较为疏松的民族设置地区，当地原始部落也受到契丹朝廷的盘剥和压榨，尤其是令生女真人不能容忍的是辽朝官吏倚仗朝廷之势，蔑视女真酋长，侮辱女真部民。这势必导致民族矛盾激化，引发女真人掀起反抗辽朝统治的斗争。

其次，在经济上，辽朝在边地府州开设榷场，与生女真各部进行经济贸易。《契丹国志·天祚皇帝上》记载："（宁江）州有榷场，女真以北珠、人参、生金、松实、白附子、蜜蜡、麻布之类为市。州人低其直，且拘辱之，谓之'打女真'。"⑦ 生女真地区多山林，物产丰富，其

---

① （宋）宇文懋昭撰，崔文印校证：《大金国志校证》卷40《附录一·女真传》，中华书局1986年版，第588页。

② 《辽史》卷27《天祚皇帝纪一》，第326页。

③ 《金史》卷1《世纪》，第6页。

④ （宋）叶隆礼撰，贾敬颜、林荣贵点校：《契丹国志》卷10《天祚皇帝一》，第102页。

⑤ （宋）叶隆礼撰，贾敬颜、林荣贵点校：《契丹国志》卷9《道宗天福皇帝》，第95—96页。

⑥ （宋）叶隆礼撰，贾敬颜、林荣贵点校：《契丹国志》卷10《天祚皇帝一》，第102页。

⑦ （宋）叶隆礼撰，贾敬颜、林荣贵点校：《契丹国志》卷10《天祚皇帝一》，第102页。

中珍品如北珠、人参、海东青等为契丹贵族所珍爱。女真用采集而来的各种物产到辽朝在边州开设的榷场换取粮食、布帛和生活中需要的手工业制品。应该说，榷场贸易与生女真人的社会生活密切相关，它也是吸引生女真归附辽朝的一个重要原因。历代王朝在统辖边疆地区经济落后的少数民族时，榷场贸易都曾发挥了十分重要作用，但由于统治集团的腐朽、反动，往往利用榷场贸易欺诈、盘剥少数民族，从而引发大大小小的民族矛盾。辽朝统治集团在与生女真人之间的榷场贸易中的"打女真"行径，极大地伤害了生女真人，促使女真人与辽朝统治集团之间民族矛盾日益加深。

其三，生女真部族节度使有较大的自治权。辽道宗寿昌二年（1096），辽国舅萧解里犯罪拒捕，"啸聚为盗，未旬日间，有众二千余，攻陷乾、显等数州。诸道发兵捕讨，累战不胜，潜率众奔生女真界，就结杨割太师（即生女真部族节度使完颜盈歌）谋叛。诸军诏袭至境上，不敢进，具以闻。北枢密院寻降宣札子付杨割一面图之。杨割迁延数月，独斩贼魁解里首级，遣长子阿骨打献辽，余悉不遣，给云：'已诛绝矣'。随行妇女、鞍马、器甲、财物，给散有功之人充赏。辽不得已，反进杨割父子官爵"①。可见，辽朝军队不能随意进入生女真部族辖地，虽朝廷重犯进入生女真地，也必须由女真人去捕捉。但辽朝为维持地方稳定，有权干预、平息生女真内部的部落纷争，在完颜部攻打阿疎部时，阿疎诉于辽，"辽遣奚节度使乙烈来"，命生女真部族节度使盈歌"凡攻城所获，存者复与之，不存者备偿"，且征马数百匹。②对于辽朝统治者来说，维护地区稳定的统治秩序是最为重要的事，若生女真部族平定了本地区发生的骚乱，也会受到辽朝的嘉奖，如生女真部族节度使劾里钵平定了辖区内麻产等女真部落的叛乱，擒获麻产，"献馘于辽"，辽授生女真部族贵族盈歌、阿骨打、辞不失、欢都等人以"详稳"官职。③

---

① （宋）叶隆礼撰，贾敬颜、林荣贵点校：《契丹国志》卷9《道宗天福皇帝》，第92—93页。此处关于杨割（盈歌）与阿骨打关系的记载有误，阿骨打的父亲为第二任生女真部族节度使完颜劾里钵，他是第四任生女真部族节度使完颜盈歌的兄长，因此盈歌与阿骨打的关系应是叔侄关系。

② 《金史》卷1《世纪》，第14页。

③ 《金史》卷2《太祖本纪》，第20页。

其四，生女真部族节度使在行政统辖关系上曾隶属于咸州详稳司。辽沿边诸军将官员"每到官，各管女真部族依例科敛，拜奉礼物各有等差"①。辽朝时常派官到生女真地通问，女真部落贵族也经常到咸州官府言事，如完颜颇剌淑、阿骨打在继任生女真部族节度使之前，都曾多次到辽朝府州官衙谞。《金史·世纪》曰：劾里钵任生女真部族节度使时，"凡有辽事，一切委之肃宗（颇剌淑）专心焉。凡白事于辽官，皆令远跪陈辞，译者传致之，往往为译者错乱。肃宗欲得自前委曲言之……以草木瓦石为筹，枚数其事而陈之。……所诉无不如意"②。生女真部族内部有人对节度使不满，亦可到咸州详稳司申诉。如阿骨打任生女真部族节度使时，"并吞诸邻近部族，有赵三、阿骨鸟产大王者，拒之不从，阿骨打掳其家。二人来诉于咸州详稳司，送北枢密院"。阿骨打得知后，"带五百余骑，径赴咸州详稳司，吏民惊骇。明日，拥骑赴衙引问，与告人赵三、阿骨鸟产等并跪问于厅下，阿骨打隐讳不伏供，祈送所司取状。一夕，领从骑归去，遣人持状赴详稳司云：'意欲杀我，故不敢留。'自是追呼不复至，第节次申北枢密院，辽国亦无如之何"③。由此可知，咸州详稳司对生女真部族内部诉讼事务有裁判权，若有重大争议须申报到辽朝最高军政权力机关——北枢密院裁决。上面例举的是辽末之事，此时阿骨打已经决意反辽，才敢率人骑马闯入咸州，后来又不辞而别，追呼不至。

从上述辽朝对生女真部族节度使的统辖关系的分析，可知在羁縻制度下统辖关系最为疏松的生女真部族地区，辽朝仍能行使十分有效的政治统治。显然，辽朝将具有羁縻统辖特点的属国、属部纳入地方行政区划之内，如辽朝设于道、或府州之下，对强化羁縻制的统辖关系是具有重要作用的。然而，错误的民族政策，则会导致羁縻统治的瓦解，进而使整个王朝颠覆。

---

① （宋）徐梦莘：《三朝北盟会编》卷3，重和二年正月十日丁巳，上海古籍出版社1987年版，第21页。

② 《金史》卷1《世纪》，第11页。

③ （宋）叶隆礼撰，贾敬颜、林荣贵点校：《契丹国志》卷10《天祚皇帝一》，第101—102页。

三 五国部地区的属部

到了辽朝，唐代黑水靺鞨地区即今黑龙江省依兰以北，包括松花江下游及黑龙江下游两岸地区，分布的原始氏族部落被称为五国部。五国部并不是一个统一的部落联盟体，而是社会发展形态较为落后的五个原始部落群，即蒲奴里、越里笃、奥里米、越里吉、剖阿里。五国部在生女真之东北，其地出产俊鹰海东青。先秦以来中原文献记载肃慎一系民族的物产时，都要提到海东青，产地在今黑龙江下游近海处。关于辽代五国部的分布史家多有考证，一般认为五国头城为蒲奴里，曹廷杰《东三省舆地图说》谓五国头城在今黑龙江依兰县。但屠寄《黑龙江舆地图说》则认为蒲奴里在固木讷城，即今黑龙江汤原县大有屯古城。越里笃城，在今黑龙江桦川县梧桐河汇入松花江口之南的古城。奥里米城，《黑龙江舆地图说》置于松花江与黑龙江合流附近，在二水汇合处今黑龙江绥滨县西的古城。越里吉城，张博泉师认为在今俄罗斯哈巴罗夫斯克（伯力）。剖阿里城，张博泉师认为在今俄罗斯境内黑龙江下游的阿纽依河口附近。[1] 五国部归附辽朝后，辽廷于其地设置五国部节度使，是辽朝最东北的属部。

《辽史·营卫志》五国部条下曰："剖阿里国、盆奴里国（一作蒲奴里国）、奥里米国、越里笃国、越里吉国，圣宗时来附，命居本土，以镇东北境，属黄龙府都部署司。"[2]《辽史·圣宗纪》记载，统和二年（984）二月，"五国乌隈于厥节度使耶律隗洼以所辖诸部难治，乞赐诏给剑，便宜行事，从之"[3]。从记载看，在辽圣宗统和初年五国部归附辽朝。在五国部与辽朝建立朝贡关系之初，由五国乌隈于厥节度使管辖，这时辽朝是否授予五国部酋帅以何种官号，史无记载。大约这时期辽朝并没有在五国部地区建立属国、属部，而是以乌隈于厥节度使管理五国部朝贡事务，而将这一官职加为五国乌隈于厥节度使，这也说明当

---

① 张博泉等：《金史论稿》第 1 卷，第 77—79 页。
② 《辽史》卷 33《营卫志下》，第 392 页。
③ 《辽史》卷 10《圣宗纪一》，第 113 页。

时辽朝对五国部的统辖关系十分疏松。

随着辽朝国力日渐强盛，走向鼎盛时期，对辖境内各少数民族的统辖也日益紧密。圣宗开泰七年（1018），"二月辛丑，命东北越里笃、剖阿里、奥里米、蒲奴里、铁骊等五部岁贡貂皮六万五千，马三百"①。这里铁骊为越里吉之误。这表明辽朝改变过去对五国部朝贡所纳物品无定额的状况，要求其每年贡纳仅貂皮就达六万五千张，如记载无误，这一数额是相当可观的。从前面论及生女真部族节度使事迹中，可知五国部向辽朝纳贡物品不仅是貂皮、马匹，还有海东青。

《辽史·兴宗纪》记载，重熙六年（1037），"八月己卯，北枢密院言越棘部民苦其酋帅坤长不法，多流亡；诏罢越棘等五国酋帅，以契丹节度使一员领之"②。据同书《营卫志》记载，"重熙六年，以越里吉国人尚海等诉酋帅浑尚贪污，罢五国酋帅，设节度使以领之"③。越棘部即越里吉国，这是辽朝在五国部地区设置五国部节度使之始，担任五国部节度使的是契丹人。五国部节度使镇守辽东北境，隶属黄龙府都部署司。五国部节度使设置之初可能驻守在五国部之地，《辽史·耶律仙童传》记载："耶律仙童，仲父房之后。重熙初，为宿直官，累迁惕隐、都监。以宽厚称。蒲奴里叛，仙童为五国节度使，率师讨之，擒其帅陶得里。又击乌隗叛，降其众，改彰国军节度使，拜北院大王。"④ 同书《兴宗纪》又记，重熙十八年（1049）"五国节度使耶律仙童以降乌古叛人，授左监门卫上将军"⑤。五国部内发生蒲奴里叛乱，节度使耶律仙童率师讨平之。当五国部之西乌隗于厥、乌古部发生叛乱，五国部节度使也能及时出兵，"降其众"。张博泉师认为五国部的越里吉城（今俄罗斯哈巴罗夫斯克）是辽五国部节度使官署所在地。⑥

辽后期国势逐渐衰落，契丹统治集团对距离辽朝内地很远的五国部地区的统辖已经力不从心，最晚到道宗朝五国部节度使已经撤离了五国部地区。道宗咸雍年间五国蒲聂部（蒲奴里）节度使拔乙门叛辽，鹰

① 《辽史》卷16《圣宗纪七》，第183页。
② 《辽史》卷18《兴宗纪一》，第219页。
③ 《辽史》卷33《营卫志下》，第392页。
④ 《辽史》卷95《耶律仙童传》，第1392页。
⑤ 《辽史》卷69《部族表》，第1107—1108页。
⑥ 张博泉等：《金史论稿》第1卷，第77页。

路不通，辽朝依靠生女真部落联盟长完颜乌古乃来打通鹰路。咸雍七年（1071）平定五国部叛乱后，"以讨五国功，加知黄龙府事蒲延、怀化军节度使高元纪、易州观察使高正并千牛卫上将军，五国节度使萧陶苏斡、宁江州防御使大荣并静江军节度使"①。五国部节度使只是讨叛众军将中的一员，这些都说明五国部节度使已不驻守在五国部，或许迁至黄龙府。咸雍以后不再见到关于五国部节度使的记载，估计辽朝撤消了五国部节度使的设置。

道宗大安四年（1088）春正月，"五国部长来贡"②。此后也不再见于记载。这是由于五国部南面的生女真完颜氏部落联盟日益强大起来，时值生女真部族节度使完颜盈哥时期，"自景祖以来，两世四主，志业相因，卒定离析，一切治以本部法令，东南至于乙离骨、曷懒、耶懒、土骨论，东北至于五国、主隈、秃答，金盖盛于此"③。五国部已经被纳入生女真部族节度使的势力范围。

综上所述，辽朝在中国历史上首次将松花江下游、牡丹江流域以及黑龙江下游地区纳入王朝正式行政区划之内，契丹统治者根据"因俗而治"的统治方针，在女真、五国部地区依据各部落集团和各部族社会发展的水平，设置不同层次的属国、属部，"属国、属部官，大者拟王封，小者准部使。命其酋长与契丹人区别而用，恩威兼制，得柔远之道"④。从而实现了辽朝对整个女真地区的政治、军事、经济上的有效统治。

（原载《史学集刊》2004 年第 2 期）

---

① 《辽史》卷 22《道宗纪二》，第 270 页。
② 《辽史》卷 25《道宗纪五》，第 296 页。
③ 《金史》卷 1《世纪》，第 15 页。
④ 《辽史》卷 46《百官志二》，第 754 页。

辽朝黑龙江流域属国、属部朝贡活动研究

辽朝建立前后，耶律阿保机率领契丹铁骑开始经略黑龙江中上游地区，继而向黑龙江中下游发展势力，到圣宗时期征服了黑龙江下游五国部地区，实现了对黑龙江流域各族的政治统治。辽朝对属下各族实行因俗而治的统治方针，在黑龙江流域设置属国属部制度，并将其纳入王朝"道"一级行政区划之中，各属国属部在中央与地方的双重统辖下进行不同程度的朝贡活动，表现出与汉唐东北民族朝贡制度明显不同的特点。以往学界关于辽朝黑龙江流域各族朝贡活动的研究极为少见，笔者以为对这一问题的探讨，有助于深入了解辽朝对北部边疆控制的实态，故不揣鄙陋，以求教于方家。

一 乌古（于厥）部地区属国属部的朝贡活动

乌古，又作"乌古里""乌虎里"①。"乌古"之族名始见于契丹建国前鲜质可汗时期，挞马狨沙里耶律阿保机"伐越兀及乌古、六奚、比沙狨诸部，克之"②。"于厥"之族名见于史籍略晚于"乌古"，"唐天复元年，岁辛酉，痕德堇可汗立，以太祖为本部夷离堇，专征讨，连破室韦、于厥及奚帅辖剌哥，俘获甚众"。《辽史》记载于厥部的用字多有不同，"于厥"见 12 次，"于骨里"见 4 次，"羽厥"与"于厥里"各见 3 次。此外，《契丹国志》收录《胡峤陷北记》作"妪厥

---

① 《辽史》《金史》中多数记载为"乌古"，个别处如《辽史》卷 69《部族表》作"乌古里"（中华书局 1974 年版，第 1123 页）；《金史》卷 3《太宗纪》作"乌虎里"（中华书局 1975 年版，第 50 页）。

② 《辽史》卷 1《太祖纪》，第 1 页。

律";《续资治通鉴长编》作"尉厥里"。①《辽史》中时见将"乌古"
与"于厥"二者互用的现象，如圣宗统和年间设立乌古敌烈都详稳司，
多人出任乌古敌烈都详稳，《辽史·兴宗纪》则记载，景福元年
（1031）七月，"以耶律郑留为于厥迪烈都详稳"。这里的于厥即为乌
古。又《太祖纪下》记载太祖神册四年（919）九月，"征乌古部"，
"俘获生口万四千二百"。《兵卫志上》则载太祖神册四年九月，"亲征
于骨里国，俘获一万四千二百口"。显然两处记载为同一件事，乌古部
即为于骨里国。日本学者津田左右吉先生早在20世纪初就提出《辽
史》的乌古又作于骨里、于厥里、羽厥，两者实为一族。②金毓黻先生
赞同津田先生的观点，也认为于厥为乌古之异译。③孟广耀先生从音韵
学的角度论证了于厥是乌古的另一汉语记音，以说明两部实为一部。④
而《辽史》中还时见乌古与于厥同时并列的现象，如《部族表》记载，
太宗会同四年（941）一月"乌古来贡，于厥里来贡"，会同五年
（942）七月，"鼻骨德、乌古来贡。术不姑、鼻骨德、于厥里来贡"。
据此，孙秀仁先生认为乌古与于厥是两个部，但乌古有时用来统称与乌
古部同种同语的诸部。⑤查阅《辽史》，发现"乌古"名称从辽建国前
到辽灭亡后始终可见。"于厥"名称则比较集中地见于辽朝建国前后、
太祖朝与圣宗朝，太宗朝只见于《部族表》，其他时期几乎不见。于厥
名称频繁见于记载的时期，正是契丹王朝多次出兵黑龙江中上游地区的
时期，对该地区部落记载较为详细。仅据辽诸帝《本纪》记载，辽前
期不见将"乌古"与"于厥"名称混用的现象，到辽中期则可见二者
混用的现象，如《圣宗纪》记载开泰四年（1015）四月"壬申，耶律
世良讨乌古，破之。甲戌，遣使赏有功将校。……时于厥既平，朝廷议

① （宋）李焘：《续资治通鉴长编》卷27，太宗雍熙三年正月，中华书局1979年版，第605页。
② ［日］津田左右吉：《辽代乌古敌烈考》，《满鲜地理历史研究报告》第二，东京筑地活版制造所，大正五年（1916）。
③ 金毓黻：《金史所纪部族详稳群牧考》，《东北集刊》，1942年第4期。
④ 孟广耀：《辽代乌古敌烈部初探》，《中国蒙古史学会成立大会纪念集刊》，中国蒙古史学会1979年版，第247页。同文中提出乌古部是以唐代室韦乌素固部为主体发展形成的。
⑤ 孙秀仁等：《室韦史研究》，北方文物杂志社1985年版，第104页。该书认为于厥里与乌古是两个部，分别源于室韦的不同部。因于厥里部与乌古部地域相连，族源相同，社会经济与文化相近。故辽代又称其为三河乌古。

内徙其众，于厥安土重迁，遂叛，世良惩创"。辽军讨平乌古部与于厥既平复叛、再惩创之，皆由北枢密使耶律世良为主帅，显然此处史官记事将"乌古"与"于厥"二者混用。又如前举兴宗即位之初景福元年（1031）七月，史官将"乌古敌烈都详稳"官名记为"于厥迪烈都详稳"。

可见，到辽中期契丹君臣已将乌古与于厥视为一族，这也是《辽史》志、表中存在二者混用现象的原因。据此，笔者推测分布在洮儿河上游以北，海拉尔河、额尔古纳河、克鲁伦河、石勒喀河一带畜牧狩猎族群总体上统称为乌古人①。其内部诸氏族部落，在辽前期又可分为乌古部、于厥部等，辽中后期于厥之名逐渐不再使用，皆被称为乌古部。自9世纪末契丹便不断发动征服乌古人的战争，其中较大规模的讨伐有三次，一是辽建国前，唐天复元年（901），夷离堇耶律阿保机"连破室韦、于厥及奚帅辖剌哥，俘获甚众"②。二是建国后，神册四年（919），太祖亲征乌古部，"俘获生口万四千二百，牛马、车乘、庐帐、器物二十余万。自是举部来附"③。三是太宗天显三年（928），"命林牙突吕不讨乌古部"，这次战争持续了两年。天显三年九月、天显四年（929）六月突吕不两次献乌古俘④。这场旷日持久的战争之后，辽朝才在乌古人地区建立起较为稳定的统治。乌古人对契丹的朝贡活动最早见于太祖八年（914），"于骨里部人特离敏执逆党怖胡、亚里只等十七人来献⑤"。然直到太宗全面征服乌古人之后才确立较为稳定的朝贡制度，天显五年（930）"乌古来贡"⑥。此后，乌古部遣使朝贡不绝。现将见于《辽史》乌古人朝贡活动统计如下：

---

① 关于乌古人的居地，津田左右吉先生认为在今蒙古高原的东部喀尔喀河流域，其北至海拉尔河与额尔古纳河上游一带。孟广耀先生认为是以海拉尔河和克鲁伦河下游为中心，东面到嫩江流域，南抵洮儿河上游，北面到额尔古纳河流域。孙秀仁等先生认为乌古部与羽厥部是两个部，乌古在南，羽厥在北。乌古部的活动范围在海拉尔河之南。西达呼伦池和贝尔池一带。南至今霍林河以北，其南即是契丹人的聚居区。羽厥部在乌古部之北的三河地区，三河指于谐里河（即今加集木尔河）、胪朐河（即今额尔古纳河及克鲁伦河）及皮被河（即石勒喀河）。参见前引诸氏的论著。

② 《辽史》卷1《太祖纪上》，第1—2页。

③ 《辽史》卷2《太祖纪下》，第15页。

④ 《辽史》卷3《太宗纪上》，第29、30页。

⑤ 《辽史》卷1《太祖纪上》，第9页。

⑥ 《辽史》卷3《太宗纪上》，第32页。

表1

辽帝	太祖	太宗	世宗	穆宗	景宗	圣宗	兴宗	道宗	天祚帝
朝贡次数	1	13	0	1	0	3	2	0	1

如前所言,辽代乌古人分布地区广泛。契丹统治者在征服乌古人的过程中设置了不同形式的建置,前来朝贡的乌古人属于哪部,需要进一步考察。太祖朝曾以俘获的乌古人设置部族,据《辽史》卷33《营卫志下》记载,太祖时设有"乌古涅剌部。亦曰涅离部。太祖取于骨里户六千,神册六年,析为乌古涅剌及图鲁二部。俱隶北府,节度使属西南路招讨司。图鲁部。节度使属东北路统军司"。此6000户乌古人,应是辽朝于910年、919年及其他几次小规模征讨乌古部所俘获人口的总数,若以每户5口计,可达3万人。太祖分乌古降户设置两部族,乌古涅剌部隶属西南路招讨司;图鲁部隶属东北路统军司。辽西南路招讨司治所在今内蒙古呼和浩特之东,① 东北路统军司治所《辽史》无载,其所辖地区主要为今吉林省北部与黑龙江省南部及相邻内蒙古草原一带地区。乌古涅剌部与图鲁部是设在辽朝直辖区的部族,以内迁的乌古户为部民,是与契丹部族相同的行政建置,不属于实行朝贡制度的羁縻统辖建置。太祖朝前来朝贡的乌古、于厥部是分布在该族群原居地的氏族部落。

太宗朝是乌古人朝贡活动最为频繁时期,也是辽朝开始在乌古人地区设立羁縻性质的属国属部时期。据《辽史·百官志二》记载乌古人地区的属国属部有:于厥国王府、乌限隈厥部大王府、于厥里部族大王府、乌古部、隈乌古部、三河乌古部。上表统计太宗朝乌古人朝贡13次,其中有三年为一年来两次,即天显十一年(936)七月,"辛卯,乌古来贡。壬辰,蒲割领公主率三河乌古来朝"②。会同四年(941),"乌古来贡。于厥里来贡"③。会同五年(942)"鼻骨德、乌古来贡。术不姑、鼻骨德、于厥里来贡"④。其他为一年一次。均记载为"乌古

---

① 中国历史地图集编辑组:《中国历史地图集》第6册,中华地图学社1975年版,第10—11页。

② 《辽史》卷3《太宗纪上》,第38页。

③ 《辽史》卷69《部族表》,第1084页。

④ 《辽史》卷69《部族表》,第1085页。

部来贡"。据此，前来朝贡的有乌古部、三河乌古部、于厥里部族大王府。然《辽史》阙略、讹误甚多是学界周知的，关于乌古人朝贡之事的记载也存在部名混乱的现象，如《辽史·太宗纪》载太宗会同三年（940）二月，"庚子，乌古遣使献伏鹿国俘，赐其部夷离堇旗鼓以旌其功"。但在同书《百官志二》记载，"于厥里部族大王府。太宗会同三年，赐旗鼓"。两处记载显然是一件事，会同三年太宗赐旗鼓的对象是乌古部的夷离堇，还是于厥里部族大王府的夷离堇，仅靠这两条史料无法定夺。又如，查遍《辽史》不见于厥国王府朝贡的记载，仅《百官志二》北面属国官条下载其名，此外不见任何记载。太祖朝以后单独提及于厥之名，只有两处。一是《刑法志上》记载，太宗会同四年（941），"皇族舍利郎君谋毒通事解里等，已中者二人，命重杖之，及其妻流于厥拔离弥河，族造药者"。二是《食货志下》载："铁离、靺鞨、于厥等部以蛤珠、青鼠、貂鼠、胶鱼之皮、牛羊、驼马、毳罽等物，来易于辽者，道路繈属。"两处"于厥"有可能是于厥国王府或于厥里部族大王府的简称，也有可能是"乌古"的别称。因此，《百官志》所记"于厥国王府"与"于厥里部族大王府"极有可能是同一地区氏族部落的羁縻建置。

《辽史》关于乌古各部朝贡活动的记载同样有缺漏，如关于隗乌古部的记载不仅缺漏很多，而且部名用字也不统一，《辽史》共有 13 处记载，8 处作"隗乌古"，5 处作"隈乌古"，卷六九《部族表》有 4 处记载，每种写法各有 2 处。《营卫志下》记载"辽国外十部"中有"隗古部"，疑为"隗乌古部"之误。史官曰："右十部不能成国，附庸于辽，时叛时服，各有职贡，犹唐人之有羁縻州也。"隗乌古部当属羁縻统辖区，太祖时有突举部，"阻午可汗分营置部。隶南府，戍于隗乌古部"；圣宗时，有北敌烈部，"圣宗以敌烈户置。戍隗乌古部"[1]。可见在太祖时期，已有隗乌古部，直到圣宗时期仍是辽朝重点统辖的地区，兴宗重熙年间，彰愍宫使萧韩家奴在论及北部边防时曾提道："今宜徙可敦城于近地，与西南副都部署乌古敌烈、隗乌古等部声援相接。"[2]

---

① 《辽史》卷 33《营卫志下》，第 387、391 页。
② 《辽史》卷 103《萧韩家奴传》，第 1448 页。

道宗咸雍九年（1073），敌烈部叛。"诏隈乌古部军分道击之"①。辽朝前期，同是"外十部"的乌古部人朝贡活动频繁，但隈乌古部却不见有向辽廷朝贡的记载，显然是史官疏漏所致。因此，笔者认为在辽圣宗以前隈乌古部已经开始向辽廷朝贡。

为加强对乌古人地区属国属部的统治，辽太宗全面征服乌古地区两年后，天显七年（932）设置了三河乌古部都详稳司，以契丹人任都详稳。《辽史·耶律朔古传》记载："授三河乌古部都详稳。平易近民，民安之，以故久其任。"十一年（936）七月，蒲割领公主率三河乌古来朝，蒲割领公主《辽史》仅一见，应为契丹公主，与耶律朔古是何关系不详，公主率三河乌古部酋长们诣辽帝捺钵朝贡。这表明尽管由契丹人任属部长官，该属部仍实行朝贡制度。三河指于谐里河（今加集木尔河）、胪朐河（今额尔古纳河及克鲁伦河）、海勒水（今海拉尔河），是乌古人的腹地。为了加强对这一地区乌古人的控制，太宗于会同二年和会同三年又将一部分契丹部民迁至这一地区进行畜牧、屯垦，以监视乌古部动静。②

辽世宗一朝（947—950）不见包括乌古地区在内任何属国属部朝贡活动的记载，应是史籍缺漏。穆宗即位后，直到应历十年（963）以前，契丹在乌古地区的统治比较稳定，但仅见一次朝贡记载，应历三年（953）八月，"三河乌古、吐蕃、吐谷浑、鼻骨德皆遣使来贡"，是何原因不详。

应历十四年（964）乌古地区爆发了一次大规模的反叛战争，十二月，"乌古叛，掠民财畜。详稳僧隐与战，败绩，僧隐及乙实等死之。十五年春正月己卯，以枢密使雅里斯为行军都统，虎军详稳楚思为行军都监，益以突吕不部军三百，合诸部兵讨之。乌古夷离堇子勃勒底独不叛，诏褒之"。二月，"乌古杀其长窣离底，余众降，复叛"。到三四月间，戍守在泰州东北的大、小黄室韦也加入叛乱，"五坊人四十户叛入乌古"。七月，"乌古掠上京北榆林峪居民"。契丹平叛军队出师不利，败多胜少，用了三年时间才最后平定了这场叛乱，"十七年春正月庚寅朔，林牙萧幹、郎君耶律贤适讨乌古还，帝执其手，赐卮酒，授贤适右

---

① 《辽史》卷23《道宗纪》，第275页。
② 《辽史》卷33《营卫志下》记载："（五院部）瓯昆石烈。太宗会同二年，以乌古之地水草丰美，命居之。三年，益以海勒水之地为农田。"（第384页）

皮室详稳。雅里斯、楚思、霞里三人赐醓酒以辱之。乙卯，夷离毕骨欲献乌古俘"①。在这次叛乱中乌古部一度打到上京附近。这在辽朝属国叛乱的历史上是不多见的。

辽平定乌古部叛乱后，将原乌古部的属部建置改为乌古部详稳司，改由契丹人担任长官，如耶律盆奴"景宗时，为乌古部详稳，政尚严急，民苦之。有司以闻，诏曰：'盆奴任方面寄，以细故究问。恐损威望。'"②景宗朝明显加强了对乌古地区的统辖，却不见乌古部朝贡的记载。笔者推测乌古部改制后，其下统领的乌古氏族部落长们将每年贡纳的物品交到详稳司，不再由大酋率领诣捺钵朝贡了，这使乌古部开始进入由羁縻制向行政建置统辖的过渡状态。圣宗即位后，进一步推进这一过渡进程，将乌古部详稳司升为乌古部节度使司。《耶律延宁墓志》记载："今上皇帝（圣宗）念此忠赤，特宠章临。超授保义奉节功臣、羽厥里节度使、特进、检校太尉、同政事门下平章事、上柱国、漆水县开国伯，食邑七百户。"耶律延宁"以统和三年十二月三十日于羽厥里疮疾而薨"③。又于乌隈于厥部地区设置五国乌隈于厥节度使司，同样以契丹人任长官，如统和二年（984）二月，"五国乌隈于厥节度使耶律隗洼以所辖诸部难治，乞赐诏给剑，便宜行事"④。这种设在乌古地区以契丹人任长官的属部，内部仍实行纳土贡制度，如属部有重要或特殊事情，仍需诣捺钵朝见辽帝，如统和六年（988）闰五月，"乌隈于厥部以岁贡貂鼠、青鼠皮非土产，皆于他处贸易以献，乞改贡。诏自今止进牛马"⑤。统和二十一年（1003）、二十三年（1005）乌古部也当属于有要事先后两次诣捺钵朝贡。

大约在圣宗时期辽朝完成了对乌古地区各属国属部的整合，统和末年以后，只见乌古部事迹。⑥再出现的"于厥"之名即为"乌古"的别称。以契丹人任节度使的乌古属部，对属下乌古氏族部落的统辖越来越严密，这也意味着契丹人对乌古人的盘剥日益加重。开泰年间，乌古人

① 《辽史》卷7《穆宗纪下》，第82、83、84页。
② 《辽史》卷88《耶律盆奴传》，第1340页。
③ 《耶律延宁墓志》，向南：《辽代石刻文编》，河北教育出版社1995年版，第85—86页。
④ 《辽史》卷10《圣宗纪一》，第113页。
⑤ 《辽史》卷13《圣宗纪三》，第130页。
⑥ 程尼娜：《辽朝乌古敌烈地区属国、属部研究》，《中国史研究》2007年第2期。

联合西邻敌烈人发动了一次大规模的叛乱行动，开泰二年（1013）正月，"乌古、敌烈叛，右皮室详稳延寿率兵讨之"，辽暂时平息了叛乱。三年，乌古、敌烈再次叛乱，四月"乌古叛"，九月，"八部敌烈杀其详稳稍瓦，皆叛"①。四年，圣宗接连派军征讨之，史载："（四月）枢密使贯宁奏大破八部迪烈得，诏侍御撒剌奖谕，代行执手之礼。……壬申，耶律世良讨乌古，破之。甲戌，遣使赏有功将校。世良讨迪烈得至清泥埚。时于厥既平，朝廷议内徙其众，于厥安土重迁，遂叛。世良惩创，既破迪烈得，辄歼其丁壮。勒兵渡曷剌河，进击余党，斥候不谨，其将勃括聚兵稠林中，击辽军不备。辽军小却，结陈河曲。勃括是夜来袭。翌日，辽后军至，勃括诱于厥之众皆遁，世良追之，军至险阨。勃括方阻险少休，辽军侦知其所，世良不亟掩之，勃括轻骑遁去。获其辎重及所诱于厥之众，并迁迪烈得所获辖麦里部民，城胪朐河上以居之。"②

在这次平定乌古敌烈部叛乱的过程中，契丹统治者设置了乌古敌烈部都详稳司，以原北院大王耶律的琭出任乌古敌烈部都详稳、耶律韩留任乌古敌烈部都监③，以加强对乌古、敌烈地区的统辖。道宗咸雍四年（1068）七月，又"置乌古敌烈部都统军司"④，到大康年间才以统军司完全取代都详稳司。兴宗朝以后，史籍中仍偶尔可见乌古部朝贡记载，如重熙十八年（1049）"乌古遣使送款"；二十二年（1052）"乌古来贡"。这些说明乌古部朝贡活动并没有完全取消，遇有特殊事情仍然要诣捺钵朝见辽帝。重熙二十一年（1052）七月，兴宗"遣使诣五国及鼻骨德、乌古、敌烈四部捕海东青鹘"。⑤二十二年（1053）乌古朝贡当是奉朝廷之命贡纳海东青。

按辽制属国属部有向朝廷贡纳物品与助兵的义务。乌古属国属部无论是前期以诣捺钵朝贡为主时，还是中后期由羁縻朝贡制度向行政建置

---

① 《辽史》卷15《圣宗纪六》，第172、175页。

② 《辽史》卷15《圣宗纪六》，第176—177页，同书卷94《耶律世良传》载："（开泰）三年，命选马驼于乌古部。会敌烈部人夷剌杀其酋长稍瓦而叛，邻部皆应，攻陷巨母古城。世良率兵压境，遣人招之，降数部，各复故地。"（第1386页）这与《圣宗纪》记载相异，当以《世宗纪》记载为准，《耶律世良传》或透露了这次乌古部反叛，与契丹过度征取乌古部马驼有关。

③ 《辽史》卷88《耶律的琭传》第1347页；卷89《耶律韩留》，第1352页。

④ 《辽史》卷22《道宗纪二》，第268页。

⑤ 《辽史》卷69《部族麦》，第1108—1109页。

制度过渡时期，乌古属国属部都向朝廷贡纳一定数额的物品，其中既有常贡，也有特贡。常贡，即为每岁按定额贡纳的土产，如乌隗于厥部，初岁贡貂鼠、青鼠皮，圣宗时在乌隗于厥部的请求下，改贡牛马。乌古部所纳物品为马牛驼。[1] 特贡，是指朝廷临时征求的土产，如前所言辽朝遣使诣乌古部，令其捕海东青鹘入贡。此外，辽朝还在边地州县置互市与乌古属国属部进行贸易。《辽史·食货志》记载："铁离、靺鞨、于厥等部以蛤珠、青鼠、貂鼠、胶鱼之皮、牛羊、驼马、毳罽等物，来易于辽者。道路繹属。"其中牛羊、驼马、毳罽厨等物当是乌古人与其他民族进行贸易的土产。遗憾的是辽朝册封乌古部酋长的官号多失载，仅见有于越[2]、夷离堇。

辽中后期，随着辽朝对乌古地区统辖关系越来越紧密，乌古属国属部为朝廷出兵作战的事迹明显多于辽朝前期。遇到战事，契丹皇帝下诏征兵，乌古部民组成的属国军随契丹将领出征，统和十二年（994）"八月庚辰朔，诏皇太妃领西北路乌古等部兵及永兴宫分军，抚定西边"[3]。当邻部发生叛乱，乌古属部军受命出击平定叛乱，道宗咸雍九年（1073）七月，"乌古敌烈统军言，八石烈敌烈人杀其节度使以叛。己酉，诏隗乌古部军分道击之"[4]。寿昌六年（1100）五月，"乌古部讨茶扎剌（部），破之"。辽朝还迁徙部分乌古部民为其守边，寿昌二年（1096），"九月丙午，徙乌古敌烈部于乌纳水，以扼北边之冲"[5]。

辽廷与乌古属部间政治关系加强，还表现在契丹统治者加大对乌古属部安抚、赈济的力度，如道宗朝多次赈济乌古部，大安三年（1087），"赐隗乌古部贫民帛"。九年（1093）"诏以马三千给乌古部"。[6] 寿昌二年（1096），"市牛给乌古、敌烈、隗乌古部贫民"[7]。尽

---

① 乌古部贡纳的物品没有明确记载，然据《辽史》卷94《耶律世良传》记载：圣宗开泰三年（1014），耶律世良奉命"选马驼于乌古部"（第1386页）。可推知乌古部贡纳物为马、驼。乌古部居住的东蒙古草原地带一直出产牛，故推测牛也是其贡纳物之一。

② 《辽史》卷8《景宗纪上》记载，保宁三年（971），"十一月庚子，胪朐河于越延尼里等率户四百五十来附"（第92页）。胪朐河下游是乌古人的居地，胪朐河于越，可能是于厥里部族大王府的于越。

③ 《辽史》卷13《圣宗纪四》，第145页。

④ 《辽史》卷23《道宗纪三》，第275页。

⑤ 《辽史》卷26《道宗纪六》，第313、309页。

⑥ 《辽史》卷25《道宗纪五》，第295、302页。

⑦ 《辽史》卷26《道宗纪六》，第308页。

管辽后期乌古人也曾出现反叛行为，但总体看，乌古部与契丹统治集团间的政治关系日益紧密。

天祚帝天庆五年（1115）女真反辽，建立金朝。天祚帝在金兵追击下四处逃命，天保四年（1124）正月，穷途末路的天祚帝曾一度逃到乌古敌烈部，乌古部仍然尊奉辽帝。翌年，天祚帝被俘，辽朝灭亡，一部分乌古部才归附金朝。

二 敌烈部地区属部的朝贡活动

敌烈，《辽史》中又作敌烈德、迪烈、敌烈得、迭烈德；《金史》又作迪烈底等。学界一般认为敌烈与乌古出自不同的族系，孟广耀先生认为敌烈是以唐代铁勒的拔野古部为主体发展起来的；孙秀仁等先生则认为敌烈部与北魏时期的大室韦有密切关系，而大室韦则是柔然的一部。敌烈部的分布地在乌古部之西，津田先生认为在安真河下游的乌理顺河、呼伦泊一带地区。孙秀仁先生认为在克鲁伦河流域。[1] 契丹王朝在征服乌古地区后才开始与敌烈部发生关系，辽太宗天显五年（930）六月，"敌烈德来贡"[2]。这是《辽史》首次见到关于敌烈部的记载，与乌古部不同的是，契丹与敌烈部的关系起于朝贡关系，但在敌烈部与辽朝建立朝贡关系之后，反叛行为时有发生。现将见于《辽史》记载的敌烈部朝贡活动与反叛行动统计如下：

表2

辽帝	太祖	太宗	世宗	穆宗	景宗	圣宗	兴宗	道宗	天祚帝
朝贡次数	0	3	0	2	1	2	0	1	0
反叛次数	0	0	0	1	1	4	0	3	2

---

① 见前引三位先生论著。
② 《辽史》卷3《太宗纪上》，第32页。

从《辽史》本纪的记载看，太宗朝均为"敌烈德来贡"，此后则均为"敌烈来贡""敌烈来降"。敌烈德可能是敌烈的异写，也可能是辽朝在敌烈人地区设置的迪烈德国王府；敌烈即敌烈部，契丹又称之为八石烈敌烈部，是由八部敌烈结成的部落集团①，有时又称为"八部迪烈得"。② 迪烈德国王府设于太宗朝，大约因敌烈部时叛时降，迪烈德国王府很快就名存实亡，敌烈部则一直活跃到辽末。最晚在圣宗统和年间已设敌烈部详稳司③，以敌烈部酋长任详稳，如圣宗开泰初年敌烈部酋长稍瓦任详稳。④ 开泰四年（1015），平定乌古敌烈部叛乱之后，辽设置乌古敌烈都详稳司以加强对这一地区的统辖，并将敌烈部详稳司升为敌烈部节度使司，以契丹人任节度使，开泰九年（1020）十月，"迭烈德部言节度使韩留有惠政，今当代，请留"⑤。此外，圣宗时，又以平叛之后内迁的敌烈部民设置二部族。"迭鲁敌烈部。圣宗以敌烈户置。隶北府，节度使属乌古敌烈统军司"，"北敌烈部。圣宗以敌烈户置。戍隗乌古部"⑥。二部族虽然军事隶属于乌古敌烈统军司，但不是羁縻建置，也不实行朝贡制度。

自辽初到辽中期敌烈地区属国属部的建置发生了很大的变化，由国王府到详稳司最后升为节度使司，属国属部长官由敌烈酋长转为契丹官员，属国属部的朝贡活动是否还在持续？尽管史籍相关记载很少，然仍可考察其发展的大致线索。《辽史》记载："（统和）十五年，敌烈部人杀详稳而叛，遁于西北荒，挞凛将轻骑逐之，因讨阻卜之未服者，诸蕃岁贡方物充于国，自后往来若一家焉。上赐诗嘉奖，仍命林牙耶律昭作

---

① 《辽史》卷46《百官志》记载，辽朝在敌烈地区设置的属国属部有迪烈德国王府、敌烈部、八石烈敌烈部。但从《辽史》关于敌烈部事迹的记载看，敌烈部与八石烈敌烈部应是同属部建置的不同称呼。

② 《辽史》卷15《圣宗纪六》，第176页。

③ 《辽史》卷13《圣宗纪四》记载：统和十五年五月，"敌烈八部杀详稳以叛，萧挞凛追击，获部族之半"（第149页）。

④ 《辽史》卷15《圣宗纪六》记载：开泰三年（1014）九月"丁酉，八部敌烈杀其详稳稍瓦，皆叛，诏南府宰相耶律吾剌葛招抚之"（第175页）。《辽史》卷94《耶律世良传》记载，这一年"敌烈部人夷剌杀其酋长稍瓦而叛，邻部皆应，攻陷巨母古城"（第1084页）。说明敌烈部详稳稍瓦的身份是敌烈部酋长。

⑤ 《辽史》卷16《圣宗纪七》，第188页。

⑥ 《辽史》卷33《营卫志下》，第391页。

赋，以述其功。挞凛以诸部叛服不常，上表乞建三城以绝边患，从之。"①

圣宗统和十五年（997）时，已经设立敌烈部详稳司，萧挞凛率军平定敌烈部叛乱后，恢复了以往正常的朝贡制度，"诸蕃岁贡方物充于国"，说明在正常的统治秩序下，敌烈部每岁贡纳方物，《辽史》记载敌烈部朝贡活动甚少，应与记载缺漏有关。为防止再发生边患，辽朝在北部边疆修筑了三座边防城，即《辽史·地理志》所记载的河董城、静边城、皮被河城②，重点统辖这一地区的敌烈部与阻卜部。开泰年间设置敌烈部节度使司之后，敌烈部仍保持一定程度的朝贡活动，圣宗太平元年（1021）十月，"敌烈酋长颇白来贡马、驼"③。兴宗重熙二十一年（1052）七月，辽廷"遣使诣五国及鼻骨德、乌古、敌烈四部捕海东青鹘"④。敌烈部贡纳品主要是马、驼、鹰等。

在辽朝诸属国属部中敌烈部的叛乱最为频繁，据前表统计，《辽史》记载敌烈部反叛行为多于敌烈部朝贡活动，这反映辽朝对敌烈部的统辖不十分稳定。敌烈部的反叛活动直到辽末仍可见到，前后有 5 次较大规模反叛：一是圣宗统和十五年（997），敌烈八部杀详稳以叛；二是开泰三年到四年（1014—1015）敌烈部与乌古部联手反叛，杀详稳稍瓦，攻陷巨母古城⑤；三是道宗咸雍九年（1073），八石烈敌烈人杀契丹敌烈节度使以叛；四是道宗大安十年（1094），叛军一度击败乌古敌烈统军司的军队，使辽军损兵折将；五是天祚帝保大二年（1122），敌烈部五千叛军攻打辽地方官属。⑥

敌烈人反叛不断是否说明辽朝在敌烈部地区的统辖一直很松散呢？事实上，尽管敌烈部地处偏远，且社会发展较为落后，契丹统治者一直力图加强对敌烈部地区的政治控制，圣宗后期开始任命契丹人出任敌烈

---

① 《辽史》卷 85《萧挞凛传》，第 1314 页。

② 皮被河，即今石勒喀河。冯永谦《辽代边防城考》认为，河董城在今蒙古国克鲁伦河中游北岸的祖·赫雷姆古城址。静边城在今蒙古国巴尔斯浩特古城址。参见冯永谦：《北方史地研究》，中州古籍出版社 1994 年版，第 272—288 页。

③ 《辽史》卷 16《圣宗纪七》，第 189 页。

④ 《辽史》卷 69《部族表》，第 1108—1109 页。

⑤ 巨母古城，在今内蒙古满洲里市东南、呼伦池北。参见中国历史地图集编辑组：《中国历史地图集》第 6 册。冯永谦认为在今内蒙古新巴尔虎右旗扎和庙古城址。参见冯永谦：《辽代边防城考》，《北方史地研究》，第 272—288 页。

⑥ 参见《辽史》诸帝本纪，卷 85《萧挞凛传》、卷 94《耶律世良传》、卷 93《萧迁鲁传》、卷 100《耶律棠古传》，第 1314、1386、1376—1377、1427—1428 页。

部节度使，对敌烈部实行与乌古部同样的统辖制度。敌烈部节度使司设立后，在保护敌烈部不受邻部侵扰以及赈济、抚恤贫困部民方面发挥了一定作用。如道宗清宁九年（1063），"时敌烈部数为邻部侵扰，民多困弊，命乌野为敌烈部节度使，恤困穷，省徭役，不数月，部人以安"。寿昌二年（1096），"市牛给乌古、敌烈、隈乌古部贫民"[①]。但同时，辽朝对敌烈部的盘剥也加重了，每年敌烈部民向朝廷贡纳的物品数额史籍无载，目前还无从知晓。但从记载看，敌烈部民为辽朝守边、出兵助战的负担明显加重，道宗寿昌二年（1096）九月，"徙乌古敌烈部于乌纳水，以扼北边之冲"[②]。遇北方边地出战事，辽征调敌烈部属国军随契丹将领出战。《辽史·萧迁鲁传》记载："会北部兵起，迁鲁将乌古、敌烈兵击败之。"敌烈部社会经济发展水平不及乌古部，辽朝不顾两部的差别，一味追求政治统治的最大化，敌烈部尚不能适应由羁縻朝贡制度向行政建置过渡的统辖形式，这恐怕是敌烈部叛乱不止的主要原因。敌烈部与乌古部同样直到辽朝灭亡，才结束与辽朝的臣属关系。

三 鼻骨德地区属部的朝贡活动

鼻骨德，《辽史》又作鼻古德、鼻国德。《金史》作鳖故德、鳖古。其分布地在黑龙江与松花江合流处之北，今俄罗斯比占河流域。公元926年契丹灭亡渤海国之后，渤海国周围诸原始族群纷纷遣使向契丹王朝朝贡，《辽史·太宗纪》记载，天显三年（928）十一月，"鼻骨德来贡"。自此鼻骨德部与辽朝建立了朝贡关系，现将见于《辽史》记载的鼻骨德部朝贡活动统计如下：

表3

辽帝	太祖	太宗	世宗	穆宗	景宗	圣宗	兴宗	道宗	天祚帝
朝贡次数	0	12	0	5	4	6	1	0	1

---

① 《辽史》卷92《萧乌野传》、卷26《道宗纪六》，第1370、308页。
② 《中国历史地图集》中央民族学院编辑组：《〈中国历史地图集〉东北地区资料汇编》，内部发行1979年版，第158—160页。

太宗天显年间（928—937）鼻骨德部每隔三年或二年便遣使朝贡一次，这期间辽朝于其地设置了鼻国德国王府。会同三年（940）八月，"鼻骨德使乞赐爵，以其国相授之"①。此当为设置鼻骨德国王府后，太宗应朝贡使臣的请求，封授其为国相。前面笔者推测世宗朝不见各属国属部朝贡是因记载缺失，若此不误，自太宗会同三年（940）到穆宗应历七年（957），鼻骨德国王府几乎每年遣使朝贡，其中会同五年（942）和八年（945），一年遣使朝贡二次。会同九年（946）二月，"鼻骨德奏军籍"。这与当时正在进行的辽对后晋战争有关，这年八月，太宗"自将南伐"②，鼻骨德属国军成为辽朝大军的组成部分。

穆宗应历八年（958）以后，鼻骨德部一度停止朝贡活动，这与穆宗暴虐统治有关。史载穆宗后期"穷冬盛夏，不废驰骋"③；"畋猎好饮酒，不恤国事，每酣饮，自夜至旦"④，经常"以细故杀人"，迁怒无辜，甚至"加炮烙铁梳之刑"⑤。朝廷上下人人自危。这一时期包括鼻骨德部在内各属国属部的朝贡活动几乎全部停止。景宗即位后，鼻骨德部又恢复了朝贡活动，保宁三年、四年、五年、八年连续4次遣使朝贡，之后突然停止了朝贡活动，直到圣宗统和九年（991）九月才又见"鼻骨德来贡"。这期间未见任何与鼻骨德部有关的记载，但《辽史·圣宗纪》记载，统和二年（984）二月"五国乌隈于厥节度使耶律隗洼以所辖诸部难治，乞赐诏给剑，便宜行事"。五国部在鼻骨德之东，乌隈于厥部在鼻骨德之西，五国乌隈于厥节度使所辖诸部当包括中间的鼻骨德部，耶律隗洼所言"诸部难治"，或指诸部不遵循朝廷规定按时朝贡。此时辽朝正忙于出兵高丽，加上南部宋朝出兵攻辽以求收复燕云，契丹统治者无暇顾及黑龙江流域属国属部的朝贡活动。《辽史·营卫志》记载："达马鼻骨德部。圣宗以鼻骨德户置。隶南府，节度使属东北路统军司。"这些内迁的鼻骨德部民，极有可能是辽朝以武力征讨鼻

---

① 《辽史》卷4《太宗纪下》，第48页。

② 《辽史》卷4《太宗纪下》，第57页。

③ （宋）叶隆礼撰，贾敬颜、叶荣贵点校：《契丹国志》卷5《穆宗顺天皇帝纪》，上海古籍出版社1985年版，第54页。

④ 《新五代史》卷73《四裔附录二》，中华书局1974年版，第904页。

⑤ 《辽史》卷78《耶律夷腊葛传》，第1265页；卷61《刑法志上》，第938页。

骨德部所获得的俘虏。在辽朝的军威下，圣宗统和九年（991）鼻骨德部又恢复了对辽廷的朝贡活动。

圣宗开泰五年（1016）以后，鼻骨德部几乎不再诣捺钵朝贡，这应与圣宗时期重新整编部族，调整属国、属部的统辖机构有关。《辽史·营卫志下》"圣宗三十四部"条下记载："伯斯鼻骨德部。本鼻骨德户。初隶诸宫，圣宗以户口蕃息置部。隶北府，节度使属东北路统军司，戍境内，居境外。"伯斯鼻骨德部族节度使所居"境外"之地，当在州县区以外的鼻骨德部地区，行政统辖隶属北枢密院之北府，军事统辖隶属东北路统军司。伯斯鼻骨德部族节度使设置后，大约由其掌管整个鼻骨德部地区向朝廷贡纳之事。

辽圣宗统和二十二年（1004），辽宋缔结了"澶渊之盟"，南北进入和平发展时期。辽帝四时迁徙的春捺钵基本固定在鸭子河、鱼儿泺，即今松花江与嫩江合流处一带。契丹帝王在春撩钵期间，巡视东北边疆，召见属国属部朝者，处理政务之余，在春捺钵钩鱼放鹰捕鹅。所放之鹰即是产于黑龙江流域的俊鹰海东青，深受契丹帝王和贵族的喜爱。兴宗重熙二十一年（1053）七月，辽廷"遣使诣五国及鼻骨德、乌古、敌烈四部捕海东青鹘"[1]。海东青出产于黑龙江流域各部，尤其盛产于黑龙江下游的五国部地区。11世纪中叶以前辽还没有在生女真地区确立稳定的朝贡制度，鼻骨德部是契丹内地通往五国部的唯一通道。辽设立生女真部族节度使后，便由生女真部族节度使经营通往五国部的鹰路。《金史·世宗纪》载：生女真部族节度使完颜盈哥"令主隈、秃苔两水之民阳为阻绝鹰路，复使鳖故德部节度使言于辽曰：'欲开鹰路，非生女直节度使不可。'辽不知其为穆宗（盈哥）谋也，信之，命穆宗讨阻绝鹰路者"。鳖故德部节度使即鼻骨德部节度使，正因为鼻骨德部节度使向辽朝说明生女真节度使对开鹰路具有不可替代的作用，契丹统治者才会深信不疑。天祚帝乾统四年（1104）"鼻骨德遣使来贡"，[2] 或许正是与鹰路之事有关。生女真起兵反辽后，切断了鼻骨德部与辽朝的政治关系。

---

① 《辽史》卷69《部族表》，第1108—1109页。
② 《辽史》卷27《天祚帝纪一》，第321页。

四 五国部地区属部的朝贡活动

五国部是指五个较大的原始族群,《辽史》记载五国部的名称往往不一致。《营卫志》作"剖阿里国、盆奴里国、奥里米国、越里笃国、越里吉国"。《圣宗纪》前后记载 3 次五国部名称均不完全相同,统和二十一年(1003)条下为"兀惹、渤海、奥里米、越里笃、越里古",二十二年(1004)条下为"兀惹、蒲奴里、剖阿里、越里笃、奥里米",开泰七年(1008)条下为"越里笃、剖阿里、奥里米、蒲奴里、铁骊"。蒲奴里即盆奴里的异写;兀惹为渤海遗民部落名称,前后二处先为剖阿里部、后为越里吉部的误写;铁骊为女真部落名称,这里为越里吉的误写。此外,越里吉又作越棘,蒲奴里在《金史》中又作蒲聂。《三朝北盟会编》卷三载:"海东青者出五国,五国之东接大海,自海东而来者,谓之海东青。"关于辽代五国部的分布史家多有考证,清人曹廷杰《东三省舆地图说》之《五国城考》曰:"按五国之说不一,或谓宁古塔东松花、黑龙二江合流之处有土城焉;或以为在朝鲜北境近宁古塔有故城在山上;或以为去燕京三千八百里,西至黄龙府二千一百里;或谓宁古塔相近抢头街有旧城址五,疑即是也。此皆影响之谈,毫无实据。……五国自当分居五地,必非一处。可知今自三姓至乌苏里江口,松花江两岸共有城基九处……五国故址不外三姓下九城也。……三姓当为五国头城,自此而东,乃四国分据也。"[①]

五国头城,即进入五国部地区第一城。曹氏认为五国头城在三姓(今黑龙江依兰),学界多从曹说。然五国部各居何处,学界看法尚未统一。蒲奴里城,屠寄认为在固木讷城,即今黑龙江汤原县大有屯古城;张博泉师则认为在依兰东北。越里笃城,屠寄认为在宛里城,古城在今黑龙江桦川县境内。奥里米城,屠寄认为在松花江与黑龙江合流处附近,古城在今黑龙江绥滨县西九公里处越里吉,张博泉师认为在伯力(今俄罗斯哈巴罗夫斯克);《中国历史地图集》编写者认为在依兰县

---

① (清)曹廷杰:《东三省舆地图说》,金毓黻主编:《辽海丛书》第 7 集,辽沈书社 1985 年版,第 2252 页。

城。部阿里，丁谦认为在依兰城东桦川县境普利斯幼普城；张博泉师认为在黑龙江下游阿纽依河口附近；《中国历史地图集》编写者认为在伯力。① 尽管众说不一，但五国部的总体范围是明确的，在鼻骨德部之东、生女真部之东北直到黑龙江下游地区。

五国部之名，始见于圣宗统和二年（984）二月，"五国乌隈于厥节度使耶律隗洼以所辖诸部难治，乞赐诏给剑，便宜行事，从之"②。这至少说明此时辽朝开始经略五国部地区。统和二十一年（1003）四月，"兀惹、渤海、奥里米、越里笃、越里古等五部遣使来贡"③。这是五国部使臣首次至辽帝捺钵朝贡。此后，随着辽朝对五国部地区的统治不断加强，五国部的朝贡活动也逐渐增多。现将见于《辽史》记载的五国部朝贡活动统计如下：

表4

辽帝	太祖	太宗	世宗	穆宗	景宗	圣宗	兴宗	道宗	天祚帝
朝贡次数	0	0	0	0	0	4	12	13	4

上表统计圣宗朝五国部朝贡4次，然《辽史·圣宗纪》记载，开泰七年（1018）三月，"命东北越里笃、剖阿里、奥里米、蒲奴里、铁骊等五部岁贡貂皮六万五千，马三百"④。据此五国部不仅每岁朝贡，而且需按照朝廷要求每年贡纳65000张貂皮、300匹马，如记载无误，这一数额是相当可观的。显然史籍关于五国部朝贡活动的记载有缺漏。《辽史·营卫志》记载：五国部"圣宗时来附，命居本土，以镇东北境，属黄龙府都部署司"。圣宗时可能通过册封五国部各部酋帅以确定臣属关系，令其镇守东北境，隶属于黄龙府都部署司（治所在今吉林农安）。兴宗重熙六年（1037）八月，"北枢密院言越棘部民苦其酋帅

① 参见（清）屠寄：《黑龙江舆图说》；（清）丁谦：《辽史各外国地理志考证》；张博泉等：《金史论稿》第1卷，吉林文史出版社1986年版，第77—79页；《中国历史地图集》中央民族学院编辑组：《〈中国历史地图集〉东北地区资料汇编》，第158—160页。

② 《辽史》卷10《圣宗纪一》，第113页。

③ 《辽史》卷14《圣宗纪五》，第158页。

④ 《辽史》卷16《圣宗纪七》，第183页。

坤长不法，多流亡；诏罢越棘等五国酋帅，以契丹节度使一员领之"①。关于越里吉酋帅不法之事，《辽史·营卫志》曰："越里吉国人尚海等诉酋帅浑敞贪污。"这或许与部民交纳的朝贡物品有关。重熙六年辽朝始在五国部地区设置属部建置，即五国部节度使司，以契丹官员担任节度使。张博泉师认为越里吉城（今俄罗斯哈巴罗夫斯克）是辽五国部节度使治所的所在地。②

辽朝罢免五国部酋帅的官职，以契丹官员任五国部节度使统一掌领这一地区各部朝贡活动，这必定会引起五国部酋长们的不满。兴宗重熙十七年（1048）爆发了以蒲奴里酋长为首的反叛行动，这年八月，兴宗"以殿前都点检耶律义先为行军都部署，忠顺军节度使夏行美副部署，东北面详稳耶律术者为监军，伐蒲奴里酋陶得里"，五国部节度使耶律仙童率部参加了平叛战争。翌年正月辽军平定了蒲奴里叛乱，"多所招降，获其酋长陶得里以归"，"率其酋长来朝"，③ 恢复了辽朝在五国部的统治秩序。

自澶渊之盟以后，辽帝春捺钵多在混同江（即鸭子河）一带，契丹帝王与贵族对海东青的需求量不断增加。《三朝北盟会编》载："有俊鹘号海东青者，能击天鹅，人既以俊鹘而得天鹅。则于其嗉得珠焉。海东青者出五国，五国之东接大海，自海东而来者，谓之海东青。小而俊健，爪白者尤以为异，必求之女真。每岁遣外鹰坊子弟趣女真，发甲马千余人入五国界，即海东巢穴取之。"④ 辽帝频繁遣使索取海东青，令五国部不堪其扰。道宗咸雍五年（1059），"五国部阿里部叛"。咸雍七年（1071）五国部又发生叛乱，参加这次平叛的五国节度使萧陶苏斡因军功被授予静江军节度使。⑤ 萧陶苏斡是史籍记载最后一位五国部节度使。估计为缓和与五国部酋帅间的矛盾，在这次平定五国部叛乱后，辽朝分别封授五国部酋帅为节度使。其后又有"五国蒲聂部节度使拔乙

① 《辽史》卷18《兴宗纪一》，第219页。
② 张博泉等：《金史论稿》第1卷，第77页。
③ 《辽史》卷20《兴宗纪三》，第239页；卷90《耶律义先传》，第1356页；卷95《萧素飒传》，第1392页。
④ （宋）徐梦莘：《三朝北盟会编》卷3，重和二年正月十日丁巳，上海古籍出版社1987年版，第20—21页。
⑤ 《辽史》卷22《道宗纪二》，第270页。

门畔辽，鹰路不通"①，辽朝依靠生女真酋长完颜乌古乃才打通鹰路。

据前表统计，兴宗朝五国部来朝贡两次，一次在兴宗即位之年。另一次是在重熙二十二年（1053）平定五国部叛乱后，契丹军将率五国部酋长前来朝贡。道宗即位后，清宁、咸雍共20年间五国部朝贡3次。可见，在以契丹人任五国部节度使期间，五国部朝贡次数极少。当道宗太康年不再以契丹人担任五国部节度使之后，五国部朝贡活动反而增加，从道宗太康元年（1075）到天祚帝天庆二年（1112）五国部最后一次朝贡，36年间五国部朝贡13次，道宗朝9次，天祚帝朝4次。这种现象说明以契丹官员任节度使时期，五国部是诣地方府州朝贡，朝贡地点可能是黄龙府都部署司。以五国部酋长任节度使后是诣辽帝捺钵朝贡，如天祚帝天庆元年（1111）"春正月，钩鱼于鸭子河。二月，如春州。三月乙亥，五国部长来贡"。"二年春正月己未朔，如鸭子河。丁丑，五国部长来贡。"② 天庆四年（1114），生女真起兵反辽，五国部与辽朝的朝贡关系终结。

辽朝在征服、招抚黑龙江流域族群将其纳入朝贡制度之后，很快于其地建立起属国或属部。在朝贡制度建立的初期，各属国、属部朝贡活动比较频繁，朝贡的地点是契丹皇帝所在的捺钵。辽中期建立起管理属国、属部的地方机构，或以契丹人担任属部长官后，各部朝贡活动骤然减少，只是在当地或邻近地区发生特殊事件或较大的战争时，契丹统治者才要求其诣捺钵朝贡，这时属部长官也会主动派遣酋长（或是辽朝授予官号的部落渠帅）前来朝贡。当恢复以当地部落酋长任属部长官时，属部诣捺钵朝贡活动明显增加且较为规律。因此，考察辽朝黑龙江流域族群朝贡活动时不能简单地认为朝贡次数多，即表明辽朝对其统辖紧密。事实上，朝贡次数少的乌古敌烈部恰恰是处于辽朝以行政统辖取代朝贡制度的发展过程中，而辽后期朝贡活动较为频繁、规律的五国部则处于朝贡制度之下，辽朝对前者的政治统辖远比后者紧密，辽对鼻骨德部的统辖关系则处于两者之间。

（原载《求是学刊》2012年第1期）

① 《金史》卷1《世纪》，中华书局1975年版，第5页。其中"蒲聂部"即蒲奴里部。
② 《辽史》卷27《天祚帝纪一》，第325、326页。

辽朝乌古敌烈地区属国、属部研究

辽朝上京道契丹内地北面的草原地带，分布着乌古、敌烈等游牧部落，契丹人在征服这一地区后，根据当地部族、部落的社会发展状况，设置了不同类型的属国、属部建置，从而建立起有效的政治统治，这使辽朝对北方草原游牧民族统治的严密性和有效性远远超过了辽以前的历代王朝。目前学界对此研究不多，从民族地区建置的角度来研究辽代乌古、敌烈属国、属部的专题论文更为少见。本文不揣鄙陋，以求教于方家。

一　乌古（羽厥）人地区的属国、属部

乌古，又作乌古里、乌虎里。有学者认为乌古是以唐代室韦乌素固部为主体发展形成的[①]，9 世纪末乌古之名始见于史籍。羽厥，又作于厥、于厥里、于谐里、妪厥律、于骨里等。孟广耀先生从音韵学的角度分析，提出于厥是乌古的另一汉语记音，即两部实为一部。贾敬颜先生也赞同这一观点，认为羽厥里即乌古部。[②] 孙秀仁先生则持反对意见，认为辽代于厥里与乌古是两个部，分别源于室韦的不同部。因两部地域相连，族源相同，社会经济与文化相近，辽代于厥里又称三河乌古。《辽史》中于厥里与乌古部往往并列出现，同时进贡。将两部误认为一部，也源于《辽史》将于厥里和乌古混用，但乌古有时用来统称与乌

---

① 孟广耀：《辽代乌古敌烈部初探》，《中国蒙古史学会成立大会纪念集刊》，中国蒙古史学会 1979 年版，第 247 页。

② 贾敬颜：《东北古代民族古代地理丛考》，中国社会科学出版社 1993 年版，第 59 页。

古部同种同语的诸部。① 综合两种观点，笔者推测乌古与羽厥可能是同一族属的不同部落集团，即总体上可统称为乌古，具体到某个部落集团又有区别，有的乌古部落又自称为羽厥。这种现象在魏晋时期东北部肃慎族属的部落中也曾出现，即史书中同时见到肃慎与挹娄的族称。但这只是一种假想，还有待新的史料或考古资料来证实。

乌古人地区位于辽朝上京道的北部，南抵洮儿河上游，北至额尔古纳河、石勒喀河流域，其南面是契丹内地，西为敌烈人与阻卜人地区，东为大、小黄室韦地区。在乌古地区内分布着若干不相统一的部落集团，辽朝因循乌古诸部的分布状况，先后设立了三河乌古部详稳司、乌古部节度使司、乌隈于厥部大王府、于厥里部族大王府、于厥国王府等属国、属部建置。这大概就是《辽史》中对乌古诸部的称呼不很统一的缘故，有的部分称乌古，有的部分称羽厥（有时从其族属的角度又称其为乌古）。

乌古人是西北边疆诸游牧部族中社会经济较为发展，实力较为雄厚的一部，其西面与之地域相连的敌烈人，经济类型与乌古相同，在对辽朝的关系上也往往随从乌古人采取一致行动。当辽朝政治腐败，国势衰微时，乌古敌烈常常叛辽，南下抄掠契丹人口、马、牛。契丹统治者深感在乌古人地区能否建立起稳固的统治，直接关系到契丹内地的安全与否。因此有辽一代，辽朝对边疆民族地区统辖的重点，始终放在北部草原游牧民族地区，即对北方诸游牧狩猎民族的统治要比对东部女真、兀惹等原始农业狩猎民族的统治更为严密，对乌古人统辖的力度和强度更是首当其冲。

契丹对乌古人的大规模征服始于 9 世纪末②，经德祖（太祖父亲）、太祖、太宗三代的讨伐，直到 10 世纪三四十年代契丹王朝才得以在乌古人地区建立起较为稳定的统治。③ 征服乌古人之后，乌古地区一直被辽朝视为控制北部边疆草原地区的重地，为此太宗朝曾向乌古地区迁移

---

① 孙秀仁等：《室韦史研究》，北方文物杂志社 1985 年版，第 104 页。

② 《辽史》卷 33《营卫志下》记载："乌隈部。其先曰撒里卜，与其兄涅勒同营，阻午可汗析为二。"（中华书局 1974 年版，第 386 页）可见在阻午可汗时已有乌古人的部落纳入契丹联盟，但这部分乌古部落是被征服者还是归附者，不详。

③ 参见《辽史》卷 1《太祖纪》、卷 2《太祖纪》、卷 3《太宗纪》、卷 75《耶律铎臻附突吕不传》。

契丹部民进行畜牧、屯垦，以监护乌古部动静。

《辽史·太宗纪》记载：会同二年"冬十月丁未，上以乌古部水草肥美，诏北、南院徙三石烈户居之"。

《辽史·食货志》记载："（会同）三年，诏以（于）谐里河、胪朐河近地，赐南院欧董突吕、乙斯勃、北院温纳河刺三石烈人，以事耕种。"

《辽史·营卫志》记载："（五院部）欧昆石烈，太宗会同二年，以乌古之地水草丰美，命居之。三年，益以海勒水之地为农田。""乙习本石烈，会同二年，命以乌古之地。""（六院部）斡纳阿刺石烈，会同二年，命居乌古。三年，益以海勒水地。"

上面引用《辽史》三处所记载的是同一件事，但时间上略有不同，《太宗纪》曰会同二年（939），《食货志》曰会同三年（940）。考之《营卫志》的记载，应是会同二年辽朝将三个契丹石烈迁到乌古部，其地在于谐里河和胪朐河一带，会同三年又"益以海勒水地"。于谐里河，即今加集木尔河；胪朐河，即今克鲁伦河；海勒水，即今海拉尔河。这里是三河乌古部（又称羽厥）之地，也是乌古人的腹地。上述关于三个契丹人石烈名称的记载有所不同，这当是用汉字记述契丹语发音时产生的差异。石烈，是契丹部族的基层行政单位，《辽史·百官志一》曰："石烈，县也。"说明契丹人的石烈是相当于汉人县一级的行政建置。将契丹民户迁到乌古腹地，不仅有助于辽朝对乌古人的控制，而且可以西面监视敌烈人的动向，东面掌握黄头室韦人的状况，又能够与南面契丹内地遥相呼应。当然仅靠几个石烈的契丹民户是不足以承担此重任的，其后，辽朝又在西北边陲建城驻兵，以加强对这一地区的控制。

与之同时，契丹统治者开始着手在乌古人地区设置具有民族统辖特点的行政建置，从政治统辖关系上看大致可以分为两种类型。一是具有较强自治特征的羁縻建置——属国、属部，据《辽史》记载，这类的属国、属部有于厥国王府、于厥里部族大王府、乌隈于厥部大王府①，

---

① 《辽史》卷46《百官志二·北面属国官》，第759、762页，其中于厥国王府与于厥里部族大王府是不是同一建置，由于没有见到相关的其他史料，尚无法断定。

其长官是以乌古部落酋长来担任。《辽史·百官志》记载属国职名为：某国大王、某国于越、某国左相、某国右相、某国惕隐、某国太师、某国太保、某国司空，本名闼林。①《辽史·景宗纪》记载，保宁二年（970）"十一月庚子，胪朐河于越延尼里等率户四百五十来附，乞隶宫籍"。胪朐河下游是乌古人的居地，胪朐河于越，有可能是上述某乌古属国（于厥国王府或于厥里部族大王府）的于越。国王府与大王府的其他长官任职情况，史书失载。属国之下统辖的各部夷离堇同样是以乌古部落酋长担任。如《辽史·太宗纪》：太宗会同三年（940）二月"庚子，乌古遣使献伏鹿国俘，赐其部夷离堇旗鼓以旌其功"。在同书《百官志二》记载，"于厥里部族大王府。太宗会同三年，赐旗鼓"。《辽史》的内容简陋而混乱，且错误百出，这一点史家早有评论。会同三年太宗赐旗鼓的对象，是乌古人部落的夷离堇，还是于厥里部族大王府，仅靠这两条史料无法定夺。但从太宗"赐旗鼓"来看，乌古人是具有较强自主性的。

另一类是以契丹人担任长官，仍然保持一定羁縻制特点的属部，这类属部有三河乌古部都详稳司、乌古部详稳司、乌古部节度使司。现将《辽史》的主要记载择录于下：

> 《辽史》卷七六《耶律朔古传》记载："天显七年（公元 932年），授三河乌古部都详稳。平易近民，民安之，以故久其任。"
>
> 《辽史》卷八八《耶律盆奴传》记载："景宗时，为乌古部详稳，政尚严急，民苦之。有司以闻，诏曰：'盆奴任方面寄，以细故究问，恐损威望。'"
>
> 《辽史》卷九三《萧图玉传》记载："统和初，皇太后称制，以戚属入侍。寻为乌古部都监。讨速母缕等部有功，迁乌古部节度使。"
>
> 《辽史》卷一〇〇《耶律棠古传》记载："天庆初，乌古敌烈叛，召拜乌古部节度使。至部，谕降之。遂出私财及发富民积，以振其困乏，部民大悦，加镇国上将军。"

---

① 《辽史》卷46《百官志二·北面属国官》，第755页。

从上述记载看，辽朝在乌古地区最早设置的是三河乌古部都详稳司。太宗天显三年（928）五月，"命林牙突吕不讨乌古部"。"秋七月丁未，突吕不献讨乌古捷。""九月己卯，突吕不遣人献讨乌古俘。"四年六月，又有记载"突吕不献乌古俘。戊申，分赐将士"。显然这是一次较大规模征服乌古人的战争。到天显七年六月，"乌古、敌烈德来贡"①。也就是在这一年辽朝于乌古地区设置了三河乌古部都详稳司，首任都详稳为契丹人耶律朔古。

景宗以后，只见记载乌古部详稳司的官员事迹，大约这时乌古部都详稳司已降为详稳司。最晚到圣宗初年又设置了乌古部节度使司，《耶律延宁墓志》记载耶律延宁生前的官职时曰："今上皇帝（圣宗）念此忠赤，特宠章临。超授保义奉节功臣、羽厥里节度使、特进、检校太尉、同政事门下平章事、上柱国、漆水县开国伯，食邑七百户。"耶律延宁"以统和三年十二月三十日于羽厥里疮疾而薨"②。直到天祚帝末年仍然可以见到有关乌古部节度使的记载。大约在设置乌古部节度使司之后，很快就撤销了乌古部详稳司。这类属部官府的职官设置与契丹本族制度大致相同，《辽史》记载属国、属部职名，节度使司的长官为：节度使、节度副使。都详稳司、详稳司的长官为：都详稳或详稳、都监、将军、小将军。③从史书记载上看，无论是乌古部详稳司的长官还是节度使司的长官都是以契丹人来担任。参见表1（主要依据《辽史》记载统计）。

表1

	乌古部夷离堇	乌古部详稳	乌古部节度使
太宗会同三年（公元940年）	赐其部夷离堇旗鼓		
穆宗应历十五年（公元965年）	乌古夷离堇子勃勒底		
景宗朝		耶律盆奴	

---

① 《辽史》卷3《太宗纪》，第29、30、34页。
② 《耶律延宁墓志》，向南：《辽代石刻文编》，河北教育出版社1995年版，第85页。
③ 《辽史》卷46《百官志二·北面属国官》，第755—756页。

续表

	乌古部夷离堇	乌古部详稳	乌古部节度使
圣宗统和三年 （公元 985 年）			耶律延宁（羽厥里节 度使）
统和初		萧图玉（乌古部都监）	
统和十九年以前 （公元 1001 年）以前			萧图玉
开泰六年 （公元 1017 年）			萧普达
太平十年 （公元 1030 年）			萧普达
大安十年 （公元 1094 年）			耶律陈家奴
寿昌六年 （公元 1100 年）			陈家奴
道宗朝			耶律普古
天祚帝天庆初 （公元 1111 年）			耶律普古
保大二年 （公元 1122 年）			耶律棠古（复任）
保大三年 （公元 1123 年）			糺哲

从前面的史料记载的事迹，我们还可以看到，无论是都详稳司、详稳司，还是节度使司都掌管属部内的政务。如三河乌古部都详稳耶律朔古，"平易近民，安之，以故久其任"。乌古部详稳耶律盆奴，"政尚严急，民苦之"。乌古部节度使耶律棠古，"至部，谕降之。遂出私财及发富民积，以振其困乏，部民大悦"。此外，这些担任乌古属部长官的契丹官员还担负着另一个十分重要的职责，即维持乌古人地区安全，平定西北边疆出现的叛乱。如耶律延宁任羽厥里节度使期间，"威极北之疆境"，"妖訛扫尽，荡灭凶顽。路不拾遗，安人得众"①。圣宗开泰七

---

① 《耶律延宁墓志》，向南：《辽代石刻文编》，第 85 页。

年（1018）三月，"乌古部节度使萧普达讨叛命敌烈，灭之"①。道宗清宁年间，"西北诸部寇边，以陈家奴为乌古部节度使行军都监，赐甲一属、马二匹，讨诸部，擒其酋送于朝。侦候者见马踪，意寇至，陈家奴遣报元帅，耶律爱奴视之曰：'此野马也！'将出猎，贼至，爱奴战殁。有司诘按，陈家奴不伏，诏释之。由是感激，每事竭力。后诸部复来侵，陈家奴率兵三往，皆克，边境遂宁"②。乌古部详稳司和节度使司的契丹长官都是流官，即任职一定年限后便转任辽朝中央或地方的其他官职，如圣宗太平十年（1030）十二月，"乌古部节度使萧普达为乙室部大王"③。这与乌古酋长任属国、属部长官一般为世袭职是不同的。辽代乌古人社会发展程度落后于契丹社会，即便是在以契丹人任长官的属部地区，辽朝也没有改变乌古人原有的社会组织，同样是以乌古酋长任本部的夷离堇，契丹官员通过乌古部的夷离堇才能实现对乌古人的有效管辖。

诸乌古属国、属部对辽朝奉行的义务，一是在经济上向朝廷纳贡。乌古地区两种类型的属国、属部纳税的形式当有区别。羁縻自治特征较强的属国、属部主要采取岁贡的形式，《辽史·圣宗纪》记载，统和六年（988）闰五月"甲寅，乌隈于厥部以岁贡貂鼠、青鼠皮非土产，皆于他处贸易以献，乞改贡。诏自今止进牛马"。以契丹人为长官统治关系较为紧密的属部，采取哪种形式纳税，史无记载。但《辽史·耶律世良传》记载，圣宗开泰三年（1014），耶律世良奉命"选马驼于乌古部"，是否可以看作这里透露的是乌古部交纳畜牧税的信息。如果这一推测可以成立，此为后一种类型属部纳税的形式。乌古人是以游牧经济为主，无论哪种纳贡税形式，都是以马、牛或驼等牲畜为主。二是在军事上有为朝廷出兵助战的义务，遇辽朝有大规模军事行动，作为辽朝的属部要出兵助战，当辽朝于边疆用兵时也时常征调乌古属国、属部的部族兵，如圣宗统和十二年（994）"八月庚辰朔，诏皇太妃领西北路乌古等部兵及永兴宫分军，抚定西边"④。

军事上与经济上的义务体现了乌古部对辽朝臣属的政治关系，当乌

---

① 《辽史》卷16《圣宗纪》，第183页。
② 《辽史》卷95《耶律陈家奴传》，第1391页。
③ 《辽史》卷17《圣宗纪》，第206页。
④ 《辽史》卷13《圣宗纪》，第145页。

古部遇到灾害和陷于贫困时，辽朝有责任对乌古人进行赈济，使其摆脱困境。圣宗时，曾"振济室韦、乌古部"①。道宗时，大安九年（1093）"诏以马三千给乌古部"。寿昌二年（1096），"市牛给乌古、敌烈、隈乌古部贫民"②。这使辽朝在乌古部地区建立了较为稳固的统治。

二 敌烈人地区的属国、属部

敌烈，又作迪烈、敌剌、敌烈底、敌烈德等。学界一般认为敌烈与乌古出自不同的族系，孟广耀先生认为敌烈是以唐代铁勒的拔野古部为主体发展起来③；孙秀仁先生认为敌烈部与北魏时期的大室韦有密切关系，而大室韦则是柔然的一部。④ 敌烈之名亦始见于辽初。

敌烈部的居地，东面紧邻乌古部，分布在克鲁伦河上游和中游地区。据《辽史》记载，辽太宗天显五年（930）六月，"敌烈德来贡"。这是敌烈部第一次向契丹朝贡，接着，六年、七年，敌烈部都遣使朝贡。⑤ 但辽朝并没有马上在敌烈部建立起稳定的政治统辖关系，此后敌烈部时而遣使朝贡，时而举兵叛辽。为了加强对敌烈部的统治，辽朝设置了迪烈德国王府、敌烈八部详稳司、节度使司等属国、属部建置，但有辽一代敌烈部反叛辽朝的事件还是时有发生。

史籍中关于辽朝在敌烈人地区设置的属国、属部的记载很少，如"迪烈德国王府"只存属国名称，设置年代、地点、长官等情况皆无记载。八部敌烈详稳司始见于圣宗朝，《辽史·圣宗纪》记载，统和十五年（997）五月，"敌烈八部杀详稳以叛，萧挞凛追击，获部族之半"。显然在圣宗统和年间已经设置了八部敌烈详稳司。《圣宗纪》又载，开泰三年（1014）九月"丁酉，八部敌烈杀其详稳稍瓦，皆叛，诏南府宰相耶律吾剌葛招抚之"。《辽史·耶律世良传》记载，这一年"敌烈部人夷剌杀其酋长稍瓦而叛，邻部皆应，攻陷巨母古城"。前一条史料

① 《辽史》卷69《部族表》，第1094页。
② 《辽史》卷25《道宗纪五》、卷26《道宗纪六》，第302、308页。
③ 孟广耀：《辽代乌古敌烈部初探》，《中国蒙古史学会成立大会纪念集刊》，第246页。
④ 孙秀仁等：《室韦史研究》，第87、90页。
⑤ 《辽史》卷3《太宗纪》，第32、34页。

中记载的八部敌烈详稳为稍瓦，在后一条史料中记载稍瓦为敌烈部酋长，这说明担任八部敌烈详稳的稍瓦是敌烈部酋长，这与乌古部详稳为契丹官员是不同的。由于敌烈部尚未形成一个较大的氏族部落中心，各部彼此不相总一，由辽朝扶持任命的八部敌烈详稳的地位亦不稳固，往往因为内部的争斗，导致详稳被杀，发生叛辽的行动。

最晚到道宗清宁年间，辽朝将八部敌烈详稳司升为八部敌烈节度使司，以契丹人担任八部敌烈节度使。参见表2（主要依据《辽史》记载统计）。

表2

	圣宗统和十五年（997）	开泰三年（1014）	道宗清宁九年（1063）	咸雍九年（1073）	咸雍十年（1074）	天祚帝乾统年间（1101—1110）
八部敌烈详稳	敌烈人杀详稳叛	稍瓦（被杀）				
敌烈部节度使			萧乌野	敌烈人杀节度使	萧岩寿	耶律塔不也

敌烈部节度使司与乌古部节度使司的职掌大致相同，即掌管属部内的军政事务。担任敌烈部节度使的契丹官员，有的是由平定敌烈部叛乱有功的契丹军将出任，如萧岩寿，"讨敌烈部有功，为其部节度使"[①]。这或许说明敌烈部节度使具有以军事武力为后盾、镇抚敌烈诸部的职责。《辽史·萧乌野传》记载，清宁九年（1063），"时敌烈部数为邻部侵扰，民多困弊，命乌野为敌烈部节度使，恤困穷，省徭役，不数月，部人以安"。这表明敌烈部节度使具有保护敌烈部部民生产和生活的安全，使之不受邻部侵扰的职责。同时节度使司具有赈济、抚恤贫困部民的职责，《辽史·道宗纪》也有相关的记载：寿昌二年（1096），"市牛给乌古、敌烈、隈乌古部贫民"。由此看来，敌烈部节度使司的设置，不仅加强了辽朝对敌烈部的统治，而且对敌烈人的社会生活也带来了一定的好处。

---

① 《辽史》卷99《萧岩寿传》，第1419页。

迪烈德国王府、敌烈八部详稳司、节度使司作为辽朝的属国、属部，同样对辽朝有纳贡、助兵的义务，如圣宗太平元年（1021）"冬十月丁未，敌烈酋长颇白来贡马、驼"①。兴宗重熙二十一年（1052）七月，"遣使诣五国及鼻骨德、乌古、敌烈四部捕海东青鹘"②。其贡纳品与乌古部同。辽朝规定各属国："有事则遣使征兵，或下诏专征；不从者讨之。助军众寡，各从其便，无常额。"③敌烈人的属国、属部当然也要遵守这一规定。上面引用的史料说，萧乌野任敌烈部节度使期间，"恤困穷，省徭役"，所谓徭役当包括敌烈部民被征为属国兵去作战。

然而，敌烈部节度使司设置后，敌烈部反叛事件仍然时有发生，道宗咸雍九年、大安十年曾发生两次大规模反叛朝廷的行动：

《辽史》卷二三《道宗纪》记载：咸雍九年（1073）七月"戊申，乌古敌烈统军言，八石烈敌烈人杀其节度使以叛。己酉，诏隗乌古部军分道击之"。八石烈敌烈即八部敌烈。

《辽史》卷九三《萧迁鲁传》记载得更为详细："（咸雍）九年，敌烈叛，都监耶律独迭以兵少不战，屯胪朐河。敌烈合边人掠居民，迁鲁率精骑四百力战，败之，尽获其辎重。继闻酋长合术三千余骑掠附近部落，纵兵蹑其后，连战二日，斩数千级，尽得被掠人畜而还。值敌烈党五百余骑劫捕鹰户，逆击走之，俘斩甚众，自是敌烈势沮。时敌烈方为边患，而阻卜相继寇掠，边人以故疲弊。朝廷以地远，不能时益援军，而使疆圉帖然者，皆迁鲁力也。"

《辽史》卷二五《道宗纪》记载：大安十年（1094）五月"戊午，西北路招讨司奏敌烈等部来侵，统军司出兵与战，不利，招讨司以兵击破之，敦睦宫太师耶律爱奴及其子死之"。

敌烈部的反叛行动在乌古敌烈部都统军司，以及都统军司与西北路招讨司的联手讨伐下被平定下来。敌烈部节度使司再度恢复，一直延续到辽末。

① 《辽史》卷16《圣宗纪》，第189页。
② 《辽史》卷69《部族表》，第1108—1109页。
③ 《辽史》卷36《兵卫志下·属国军》，第429页。

三 乌古敌烈部都详稳司与都统军司

辽朝中期，随着乌古、敌烈地区属国、属部建置的增加，为了加强对诸属国、属部的统治，辽朝开始设置专门统辖、管理乌古、敌烈地区属国、属部的行政机构。圣宗统和年间设置了乌古敌烈部都详稳司，查《辽史》见到最早的乌古敌烈部都详稳是耶律的琭，统和二十九年（1011），"为北院大王，出为乌古敌烈部都详稳"[①]。都详稳司的长官为：都详稳、知详稳事、都监。道宗咸雍四年（1068）七月，"置乌古敌烈部都统军司"[②]。都统军司长官为：统军使、同知乌古敌烈部统军、统军都监。乌古敌烈部都详稳司和乌古敌烈部都统军司的各级官员全部由契丹官员担任，参见表3（据《辽史》记载统计）。

表3

	乌古敌烈部都详稳	乌古敌烈部都监	乌古敌烈部统军使
统和二十九年（1011）	耶律的琭		
开泰三年（1014）	耶律韩留（知详稳事）	耶律韩留	
开泰六年（1017）	萧图玉		
开泰七年（1018）		萧普达	
开泰间		耶律古昱	
太平六年（1026）	直鲁琭		
兴宗景福元年（1031）	耶律郑留（于厥迪烈都详稳）		
重熙初	萧普达		
重熙六年（1037）	耶律蒲奴宁		
重熙十八年（1049）	萧慈氏奴		
重熙十九年（1050）	耶律敌鲁（韩涤鲁）		

① 《辽史》卷88《耶律的琭传》，第1347页。
② 《辽史》卷22《道宗纪》，第268页。

	乌古敌烈部都详稳	乌古敌烈部都监	乌古敌烈部统军使
重熙年间	萧迭里得		
道宗清宁五年（1059）	萧谟鲁		
咸雍四年（1068）			置乌古敌烈都统军司
咸雍八年（1072）	耶律巢 萧阿鲁带		萧迁鲁总知乌古敌烈部
咸雍九年（1073）		耶律独迭	
大康八年（1082）			耶律马五
大康中			萧谋鲁斡（同知 乌古敌烈统军）
大安七年（1091） 以前		萧阿鲁带（乌古 敌烈统军都监）	
大安九年（1093）			萧朽哥
大安十年（1094）			朽哥有罪，除名。
寿昌元年（1095）			耶律那也
道宗朝			萧夺剌
时间不详			萧讹笃斡

从表中各官职任职情况看，乌古敌烈部都统军司设置后，乌古敌烈部都详稳司并没有马上撤消。到道宗大康年以后不再见到有关乌古敌烈部都详稳司官员的事迹，大约这时乌古敌烈部都统军司完全取代了乌古敌烈部都详稳司。

乌古敌烈部都详稳司与后来的乌古敌烈部都统军司是乌古、敌烈地区所有属国、属部的上级军政机构①，其官员有的是由属下节度使司官员提升任职的，如"萧普达，字弹隐。统和初，为南院承旨。开泰六年，出为乌古部节度使。七年，敌烈部叛，讨平之，徙乌古敌烈部都监。遣敌烈骑卒取北阻卜名马以献，赐诏褒奖。重熙初，改乌古敌烈部都详稳，讨诸蕃有功"②。从《辽史》记载的乌古敌烈部都详稳司和乌

---

① 还有个别以敌烈人户设置的小部族也隶属乌古敌烈都统军司。如《辽史》卷33《营卫志下》记载："迭鲁敌烈部。圣宗以敌烈户置。隶北府，节度使属乌古敌烈统军司。"（第391页）

② 《辽史》卷92《萧普达传》，第1368页。

古敌烈部都统军司诸官员事迹，可较为详细地考察都详稳司和都统军司的职责：

萧普达，"重熙初，改乌古敌烈部都详稳，讨诸蕃有功。普达深练边事，能以悦使人。有所俘获，悉散麾下，由是大得众心"。

耶律韩留，"开泰三年，稍迁乌古敌烈部都监，俄知详稳事。敌烈部叛，将宫分军，从枢密使耶律世良讨平之，加千牛卫大将军"。

"耶律古昱，字磨鲁董，北院林牙突吕不四世孙。有膂力，工驰射。开泰间，为乌古敌烈部都监。会部人叛，从枢密使耶律世良讨平之，以功诏镇抚西北部。教以种树、畜牧，不数年，民多富实。"

"（萧）夺剌体貌丰伟，骑射绝人。由祗候郎君升汉人行宫副部署。后为乌古敌烈统军使，克敌有功，加龙虎卫上将军，授西北路招讨使。"

耶律那也，道宗寿昌元年（1095）"改乌古敌烈部统军使，边境以宁。部民乞留，诏许再任……那也为人廉介，长于理民，每有斗讼，亲核曲直，不尚威严，常曰：'凡治人，本欲分别是非，何事追胁以立名。'故所至以惠化称"①。

《辽史》论曰："乌古敌烈，大部也，夺剌为统军，克敌有功；普达居详稳，悦以使人。西北，重镇也，（耶律）侯哂巡边以廉称；古昱镇抚而民富；（耶律）独撩驻金肃而夏人不敢东猎。噫！部人内附，方面以宁，虽朝廷处置得宜，而诸将之力抑亦何可少哉。"②

从上述记载看，乌古敌烈部都详稳司和乌古敌烈部都统军司是管理诸属国、属部军政事务的机构，都详稳和统军使的职掌都具有军政合一的特点。由于乌古、敌烈人社会发展相对落后且彼此亦不平衡，辽朝对诸属国、属部实行因俗而治的统治方针，朝廷派遣的契丹官员必须通过当地部落酋长（夷离堇）才能实现有效统治。乌古敌烈部都详稳司、都统军司主要掌管贡纳岁赋，安抚诸部，教化部民，推广先进生产技术，以及审理诸部的诉讼，遇到灾荒负责赈济诸部，并不过多地干预诸部内部日常具体事务。此外，乌古敌烈部都统军司还负责管理朝廷迁到乌古敌烈地区的各族屯田户。到辽朝后期，契丹、女真等户在这

_____

① 《辽史》卷92《萧普达传》、《耶律古昱传》、《萧夺剌传》，第1368、1369、1367页；卷89《耶律韩留传》，第1352页；卷94《耶律那也传》，第1384页。

② 《辽史》卷92《耶律独撩传》，第1371页。

一地区屯田已形成一定规模，辽朝又增设乌古敌烈部屯田太保官职以管理屯田事务。①

比较而言，都详稳和统军使的军事职掌色彩更为浓重，各级官员都曾率军平定该地区所发生的大小反叛朝廷的行动，为维护乌古敌烈地区的安全，保证辽朝对北部边疆统治的稳定而尽职尽责。辽朝为了加强对北部边疆的统治，从鄂尔浑河以东至大兴安岭修建了 11 座"边防城"州，"因屯戍而立，务据形胜，不资丁赋"②。其中 6 座在乌古敌烈地区。《辽史·萧挞凛传》记载，圣宗统和十五年（997），在平定了八部敌烈叛乱后，"挞凛以诸部叛服不常，上表乞建三城以绝边患，从之"。这时所建三城为：河董城、静边城、皮被河城。③《辽史·地理志》上京道下有如下记载：

> 河董城。本回鹘可敦城，语讹为河董城。久废，辽人完之以防边患。高州界女直常为盗，劫掠行旅，迁其族于此。东南至上京一千七百里。
>
> 静边城。本契丹二十部族水草地。北邻羽厥，每入为盗，建城，置兵千余骑防之。东南至上京一千五百里。
>
> 皮被河城。地控北边，置兵五百于此防托（戍）。皮被河出回纥北，东南经羽厥，入胪朐河，沿河董城北，东流合沱滹河，入于海。南至上京一千五百里。

皮被河，即今石勒喀河。此外，还有"塔懒主城。大康九年置。在胪朐河"④。圣宗开泰三年（1014）八部敌烈曾攻陷巨母古城。⑤ 开泰

① 《辽史》卷82《萧阳阿传》记载："乾统元年，由乌古敌烈部屯田太保为易州刺史。"（第1392页）

② 《辽史》卷37《地理志》，第450页。

③ 冯永谦《辽代边防城考》认为，河董城在今蒙古国克鲁伦河中游北岸的祖·赫雷姆古城址，静边城在今蒙古国巴尔斯浩特古城址。参见冯永谦：《北方史地研究》，中州古籍出版社1994年版，第276—277页。

④ 《辽史》卷37《地理志》，第451页。

⑤ 《辽史》卷94《耶律世良传》，第1386页，巨母古城，中国历史地图集编辑组《中国历史地图集》第6册认为在今内蒙古满洲里市东南呼伦池北（中华地图学社1975年版，第5页）。冯永谦《辽代边防城考》认为在今内蒙古新巴尔虎右旗扎和庙古城址（《北方史地研究》，第283页）。

四年（1015）八部敌烈又攻陷耶律世良在胪朐河流域所建之城，这年，耶律世良率军平定乌古、敌烈叛乱后，"获其辎重及所诱于厥之众，并迁迪烈得所获辖麦里部民，城胪朐河上以居之"①。辽朝在边防城屯军驻守，如静边城置兵千余骑，皮被河城置兵五百，担负着控制镇抚北边的重责。《辽史·萧迁鲁传》记载，辽道宗咸雍九年（1073），"敌烈叛，都监耶律独迭以兵少不战，屯胪朐河。敌烈合边人掠居民，迁鲁率精骑四百力战，败之，尽获其辎重"。可见边防城是辽朝契丹官员和军队镇守北部边疆的军政统治的重要据点，尤其在平定叛乱的过程中曾发挥了重要作用。

综上所述，契丹统治者针对乌古、敌烈各部发展不平衡的实际情况，因地制宜，因俗而治，设置了各种类型和各种层次的属国、属部，并在属国、属部之上设置了专门的统辖机构——乌古敌烈部都详稳司、乌古敌烈部都统军司。各级机构之间隶属关系紧密，官员各司其责，如《辽史》所云"部人内附，方面以宁，虽朝廷处置得宜，而诸将之力抑亦何可少哉！"乌古敌烈属国、属部与辽朝其他民族地区的属国、属部一样，被纳入了辽王朝最高一级地方行政区划"道"之下，从而使辽朝中央集权在乌古敌烈地区得到程度不等的贯彻执行，加强了中央对西北边疆乌古敌烈区域的政治统辖关系。

（原载《中国史研究》2007 年第 2 期）

---

① 《辽史》卷15《圣宗纪六》，第176—177 页。

女真与北宋的朝贡关系研究

10 世纪后半叶至 11 世纪前期，生活在东北地区白山黑水之间的女真人，在自身发展的需求和传统政治臣属理念的驱动下，在与北方契丹王朝建立朝贡关系的同时，又与南部北宋王朝建立了朝贡关系。由于这一时期古代中国处于分裂状态，女真人在对北宋进行朝贡的过程中，受到种种制约，但女真对北宋的朝贡活动仍然持续了近 60 年之久。有关这一课题的研究我国学界极为少见，但日本学界则有较多的研究成果。本文对前贤研究的成果虽有一定的认同，却也存在着某些质疑，故不揣鄙陋，以求教于方家。

一

女真人是东北地区的民族，"女真"之名始见于唐末五代初①。传统观点认为先秦的肃慎人、汉魏的挹娄人、南北朝的勿吉人、隋唐的靺鞨人是女真人的先世，世代居住在黑龙江、松花江流域。尽管当代学者存在着关于肃慎至女真原始民族发展序列认识的质疑，但认为女真的直接先世是靺鞨人（不包括渤海人）的观点，还是得到学界的基本认同②。

---

① 《辽史·太祖纪》："明年（唐天复三年，903 年）春，伐女直，下之，获其户三百。"（中华书局 1974 年版，第 2 页）洪皓《松漠纪闻》："女真，即古肃慎国也。东汉谓之挹娄，元魏谓之勿吉，隋唐谓之靺鞨。……五代时，始称女真。"（李澍田主编：《长白丛书》（初集），吉林文史出版社 1985 年版，第 9 页）

② 孙进己、张旋如、蒋秀松、干志耿、庄严著《女真史》认为："女真和靺鞨本为两支。"但又说"女真所起源的靺鞨是广义的靺鞨"，女真是黑水靺鞨中的一部，时称肃慎，渤海国强盛时吞并之，渤海衰亡后，再见于史籍时，始称女真。参见孙进己、张旋如、蒋秀松、干志耿、庄严：《女真史》，吉林文史出版社 1987 年版，第 50—51 页。

10—11 世纪女真人的分布状况，据《三朝北盟会编》卷三记载："阿保机乘唐衰乱，开国北方，并谷诸番三十有六，女真其一焉。阿保机虑女真为患，乃诱其强宗大姓数千户，移置辽阳之南，以分其势，使不得相通。迁入辽阳著籍者名曰合苏款，所谓熟女真者是也。自咸州之东北分界，入山谷，至于粟沫江，中间所居，隶属咸州兵马司者，许与本国往来，非熟女真亦非生女真也。居粟沫之北宁江之东北者，地方千余里，户口十余万，散居山谷间，依旧界外野处，自推雄豪为酋长，小者千户，大者数千户，则谓之生女真。又有极边远而近东海者，则谓之东海女真。"① 从上述记载看，这一时期女真人大致分布在四个地区，一是辽东半岛与辽河流域的熟女真；二是粟沫江（今松花江）和宁江州（今吉林省扶余县石头城子古城）东北的生女真；三是在两者之间居住的女真；四是在东海畔居住的东海女真。此外，还有分布在辽内地和西北边地的女真人②。

女真人向中原王朝进行朝贡，可上溯到后唐庄宗同光三年（925），《册府元龟》卷九七二《外臣部》记载这年五月，"黑水胡独鹿女贞等使朝贡"。同卷又载，后周世宗显德六年（959）正月，"女贞国遣使阿辨等来贡方物"③。宋朝建立后的第二年，太祖建隆二年（961），"女真国遣使温图喇来贡名马"④。从此开始了女真人对宋朝近 60 年的朝贡活动。

女真对北宋的朝贡表⑤

宋帝	年	月	女真朝贡	材料出处
太祖	建隆二年（961）	八月	女真国遣使温图喇来贡名马	《续资治通鉴长编》卷二（上海古籍出版社 1988 年版，第 20 页）

① （宋）徐梦莘：《三朝北盟会编》卷 3，重和二年正月十日丁巳，上海古籍出版社 1987 年版，第 16 页。

② 《辽史》卷 37《地理志一》、卷 39《地理志四》记载，上京道的龙化州龙化县、西北边防城镇州、防州、河董城、招州、中京道的来州有女真户。参见《辽史》卷 37《地理志一》、卷 39《地理志四》，第 447、451、489 页。

③ 《册府元龟》卷 972《外臣部》，中华书局 1960 年版，第 11421、11425 页。

④ （宋）李焘著，（清）黄以周等辑补：《续资治通鉴长编》卷 2，建隆二年八月辛亥，上海古籍出版社 1986 年版，第 110 页。

⑤ 日野开三郎《宋初女眞の山東来航の大勢とその由来》一文中有"女真山东来航表"，参见［日］日野開三郎：《宋初女眞の山東来航の大勢とその由來》，《朝鲜学報》第三十三辑，1964 年 10 月。本文参考了此表，但与之略有不同。

宋帝	年	月	女真朝贡	材料出处
		十二月	（女真国）遣使使拽鹿猪泛海来贡方物	《宋会要·蕃夷》第三（中华书局1957年影印本，第7711页）
	三年（962）	正月	女真国遣使济骨尔来修贡	《续资治通鉴长编》卷三（上海古籍出版社1986年版，第22页）
		三月	女真遣使来贡方物	《续资治通鉴长编》卷三（上海古籍出版社1986年版，第24页）
	乾德元年（963）	正月	女真国遣使来贡方物	《续资治通鉴长编》卷四（上海古籍出版社1986年版，第30页）
		八月	女真国遣使来贡名马，调登州沙门岛民税，令专治船渡马	《续资治通鉴长编》卷四（上海古籍出版社1986年版，第39页）；《宋史》卷一《太祖纪》，（中华书记1977年版，第15页）
		九月	女真国遣使贡名马56匹、海东青名鹰	《宋会要·蕃夷》第三（中华书局1957年影印本，第7711页）；《宋史》卷一《太祖纪》（中华书局1977年版，第15页）
	二年（964）		（女真国）首领悉达理并侄阿黑哥、首领马撒鞋并妻梅伦，并遣使，献马及貂皮	《宋会要·蕃夷》第三（中华书局1957年影印本，第7711页）
	开宝三年（970）	九月	定安国王烈万华，因女真遣使人贡，乃附表贡献方物	《续资治通鉴长编》卷一一（上海古籍出版社1986年版，第96页）；《宋史》卷四九一《定安国传》（中华书局1977年版，第14128页）
	五年（972）		马撒鞋及首领所姑来贡马	《宋会要·蕃夷》第三（中华书局1957年版，第7711页）
		六月	先是，女真侵白沙寨、略官马3匹、民128口，既而遣使以马来贡，诏止之。于是首领渤海那等三人复来贡	《续资治通鉴长编》卷一三（上海古籍出版社1986年版，第109页）

宋帝	年	月	女真朝贡	材料出处
	六年 (973)	十二月	女真首领祈达渤来贡马，又有铁利王子五户并母及子弟连没六、温迪门没勿罗，附其使贡马、布、腽肭脐、紫青貂鼠皮	《宋会要·蕃夷》第三（中华书局1957年影印本，第7712页）；《文献通考》卷三二七《女真》（中华书局1986年版，第2570页）
太宗	太平兴国六年 (981)	十一月	女真遣使朝贡，道出定安国，乌元明托使者附表来上	《续资治通鉴长编》卷二二（上海古籍出版社1986年版，第191页）
	雍熙二年 (985)	十二月	女真表请伐契丹，诏不许	《宋史》卷五《太宗纪》（中华书局1977年版，第88页）
	四年 (987)		契丹以书招女真，女真首领遣国人阿纳尔持其书至登州以闻	《文献通考》卷三二七《女真》（中华书局1986年版，第2570页）；《宋会要·蕃夷》第三（中华书局1957年影印本，第7712页）
	端拱二年 (989)		定安国王子因女真使附献马、雕羽、鸣镝	《文献通考》卷三二七《定安国》（中华书局1986年版，第2572页）
	淳化二年 (991)	十二月	女真首领伊勒锦等上言，契丹绝其朝贡之路，于是航海入朝，求发兵与三十首领共平三册。宋帝但降诏抚谕，不为出师。定安国王子大元因女真使上表	《续资治通鉴长编》卷三二（上海古籍出版社1986年版，第280页）；《宋会要·蕃夷》第三（中华书局1957年影印本，第7712页）；《文献通考》卷三二七《定安国》（中华书局1986年版，第2572页）
真宗	大中祥符二年 (1009)	三月	登州言，女真国人锡喇卜等遇风飘船至州，诏给其资粮，候风便遣还	《续资治通鉴长编》卷七一（上海古籍出版社1986年版，第620页）；《文献通考》卷三二七《女真》（中华书局1986年版，第2571页）

续表

宋帝	年	月	女真朝贡	材料出处
	七年 (1014)	十二月	高丽使尹证古及女真将军塔沁坚以下 78 人入贡，馆饩宴赐之，礼并与高丽使同。塔沁坚自称，父兄曾入朝，其兄留弗归，兹行遂往寻访	《续资治通鉴长编》卷八三（上海古籍出版社 1986 年版，第 736 页）；《宋会要·蕃夷》第三（中华书局 1957 年影印本，第 7712 页）
	八年 (1015)	十一月	高丽进奉告奏，使御事民官使郎郭元与东女真首领阿噜台来贡	《续资治通鉴长编》卷八五（上海古籍出版社 1986 年版，第 756 页）
	天禧元年 (1017)	十一月	高丽使徐讷率女真首领梅询，奉表来献方物，入对崇政殿	《续资治通鉴长编》卷九（上海古籍出版社 1986 年版，第 805 页）；《宋史》卷八《真宗纪》（中华书局 1977 年版，第 163—164 页）
		十二月	初女真国人辉和尔珠尔、罕鄂伦自本国来贡，及还道逢渤海战攻，复来归。至是命高丽徐讷领还，仍给装钱	《续资治通鉴长编》卷九（上海古籍出版社 1986 年版，第 806 页）
	三年 (1019)	十一月	高丽崔元信率东西女真首领人见女真首领又言，各以本土马来进贡，中途皆失。诏特给其直	《续资治通鉴长编》卷九四（上海古籍出版社 1986 年版，第 836 页）
仁宗	天圣九年 (1031)	二月	登州言，女真国晏端等 184 人内附，送濠州给田处之	《续资治通鉴长编》卷一一〇（上海古籍出版社 1986 年版，第 980 页）

从上表统计来看，直到真宗天禧三年十二月，女真向北宋王朝的朝贡活动，有明确纪年的共 25 次（1 次只知大致的时间），其中太祖开宝五年六月，"先是，女真侵白沙寨，略官马三匹、民百二十八口，既而

遣使以马来贡，诏止之。于是，首领渤海那等三人复来贡，言已令部落送先所掠白沙寨民及马，诏切责其前侵略之罪，而嘉其效顺之意，放还贡马使者"①。这里记载的为 2 次，一次遭到宋朝的拒绝，但使者被留下，"不令还"；② 另一次得到宋朝的接纳。又，真宗大中祥符七年十二月，"权知高丽国事王询遣奏告，使尹证古及女真将军塔沁坚已下凡七十八人以方物来贡，询表言：契丹阻其道路，故久不得通请，降皇帝尊号正朔，诏从其请。又言，塔沁坚自称父兄曾入觐，其兄留弗归，兹行遂往寻访"③。女真将军塔沁坚自称其父兄此前入宋朝贡，在这次之前有记载的女真朝贡是在 5 年前，而且仅到登州便返回，塔沁坚的父兄"曾入觐"，似乎不是此次入贡，而是在那年之后入宋朝贡，其兄留下未返，但这次女真朝贡没有留下记载。因此这年关于女真朝贡的记事，还提到了漏记的一次女真朝贡。

真宗天禧三年十二月以后，女真人停止向宋朝朝贡。《续资治通鉴长编》卷一一〇记载，大圣九年，"登州言，女真国晏端等百八十四人内附。诏送濠州，给田处之"。内附与朝贡是有区别的，前者留下成为宋朝直接统治的臣民，后者返回故乡，只是与宋朝有间接的政治、经济关系。其后，宋神宗元丰年间（1078—1084），"尝降诏高丽，令女真驱马来市，亦无至者"④。北宋末年，女真再次与北宋发生关系，则是宋徽宗重和元年（1118）"遣武义大夫马政由海道使女真，约夹攻辽"⑤。与女真人的朝贡活动已无关系了。

二

辽朝境内女真人分布广泛，与北宋建立朝贡关系的是哪部分女真

---

① （宋）李焘著，（清）黄以周等辑补：《续资治通鉴长编》卷 13，开宝五年六月，第109 页。

② （清）徐松辑：《宋会要辑稿》第 8 册《蕃夷三》，中华书局 1957 年影印本，第 7712 页。

③ （宋）李焘著，（清）黄以周等辑补：《续资治通鉴长编》卷 83，祥符七年十二月丁卯，第 736 页。

④ （宋）陈均：《九朝编年备要》卷 26，文渊阁《四库全书》，台北商务印书馆 1986 年影印本，第 328 册，第 704 页。

⑤ 《宋史》卷 21《徽宗纪》，中华书局 1977 年版，第 399 页。

人，日本学界认为主要以长白山三十部女真（高丽国称为"东女真"）为主①。但对于长白山三十部女真的认识存在不同意见，池内宏认为是分布在朝鲜咸兴平野的女真部落；② 津田左右吉认为是分布在朝鲜咸镜北道北青附近的女真部落；③ 小川裕人认为是分布在从咸兴到间岛（今吉林省海兰河流域）这一广大地区的女真部落，其后这部分女真部落西迁至阿什河流域，辽末勃兴，建立了金国④。笔者赞同池内宏先生的观点，但不赞同池内先生认为蒲卢毛朵部是长白山三十部女真不同称谓的看法，认为长白山三十部女真与蒲卢毛朵部是居住地比邻的两个不同的女真部落，即蒲卢毛朵部是分布在曷懒水（今吉林省海兰河）流域的女真部落⑤。另外，笔者认为与北宋建立朝贡关系的女真部落前后有一定变化，前期以鸭绿江流域的女真部落为主，后期以长白山三十部女真为主。

女真人对北宋朝贡活动可以分为前后两期，前期从宋太祖建隆二年（961）到太宗淳化二年（991）；后期从真宗大中祥符二年（1009）到真宗天禧三年（1019）。

对宋朝进行朝贡的女真人，前期主要是来自鸭绿江流域的女真部落。辽朝前期对东部沿海地区和东部山区的女真部落控制不很严密，地处更远的东北部女真部落，辽朝与其关系还处于招徕安抚、朝贡与否任其自便的状态。因此，前期对宋朝进行朝贡活动的女真诸部涉及范围很广，而地处女真对宋朝贡路线上的鸭绿江流域女真部落，即是这个时期朝贡宋朝的女真主体部分。

女真部落对宋朝贡的路线，据《武经总要》记载，从宋地登州出发到女真地，即"登州，古东牟郡，汉黄县也。唐建州于蓬莱镇，即今治所也。东西北三面距大海各五里，一路至女真界，扬帆一日一夜，

---

① ［日］日野開三郎：《宋初女眞の山東來航の大勢とその由來》，《朝鲜学報》第三十三辑，1964 年 10 月。

② ［日］池内宏：《朝鲜高麗朝に於ける了女眞の海寇》，《滿鮮地理歷史研究報告》第八，東京帝國大學文學部，1921 年 3 月。

③ ［日］津田左右吉：《尹瓘征略考》，《津田左右吉全集》第十一卷，《滿鮮歷史地理研究——朝鮮歷史地理一》，東京：岩波書店，1964 年 8 月。

④ ［日］小川裕人：《三十部女眞に就いて》，《東洋學報》第 24 卷第 4 號，1937 年 8 月。

⑤ 《中国历史地图集》中央民族学院编辑组：《〈中国历史地图集〉东北资料汇编》，内部发行 1979 年版，第 157 页。

至马石山。按《皇华四达记》，北渡海至马石山，五百里旧女真国，今契丹界"①。这条路线正是唐代渤海国向唐朝朝贡的路线，《新唐书·地理志》记载得更为详细："登州东北海行，过大谢岛、龟歆岛、末岛、乌湖岛三百里。北渡乌湖海，至马石山东之都里镇二百里。东傍海壖，过青泥浦、桃花浦、杏花浦、石人汪、橐驼湾、乌骨江八百里……自鸭绿江口舟行百余里，乃小舫溯流东北三十里至泊汋口，得渤海之境。"乌湖海，即今渤海湾。马石山，即今辽宁旅顺老铁山，渤海之境指渤海西京鸭绿府的辖地，西京鸭绿府在今吉林省临江市渤海古城。女真人最初向宋朝贡就是因循这条古道，出鸭绿江口，沿辽东半岛的东南海岸至马石山，渡过渤海湾到达登州。

前期女真入宋朝贡有明确记载的共 18 次，其中定安国 1 次遣使随女真朝贡，3 次托女真使者上表或贡纳物品。女真部落中见到有明确部落名称的有 3 次，一次是太祖开宝五年，宋朝因女真掳掠宋白沙寨人口、马匹之事，令三十部女真部落送还之②。二次是开宝六年，铁利（骊）王子五户与母亲、子弟前来朝贡。三次是太宗淳化元年（990）辽朝在鸭绿江口建城屯兵阻绝女真对宋朝的朝贡道。翌年，女真首领伊勒锦等上言宋朝，请求宋发兵与三十首领共平辽朝所筑的成守城。三十部女真即长白山三十部女真，如前所言其分布在朝鲜半岛的咸兴平原。关于铁骊女真的居地，学界看法不同，大致在松花江与黑龙江流域。其他女真部落的名称则不见记载。

关于定安国及其所在之地，《辽史》不见任何记载，宋朝方面的文献，始见于太祖开宝三年（970），"女真国遣使入朝，定安国王烈万华附表贡方物。定安国，本马韩之种，为契丹所攻破，其首帅纠合余众，保于西鄙，自称定安国公"③。《文献通考》卷三二七《定安国》保存了一则宋太宗太平兴国六年（981）定安国主乌元明因女真朝贡使给宋朝皇帝的上表，其中云："定安国王臣乌元明言，臣本以高丽旧壤，渤海遗黎，保据方隅，涉历星纪，仰覆露鸿均之德，被渐渍无外之泽，各

---

① （宋）曾公亮、（宋）丁度：《武经总要》前集卷16上，文渊阁《四库全书》，台北商务印书馆 1986 年影印本，第 726 册，第 483 页。

② （清）徐松辑：《宋会要辑稿》第 8 册《蕃夷》，第 7712 页。

③ （宋）李焘著，（清）黄以周等辑补：《续资治通鉴长编》卷 11，开宝三年九月丙辰，第 96 页。

得其所，以遂物性。而顷岁契丹恃其强暴，入寇境土，攻破城寨，俘掠人民，臣祖考守节不降，与众避地，仅存生聚，以迄于今。而又夫余府昨背契丹，并归本国，灾祸将至，无大于此，所宜受天朝之密画，率胜兵而助讨，必欲报敌，不敢违命。臣元明诚恳诚愿，顿首顿首。其末题云，元兴六年十月日，定安国王臣乌元明表上圣皇帝殿前。"据定安国王乌元明（一作玄明）所言，定安国是"渤海遗黎"，前面宋人所记"本马韩之种"显然有误。原称定安国公，为烈（列）氏。后称定安国王，已易为乌氏①。在契丹灭渤海国之时，乌元明的先祖"与众避地"，"保于西鄙"。日本学者和田清考证认为是在鸭绿江、佟家江流域，原渤海国西京鸭绿府（今吉林临江）故地②。但据乌元明的表文，"夫余府昨背契丹，并归本国"，是指辽景宗保宁七年（975）秋七月，黄龙府卫将渤海人燕颇杀都监张琚以叛。九月，燕颇败，走保兀惹城③。乌元明所说并归本国的夫余府，不应是夫余府地区④，而是指燕颇，"夫余府"是燕颇的封号，全称为"乌舍城浮渝（夫余）府渤海琰府王"⑤。燕颇所据守的兀惹城在哪？是否与定安国地域相连？这是需要讨论的问题。

《辽史·圣宗纪》记载，统和十三年（995）七月，"兀惹乌昭度、渤海燕颇等侵铁骊，遣奚王和朔奴等讨之"。同书卷八五《奚和朔奴传》记载："（统和）十三年秋，迁都部署，伐兀惹。驻于铁骊，秣马数月，进至兀惹城。利其俘掠，请降不许，令急攻之。城中大恐，皆殊死战。和朔奴知不能克，从副部署萧恒德议，掠地东南，循高丽北界而还。以地远粮绝，士马死伤，诏降封爵，卒。"这里值得注意的有三点：一是乌惹乌昭度的身份，前面定安国王为乌姓，此处乌昭度的地位高于燕颇，他是否与定安国王有关？《文献通考》卷三二七定安国条

---

① 日本学者日野开三郎认为列、乌易姓是在宋太平兴国四年（979）。但乌元明表文后属"元兴六年"元兴当为其年号，由此推断列、乌易姓应在976年。参见［日］日野開三郎：《東北アジア民族史》下册，東京：三一書房1990年版，第274页。

② ［日］和田清：《关于安定国》，《东亚史研究，满洲篇》，转引自佟冬主编：《中国东北史》第2卷，吉林文史出版社1998年版，第479页。

③ 《辽史》卷8《景宗纪上》，第94—95页。

④ 夫余府，为渤海国时的西部重镇，辽朝改称黄龙府，在今吉林农安，是辽朝东北方面统辖女真等族的重镇，从未被定安国占据。

⑤ 《文献通考》卷326《渤海》，第2568页。

下："淳化二年，其王子大元因女真使上表。"王子为大姓，说明至少在991年定安国王已经易姓为大氏，而不是乌氏。乌氏是渤海人的大姓，乌昭度有可能是乌惹的贵族，也有可能是在定安国发生改朝换代时逃亡乌惹的王室贵族。二是乌惹城与定安国的关系，辽军为攻打兀惹城，"秣马数月"，显然是一次较大的军事行动，乌惹与定安国皆为渤海遗民，却只字未提定安国。但辽军未攻下兀惹城，顺便"掠地东南"，这是否可以视为与定安国有关，如果这一推测成立，那么定安国既在乌惹的东南面。三是乌惹与铁骊相邻，关于铁骊之地，有学者认为在伯力（今俄罗斯哈巴罗夫斯克）①，还有学者认为在今黑龙江省呼兰河上游，南至松花江北岸地区②。日本学者池内宏认为在今黑龙江阿城，小川裕人认为在黑龙江依兰③。若乌惹在铁骊之北，则在松花江下游或黑龙江下游地区，但辽朝这一地区是五国部分布地域。或许乌惹在铁骊的东部，大约在牡丹江流域，这里是渤海国的故地，而且与定安国相去不很遥远。

在定安国、乌惹的周围分布着众多的女真部落，这些女真部落有的是回跋女真，有的是生女真，包括居住在松花江下游的铁骊女真。这些部落前往宋朝贡时，有的部落要途经定安国，于是便发生了定安国托付女真使者上表，或随从女真人朝贡的事情。分布在鸭绿江流域的鸭绿江女真，包括鸭绿江以西的今辽宁宽甸、吉林集安、临江地区④，以及鸭绿江以东今朝鲜平安北道、慈江道一带的女真部落，由于他们居住在女真对宋朝贡的交通线一带，自然成为参与朝贡活动最多的女真部落。

从上表女真对宋朝朝贡的时间看，宋太宗淳化二年（辽圣宗统和九年，991）以后，女真人对宋朝的朝贡活动停止了17年。考察这段时期的历史，可以发现女真对宋朝贡活动受到辽与宋，及辽与高丽关系的制约。

宋朝灭亡北汉政权后，便积极准备收复燕云地区，朝鲜半岛的高丽国是宋朝努力争取的盟友。982年高丽新王王治继位，请求宋朝的册

---

① 张博泉、苏金源、董玉瑛：《东北历代疆域史》，吉林人民出版社1981年版，第141页。
② 《中国历史地图集》中央民族学院编辑组：《〈中国历史地图集〉东北资料汇编》，第160—161页。
③ ［日］日野开三郎：《東北アジア民族史》下册，第63页注（39）。
④ 张博泉、苏金源、董玉瑛：《东北历代疆域史》，第140页。

封，对宋朝持友好态度。翌年，宋遣使册封王治为高丽国王①。这年，辽景宗病逝，子耶律隆绪即位，即辽圣宗。对于高丽国向宋朝称臣，并受其册封之事，辽朝十分不满，圣宗即位当年，便开始打算征讨高丽②。在准备出兵高丽的同时，辽连年讨伐鸭绿江流域的女真部落，正统二年（984）二月，"丙申，东路行军、宣徽使耶律蒲宁奏讨女直捷，遣使执手奖谕"。三年八月，"命枢密使耶律斜轸为都统，驸马都尉萧恳德为监军，以兵讨女直"。四年正月，"丙子，枢密使耶律斜轸、林牙勤德等上讨女直所获生口十余万、马二十余万及诸物"③。在辽朝征讨女真的这凡年中，女真人并没有停止对宋朝的朝贡活动，宋太宗雍熙二年（985），"女真表请伐契丹，诏不许"④。三年（986），宋朝发动了"雍熙北伐"，但以失败告终。四年，契丹以书招女真，"（女真）首领遣国人阿那乃持其书至登州以闻。诏嘉答之"⑤。

为了阻止女真对宋朝朝贡，辽圣宗统和九年（991）二月，在鸭绿江下游入海口一带"建威寇、振化、来远三城，屯戍卒"⑥，兵事隶属东京统军司⑦。三城在今辽宁丹东九连城东鸭绿江中黔定岛及江口一带，切断了女真人向宋朝贡的路线。当年女真人仍寻路至宋朝朝贡，"女真首领伊勒锦等上言，契丹怒其朝贡中国，去海岸四百里立三栅，栅置兵三千，绝其朝贡之路，于是航海入朝。求发兵，与三十首领，共平三栅，若得师期，即先付本国，愿聚兵以俟。上但降诏抚谕，而不为出师"⑧。宋朝再没有出兵讨伐辽朝，令女真人很失望。然而，辽朝在鸭绿江女真地区设置了鸭绿江女真大王府，强化了对这一地区女真部落

① 朝鲜民主主义人民共和国科学院：《高丽史》卷3《成宗世家》，平壤：劳动报纸出版印刷所1957年版，第35—36页。

② 《辽史·圣宗纪》：统和元年十月，"上将征高丽，亲阅东京留守耶律末只所总兵马"。参见《辽史》卷10《圣宗纪一》，第112页。

③ 《辽史》卷10《圣宗纪一》、卷11《圣宗纪二》，第113、115、119页。

④ 《宋史》卷5《太宗纪》，第88页。

⑤ 《文献通考》卷327《女真》，第2570页。

⑥ 《辽史》卷13《圣宗纪四》，第141页。

⑦ 《辽史》卷38《地理志二》，第460页。

⑧ （宋）李焘著，（清）黄以周等辑补：《续资治通鉴长编》卷32，淳化二年十一月，第280页；《九朝编年备要》卷四，淳化二年（991）十二月"女真请伐契丹，诏却之。女真言契丹以兵隔其朝贡之路，请击之，不许。自是遂属契丹"。参见（宋）陈均：《九朝编年备要》卷4，文渊阁《四库全书》，第328册，第111页。

的统辖。

辽朝征讨女真的行动对高丽国起到了震慑作用，986 年宋朝发动"雍熙北伐"时，高丽没有出兵助战。但高丽也没有停止与宋朝的交往活动①。于是，993 年 8 月，辽出兵高丽②。是年闰十月，辽东京留守萧逊宁（恒德）率军攻破高丽蓬山郡，高丽王遣徐熙和，"逊宁罢兵"③。994 年，高丽王遣使向辽奉表请罪，辽圣宗"诏取女直鸭绿江东数百里地赐之"，高丽国"始行契丹统和年号"④。

辽圣宗统和十二年（994）二月，辽东京留守萧恒德（字逊宁）致书高丽王，其中有一段内容云："拟于鸭江西创筑五城，取三月初拟到筑城处下手修筑。伏请大王预先指挥，从安北府至鸭江东计二百八十里，踏行稳便田地，酌量地理远近，并令筑城，发遣役夫，同时下手，其合筑城数早与回报。"⑤ 由此得知，这次辽朝将鸭绿江以东 280 里鸭绿江女真人的居地划给了高丽国。而且，辽朝在江西筑城 5 座。高丽国驱逐江东女真人，先后建立了兴化、铁州、通州、龙州、龟州、郭州等六城⑥。从此，阻绝了女真人往来 30 年朝贡宋朝的交通道。

时隔 17 年以后，宋真宗大中祥符二年（1009），女真人再次恢复对宋朝贡时，因新开辟的海路不熟，历尽艰辛飘至登州，这年"登州言，女真国人锡喇卜等遇风飘船至州，诏给其资粮，候风便遣还"⑦。女真重新恢复对宋朝贡后，前期向宋朝贡的一部分女真部落，由于道路不通"后亦不复至"。

后期，对宋朝贡的女真部落主要以长白山三十部女真为主，即居住在朝鲜半岛东北部咸兴平原上的女真部落。由于途经鸭绿江口的朝贡道

---

① 参见《宋史》卷 487《高丽传》，第 14038 页；朝鲜民主主义人民共和国科学院：《高丽史》卷 3《成宗世家》，第 38—39 页。

② 参见朝鲜民主主义人民共和国科学院：《高丽史》卷 3《成宗世家》，第 45 页。但《辽史》卷 13《圣宗纪》记载，辽征高丽在统和十年（992）十二月，十一年正月，取鸭绿江女真地赐高丽。这与《高丽史》记载的记载相差一年。本文从《高丽史》记载。

③ 朝鲜民主主义人民共和国科学院：《高丽史》卷 3《成宗世家》，第 45 页。

④ 《辽史》卷 13《圣宗纪四》，第 143 页；朝鲜民主主义人民共和国科学院：《高丽史》卷 3《成宗世家》，第 45 页。

⑤ （清）厉鹗：《辽史拾遗》卷 7，上海：商务印书馆 1936 年版，第 124 页。

⑥ （宋）李焘著，（清）黄以周等辑补：《续资治通鉴长编》卷 74，第 657 页。

⑦ （宋）李焘著，（清）黄以周等辑补：《续资治通鉴长编》卷 71，大中祥符二年三月丙辰，第 620 页。

被阻绝，女真人只有经过高丽国，从朝鲜半岛登船由海路赴登州，这是当时最近而且最安全的路线。《武经总要》记载由宋到高丽国的路线：由登州"一路往三韩，海行，东北历大谢、龟歌、乌湖等岛，约三百里，又傍海岸，历青泥铺、桃花铺、杏花铺、骆驼湾，约八百里，自其江口，即新罗界，东控高丽诸国"①。女真向宋朝朝贡的路线也应走这条路线，即从高丽出江口，乘海船渡过黄海，至骆驼湾，沿东北海岸行，又经乌湖诸岛至登州。

后期女真朝贡宋朝有明确记载的共 7 次，除第一次是另辟海路飘到登州之外，其余 6 次朝贡的女真人都是经由高丽国，随高丽国使者一同至登州。后期朝贡的女真人被冠以东女真或西女真的名称，东女真、西女真是高丽国对分布在朝鲜半岛北部的女真部落的称呼，东女真即是分布在咸兴平原的长白山三十部女真，长白山三十部是一个较大的女真部落集团的名称，不是指 30 个分散的女真部落。前来宋朝朝贡的东女真首领阿噜台（在《高丽史》中作阿卢太），是长白山三十部女真著名的酋长，在高丽显宗九年到靖宗初年（1018 — 1037），是女真与高丽国交往中十分活跃的人物②。西女真是分布在朝鲜半岛西北部的女真部落，即鸭绿江女真，经辽朝打击后，鸭绿江女真的实力被明显削弱。从《高丽史》记载的女真事迹看，这一时期东女真比西女真的实力强大，而且有时东女真的首领又称为东西女真酋长，如高丽显宗十二年（1021）十月，"东西女真酋长阿卢太、阿盖登来朝"③。日野开三郎先生认为，宋真宗天禧三年（1019），随同高丽使臣入贡宋朝的东西女真首领汝渤达也是长白山三十部女真的巨首④。因此，后期女真对宋朝贡活动是以长白山三十部女真为主的观点是可信的。

由于女真对宋朝贡的路线必须经过高丽国，女真能否对宋朝贡取决于高丽与辽、宋的关系。如前面所言，994 年高丽臣属辽朝，奉辽正朔。直到 1009 年高丽国发生政变，辽朝以"问罪逆臣弑君"为名，于

① （宋）曾公亮、（宋）丁度：《武经总要》前集卷 16 上，文渊阁《四库全书》，台北商务印书馆 1986 年影印本，第 726 册，第 483 页。

② 朝鲜民主主义人民共和国科学院：《高丽史》卷 4《显宗世家一》、卷 5《显宗世家二》、卷 6《靖宗世家》，第 61～84 页。

③ 朝鲜民主主义人民共和国科学院：《高丽史》卷 4《显宗世家》，第 65 页。

④ ［日］日野開三郎：《宋初女眞の東來航の大勢とその由來》，《朝鲜学報》第三十三辑，1964 年 10 月。

1010 年出兵攻打高丽。其后辽又向高丽索要江东 6 城，即 994 年辽赐给高丽的鸭绿江东之地①。为此从 1009 年到 1019 年辽与高丽一直处于战争状态，高丽为了寻求宋朝的支持，又开始向宋朝贡。高丽显宗五年（1014）八月，"甲子，遣内史舍人尹征古如宋"②。高丽王询奉表言："契丹阻其道路，故久不得通，请降皇帝尊号正朔。"③ 请归附如旧。从高丽寻求恢复与宋朝关系的第一次朝贡，女真人便随同来朝，直到 1019 年，每次高丽入宋朝贡，女真人几乎都随之同来。1020 年，高丽王王询向辽朝"表请称藩纳贡"，双方由战转和。1022 年，高丽再次"复行契丹年号"，随之高丽与宋朝断交。高丽向辽称藩后，1020 年，遣"金梦如宋"；1021 年 6 月"遣韩祚如宋谢恩"④。这两次高丽使如宋，皆没带女真同行。

由此可见，后期女真对宋朝贡活动的开始与结束都是取决于高丽与宋是否存在朝贡关系，而高丽与宋的关系又取决于辽与高丽的关系。《文献通考》云：女真"自天圣后没属契丹，不复入贡"⑤。

三

女真与宋朝建立朝贡关系后，无论是朝贡一方的女真人，还是接受朝贡一方的宋王朝，活动的主要内容有二：一是进行贸易交往；二是寻求政治利益。

11—12 世纪时期，女真社会处于原始社会发展的末期，出于社会生活需求和经济发展的需要，各个女真部落积极寻求对外进行贸易交往，换取自己不能生产或产量很低的物品。女真社会经济属于原始农业、畜牧业、渔猎业共存的复合经济类型，其中畜牧业以养马、养猪为主，女真对外输出的物品主要是马匹、貂皮、山珍、鹰（海东青）等。

宋朝前期，即本文讨论问题所涉及的时代，为宋太祖、太宗、真宗

① （宋）李焘著，（清）黄以周等辑补：《续资治通鉴长编》卷 74，第 658 页。
② 朝鲜民主主义人民共和国科学院：《高丽史》卷 4《显宗世家》，第 57 页。
③ （宋）李焘著，（清）黄以周等辑补：《续资治通鉴长编》卷 83，第 736 页。
④ 朝鲜民主主义人民共和国科学院：《高丽史》卷 4《显宗世家》，第 64 页。
⑤ 《文献通考》卷 327《女真》，第 2571 页。

时期，是宋辽关系由战转和的重要时期。宋太祖发动了"先南后北"的统一战争，但太宗在收复燕云的战争中遇到挫折，导致辽朝频频南攻，在两次北伐失败后，宋对辽政策由主动出击转向全面防御，真宗景德元年（1004）宋辽缔结了"澶渊之盟"，南北进入和平时期。

在宋太祖登基的第二年女真人开始向宋朝贡，次年太祖便发动了统一战争，女真贡纳的良马正是宋朝需求的物品。乾德元年（963）八月，宋太祖"诏蠲登州沙门岛居民租赋，令专治舟渡女真所贡马"①。在女真对宋朝贡活动最兴盛时期，岁贡马不下万匹②。前来朝贡的女真人，一部分到登州后再由陆路至宋京师汴梁朝贡，宋朝中央鸿胪寺下设有礼宾院，"掌回鹘、吐蕃、党项、女真等国朝贡馆设，及互市译语之事"③。前面列表中有明确纪年的女真朝贡，主要是到宋京城朝贡的女真使团，他们曾带去了定安国王、王子给宋朝皇帝的上表和贡物，宋帝也托他们带回给定安国王的诏书。后期随高丽入贡的女真人，曾入对崇政殿④。另一部分前来朝贡的女真人只到登州进行朝贡贸易之后，就返回故乡。如雍熙四年（987），契丹以书招女真，女真首领"遣国人阿那乃持其书至登州以闻"⑤。后者的朝贡频率和人数都应超过前者，否则无法达到岁贡马万匹的规模。无论是到京师还是只到登州朝贡的女真人，都可以得到宋朝给予的丰厚回赐，以朝贡——回赐的形式进行女真与宋官方的贸易。

女真朝贡贸易活动，除了贡纳给宋皇帝、官府的物品外，还带来一些物品与宋民间贸易。宋朝在登州曾设立专门的官署管理女真人的朝贡贸易活动，如太宗太平兴国四年（979）十二月，"庚申，诏自今登州有女真贡马，其随行物色仰给牒所，在勘验牒外，物并没入之"⑥。后

---

① （宋）李焘著，（清）黄以周等辑补：《续资治通鉴长编》卷4，乾德元年八月丁未，第39页。

② 宋真宗咸平五年三月，张齐贤上书中有曰："旧日女真卖马岁不下万匹，今已为契丹所隔。"参见（宋）李焘著，（清）黄以周等辑补：《续资治通鉴长编》卷51，咸平五年三月癸亥，第434页。

③ 《宋史》卷165《职官志》，第3903页。

④ （宋）李焘著，（清）黄以周等辑补：《续资治通鉴长编》卷90，天禧元年十二月癸亥，第805页。

⑤ 《文献通考》卷327《女真》，第2570页。

⑥ （宋）李焘著，（清）黄以周等辑补：《续资治通鉴长编》卷20，兴国四年十二月庚申，第177页。

期真宗朝女真再次随高丽对宋进行朝贡时，宋廷于大中祥符八年（1015）二月"甲戌，令登州于八角镇海口治官署，以待高丽、女真使者"①。从上面的史料看，宋朝对女真贸易的物品有一定的限制，这也是古代各王朝与边疆民族、属国进行贸易的惯例。

女真与宋朝之间进行的朝贡贸易，对双方都是有利的，从女真人不畏路途遥远和海路艰险，在遇到辽朝的阻止，又取道高丽，千方百计前来朝贡宋朝的热情来推测，宋朝给予女真人的回赐应相当丰厚。实际上，女真人在对宋朝贡之前，927 年就开始与辽朝发生了朝贡关系，而且在对宋朝贡的同时，仍有一些女真部落同时向辽朝贡。也有的女真部落在向宋朝贡时，停止了向辽朝贡。如铁骊女真，据《辽史》记载统计，927 年铁骊开始向辽朝贡，但在女真对宋朝贡的 954 — 990 年期间（前期），铁骊停止了对辽朝贡。991 年辽朝在鸭绿江口修建 3 座成防城，切断了女真对宋的朝贡道之后，铁骊又开始向辽朝贡。虽然在女真对宋朝贡的记载中只在太祖开宝六年（973）见到"铁利王子五户并母及子弟连没六、温迪门没勿罗，附其使贡马、布、腽肭脐、紫青貂鼠皮"②。但这种时间上的巧合应不是完全偶然的，推测是关于铁骊向宋朝贡的其他活动没有留下记载。

宋朝在与女真朝贡贸易活动中得到了大批良马，补充了宋朝马匹不足的问题。当女真停止向宋进行朝贡之后，宋曾想再招女真来贡马，如神宗元丰五年（1082）春正月，"诏：在先朝时，女真常至登州卖马。后闻女真马行道径已属高丽，隔绝岁久，不至。今朝廷与高丽遣使，往还可降诏国王，谕旨女真如愿以马与中国为市，宜许假道。后女真卒不至。"③ 可见女真人对宋贡纳马匹的数量不少，可在一定程度上补充宋朝军队或其他部门的用马。

女真与宋朝的朝贡关系建立后，彼此之间便建立了政治关系。从宋朝的角度来说，一方面是继承了汉唐以来形成的东亚封贡体系，对边疆民族的朝贡加恩报礼优待之。另一方面，在宋辽战争期间，宋朝希望能

---

① （宋）李焘著，（清）黄以周等辑补：《续资治通鉴长编》卷84，祥符八年二月甲戌，第 740 页。

② 《文献通考》卷 327《女真》，第 2570 页。

③ （宋）李焘著，（清）黄以周等辑补：《续资治通鉴长编》卷 322，元丰五年正月丙午，第 3003 页。

在辽朝的后方插上一把尖刀，削弱辽在对宋战场上的兵力，女真地处东北，可以发挥一定的作用。

在宋朝看来，女真尚处于分散的原始部落状态，对辽朝不能构成很大的威胁，但太平兴国六年（981）女真朝贡使带来了定安国王乌元明的上表，宋太宗从中得知有辽将反叛，据乌舍（乌惹）城称夫余府渤海琰王，并投靠了定安国，辽朝定要出兵讨伐。乌元明以为"灾祸将至，无大于此。所宜受天朝之密画，率胜兵而助讨，必欲报敌，不敢违命"①。此时，宋朝正在筹备北伐，力图收复燕云地区，于是太宗马上做出积极的反应，分别给定安国王乌元明和乌舍城夫余府渤海琰王各一道诏书，给乌元明的诏书中曰："今国家已于边郡广屯重兵，只俟严冬，即申天讨。……渤海愿归于朝化，扶余已背于贼庭，励乃宿心，纠其协力，克期同举，必集大勋。"②给乌舍城夫余府渤海琰王的诏书中曰："当灵旗破虏之际，是邻邦雪愤之日，所宜尽出族帐，佐子兵锋，俟其翦灭，沛然封赏，幽蓟土宇复归中朝，朔漠之外悉以相与，勖乃协力，朕不食言。"③两通诏书由女真使者带回去交给定安国王。然而，太宗雍熙三年（986）宋朝发动的"雍熙北伐"，很快就以失败告终。

此后，宋朝对辽朝由战略进攻转向了战略防御。太宗淳化二年（991），当女真人朝贡活动受到辽朝的阻止，请求宋朝出兵打通朝贡道时，宋朝已不想再与辽朝发生冲突，没有出兵。但宋朝却"以渤海不通朝贡，诏女真发兵攻之，凡斩一级赐绢五匹为赏"④。显然是由于此前在宋北伐辽时，定安国与夫余府渤海琰王都没有任何军事行动，宋朝皇帝极为不满，找个借口令女真人为其出气。

女真朝贡于宋，首先是出于臣属中原王朝的传统政治理念，远的朝代不谈，唐朝以来东北地区各民族包括靺鞨、渤海人都在羁縻府州的统辖之下，与唐王朝建立了稳定的朝贡关系。在中原王朝改朝换代以后，宋初，女真人便因循唐时的朝贡道越海前来朝贡。其次女真亦有寻求宋朝对其实行政治保护的意图。《宋史·高丽传》记载："先是，契丹伐

---

① 《宋史》卷491《定安国传》，第14128页。
② 《宋史》卷491《定安国传》，第14129页。
③ 《文献通考》卷326《渤海》，第2568页。
④ （宋）李焘著，（清）黄以周等辑补：《续资治通鉴长编》卷32，淳化二年十一月，第280页。

女真国，路由高丽之界，女真意高丽诱导构祸，因贡马来诉于朝，且言高丽与契丹结好，倚为势援，剽略其民，不复放还。泊高丽使韩遂龄入贡，太宗因出女真所上告急木契以示遂龄，仍令归白本国，还其所俘之民。"高丽王治闻之忧惧，宋监察御史韩国华出使高丽时，高丽国王遣人对宋使说明此事时曰：女真曾经在高丽国"杀略吏民，驱掠丁壮，没为奴隶，转徙他方。以其岁贡中朝，不敢发兵报怨。"① 这件事说明宋朝在一定程度上尽了对朝贡国实行保护的责任。而从高丽王对于女真的态度看，虽高丽遭到女真的掳掠，但由于女真人"岁贡中朝，不敢发兵报怨"。这可以从一个侧面反映女真与宋朝建立朝贡关系后，使之成为宋朝保护的对象，即便是朝鲜半岛上较为强大的高丽国对待女真的态度，也要考虑到女真与宋朝的朝贡关系，不敢轻举妄动。

综上所述，女真人与宋朝贡关系，始于宋太祖建隆二年（961），止于宋真宗天禧三年（1019）。前期朝贡的女真人可蔓延到东北内地的松花江、黑龙江流域各女真部落、渤海遗民，其主要部分是鸭绿江女真。后期朝贡的女真人以咸兴平原的长白山三十部女真为主，并随同高丽国入宋朝贡。女真对宋朝贡的初始，是出于传统的政治臣属理念和自身发展的需要，在朝贡关系建立后，双方主要活动是经济贸易。因处于辽宋南北对峙时期，女真人对宋朝贡活动受辽宋关系的制约，表现出中国南北分裂时期边疆民族朝贡活动的特点。

（原载《邓广铭教授百年诞辰纪念论文集》，中华书局 2008 年版）

---

① 《宋史》卷 487《高丽传》，第 14038、14039 页。

是酋邦，还是国家？

——再论金朝初年女真政权的国家形态

    1115 年，世居东北一隅的生女真人在完颜阿骨打（即金太祖，后文简称太祖）的率领下建立了金朝，以迅猛的军事力量于金太宗（后文简称太宗，女真名完颜吴乞买）天会三年（1125）灭辽，天会五年（1127，即靖康二年）亡北宋，国土迅速扩展到黄河流域。金朝建立后，太祖朝保持着浓厚的女真传统文化，太宗朝女真特色的国家主体制度逐步向中原王朝制度转变，这一转变到第三代金熙宗（后文简称熙宗，汉名完颜亶，女真名合剌）即位后才最后完成。关于金朝太祖、太宗时期政治、社会制度究竟是国家形态，还是前国家形态——酋邦（军事部落联盟、部族制）①，学界有两种截然不同看法。双方学者从各自观点出发去讨论金初政治、社会、经济、文化等各个领域的问题，得出差别明显的认识。如何认识与中原王朝有明显差异的北族王朝政治与社会，这不仅存在着理论概念、史料运用和解读的问题，还存在着观念问题。本文不揣鄙陋，谈谈一己之见，请学界同仁指教。

一 关于金初政治与社会的几种看法

    关于金朝太祖、太宗时期的政治与社会，学界主流观点是随着金朝的建立，女真人完成了由原始社会向文明社会的过渡，进入国家形态。金初政权是具有女真族特点的国家，随着灭辽亡宋，政权逐步向中原类

---

    ① 早期研究通常用部族制度、永久性军事部落联盟、军事民主制、英雄时代等概念，皆可纳入酋邦社会。

型的国家过渡。此外，还有一种观点认为，金朝太祖、太宗时期虽然女真人建立了政权，但并没有进入国家形态，还处于原始社会末期阶段，或由原始社会向国家过渡的阶段，即这一时期金朝处于前国家形态，其中，代表性的看法有 3 种。

（一）部落联盟说

最早较为系统地论述金朝太祖、太宗时期是前国家形态的是李锡厚，他在 20 世纪 80 年代末至 90 年中期发表的几篇文章中论述了自己的观点。他认为，金朝立国初期，虽有王朝之名，实际上仍然不过是一个部落联盟，决策机构是原来的女真部族联盟议事会，官员们沿用部族联盟时期的称呼——勃极烈（也作孛极烈），虽已分为高下数等，但地位无明显差别，君臣之间亦无严格界限。朝廷管辖下的基本社会组织仍然是以血缘关系为基础的女真村寨，而且是以村寨来领导村寨，形成以部族村寨组织为基础的一套行政系统，实行兵民合一的制度，有军事行动便组建猛安谋克，不打乱原来的村寨组织。女真人在新占领区定居下来时，军政合一的猛安谋克成了单独的、不与当地居民混杂的社会组织，这种社会组织仍然以血缘关系为基础。他认为，这一时期金朝尚处于原始社会末期阶段，作为行政中心——城市尚未形成，刚刚开始从部落联盟向专制皇权过渡。[①]

（二）部族体制说

继李锡厚之后，刘浦江部分承用李锡厚的观点，提出了他的看法。刘浦江认为，金朝建国后，有一个从部族体制向帝制王朝的转变过程。太祖、太宗时代，金朝的政治制度基本沿袭女真旧制，部族传统根深蒂固。金初女真军事统帅强势强权的高度集权，反衬出君主个人权威的卑弱，太宗在立为谙班勃极烈（即皇位继承人）时，虽身为一国之主，却不得不屈服于元老贵族的选择。女真军事民主制传统抑制了君主个人权威的发展。刘浦江不同意李锡厚关于金朝初年未曾实行过南北面官制

---

① 李锡厚：《金朝实行南、北面官制度说质疑》，《社会科学战线》1989 年第 2 期；李锡厚：《辽金时期契丹及女真族社会性质的演变》，《历史研究》1994 年第 5 期；李锡厚：《金朝的"郎君"与"近侍"》，《社会科学辑刊》1995 年第 5 期。

的说法，他认为金朝前期（1123—1138）所谓"南面官"即汉地枢密院制度，"北面官"即实行于朝廷之内的勃极烈制度，金初实行的二元政治体制，造成多个政治中心并存的局面。① 刘浦江没有论及金初女真基本社会组织的结构与体系，但从他称金初为部族体制看，应该认为女真基本社会组织是部族制。

（三）酋邦说

2019 年，李秀莲、刘智博撰文提出，金朝初年是酋邦社会形态。他们认为，金朝初年女真人生产力发展水平非常有限，渔猎经济与农耕经济相济存在，社会分层已经形成，国主都勃极烈与国论勃极烈制度（国家最高军政机关）的诸勃极烈是大首领与诸小首领的关系，大首领扮演的是调定人的角色，与诸勃极烈维系着基本平等的关系。在下层社会，军事民主比较普遍地存在于女真完颜部内，从兵将的生活起居，到决议大事，再到论功行赏都体现了民主平等的原则。尽管他们仅提及完颜部，但应当认为女真其他各部也应如此。不同社会阶层内享有各自的民主平等权利，这体现了酋邦政权的基本特征。完颜阿骨打由都勃极烈改称皇帝后，虽然在军事民主制的勃极烈官制基础上注入了皇权政治因素，但女真皇帝在很大程度上仍是都勃极烈的角色。② 文中虽然也没有专门论述金初女真基本社会组织的结构与体系，但从其关于完颜部的表述看，他们认为女真基本社会组织是部族制。

部落联盟说、部族体制说、酋邦说是基于当时学界关于原始社会向国家演进的理论而提出的，其共同点是将金朝太祖、太宗时期政治与社会发展水平定位于由原始社会向国家过渡中的前国家形态。李锡厚认为，金朝虽有王朝之名，但实际上仍是一个部落联盟，基本社会组织仍然是以血缘关系为基础的女真村寨，而且是一个以村寨来领导村寨的行政系统。刘浦江与李锡厚的观点相近，但他认为金朝是部族体制。关于女真部族制，张博泉在《金史论稿》中指出，部族制是在氏族部落与古代民族之间，即出现在国家之前的一段历史时期，是比氏族部落更为

---

① 刘浦江：《金朝初叶的国都问题——从部族体制向帝制王朝转型中的特殊政治生态》，《中国社会科学》2013 年第 3 期。

② 李秀莲、刘智博：《金朝酋邦社会形态下勃极烈官制始末》，辽宁省博物馆、辽宁省辽金契丹女真史研究会编：《辽金历史与考古》第 10 辑，科学出版社 2019 年版，第 240—253 页。

进步的一种社会形态，它由若干部落融合而成，并非部落的简单联合，社会组织的基本形态是由同一血缘集团所组成的邑落公社。女真部族以部为氏，各有分地，出现显贵家族，部落酋长实行世选制，出现最初的法制，用以约束诸部。①

酋邦概念最早由卡勒沃·奥伯格（K. Oberg）于1955年提出，用来指称一种介于分节部落和真正国家之间的南美低地社会。埃尔曼·塞维斯（E. R. Service）在《原始社会结构》（1962）一书中借它命名一个完整的进化阶段。在《国家与文明的起源：文化演进的过程》中塞维斯详细论证了酋邦的特点，认为典型的酋邦是以长子继承制为原则的金字塔型家族世系的内部等级，一种神权的酋长制、再分配以及禁止奢侈的阶级。一般社会结构基于以世系概念为基础的血缘群。酋邦是一种具有贵族统治性质的集权趋势和世袭的等级地位排序但没有武力压迫的正式法定机构。它似乎普遍是神权型的结构，而且对权威的服从形式与宗教信众服从祭司——酋长如出一辙。② 在塞维斯看来，酋邦最显著的特点是神权体制，没有武力压迫，基层社会组织是以世系为基础的血缘群。之后，蒂莫西·厄尔（Timothy·Earle）进一步提出，酋邦社会形态差异很大，包括神权型、军事型和热带森林型，还可划分为集团型和个体型，阶层型（straitified）和等级型（ranked），简单型和复杂型。他同样认为，酋邦是一种进化社会类型，是原始平等社会和官僚国家之间的桥梁。③

塞维斯关于酋邦是介于分节的平等社会和强制的国家之间的社会阶段，它在世界各地普遍存在的论断被国内外学界所接受。考察女真社会从原始平等社会向国家过渡的进程，可以确认是经过了酋邦（等级制）社会阶段，学界关于女真部族制的研究，也可以证实这一点。本文讨论的问题是金朝太祖、太宗时期是酋邦制（部落联盟、部族体制）还是国家。李水城在归纳了国外学界关于酋邦与文明起源研究之后提出："酋邦和国家的关键区别有三点：（1）是否存在官僚政府机构；（2）是

① 张博泉等：《金史论稿》第1卷，吉林文史出版社1986年版，第53—59页。
② ［美］埃尔曼·塞维斯：《国家与文明的起源：文化演进的过程》，龚辛、郭璐莎、陈力子译，上海古籍出版社2019年版，第148—149、15页。
③ 李水城：《酋邦理论与中国考古学的渊源——〈国家和文明的起源：文化演进的过程〉读后》，《文汇报》2019年11月8日第8版。

否拥有合法的武力；（3）社会凝聚机制的血缘关系是否被地缘关系所取代"①。这可作为本文在讨论具体问题时参照的理论基点。

二　几则常用史料的解析

在进入讨论主题之前，我们先对持金朝初期是前国家形态观点的学者们采用率最高的几则史料和列举的事例加以辨析，从而使后面的讨论能够更为清晰和有效。

（一）关于金太宗立储嗣一事，金初以谙班勃极烈为皇储，天会八年（1130），谙班勃极烈杲（斜也）卒，久虚此位。《金史》记载此事称：

> 十年，左副元帅宗翰、右副元帅宗辅、左监军完颜希尹②入朝，与宗干议曰："谙班勃烈虚位已久，今不早定，恐授非其人。合刺，先帝嫡孙，当立。"相与请于太宗者再三。③
>
> 太宗以宗翰等皆大臣，义不可夺，乃从之，遂立熙宗为谙班勃极烈。④

合刺（即熙宗女真名）为太祖嫡长子宗峻的嫡长子，宗峻已于天会二年（1124）卒。太宗本无意立合刺，之所以不能拒，是以诸大臣的意见"其义正，其理直矣"⑤。宋人洪皓《松漠纪闻》记载此事云：

> 今主名亶，阿骨打之孙、绳果之子……绳果死，其妻为固砧所收，故今主养于固砧家。及吴乞买卒，其子宋国王与固砧、粘罕争

---

① 李水城：《酋邦理论与中国考古学的渊源——〈国家和文明的起源：文化演进的过程〉读后》，《文汇报》2019年11月8日第8版。

② 据《金史》卷3《太宗纪》和卷4《熙宗纪》记载，时任左监军者为完颜挞懒，此处"左监军完颜希尹"当为"右监军完颜希尹"之误，参见《金史》卷3《太宗纪》、卷4《熙宗纪》，中华书局2020年版，第63、80页。

③ 《金史》卷4《熙宗纪》，第77页。

④ 《金史》卷74《宗翰传》，第1805页。

⑤ 《金史》卷19《世纪补》，第453页。

立，以今主为嫡，遂立之。①

苗耀《神麓记》曰：

> 吴乞买病，其子宗磐称是金主之元子合为储嗣，阿孛宗干称系是太祖武元长孙合依元约作储君，粘罕宗维称于兄弟最年长，功高合当其位，吴乞买不能予夺者累日。有杨割太师幼子乌野马完颜亶受师于本朝主客员外郎范正图，略通文义，奏太宗曰："臣请为筹之，初，太宗约称元谋弟兄轮足，却令太祖子孙为君。盟言犹在耳，所有太祖正室慈惠皇后亲生男绳果早卒，有嫡孙喝啰可称谐版（即谐班——引者注，下同）孛极烈以为储，见年一十五岁矣。"粘罕、兀室利于幼小易制，宗干系伯父，续其母，如己子也。遂共赞成其事。②

宋人的记述早于《金史》，③尤其是洪皓于宋高宗建炎三年（1129，即金天会七年）出使金朝并被扣留，直到宋高宗绍兴十三年（1143，即金皇统三年）才得以返回南宋。在金朝期间主要被滞留在女真内地的元帅右监军完颜希尹家族居地，而且太宗立储嗣之事正是他滞留金朝期间的事情，按理说他的记述应该最具真实性。但从洪皓的记述看，他并不知道金太宗晚年曾经有立储嗣之事，却将道听途说的宗磐（宋国王）、固砼（宗干）、粘罕（宗翰）3人争立的错误信息记载下来，至于谁主持完颜亶即帝位也语焉不详，最早的记载存在着明显的错漏。苗耀《神麓记》将3人争立之误，修改为争储君之位，并进一步演绎，又增添了新的错误，如宗干为太祖庶长子，而非长孙，没有任何证据说明有立他为储君之约。乌野马的汉名为完颜勗，完颜亶是熙宗的汉名。但是，苗耀记述完颜勗在给太宗的建言中提到，太祖与太宗、杲兄弟之

---

① （宋）洪皓撰：《松漠纪闻》，李澍田主编：《长白丛书》（初集），吉林文史出版社1986年版，第12页。

② （宋）徐梦莘：《三朝北盟会编》卷166引苗耀《神麓记》，上海古籍出版社1987年影印本，第1196页。

③ 这里指《金史》为元人修纂，但《金史》这部内容的史源来自《金实录》，其可信度远高于宋人史籍。

间有约，即"弟兄轮足，却令太祖子孙为君"，这应是女真贵族和国人所尽知的事情。尽管金、宋史籍中的记载有差异，但在宋人记述中与《金史》相同的一点是，立完颜亶为储嗣的主要依据为他是太祖嫡孙，这个重要的信息尤其值得注意。

对于上述史料的解读，李锡厚认为，在决定立谁为谙班勃极烈这样的立储大事上，主要不是皇帝个人的意见，而是要看各宗室政要意下如何。这些宗室无须事先秉告皇帝就可以在一起商议立储问题。他们这样做，不仅不被视为搞阴谋，而且待其决定之后，皇帝也不得不从。[①] 刘浦江认为，太宗虽身为一国之主，但并没有专制皇权应有的权威性和神圣性，因而在立储嗣这件大事上不得不屈服于元老贵族的选择。[②] 李秀莲等人认为，在这个事件中太宗是谙班勃极烈争立的裁定者，在宗翰、宗干、宗磐的权力之争中他的"调定人"身份非常尴尬，立完颜亶是宗翰、宗干、宗磐争夺谙班勃极烈相持不下而妥协的结果。[③] 总之，他们都认为太宗在立储嗣时屈服于宗室政要、元老贵族的压力，没有专制皇权应有的权威性和神圣性。

要搞清楚这件事的真相，我们需要从参与立储嗣的几位女真军政大臣的身份入手，看看他们是否具备左右太宗意志置君主权威性和神圣性于不顾的崇高地位。在 5 位主要人物中，除了宗磐是太宗的长子之外，国论忽鲁勃极烈宗干和右副元帅宗辅是太祖的庶出儿子，国论移赉勃极烈、左副元帅宗翰（粘罕）是太宗堂兄撒改的长子，元帅右监军完颜希尹不是宗室贵族而是异姓完颜贵族，当时是宗翰的副手。几位宗室贵族都是太宗的晚辈，他们和希尹都是在对辽、宋的战争中以卓越的军功和政绩受到太祖、太宗提拔和重用的军政大臣。因此他们不是辈分高于或等同于太宗的所谓"元老贵族"，他们各自手中掌握的权力也不足以威胁到太宗的皇权和权威（这个问题在下文讨论）。那么为什么太宗放弃了原本打算立自己的儿子为储嗣的想法呢？几位宗室政要又为什么会意见一致地要求立太祖嫡孙为储嗣，且《金史》还赞"其义正，其理

① 李锡厚：《金朝的"郎君"与"近侍"》，《社会科学辑刊》1995 年第 5 期。

② 刘浦江：《金朝初叶的国都问题——从部族体制向帝制王朝转型中的特殊政治生态》，《中国社会科学》2013 年第 3 期。

③ 李秀莲、刘智博：《金朝酋邦社会形态下勃极烈官制始末》，辽宁省博物馆、辽宁省辽金契丹女真史研究会编：《辽金历史与考古》第 10 辑，第 251 页。

直"呢？

对于这个疑问，唐长孺关于金初皇位继承制度的研究对认识这个问题具有重要帮助。他认为，金初有一个严格的皇位继承制，可以概括为"嫡子继承，兄弟相及"，自完颜氏成为部落联盟首领之始直到熙宗以前，一向遵循这一不成文的制度或习俗。① 太祖阿骨打同母兄弟共 5人，到天会八年时，除了在位的太宗外均已亡故，轮到第二代只能从太祖的嫡子中立储嗣，但此时太祖的嫡子也都亡故，如何选立储嗣没有先例，这应是左、右副元帅从中原赶回内地商议立储之事的缘由。从"嫡子继承"原则看，宗干、宗辅、宗翰都没有被立储的资格，他们去争储位的说法不成立。宗磐虽是太宗嫡长子，但太宗与太祖有约，皇位传给太祖子孙，如果太宗违约将皇位传给自己的子孙，女真宗室大贵族和普通女真官僚恐怕都很难接受。宗干、宗翰、宗辅、希尹等几位宗室政要一致要求立太祖嫡孙为储嗣，这符合女真"立嫡"的传统世袭制，也遵从了原有的约定，故《金史》赞"其义正，其理直"，太宗权衡再三接受了这一主张。太宗立太祖嫡孙为储嗣，一方面是迫于女真传统世袭制的约束，另一方面是考虑太祖在女真人中的威望和维护政权的稳定，是特殊条件下的非常之举，并不能作为女真皇帝没有权威性和神圣性，受宗室政要左右的例证。

（二）赵子砥《燕云录》记载的一则故事：

> 金国置库收积财货，誓约惟发兵用之。至是国主吴乞买私用过度，谙版告于粘罕，请国主违誓约之罪。于是群臣扶下殿庭，杖二十毕，群臣复扶上殿，谙版、粘罕以下谢罪，继时过盏。②

据刘浦江考证，《燕云录》一书记载的这则故事是赵子砥靖康二年至建炎二年（1128，即金天会六年）滞留金朝期间的见闻，成书当在建炎二三年间，故此事似不应晚于建炎二年。他认为，这个故事最能反映金初君臣关系的真实状态，生动诠释了女真军事民主制的传统。李秀莲等人同样认为，这里反映出太宗吴乞买与诸勃极烈是平等的，太宗皇

---

① 唐长孺：《金初皇位继承制度及其破坏》，《山居存稿》，中华书局1989年版，第478页。
② （宋）徐梦莘：《三朝北盟会编》卷165引赵子砥《燕去录》，第1194页。

帝负罪要受杖，诸勃极烈是治罪者。

我们在讨论之前先需要确定这个故事的真实性。天会五年金灭北宋，金军北撤时尽掠汴京城内金银、奇珍异宝、绫罗锦绣，北宋"二百年府库蓄积一旦扫地尽矣"①。中原地区的大批财物源源不断地被运往女真内地，纳入皇室府库。这时的金朝府库充盈，而且金宋战争尚未结束，不大可能有"誓约惟发兵用之"的事情。那么在天会三年（1123）对宋战争之前是否有可能发生此事呢？金太祖时已经占领了辽朝五京，太祖是在从燕京北撤的途中亡故的，同年太宗即位，改元天会。此时金军"将燕城职官、民户、技术、嫔嫱、娼优、黄冠、瞿昙、金帛、子女等席卷而东"②，原辽朝最富庶地区的大批金银财物被运回女真内地，直到对宋开战的两年时间内，金朝的物资充足，金朝这个时期见于记载的土木工程是太宗天会三年三月在朝廷所在地"建乾元殿"③，这项工作当是由在中央的谙班勃极烈杲（斜也）和国论忽鲁勃极烈宗干主持，当年六月抵达金廷的宋使许亢宗见到正在修建的宫殿，"木建殿七间，甚壮，未结盖以瓦仰铺及泥补之，以木为鸱吻，及屋脊用墨，下铺帷幕，榜额曰乾元殿"④。修建朝廷议政大殿显然不是太宗私用，而作为太宗后宫私用部分，史称"在位十三年，宫室苑籞无所增益"⑤。没有任何证据支持太宗"私用过度"这一说法。笔者认为这个故事是虚构的，金朝的确实行杖刑，《三朝北盟会编》卷三记载："凡有官者，将决杖之，廊庑赐以酒肉。官尊者决于堂上，已杖，视事如故"⑥，赵子砥记述的故事似以此为蓝本演绎出来的。若此论成立，学者们据此论述的金太宗与诸勃极烈的关系也就无法成立。

（三）《三朝北盟会编》卷三记载：

> 国有大事，适野环坐，画灰而议，自卑者始。议毕，即漫灭之，人不闻声，其密如此。将行军，大会而饮，使人献策，主帅听

① （宋）徐梦莘：《三朝北盟会编》卷97，第718页。

② （宋）徐梦莘：《三朝北盟会编》卷16引《平燕录》，第113页。

③ 《金史》卷3《太宗纪》，第58页。

④ （宋）许亢宗：《宣和乙巳奉使金国行程录笺证》，（宋）确庵、耐庵编，崔文印笺证：《靖康稗史笺证》，中华书局1988年版，第39页。

⑤ 《金史》卷3《太宗纪》，第72—73页。

⑥ （宋）徐梦莘：《三朝北盟会编》卷3，重和二年正月十日丁巳，第19页。

而择焉，其合者即为特将，任其事。师还，又大会，问有功高下，赏之以金帛若干，举以示众，或以为薄，复增之。①

李锡厚认为，这里记述的是金朝初年朝廷决策军政大事的形式，那时各部首领都有权参与重大问题的决策，特别是在军事方面，更是如此。直到太宗吴乞买即位以后，其决策过程大体上也还是如此。② 李秀莲等人则认为，这里叙述的是女真完颜部内的状况，从兵将的生活起居，到决议大事，再到论功行赏，都体现了民主平等的原则，并进一步说明这种民主平等仅限于一定的社会阶层，非该阶层的成员不享受他们的平等权利。③

这则史料是作者记述金朝用兵中的一部分，从内容看这可能是女真人进行具体战役的基本过程："画灰而议，自卑者始。议毕，即漫灭之，人不闻声，其密如此"，应是描述军将们商议具体战术的场面；"使人献策，主帅听而择焉，其合者即为特将，任其事"，当是主帅任命领军将领的形式；"问有功高下，赏之以金帛若干，举以示众，或以为薄，复增之"，当是战役结束后论功行赏的场面，而不大可能是女真皇帝与辅弼大臣们商议和决策国家军政大事的过程。金初最高军政机关的成员诸国论勃极烈无一例外全部都是宗室贵族，他们不是女真各部首领的身份（详见后文），而是国家官僚机构的上层官员，这段记载并不能支持李锡厚的推论。将这条史料定位于是对完颜部内状况的描述，同样存在讲不通的问题。金朝建立后，女真人基本社会组织已经以猛安谋克制度取代了部族制，无论是日常生活、生产劳动还是行军作战都不是以部族为单位，女真军队的猛安谋克是按人数进行编制，不是按照家族或部族编制，军官与士兵的关系与李秀莲等人所说的"一定的社会阶层"很难完全对应。然而，这则史料的确反映了金朝建国后保有女真旧俗，或者说是原始遗风，但并不能证明这是金朝初年朝廷决策军政大事的形式，同样也不能证明金朝初年女真社会组织是部族制以及部族内部的平等关系。

---

① （宋）徐梦莘：《三朝北盟会编》卷3，重和二年正月十日丁巳，第19页。
② 李锡厚：《金朝的"郎君"与"近侍"》，《社会科学辑刊》1995年第5期。
③ 李秀莲、刘智博：《金朝酋邦社会形态下勃极烈官制始末》，辽宁省博物馆、辽宁省辽金契丹女真史研究会编：《辽金历史与考古》第10辑，第241页。

（四）宋、金史籍尤其是宋朝史籍中记载了许多金初女真人的社会风俗，如《金史》记载：

> 太祖即位后，群臣奏事，撒改等前跪，上起，泣止之曰："今日成功，皆诸君协辅之力，吾虽处大位，未易改旧俗也。"①

《北征纪实》载：

> ［太祖征辽至燕京］燕人乃备仪物以迎之，其始至于燕之大内也。阿骨打与其臣数人皆握拳坐于殿之户限上，受燕人之降，且尚询黄盖有若干柄，意欲与其群臣皆张之。中国传以为笑。②

洪皓《松漠纪闻》载：

> 胡俗，旧无仪法。君民同川而浴，肩相摩于道。民虽杀鸡，亦召其君同食。③

张汇《金虏节要》记述得更为详细：

> 初，女真之域尚无城郭，星散而居。虏主完颜晟常浴于河，牧于野，其为君草创，斯可见矣。盖女真初起，阿骨打之徒为君也，粘罕之徒为臣也，虽有君臣之称，而无尊卑之别，乐则同享，财则同用。至于舍屋、车马、衣服、饮食之类，俱无异焉。虏主所独享惟一殿，名曰乾元殿。此殿之余，于所居四外栽柳，行以作禁围而已。其殿也，绕壁尽置大炕，平居无事则锁之，或开之，则与臣下杂坐于炕，伪妃后躬侍饮食，或虏主复来臣下之家，君臣宴然之际，携手握背，咬头扭耳，至于同歌共舞，莫分尊卑其无间。故譬诸禽兽，情通心一，各无觊觎之意焉。④

---

① 《金史》卷70《撒改传》，第1715页。
② （宋）徐梦莘：《三朝北盟会编》卷12引《北征纪实》，第86页。
③ （宋）洪皓撰：《松漠纪闻》，李澍田主编：《长白丛书》（初集），第33页。
④ （宋）徐梦莘：《三朝北盟会编》卷166引张汇《金虏节要》，第1197页。

　　这些习俗和行为在宋朝士大夫看来"虽有君臣之称，而无尊卑之别"，"莫分尊卑其无间"，尤其是有损于帝王权威尊严的习俗和行为"譬诸禽兽"，有些行为十分可笑。宋人的评论对今人认识金初女真政治社会仍有一定影响，李锡厚认为金虽有王朝之名，实际上仍然不过是一个部落联盟，[①] 君臣之间无严格界限，刚刚开始从部族联盟向专制皇权过渡。[②] 刘浦江在考察和论述了金初政治中心的规模和特点之后，认为金初从女真部族体制向中国帝制王朝的转变过程中，部族传统根深蒂固。政权建立多年之后，政治中心长期没有京师名号，作为一国之都的政治功能相当弱化，一个重要的因素是女真军事民主制传统抑制了君主个人权威的发展。[③] 李秀莲等人认为，酋邦社会形态下女真人自然古朴的生活习惯，是勃极烈官制平等思想的社会基础。

　　金朝政权建立后，在相当程度上保有女真旧俗，这与太祖主张以女真国俗统治王朝有密切关系。阿骨打曾对宋使马扩说："我家自上祖相传，止有如此风俗，不会奢饰，只得这个屋子冬暖夏凉，更不别修宫殿，劳费百姓也。南使勿笑。"[④] 阿骨打率军亲征辽时以谙班勃极烈居守，命之曰："是用汝贰我国政。凡军事违者，阅实其罪，从宜处之。其余事无大小，一依本朝旧制"[⑤]。另一方面，女真是在反辽战争中建立政权，无暇完善国家礼仪制度、修建都城，国家政治中心称为"御寨"，如刘浦江所言作为一国之都不仅没有京师的规模，也长期没有京师的名号。从日常生活到朝堂议事，君臣之间皆无严格的尊卑礼仪，这种现象有可能如几位学者所言是酋邦（部族、部落联盟）体制存在的政治生态，但同样可能是非中原汉族王朝的北族国家的政治生态。文化习俗不是判定一个政权是国家或是酋邦的标准，塞维斯在他的著作中也一再强调，"城市中心对古代文明的发展并非是必不可少"[⑥]。下面我们从上文所提到的 3 个判定国家基本标准来探讨金朝初年是不是国家形态。

---

① 李锡厚：《辽金时期契丹及女真族社会性质的演变》，《历史研究》1994 年第 5 期。
② 李锡厚：《金朝实行南、北面官制度说质疑》，《社会科学战线》1989 年第 2 期。
③ 刘浦江：《金朝初叶的国都问题——从部族体制向帝制王朝转型中的特殊政治生态》，《中国社会科学》2013 年第 3 期。
④ （宋）徐梦莘：《三朝北盟会编》卷 4，宣和二年十一月二十九日丙寅，第 31 页。
⑤ 《金史》卷 3《太宗纪》，第 53 页。
⑥ ［美］埃尔曼·塞维斯：《国家与文明的起源：文化演进的过程》，第 11 页。

三 是酋长，还是君主？

我们先来讨论前两个标准，即是否存在官僚政府机构与是否拥有合法的武力。

女真人建立金朝之前是辽朝的属部，辽道宗时在生女真地区设置了生女真部族节度使司，任命按出虎水完颜部酋长完颜乌古乃为节度使，于是"有官属，纪纲渐立矣"①。最晚在乌古乃时期生女真社会已进入了简单酋邦形态，经过几十年的发展，到金朝政权建立前夕，生女真部族社会发展达到了较为高级复杂的酋邦。② 政权建立后，太祖依据女真国俗创立中央国论勃极烈制度，实行于太祖、太宗两朝，这个制度主要由五六个勃极烈构成（太宗时曾有减员）。首任勃极烈成员均为原生女真部族节度使司官属中的近僚官员，两朝前后任勃极烈官职有 10 余人，皆为完颜氏宗室贵族，他们并不具备代表女真各部落的身份，但他们具有宗室各家族的背景。③ 日本学者三上次男在研究国论勃极烈制度时明确指出，金朝国论勃极烈制度与建国前生女真官属二者性质不同，国论勃极烈制度是隶属于金朝皇帝的政务统一机关，具有辅弼、审议、行政、司法等政务上全部的重要权限，这种不分诸种权限，全部集中于一个机关，是建国前朴素的政治机构的遗风。诸勃极烈以合议的方法，运营重要的国务，协同审议，为皇帝提供参考，这是女真的古来风俗。④ 风俗是一种表象，三上次男从勃极烈制度的职能与皇帝的关系论证了这是一种具有女真旧俗的国家官僚机构。梳理史料可以看到，在诸勃极烈之下从事具体政务的官员有女真人、渤海人、契丹人、汉人。天辅二年（1118）九月，"（太祖）诏曰：'国书诏令，宜选善属文者为之。其令所在访求博学雄才之士，敦遣赴阙'"⑤。除女真官员外，其他族官员主

---

① 《金史》卷 1《世纪》，第 6 页。
② 张博泉等：《金史论稿》第 1 卷，第 53—59 页；王可宾：《女真国俗》，吉林大学出版社 1988 年版，第 101—133 页。
③ 程妮娜：《金代政治制度研究》，吉林大学出版社 1999 年版，第 6—7 页。
④ ［日］三上次男：《金代政治制度の研究》，《金史研究：二》，东京：中央公论美术出版 1970 年版，第 129—130 页。
⑤ 《金史》卷 2《太祖纪》，第 34 页。

要是在金对辽宋战争中归附金朝的原辽宋官吏。太宗时谙班勃极烈斜也与国论忽鲁勃极烈宗干劝太宗改女真旧制，用汉官制度，"天会四年，始定官制，立尚书省以下诸司府寺"①。在中央诸勃极烈之下开始建立各种中原式行政机构，到天会十二年（1134），中央诸勃极烈之下六部及属下机构已经基本健全。是年正月"甲子，初改定制度，诏中外"②。金朝中央完成三省六部制的全面改革是在 4 年后，即熙宗天眷元年（1138）颁行了"天眷官制"③。纵观太祖、太宗两朝，可以肯定地说，金朝中央存在官僚政府机构：太祖时期是女真特点的官僚政府机构，太宗时期逐步向汉制转变，到太宗末年基本完成了这一过程。

金朝地方官僚政府机构是随着对辽宋战争的推进因地设置了三种路制，即女真地区设置万户路，原辽朝地区设置都统司路、军帅司路，以及原宋朝地区设置兵马都总管府路（路下建置涉及本文讨论的第 3 个标准，即血缘关系是否为地缘关系所取代在下文论及）。万户路、都统司路和军帅司路的长官都是女真大贵族，具有军政合一的职掌，掌管当地的军政事务、安辑人民、征收粮草、处理诉讼案件和负责本地的防御。都统司路、军帅司路的长官还具有对属下各级地方官吏与军事将领的任免权。两种路制与中央勃极烈制度相适应。兵马都总管府路的长官主要掌管民政，军权较小，仅负责本路的卫戍和治安。路下保留了原宋的府州县，各种政务分门别类，中央勃极烈制度简单的统辖机制不适应对该地区的统治。④ 金朝将驻在中原的军事机构左、右副元帅府迅速转变为军政合一的统治机构，右副元帅府下设燕京枢密院、左副元帅府下设云中枢密院，辅佐左、右副元帅府分别统辖东部和西部的兵马都总官府路，左、右副元帅府兼有军政合一的职掌，军事、行政、司法、人事、经济各个方面无所不管，⑤ 这样便理顺了中央勃极烈制度对中原地区的统辖机制。

学界围绕金太宗时期汉地枢密院的权力和职能争论较大，主要是金朝是否实行南北面官制，这一时期金朝政治体制是一元制还是二元制。

---

① 《金史》卷78《韩企先传》，第1889页。
② 《金史》卷3《太宗纪》，第72页。
③ 《金史》卷4《熙宗纪》，第81页。
④ 程妮娜：《试论金初路制》，《社会科学战线》1989年第1期。
⑤ 程妮娜：《金前期军政合一机构都元帅府职能探析》，《史学集刊》2000年第2期。

与之相关联的争论是，以完颜宗翰为首的女真军功大贵族的权力有多大，能否达到足以威胁皇权，或能够左右皇权的地步。

太祖占领燕京后，辽知枢密院事左企弓等人降金，天辅七年（1123）四月，太祖将燕京归还北宋，"以左企弓行枢密院于广宁，尚踵辽南院之旧"①。五月，左企弓等人行至南京（平州），留守张觉叛金，杀左企弓等枢密院主要官员，太祖欲以枢密院"尚踵辽南院之旧"的设想没能实行。据李涵考证，天辅七年十一月刘彦宗至广宁，② 出任"同中书门下平章事，知枢密院事，加侍中，佐宗望军。宗望奏，方图攻取，凡州县之事委彦宗裁决之"③。天会三年（1125），金大举伐宋，太宗"诏彦宗兼领汉军都统。蔡靖以燕山降。诏彦宗凡燕京一品以下官皆承制注授"④。刘彦宗任知枢密院事主要的职责是佐宗望军处理州县汉人事务，这成为日后汉地枢密院职能的基本定位。李涵研究认为，天会四年（1126）佐东路宗望军的枢密院迁至燕京，西路宗翰军于西京（今大同）设立云中枢密院。燕京枢密院管辖的大约是宗望东路军占领的燕京路、平州路及宋的河北路部分州县，云中枢密院管辖的是宗翰西路军占领的西京及宋河东路部分州县。这种情况大约持续了 3 年，天会六年（1128）刘彦宗病故，金朝合并燕京枢密院于云中枢密院，由宗翰统领。天会十二年（1134），汉地枢密院从云中迁往归化州，继而迁至燕京。汉地枢密院的性质，其实就是听命于女真军事统帅的"军政府"，而被目为汉人宰相的知枢密院事，不过是都统府或元帅府的僚属而已。⑤

从上述汉地枢密院的初置，经分置二院到再次合并的过程看，广宁枢密院、燕京枢密院、云中枢密院都是听命于驻守汉人地区的女真"军政府"的辅佐机构，行使权力的范围是依据所辅佐的女真"军政府"的辖区而定。左、右副元帅府的辖区不是山海关以南整个中原地区，只是统辖河北、山西一带地区。山海关以北原辽州县地区由都统司

---

① 《金史》卷 55《百官志一》，第 1298 页。

② 李涵：《金初汉地枢密院试析》，陈述编：《辽金史论集》第 4 辑，书目文献出版社 1989 年版，第 180—195 页。

③ 《金史》卷 78《刘彦宗传》，第 1882 页。

④ 《金史》卷 78《刘彦宗传》，第 1882 页。

⑤ 李涵：《金初汉地枢密院试析》，陈述编：《辽金史论集》第 4 辑，第 180—195 页。

路、军帅司路统辖，河北、山西以南的河南、山东、陕西地区属于刘豫政权的辖区。因此，汉地枢密院也只是管理河北、山西一带汉人州县事务，它不是全国性的机构，与辽朝南枢密院有明显不同，李锡厚认为金朝没有实行类似辽朝南北面官制的观点是正确的。① 金朝只是仿照辽南面枢密院的官僚机构设汉地枢密院实行于女真地方"军政府"之下。上面提到金伐宋起兵之初，太宗"诏彦宗凡燕京一品以下官皆承制注授"，似乎给汉人枢密院相当大的权力，但实际上当时金朝中央没有确定汉官体系，"燕京一品以下官"是指宋燕京官吏从上到下只要归附金朝，都可以按照太祖以来的政策"官皆仍旧"②，这项工作由刘彦宗主持进行，他无权选任燕京留守等重要官职（详见后文）。金灭北宋后，在战争中残破的州县需要重新任命官员，女真统帅不谙汉地政务，这项任务自然落到了枢密院，由其负责此事，但在初占领宋州县时，朝廷也会派任某州县官员。赵子砥《燕云录》记载："丁未（天会五年）冬，宰相刘彦宗差一人知燕山玉田县，国里朝廷亦差一人来，交割不得，含怒而归。无何，国里朝廷遣使命至燕山拘取刘彦宗赐死，续遣一使来评议，彦宗各赂万缗，乃已。"③ 围绕任命玉田知县一事，汉地枢密院与朝廷发生冲突，朝廷随即遣使至燕山，要拘取刘彦宗赐死之，最后刘彦宗"各赂万缗"才了事。可见汉地枢密院的长官虽被视为汉人宰相，但一旦触怒朝廷女真贵族就会有生命之虞，如李涵所说其地位不过是元帅府的僚属而已。这件事也说明即便是太宗已经授权左、右副元帅，由汉地枢密院选任中原的州县官，但如果朝廷有人事任命，地方必须服从中央。元帅府的官员也不把汉地枢密院的长官们放在眼里，"虽卿相拜其前，而（粘）罕不为礼"④。

金朝初期对经略原辽、宋地区的军事长官、府州地区的地方官府赋予较多的权力，左、右副元帅府、都统司路、军帅司路的长官都具有军政合一的职掌，掌管军事、行政、司法、经济诸方面事务，并有任免下级军政官员的人事权，在战争时期女真皇帝往往会给予他们"便宜行

① 李锡厚：《金朝实行南、北面官制度说质疑》，《社会科学战线》1989 年第 2 期。
② 《金史》卷 2《太祖纪》，第 40 页。
③ （宋）徐梦莘：《三朝北盟会编》卷 98 引赵子砥《燕云录》，第 725 页。
④ （宋）宇文懋昭撰，崔文印校证：《大金国志校证》卷 27《粘罕传》，中华书局 1986 年版，第 380 页。

事"的权力，对于这一点应该给予充分注意，金初地方长官这种权力特点是与中央勃极烈制度的运行体制相适应的。驻守中原的左、右副元帅府将一部分权力交付汉地枢密院负责，这与女真军事贵族处理汉地事务的能力不足有关。在中原汉人看来，本应是朝廷的权力却掌握在元帅府官员、汉地枢密院长官手中，于是称左、右副元帅府与其下属的燕京枢密院、云中枢密院为"东朝廷""西朝廷"。① 天会六年两枢密院合并后，受左副元帅完颜宗翰（粘罕）掌管，宗翰同时还是中央国论勃极烈成员，担任移赉勃极烈，宋人称其为"国相元帅"②，对宋战争后期，宋朝与金朝军前议事一般至宗翰军前，因此在宋人眼中宗翰握有极大的权力。范仲熊《北记》曰：粘罕（宗翰）与他的副手骨舍（希尹）"每有所为便自专，阿骨打每抚其背曰：'孩儿们做得事必不错也。'一切皆任之，以至出诰敕命相皆许自决，国中事无大小，非经此二人不行"③。这里范仲熊所说的"一切""国中"显然是过于夸大。太祖阿骨打从燕京北归时，命移赉勃极烈宗翰兼任西北、西南两路都统，驻兵云中，以备边。《金史·宗翰传》记载，太宗初年宗翰奏曰："先皇帝时，山西、南京诸部汉官，军帅皆得承制除授。今南京皆循旧制，惟山西优以朝命"，太宗诏曰："一用先皇帝燕京所降诏敕从事，卿等度其勤力而迁授之"。④ 从这里看，太祖阿骨打曾授权宗翰在山西一带便宜行事，太宗时曾一度收回，后在宗翰的请求下再次给予他这个权利。太宗天会六年以后，燕京、云中两枢密院合并后，汉地枢密院辖区（河北、山西一带）内，事无大小皆决于宗翰。宗翰所担任的移赉勃极烈在中央诸勃极烈中居末位，他与其他勃极烈成员一样，在没有得到女真皇帝的许可时，对军国大事并没有决断权和处置权。即便是得到了女真皇帝的授权，他也只能在一定范围内行使权力。那种认为宗翰等大军功贵族具有能左右君权的权威，汉地枢密院有高度独立性，对朝廷的政治权威构成巨大挑战，甚至得出金太宗时期是二元政治体制的结论，⑤ 与

---

① （宋）徐梦莘：《三朝北盟会编》卷 24 引张汇《金虏节要》，第 182 页。

② （宋）徐梦莘：《三朝北盟会编》卷 50 引《宣和录》，第 380 页。

③ （宋）徐梦莘：《三朝北盟会编》卷 61 引范仲熊《北记》，第 460 页。

④ 《金史》卷 74《宗翰传》，第 1801—1802 页。

⑤ 刘浦江：《金朝初叶的国都问题——从部族体制向帝制王朝转型中的特殊政治生态》，《中国社会科学》2013 年第 3 期。

金朝实际政治生态以及一元化政治体制相差远矣。

金以兵得国，在太祖、太宗朝的 20 年间，相继灭亡辽、宋，武力是金朝立国、开拓疆土乃至维持新占领区统治秩序的基本保证。金朝初年，军队主要由女真人组成，诸勃极烈都有统兵作战的职责。天会三年，为出兵伐宋，设立国家最高军事机构——都元帅府，都元帅府 7 位主要长官分别以谙班勃极烈完颜杲（斜也）兼任都元帅，以移赉勃极烈完颜宗翰兼任左副元帅，以太祖子完颜宗望任右副元帅，完颜挞懒任元帅左监军、完颜希尹任元帅右监军、完颜阇母任元帅左都监、耶律余睹任元帅右都监。其中，挞懒、阇母为宗室贵族，希尹为女真大贵族，唯有耶律余睹为契丹人，居末位。都元帅居中央，左、右副元帅分领其他 4 位监军、都监，兵分两路南下伐宋。如上文所言，为统治新占领的汉人州县地区，左、右副元帅府迅速转变为军政合一的统治机构，由于下设汉地枢密院，元帅府重点仍放在统帅军队从事对宋战争上。随着对辽、宋战争的胜利，收编大量辽、宋各族之降卒，《金史·兵志》曰："伐宋之役参用汉军及诸部族而统以国人"①，以汉地枢密院采汉制签军、募军，天会五年"调燕山、云中、中京、上京、东京、辽东、平州、辽西、长春八路民兵②，隶诸万户，其间万户亦有专统汉军者"③。金朝军队将士有女真人，也有契丹人、渤海人、汉人，高级军事长官主要由女真人担任。除了对辽、宋战场上的军队，各地都驻守一定数量的军队，受当地行政长官统领，镇守一方。武力统治是金初政治的一大特点。塞维斯认为，原始社会（包括酋邦）无需使用什么武力管理民众，传统的等级制度裁决足矣，诉诸武力就意味着此时权威失效，国家是基于武力的制度化政治结构的形式。④

上述从中央到地方有效运作的各级官僚机构，规模越来越庞大的含有各族将士的军队听命于谁？也就是说金朝太祖、太宗是否具有君主权威，国家是不是有统一号令？受文章篇幅的限制，我们仅从太祖、太宗

---

① 《金史》卷 44《兵志》，第 1062 页。

② "八路民兵"，实为九路民兵。《三朝北盟会编》卷 111 列 8 路，无"辽东"，参见（宋）徐梦莘《三朝北盟会编》卷 111，建炎元年七月十六日，第 814 页；《金史》卷 44《兵志》，第 1080 页校勘记［1］。

③ 《金史》卷 44《兵志》，第 1063 页。

④ ［美］埃尔曼·塞维斯：《国家与文明的起源：文化演进的过程》，第 11、7 页。

两朝发布的诏令内容来考察上述问题。仅据《金史》本纪统计，太祖在位 8 年有余（1115—1123）共发布诏令 50 余条，太宗在位 11 年有余（1123—1135）共发布诏令 70 余条，内容涉及颇为广泛，下面择其与上述问题关系密切的内容讨论之。

女真皇帝的诏令传递了国家军政体制运行中皇权与各级官僚机构长官的政务关系。中央（诸勃极烈、都元帅府）与地方（路、枢密院）主要军政长官、女真地方机构（猛安谋克、万户路）的长官皆由皇帝任命。

中央诸勃极烈位高权重。谙班勃极烈为国储，居诸勃极烈的首位。太祖朝，天辅五年（1121），"诏谙班勃极烈吴乞买贰国政"①。太祖赐吴乞买诏曰："凡军事违者，阅实其罪，从宜处之。其余事无大小，一依本朝旧制。"②强调军事犯罪要慎重处置，其他国政不可随意处置，要依照本朝旧制处理。之后，在处理完颜昂之事时，太祖诏谙班曰："当置重典。若或有疑，禁锢以待"③。完颜昂是太祖和吴乞买的异母幼弟，若谙班对太祖的旨意有其他想法，不能擅自行事，须等到太祖返回朝廷后亲自处理。忽鲁勃极烈位居谙班之下，掌国之中政务，天辅五年（1121）太祖对辽全面开战，以忽鲁勃极烈杲为内外诸军都统，昃勃极烈昱、移赉勃极烈宗翰等人为副统，诏曰："辽政不纲，人神共弃。今欲中外一统，故命汝率大军以行讨伐。尔其慎重兵事，择用善谋，赏罚必行，粮饷必继，忽扰降服，勿纵俘掠，见可而进，无淹师期。事有从权，毋须申禀"④。都统杲遣使来奏捷，并献所获货宝。太祖诏曰："所言分遣将士招降山前诸部，计悉以抚定，续遣来报。山后若未可往，即营田牧马，俟及秋成，乃图大举。更当熟议，见可则行。如欲益兵，具数来上，不可恃一战之胜，辄有驰慢。新降附者当善抚存。宣谕将士，使知朕意。"⑤太祖虽给予勃极烈便宜行事权，但勃极烈也要及时上报战况，太祖根据战况有具体的指示，并非不闻不问和听之任之。在占领辽五京后，太祖诏忽鲁勃极烈、都统杲曰："新附之民

① 《金史》卷 2《太祖纪》，第 38 页。
② 《金史》卷 3《太宗纪》，第 53 页。
③ 《金史》卷 2《太祖纪》，第 42 页。
④ 《金史》卷 2《太祖纪》，第 38 页。
⑤ 《金史》卷 2《太祖纪》，第 38—39 页。

有材能者，可录用之"①。经太祖授权后，勃极烈才有任用地方官吏的权力，这个原则也通用于各级军政长官。太宗朝谙班杲与忽鲁宗干居朝廷，辅佐太宗，俱治国政，改女真旧制，用汉官制度。天会四年，着手建立尚书省以下诸司府寺。"金议礼制度，班爵禄，正刑法，治历明时，行天子之事，成一代之典，杲、宗干经始之功多矣。"② 金军自燕京北撤后，移赉勃极烈宗翰兼领其西南、西北两路都统在西京一带继续追捕辽天祚帝，太宗诏宗翰曰："今寄尔以方面，如当迁授，必待奏请，恐致稽滞，其以便宜从事"③，"以空名宣头百道给之"④。"迁授必待奏请，恐致稽滞"当是女真皇帝授予女真军政长官除授官员权、可便宜从事的主要原因之一。如前面所言，宗翰具有勃极烈和地方都统司路长官的双重身份，即便在太祖朝已有除授官吏权，太宗即位后，仍需要得到太宗授权，才有除授下级官员的权力。从上述事迹看，女真皇帝与诸勃极烈的君臣关系是十分明确的，不是模糊、平等的。

女真军功大贵族在占领原辽宋州县地区后，女真皇帝往往授予他们一些行政权力，承担建立新统治秩序的责任。太宗初年，宗望率军平定张觉叛乱，进驻南京，宗望请空名宣头千道，增信牌，安抚新降之民。太宗诏以"新附长吏职员仍旧。已命诸路转输军粮，勿督于宋。给银牌十、空名宣头五十道"⑤，并诏咸州输粟宗望军。太宗诏曰："敕有司轻徭赋、劝稼穑，疆场之事，一决于宗望"，又诏曰："小大之事关白军师，无得专达朝廷"，诏宗望曰："选勋贤及有民望者为南京留守，及诸阙员，仍具姓名官阶以闻"。⑥ 是时，"迁、润、来、隰四州之民保山砦者甚众，宗望乞选良吏招抚"⑦，太宗从之。这一段事迹清楚地展现了女真皇帝与女真军功大贵族的君臣关系，驻守一方的军帅所具有的军政权力需要女真皇帝授权，军帅在得到皇帝授权的范围内有便宜从事的权力，可自主决定地方大小事，不必申报朝廷。太宗给宗望"银牌十、空名宣头五十道"，银牌授军事猛安，宣头授各级官员，他自主选

---

① 《金史》卷2《太祖纪》，第42页。
② 《金史》卷76《后赞》，第1858页。
③ 《金史》卷3《太宗纪》，第54页。
④ 《金史》卷74《宗翰传》，第1801页。
⑤ 《金史》卷74《宗望传》，第1809页。
⑥ 《金史》卷74《宗望传》，第1810页。
⑦ 《金史》卷74《宗望传》，第1810页。

任南京留守及以下各级官员后，需将姓名官阶报至中央。在金灭北宋后，这种权力结构也体现在左、右副元帅府及其下辖的汉地枢密院与皇权的关系上。天会十一年（1133），中央勃极烈之下各类各级汉官机构基本建立起来后，理顺了中央对州县地区的统辖机制，八月，太宗诏曰："比以军旅未定，尝命帅府自择人授官，今并从朝廷选注"①。可见，女真皇帝与女真军功大贵族的君臣关系也是十分明确的，并未见到女真大贵族越权威胁皇权的事迹。

此外，从太祖、太宗的诏书内容看，还涉及赎买和放免奴隶、确立猛安谋克牛头地的赋税、调粮赈济饥民、调运军粮和物资、移民新设建置、确定州郡职员名称及俸给、开科取士、设立驿站、颁布婚姻政策等等，太宗朝颁布的最后一道诏书是天会十二年正月甲子，"初改定制度，诏中外"②。我们从金初政治、军事、经济、文化各个领域都可以看到皇权在统治国家中的作用，虽然太祖、太宗时期一直没有京师名号，但这并不影响"御寨"发挥着一国之都的政治功能，并且证明了太祖、太宗时期，国家实行的是具有女真政治特点的一元化政治体制。

四 是血缘组织，还是地域性行政建置？

区别酋邦与国家的第 3 个标准是"社会凝聚机制的血缘关系是否被地缘关系所取代"。金朝太祖、太宗时期社会基本组织是血缘组织，还是地域性行政建置？

持前国家形态观点的学者认为，这一时期社会基本组织是血缘组织。李锡厚认为，金初女真人的社会组织是以血缘组织为基础的村寨，以村寨来领导村寨，实行兵民合一的制度，不打乱原来的村寨组织，军事行动组建猛安谋克。在占领辽东地区后废除了辽东地区行之已久的州县组织，将原始的军政合一的制度普遍推行于渤海人、汉人当中，授给他们"孛堇""猛安""谋克"一类的女真官称。金军占领辽中京、上京地区后在契丹人当中实行猛安谋克制，把女真人的农耕民族的行政组

---

① 《金史》卷 3《太宗纪》，第 71 页。
② 《金史》卷 3《太宗纪》，第 72 页。

织推广到游牧民族中，形成以部族村寨组织为基础的一套行政系统。进入中原地区后，金军放弃在州县地区推行猛安谋克制度，而让女真猛安谋克村寨与汉人的州县行政体制并存。① 金初是部族体制（酋邦社会形态），其社会凝聚机制自然是血缘关系。

首先，我们认为金朝太祖、太宗时期女真人社会基本组织是地缘组织。《金史·太祖纪》记载：1114 年完颜阿骨打起兵反辽，宁江州首战告捷后，"初命诸路以三百户为谋克，十谋克为猛安"②。这种以户为单位进行编制的行政单位是以地缘关系为基础，即社会凝聚机制的血缘关系正式被地缘关系所取代。此后，涉及女真人社会组织的史事不再见以"某部"为单位，而是以"猛安谋克"为单位，如天辅二年三月，"娄室请曰：'黄龙一都会，且僻远，苟有变，则邻郡相扇而起。请以所部屯守。'太祖然之，仍合诸路谋克，命娄室为万户，守黄龙府"③。天辅五年（1121）二月，太祖"遣昱及宗雄分诸路猛安谋克之民万户屯泰州，以婆卢火统之，赐耕牛五十"④。被迁往黄龙府、泰州的女真猛安谋克是以"户"为单位，不是以血缘关系的"部"为单位。李锡厚提出的以村寨来领导村寨的行政体制，是依据许亢宗《宣和乙巳奉使金国行程录》记载女真内地的居民点多称"××孛堇寨"⑤，以及《大金国志》记述的"皇帝寨""国相寨""太子庄"⑥。"孛堇寨"是女真居民点的传统地名，"孛堇"是金建国前部落酋长的称号。建国后，女真人的村寨是设在谋克之下以户为单位的基层组织，《金史·食货志一》记载："猛安谋克部村寨，五十户以上设寨使一人，掌同主首"⑦。这时的村寨与建国前部下村寨是完全不同性质的社会组织，不可以简单划等号。据刘浦江考证，金初政治中心称为"御寨"，"皇帝寨"是宋人的俗称，⑧

① 李锡厚：《金朝实行南、北面官制度说质疑》，《社会科学战线》1989 年第 2 期；李锡厚：《辽金时期契丹及女真族社会性质的演变》，《历史研究》1994 年第 5 期。

② 《金史》卷 2《太祖纪》，第 27 页。

③ 《金史》卷 72《娄室传》，第 1754 页。

④ 《金史》卷 2《太祖纪》，第 37 页。

⑤ （宋）许亢宗：《宣和乙巳奉使金国行程录笺证》，（宋）确庵耐庵编：《靖康稗史笺证》，第 32 页。

⑥ （宋）宇文懋昭撰，崔文印校证：《大金国志校证》卷 2《太祖纪》，第 28 页。

⑦ 《金史》卷 46《食货志一》，第 1105 页。

⑧ 刘浦江：《金朝初叶的国都问题——从部族体制向帝制王朝转型中的特殊政治生态》，《中国社会科学》2013 年第 3 期。

"国相寨"可能是女真人的俗称，"太子庄"则是将中原某处的地名混入其中。①"皇帝寨""国相寨""太子庄"同样是地名，不是官僚机构的名称。因此，所谓的"以村寨来领导村寨的行政体制"是不存在的。

其次，金朝占领原辽朝州县地区后在各族人口居住地推行的猛安谋克同样是地缘组织。辽东、辽西地区是汉、渤海、契丹、奚等多民族聚居区，辽东是农业区，辽西地处农耕区与游牧区相接的边缘地带，以农业为主，有一定的畜牧业。在猛安谋克之下各族人保留了原有的基层社会组织和生产关系，汉人自不待言，渤海人社会组织在唐代，以及契丹和奚人社会组织在辽代都早已完成了由血缘关系向地缘关系的转变，不可能再发生逆转。金朝之所以能够在原辽州县地区推行猛安谋克制度，一方面如李锡厚所指出的：女真人与汉人、渤海人有着大致相同的物质生产和生活方式，都是定居的农业生产者②；另一方面恰恰反证了猛安谋克制度是建立在地缘关系上的基层行政组织。金初并没有废除这一地区的府州建置，而是将猛安谋克置于府、州之下，③ 但县级机构几乎废而不置，④ 原辽朝州县地区的县级机构基本被猛安谋克制度所取代，⑤ 都统司路、军帅司路通过府、州统辖基层的猛安谋克组织。⑥

需要说明的是，金初对契丹人有两种行政设置：一是对州县地区从事农业经济的契丹人设置猛安谋克；二是对西北地区从事游牧经济的契丹人，以及乌古、迪烈等族人仍保留辽朝的部族制，但这种部族制是地方行政建置，部族节度使及下级官员均为流官，⑦ 不是以血缘组织为基

---

① 金朝此时皇储称谙班勃极烈，不称太子。《金史》卷90《张九思传》载：金世宗时期"诏检括官田，凡地名疑似者，如皇后店、太子庄、燕乐城之类，不问民田契验，一切籍之，复有邻接官地冒占幸免者"（第2126页）。可见，太子庄为中原地名。

② 李锡厚：《金朝实行南、北面官制度说质疑》，《社会科学战线》1989年第2期。

③ 《金史》中关于太祖、太宗时期辽东、辽西地区京、府、州的记载较多，故李锡厚《辽金时期契丹及女真族社会性质的演变》（《历史研究》1994年第5期）一文认为金朝统治者"废除了辽东地区行之已久的州县组织"是不正确的。

④ 《金史》卷75《孔敬宗传》载，太祖天辅二年，"斡鲁古兵至境上，敬宗劝刘宏迎降，遂以敬宗为乡导，拔显州，以功补顺安令"（第1827页），还可见到存在零星的县。

⑤ 笔者目力所及的史料中没有见到金朝任命汉、渤海、契丹、奚等地方官为"字堇"的事例，李锡厚关于金初授辽东地区的渤海人、汉人以"字堇"官称的推测似乎不能成立。

⑥ 程妮娜：《金代政治制度研究》，第85—87页。

⑦ 程妮娜：《金朝西北部契丹等游牧民族的部族、糺制度研究》，《吉林大学社会科学学报》2007年第3期。

础的女真原始部族制。金朝统治下的中原汉人地区，保留了原有的辽、宋州县制度，没有推行猛安谋克制度，更与血缘组织无涉，不再赘言。

综上，金朝太祖、太宗时期无论是女真人的猛安谋克制度，还是汉、渤海、契丹、奚等族的猛安谋克制度，抑或是为数不多的西北边地的部族制，都是建立在地缘关系上的行政建置，不是建立在血缘组织基础上的村寨行政系统和部族体制，它是金朝国家建立的基础。

五　结语

上文从国家本质的角度，讨论了金朝初年基于武力的制度化政治结构的形式和基于地缘关系的社会凝聚机制，各种史实都有力地证明了女真人建立的金朝，在太祖、太宗时期已经是一个多民族国家，不是单纯的女真人酋邦（或部族体制），也不是包含了多民族的酋邦（或部族体制、或部落联盟）。

金太祖建国之初，国民是以女真人为主，到太祖末年占领了辽朝绝大部分国土后，其他民族的数量远远超过了女真人，到太宗中期汉人已经成为占金朝人口大多数的民族，为了适应国情的变化，金朝的官僚政府机构不断吸收新的内容，调整原有的制度，但直到太宗末年尚未进行政治体制的全面改革，或者说没有完成这一改革，这使金太祖、太宗时期国家政治结构和地方组织具有浓重的女真传统特色。金初女真朝廷不同于中原王朝的议政形式、君臣无严格尊卑礼仪，没有宏伟的宫殿和高大的城池，对于曾经在金朝生活甚至长期居住在女真内地被羁留的宋使、汉人来说，他们看到听到的是完全不同于宋朝或者与宋朝有巨大差异的政治文化，对他们的触动很大。他们记述下的异民族文化习俗和他们亲身经历的事件，具有很高的史料价值。但我们同时还应看到，这个时期的女真人与汉人之间基本语言不通，洪皓《松漠纪闻》中说："金国之法，夷人官汉地者，皆置通事。"[1] 汉人对女真社会内部的了解是有限的，尤其是当时正处于金宋战争状态，即便是金朝任用的汉官，若不在朝廷任职也无法了解女真集团内部的真实情况。这导致南宋初年宋

---

[1] （宋）洪皓撰：《松漠纪闻》，李澍田主编：《长白丛书》（初集），第32页。

人记述女真朝廷内部的事迹，关于女真君臣之间权力关系的描述，多是道听途说，掺杂了许多错误和混乱的信息。因此尽管一些史书是当时人记述当时事，但许多内容的可信度并不高，需要辨析，切不可全部作为信史来使用，否则得出的认识与历史的真实相差很远。

（原载《陕西师范大学学报（哲学社会科学版)》2020 年第 4 期）

《金史》"篡改开国史"辨

关于金朝开国史，史学界存在不同看法。产生不同看法的主要原因，一是相关史料极少，记载简略、含糊，而且金、辽、宋史籍的记载存在差异；二是学者们解读史料的角度、立场和方法有所不同，得出的看法也各不相同。本文在辽、金、宋并存的大环境下，从女真社会发展的实态出发，围绕都勃极烈的身份、女真建国目的与"收国"年号、渤海人杨朴与金建国关系等几个学界争论的主要症结问题，对《金史》是否篡改开国史进行深入探讨。笔者在探讨上述问题时对学界已有的观点进行讨论，希望对金朝开国史的研究更有针对性和更有效。

一 关于金朝建国问题的讨论

关于金朝建国的时间，金、辽、宋三方史籍的记载存在差异。

金朝文献方面，《金史·太祖纪》记载："收国元年正月壬申朔，群臣奉上尊号。是日，即皇帝位。……国号大金，改元收国。"① 收国元年岁在乙未，即 1115 年。《大金集礼》记载："收国元年春正月壬申朔，诸路官民耆老毕会，议创新仪，奉上即皇帝位。阿离合懑、宗干乃陈耕具九，祝以辟土养民之意。复以良马九队，队九匹，别为色，并介胄、弓矢、矛剑奉上。上命国号大金，建元收国。"② 元好问《续夷坚志》卷二"历年之谶"条云："盖武元以政和五年、辽天庆五年已

---

① 《金史》卷 2《太祖纪》，中华书局 2020 年版，第 28 页。
② 佚名：《大金集礼》卷 1《帝号上·太祖皇帝即位仪》，王云五主编：《丛书集成初编》，商务印书馆 1936 年版，第 1 页。

（乙）未为收国元年，至哀宗天庆（兴）二年蔡州陷，适两甲子周矣。"① 武元即太祖阿骨打。《金史·太祖纪》的史源为金熙宗皇统八年（1148）修成的《太祖实录》。② 金朝无论是官修还是私纂的书籍都记载金朝建国时间为 1115 年，国号大金，建元收国。

辽朝文献方面，《辽史·天祚帝纪》记载：天庆七年（1117），"是岁，女直阿骨打用铁州杨朴策，即皇帝位，建元天辅，国号金。杨朴又言，自古英雄开国或受禅，必先求大国封册。遂遣使议和，以求封册"。③《辽史·属国表》亦记载：天庆七年"是岁，女直国主即皇帝位，建元天辅，国号金"。④ 据苗润博考证，《辽史·天祚帝纪》是元朝史官以辽《皇朝实录》的本纪部分为骨架，增入《亡辽录》所记的具体细节而撰成。⑤《辽史·属国表》中提到 1117 年完颜阿骨打是以"女真国主"的身份登基为金国皇帝。辽朝史籍记载金朝建国时间为 1117 年，国号金，建元天辅。

南宋文献方面，关于金朝建国时间的记载多样，最普遍的说法是金朝建于宋徽宗政和八年（十一月改元"重和"），即 1118 年。王称《东都事略》卷一二五《金国一》记载："辽东人有杨朴者，劝阿骨打称皇帝，以其国产金，号大金国，建元为天辅。是岁，政和八年也。"⑥ 李心传《建炎以来朝野杂记》、陈均《九朝编年备要》、李埴《皇宋十朝纲要》、佚名《中兴御侮录》、佚名《宋史全文》等大多数宋朝史籍皆持此系年。被认为是元人托宋人所作的《契丹国志》和《大金国志》亦同。1118 年建国这一说法中几乎无一例外都提到完颜阿骨打是在渤海人杨朴的建议下称皇帝，建立金国。苗润博认为上述诸书的最初源头，皆出自史愿的《亡辽录》。⑦ 据《三朝北盟会编》记载："史愿字

---

① （金）元好问撰，常振国点校：《续夷坚志》卷2，"历年之谶"条，中华书局1986年版，第31页。

② 《金史》卷66《完颜勖传》，第1659—1660页。

③ 《辽史》卷28《天祚皇帝纪二》，中华书局2016年版，第376页。

④ 《辽史》卷70《属国表》，第1301页。

⑤ 苗润博：《〈辽史〉探源》，中华书局2020年版，第88—91页。

⑥ （宋）王称撰，孙言诚、崔国光点校：《东都事略》卷125《金国一》，刘晓东等点校：《二十五别史》，齐鲁书社2000年版，第1086页。

⑦ 苗润博：《〈辽史〉探源》，第90页注释1。

仲参，燕人，先归朝而来也。"① 辽末金初，辽燕人史愿逃亡宋朝，绍兴十五年（金熙宗皇统五年，1145）三月，宋人将"史愿送还金国"。②《亡辽录》为史愿在南宋期间所撰写。

此外，宋人文献中关于金朝建国时间还有三种不同的说法：一是1114 年说：苗耀《神麓记》记载："太祖，契丹咸雍四年岁在戊申生，自辽国天庆三年甲午岁，年四十七，于宁江府拜天册立，改元，称帝号。侍中韩企先训名曰旻。改收国三年为天辅元年，共在位九年。"③ 这其中有两处明显的错误，其一，岁在甲午为1114 年，时为辽天庆四年，此记三年；其二，韩企先是辽柳城（今辽宁朝阳）人，金太祖天辅五年（1121）金军攻打辽中京时归附金朝，④ 并非在收国年间归附女真。二是1115 年说：晁公迈《历代纪年》云："太祖大圣武元皇帝，姓完颜，名旻，初名阿骨打。国名女真，灭契丹，僭称皇帝，以其国产金，改国号大金，建元收国（原注：本朝徽宗政和五年乙未、大辽天祚天庆四年），又改天辅（原注：徽宗政和七年丁酉，又云重和元年戊戌，天祚天庆七年）。在位六年（原注：宣和四年壬寅死）。"⑤ 岁在乙未，为宋政和五年（1115），辽天庆五年，此记四年误。金灭契丹在金太宗天会三年（1125），此处当为"反契丹"。徐梦莘《三朝北盟会编》卷三虽未明言哪年建国，但云"国号大金……改元收国"，⑥ 同时记录了渤海人杨朴给阿骨打上疏劝其建国的内容。三是1122 年说：吕颐浩《忠穆集》曰："政和年间，内侍童贯奉使大辽，得赵良嗣于芦沟河，听其狂计，遣使由海道至女真国通好（原注：女真于宣和四年方建国号大金）。"⑦ 宋初次遣使与金国通好是在宋徽宗宣和元年（1119）春，吕颐浩称之为"女真国"，宣和四年（即辽保大二年、金天辅六

---

① （宋）徐梦莘：《三朝北盟会编》卷 208，绍兴十二年二月，上海古籍出版社 1987 年版，第 1499 页。

② （宋）徐梦莘：《三朝北盟会编》卷 214，绍兴十五年三月，第 1499、1537 页。

③ （宋）徐梦莘：《三朝北盟会编》卷 18 引《神麓记》，第 127 页。辽朝无宁江府，当为宁江州之误。

④ 《金史》卷 78《韩企先传》，第 1889 页。

⑤ （宋）晁公迈：《历代纪年》卷 10《夷狄·大金》，《续修四库全书》，上海古籍出版社 2002 年版，第 826 册，第 209 页。

⑥ （宋）徐梦莘：《三朝北盟会编》卷 3，第 22 页。

⑦ （宋）吕颐浩：《忠穆集》卷 2《奏议·上边事善后十策》，文渊阁《四库全书》，台北商务印书馆 1986 年影印本，第 1131 册，第 268 页。

年，1122）改国号"大金"。宋人文献记载金朝建国时间有 1114 年、1115 年、1118 年、1122 年四种说法，国号有大金、女真两种说法，建元有收国、天辅两种说法。宋人文献皆为私人著述，每条记载几乎都可以找出或多或少的讹误和混乱。

《金史》主要源自当朝官修史书。《辽史》末年纪事是合集了官、私著述。宋人文献皆为私撰，且讹误和混乱显而易见。以往史家对《金史》评价很高，对《辽史》颇有微词，赵翼《廿二史札记》赞《金史》"最得史法"，"初臣辽而事之，继而叛辽而灭之，一切以诈力从事，皆直书不讳"。同时赵翼认为《辽史》"最简略"，"（金）收国两年俱抹煞矣，此《辽史》之疏漏也"。① 故历来史家皆以《金史》记载的金朝建国时间、国名和始建年号为信史。

刘浦江撰文对《金史》记载的金朝建国时间提出质疑，他从宋人文献入手展开研究，认为完颜阿骨打采纳渤海人杨朴的建议称帝建国、请求辽朝加以册封的开国史，这在金人看来有失国体，故对开国的历史讳莫如深，由《太祖实录》所撰造而为《金史》所承袭的金朝开国史肯定是不真实的。他初步认为完颜阿骨打于 1114 年起兵以后，可能在 1117 年或 1118 年建立了国家，国号为"女真"，年号为天辅，1122 年改国号为"大金"。② 刘文发表后引起学界对这一问题的关注和争论，现仅就学者撰文讨论的主要观点介绍如下。

董四礼、乌拉熙春对刘文皆持反对意见，董四礼认为当时女真社会发展到了部落联盟组织向国家过渡的阶段，阿骨打起兵前做了大量的准备工作，不能谓之贸然。辽统治者面对昔日属国的叛离，杀其使者，断然否认金国自立的合法性，这应该是辽史官不记金初"收国"年间事的原因所在。董四礼指出杨朴史事为《大金国志》记之颇多，但可信度极差，以之为据，恐难成立。③ 乌拉熙春同样持反对意见，她考证了契丹小字《越国王乌里衍墓志铭》中"天辅六年正月十六日"的纪年，董四礼指出这一年即辽天祚帝保大二年（1122），上推天辅元年即天祚帝天庆七年（1117），否定了 1118 年是天辅元年之说。乌拉熙春又从

---

① （清）赵翼著，王树民校证：《廿二史札记校证》卷 27《金史》，中华书局 1984 年版，第 586、597、602 页。

② 刘浦江：《关于金朝开国史的真实性质疑》，《历史研究》1998 年第 6 期。

③ 董四礼：《也谈金初建国及国号年号》，《史学集刊》2008 年第 6 期。

语言学上再次审定了皇统二年（1142）的契丹小字《习撚镇国墓志铭》
（金代博州防御使墓志）中出现的国号，[1] 认为刘浦江所依据的刘凤翥
等人过去释为"女真国"的看法是错误的，此二字是频见于《辽史》
的"女古"，即契丹语的"金"，墓志中的国号为"金国"，从而否定
了刘文初步认定阿骨打初建的国号为"女真"的推测。[2]

李秀莲对刘文观点基本持赞同意见，又进一步提出新的看法，认为
阿骨打起兵反辽，是为摆脱辽朝的压迫，集结民族力量，实现民族独
立。1115 年阿骨打建号称都勃极烈，是历史的必然。1117 年阿骨打采
纳杨朴的建议称帝，金朝建国，年号天辅。她认为1115 年以前，女真
社会没有"都勃极烈"称号，"收国"不是年号，是金朝史官追记历史
的时间坐标，时人未曾使用过。《金史》将阿骨打称都勃极烈说成是称
皇帝，并对开国史进行了系统的篡改。[3]

叶帅提出与上述观点既相同又有区别的看法，他认为金朝立国之初
存在着一个建国在先称帝在后的特殊历史阶段，他赞成李文关于1115
年阿骨打称都勃极烈未称帝的看法，但认为此时女真已正式建国，国号
为"金"，是酋邦制国家。1117 年阿骨打称帝是杨朴劝进的结果，标志
着中央集权的皇权帝国正式开始形成。他认为从金朝开国的历史进程观
察，1115 年女真人正式建立国家，是内外动因结合的历史性需求，也
与诸史料和考古材料一一契合。但由于对"开国"理解的差异，导致
《金史》形成了"1115 年说"，《辽史》形成了"1117 年说"。宋金官
方真正往来始于1118 年8 月，导致了宋方"1118 年说"的形成。[4]

自刘文发表之后，学界基于对金朝开国史的讨论和进一步研究，取
得了两点基本共识：一是确定了金太祖天辅元年是1117 年，除上面提
到的出土墓志的研究外，在金宋之间的国书中亦有确切的证据，如宋宣
和五年（1123）四月金国使人杨璞（朴）持誓书来，书曰："维天辅七

---

① 此前，吴英喆提出《博州防御使墓志》中读音为"女古"的契丹字可能是"大金国"
的"金"。参见吴英喆：《关于契丹小字中的"大金国"的"金"》，《中央民族大学学报》
2004 年第6 期。

② 爱新觉罗·乌拉熙春：《金朝开国史岂容窜改——石刻铭文证实"收国"年号的存
在》，《爱新觉罗乌拉熙春女真契丹学研究》，京都：松香堂书店2009 年版，第13—26 页。

③ 李秀莲：《阿骨打称都勃极烈与金朝开国史之真伪研究》，《史学月刊》2008 年第6
期；李秀莲：《杨朴在〈金史〉中的隐退与金初政治》，《黑龙江民族丛刊》2010 年第4 期。

④ 叶帅：《关于金朝开国史相关材料的再思考与新认识》，《学习与探索》2018 年第5 期。

年岁次癸卯，四月甲申朔八日辛卯，大金皇帝致书于大宋皇帝阙下，惟信与义取天下之大器也。"① 宋宣和五年（1123）为金天辅七年，上推天辅元年为 1117 年。二是目前所出土的文字资料并不支持在大金国号之前曾有女真国号的观点。这就否定了刘文通过梳理宋朝文献得出的部分看法，即女真人或于 1118 年建立了国家，国号是"女真"，1122 年改国号为"大金"。

目前学界关于金朝开国史的讨论集中在金朝是 1115 年建国，年号为收国？还是 1117 年建国，年号为天辅？金朝建国后，完颜阿骨打称帝，还是称都勃极烈？渤海人杨朴向完颜阿骨打建言"称帝建国"是真实的，还是杜撰的？上述问题直接关系《金史》是否篡改了开国史，不可不辨。

二　金建国后完颜阿骨打称"都勃极烈"，还是称帝？

"都勃极烈"是 1115 年以前生女真酋邦的最高酋长，关于这一点以往中外学界基本没有异议。近年讨论金朝开国史以来，李秀莲、叶帅又提出都勃极烈是 1115—1116 年女真建号或建国时期完颜阿骨打的称号。② 李文认为都勃极烈的出现是金朝开国史上的重大事件，《金史》关于都勃极烈的记载都是后人的追记，不是信史，可视为是《金史》伪造和篡改开国史的结果。③ 查阅《金史》只有三条关于"都勃极烈"的简略记载：

> 康宗即世，太祖袭位为都勃极烈。④
> 康宗没，太祖称都勃极烈。⑤

---

① （宋）徐梦莘：《三朝北盟会编》卷 15，宣和五年四月十一日，第 108 页。
② 李秀莲：《阿骨打称都勃极烈与金朝开国史之真伪研究》，《史学月刊》2008 年第 6 期；叶帅：《关于金朝开国史相关材料的再思考与新认识》，《学习与探索》2018 年第 5 期。
③ 李秀莲：《阿骨打称都勃极烈与金朝开国史之真伪研究》，《史学月刊》2008 年第 6 期。
④ 《金史》卷 2《太祖纪》，第 24 页。
⑤ 《金史》卷 70《撒改传》，第 1714 页。

金自景祖始建官属，统诸部以专征伐，嶷然自为一国。其官长，皆称曰勃极烈，故太祖以都勃极烈嗣位。①

中外学界关于这三条史料的解读存在差异。日本学者三上次男认为第一、第三条说明阿骨打袭位以前已有都勃极烈，但《百官志》关于勃极烈的记载不能无批判地相信；第二条说明阿骨打袭位时创制了都勃极烈。② 张博泉据第三条史料认为都勃极烈出现于景祖乌古乃时期。③ 此外，李文认为这三条史料都是后人追记不可信。④ 目前，学界关于都勃极烈出现的时间大致有五说：景祖乌古乃时期、世祖劾里钵时期、穆宗盈哥时期、阿骨打袭位之时（1113 年）、阿骨打袭位两年后（1115 年）。由此引发的关于"都勃极烈"名称的含义、存在的时间及其身份的讨论，从 20 世纪初到现在已有百余年时间。

关于此问题，最早展开研究的是日本学界，鸟山喜一指出都勃极烈的"都"，是女真语的音译。据《金史语解》："都，索伦语高为都。"《满洲源流考》："达，满洲语达为首之称，旧作都，今改正。"都，即是 da，应具有本、始、头目之义。《金史·世纪》曰："辽人呼节度使为太师，金人称'都太师'。"太师是都勃极烈的汉风称呼。他认为都勃极烈是建国前金室（生女真部）支配者的称号。⑤

池内宏同样认为都勃极烈是生女真部最高君长的称号，虽然在女真语言里勃极烈不过是勃堇的变形，但是作为称号二者是完全不同的，前者远高于后者。他认为都勃极烈的"都"，与汉官的都元帅、都总管、都指挥使的"都"是相同的意思，具有统领之义。都勃极烈是汉语的"都"与女真语的"勃极烈"复合而成的。金建国前生女真的君长称号不仅仅只有都勃极烈，在他之下低一级的勃极烈是国论勃极烈，国相是

---

① 《金史》卷 55《百官志》，第 1297 页。

② 三上次男：「金代政治制度の研究」、『金史研究』二、東京：中央公論美術出版、1970 年、81、85 頁。

③ 张博泉等：《金史论稿》第 1 卷，吉林文史出版社 1986 年版，第 98 页。

④ 李秀莲：《阿骨打称都勃极烈与金朝开国史之真伪研究》，《史学月刊》2008 年第 6 期。

⑤ 鳥山喜一：「金史に見えたる土語の官稱の四五に就いて」、『史學雜誌』二九編九號、1918 年 9 月。转引自池内宏：「金の建國以前に於ける完顏氏の君長の稱號について──『金史世紀研究』補證一」、『滿鮮史研究』中世第一冊、東京：吉川弘文館、1979 年、511─512 頁。此段文字包括引文皆为鸟山文的原文翻译。

它的汉译名，建国前以"国相"之名而存在。因此，至少在世祖时期完颜氏的君主就已称为都勃极烈。[1]

三上次男赞同池内宏关于都勃极烈名称的构成和含义的看法，他认为既然都勃极烈有"统领"之义，其下就应设有数名勃极烈。从完颜部势力的发展轨迹看，穆宗、康宗时期是完颜部显著发展时期，伴随着军事成功，酋长对内外诸女真氏族的支配力日益强化，有必要产生中央政务担当者的特别官称，于是创造了和"孛堇"同词根的"勃极烈"官称。他推测设置都勃极烈（以及政务机关的诸勃极烈）的时间可能在穆宗时期，至少不会晚于穆宗末期。[2]

张博泉据《金史·百官志》记载，认为勃极烈是官长之称，勃堇是部长之称，这种区分应始于景祖。辽以景祖为生女真部族节度使，辽人呼节度使为太师，金人称都太师，都太师即都勃极烈。军事部落联盟中的诸官称为勃极烈，但建国前其他诸勃极烈不见记载。[3]

王世莲赞同张博泉的看法，进一步论述认为景祖为节度使始建官属，"俨然自为一国"，其国主乌古乃便是都太师、都勃极烈，是女真诸部的最高冢宰。都勃极烈是对勃极烈而言，没有其他勃极烈，都字也无从谈起，不可能称为都勃极烈。在都勃极烈的官属中，有国相、都统、副都统、详稳等长官，《金史·世纪》中提到的"僚佐""官属"和参加"官属会议"的人也就是被女真称之为"大官人"的勃极烈，这是金朝建立前的勃极烈制。[4]

学界已有的研究对探讨这个问题奠定了很好的基础。关于勃极烈的名称，早年日本学者和我国女真文字学的学者都认为勃极烈与孛堇是同一女真语词根，勃堇本意为酋长，勃极烈这一称呼晚出于勃堇，是孛堇一词的变形，这一点已得到中外学界的认同。从已有研究看，上述中外学者都注意分清勃极烈与勃堇，以及都勃极烈与都勃堇、诸部长、都部长的区别：勃堇是部落长，勃极烈是官员称号。都勃堇、诸部长、都部

---

① 池内宏：「金の建國以前に於ける完顔氏の君長の稱號について——『金史世紀研究』補證一」，『滿鮮史研究』中世第一冊，512—515頁。
② 三上次男：「金代政治制度の研究」，『金史研究』二，83—87頁。
③ 张博泉等：《金史论稿》第1卷，第98页。
④ 王世莲：《孛堇、勃极烈考释》，《吉林大学社会科学学报》1987年第4期。

长是区域性部落小酋邦的酋长称号，① 都勃极烈是完颜氏大酋邦最高首领的称号。从金人的记载看无论金朝建国前还是建国后，在女真社会中勃极烈的称呼与孛堇的称呼从未出现过混用的现象。②

"都勃极烈"的含义，笔者认为应根据当时女真人的相应称呼来考察。建国前女真人使用的称呼中"都"主要有两种用法：一是都勃堇的"都"，在《金史》记载中女真酋长统领数部者称都勃堇，又作都部长、众部长，"都"具有"统领"之意；二是都太师的"都"，辽道宗时授乌古乃为生女真部族节度使，《金史·世纪》曰："辽人呼节度使为太师，金人称'都太师'者自此始。"③ 有辽一代在生女真地区仅设置一个节度使司，在生女真部族节度使之下并没有再设次一级节度使，显然这里的"都"不能用"统领"来解释。日本学者池内宏通过对辽、金、宋、高丽的史籍考证，认为《金史》记载有误，指出并不是女真人称节度使为都太师，而是乾统三年（1103）盈歌奉辽命斩获辽叛将萧海里，赴春捺钵朝见天祚帝时，"大被嘉赏，授以使相，锡予加等"。盈歌所被授予的"使相"即是"太师"官号，女真人称节度使为都太师，应自盈歌始。④ 这里的"都"，正如鸟山喜一的考证应是"高"的意思。清乾隆年间编纂的《钦定金史语解》云："达贝勒，达，头目也。贝勒，管理众人之称。卷二作都勃极烈。"⑤ 都太师的"都"应是"头目"之义。笔者认为后者符合都勃极烈的身份。"都勃极烈"不是汉语和女真语的复合词，而是单纯的女真语，即是最高酋长之意，与其下是否设置诸勃极烈无关。若分析上面各位学者的观点，可发现一个悖

---

① 金建国前，除按出虎水完颜部酋长外，称为都勃堇（诸部长）有姓名记载的还有七水地区的完颜白答、星显水纥石烈阿疏；建国后，金初有耶懒路都勃堇完颜石土门、曷苏馆都勃堇完颜钩室。无论文献还是碑刻都不见这几人被称为"都勃极烈"的记载。

② 宋人文献中则存在勃极烈与勃堇混用的现象，徐梦莘《三朝北盟会编》卷3载："其职曰忒母（原注：万户）、萌报（原注：千户）、毛可（原注：百人长）、蒲里偃（原注：牌子头）。勃极烈者统官也，犹中国言总管云。自五十户勃极列推而上之，至万户勃极列皆自统兵，缓则射猎，急则出战。"（第18—19页）这里所使用的女真语"勃极烈"与"勃堇"意思相同，其含义已不是建国前的部落长，而是"官长"的意思。所谓的五十户勃极烈到万户勃极烈，是宋人对金朝建国后女真猛安谋克官员与万户官的解读。

③ 《金史》卷1《世纪》，第5页。

④ 池内宏：「金の建國以前に於ける完顔氏の君長の稱號について——『金史世紀研究』補證一」、『滿鮮史研究』中世第一冊、488頁。

⑤ 《钦定金史语解》卷6，道光四年刻本，第1页b。

论。大家都认为"都勃极烈"是生女真部最高君长的称号，但多将"都勃极烈"定位为统领诸勃极烈的最高官，或曰"官的头目"，即"都勃极烈，总治官名，犹汉云冢宰"。① 仅从阿骨打任都勃极烈以后的事迹分析，便可知都勃极烈不是官名之称，或者说不是臣，而是女真人对自己最高首领的称呼，是完颜部大酋长的固定专属称呼。

都勃极烈出现于何时？中外各家观点，有景祖说、世祖说、穆宗说，还有阿骨打说。据史籍记载，景祖乌古乃时，"众推景祖为诸部长，白山、耶悔、统门、耶懒、土骨论、五国皆从服"。② 此时，女真部民称景祖为"诸部长"。世祖劾里钵时，在与盃乃对战之际，"肃宗下马，名呼世祖，复自呼其名而言曰：'若天助我当为众部长，则今日之事神祇监之。'语毕再拜"。③ 女真部民称世祖为"众部长"。诸部长、众部长是同一称呼，相同含义的称呼在当时还有都部长、都勃堇等。这表明在辽朝任命完颜部酋长为生女真部族节度使之后，女真部民仍然继续使用对完颜部酋长的传统称呼。这或可说明"都勃极烈"作为完颜部大酋长固定专属的称呼，在景祖、世祖时期还没有出现。

笔者赞成三上次男关于完颜部势力发展轨迹的考察及其所得出的认识，他认为穆宗时期伴随着军事成功，对内外诸女真氏族的支配力日益强化，都勃极烈的称号可能出现在穆宗时期。三上次男认为都勃极烈是"统领"之义，如同汉人的都元帅、都指挥使等官职。都勃极烈之下只有设置了数名勃极烈之后，才可能设有"都勃极烈"，盈哥末期开始与高丽交涉，一定设置了勃极烈。④ 这里他比较谨慎地提到"设置了勃极烈"却回避了"设置了都勃极烈"的表述形式，估计他的言外之意是设置了勃极烈就有可能设置了都勃极烈。笔者认为都勃极烈是最高酋长的尊称，是生女真高级酋邦的君长。翻检史籍没有发现金建国前有关于"都勃极烈"以外曾设置诸勃极烈的任何记载，显然将"都勃极烈"释为"统领诸勃极烈的人"是没有史实依据的。然而，"都勃极烈"这一称号的出现当有一个契机，穆宗末年抚定统门、浑蠢、耶悔、星显四路

---

① 《金史》后附《金国语解》，第3049页。
② 《金史》卷67《石显传》，第1673页。
③ 《金史》卷1《世纪》，第12页。
④ 三上次男：「金代政治制度の研究」，『金史研究』二、83—87頁。

及岭东诸部之后，用阿骨打的建议，"自今勿复称都部长"，^① "令诸部不得擅置信牌驰驿讯事，号令自此始一"，^② "民听不疑矣。自景祖以来，两世四主，志业相因，卒定离析，一切治以本部法令"，史称"金盖盛于此"。^③ 穆宗在统一女真诸部号令，取消生女真各部"都勃堇"称号的同时，将部民对自己的称呼"众部长"（都勃堇）改为"都勃极烈"，以彰显其为生女真部最高酋长的地位。

但是，《金史》记述康宗袭位时并未提到都勃极烈，仅云："乾统三年癸未，袭节度使。"^④ 作为辽朝的属部，这时女真人更重视的是生女真部族节度使（都太师）一职。然阿骨打袭位时则提到都勃极烈，癸巳（1113 年）十月，康宗去世时，《金史》载"（是月）太祖袭位为都勃极烈"。如考察阿骨打袭位的细节，便可明了这一记载是事出有因。阿骨打刚刚袭位，尚未遣使向辽朝报丧，碰巧此时辽使阿息保到达宗颜部，指责阿骨打"何以不告丧？""他日，阿息保复来，径骑至康宗殡所，阅赗马，欲取之。太祖怒，将杀之，宗雄谏而止"。这些事情皆发生在甲午年（1114）五月以前。六月，辽天祚帝才遣使至生女真属部，"来致袭节度之命"。^⑤ 故《金史》记述阿骨打与辽使冲突之事，表明此时阿骨打刚刚袭任都勃极烈，这当是史籍中"都勃极烈"称呼见于阿骨打袭位之时的原因。

李文断言《金史》关于"都勃极烈"的一切记载都是后人的追记不可信，但没有说明依据什么史料，只是说王钟翰主编的《中国民族史》认为"康宗即世，太祖袭位为都勃极烈"，实"不足以为证"。^⑥ 但是，查该书原文，作者是在叙述金收国元年七月建立最高权力机构勃极烈制度时出了一个注释云："有人据史载癸巳岁'康宗即世，太祖袭位为都勃极烈'，认为勃极烈制在金国建立前已存在，不足以为证。"可见李文误解了《中国民族史》作者的看法，该作者否定的是金建国前存在勃极烈制度，不是否定康宗时已经有"都勃极烈"的称号。而

① 《金史》卷 1《世纪》，第 14 页。
② 《金史》卷 2《太祖纪》，第 24 页。
③ 《金史》卷 1《世纪》，第 16 页。
④ 《金史》卷 1《世纪》，第 16 页。
⑤ 《金史》卷 2《太祖纪》，第 25 页。
⑥ 李秀莲：《阿骨打称都勃极烈与金朝开国史之真伪研究》，《史学月刊》2008 年第 6 期。

且，在该书正文中尚有"1115 年元月，阿骨打建国称帝"，"都勃极烈改称皇帝后不复再用"之语。① 说明作者认为《金史》的记载是真实的，阿骨打在 1115 年建国前称为都勃极烈。显然李文印证的依据不成立。李文在全面否定了《金史》关于"都勃极烈"的记载后，不知何故却认为"都勃极烈"这一称号是真实的，并在没有任何依据的情况下设想阿骨打是在袭任完颜氏酋邦大酋长的两年后，建号"都勃极烈"。李文这个看法本身存在矛盾，是一个不完善的假想。

"都勃极烈"称号何时被废止？中外学界一般认为金朝建国完颜阿骨打称帝之时"都勃极烈"称号随之废止。叶文提出在金建国之初收国年间（1115—1116）阿骨打继续称都勃极烈，他认为 1113 年 10 月阿骨打袭任都勃极烈，与吴乞买、辞不失、斜也、阿离合懑等诸勃极烈共事，与撒改共治疆土和居民。1115 年正月建国，距彼时仅过了一年有余，女真社会尚处于酋邦形态，阿骨打与诸勃极烈的政治力量对比没有发生本质上的变化，没有条件称帝，故到 1117 年阿骨打才称帝。② 然而，查《金史》，吴乞买、辞不失、斜也、阿离合懑与撒改被任命为勃极烈的时间在收国元年（1115）七月到九月，并不是在 1113 年阿骨打袭任都勃极烈之初。③ 而且，勃极烈制度直到金熙宗完颜亶天会十三年（1135）才被废止。如从叶文所设想的阿骨打称"都勃极烈"的原因看，既然 1117 年及以后十几年诸勃极烈依然存在，国家的政治制度在太祖朝没有发生重大改变，阿骨打也没有理由废止"都勃极烈"的称号。显然，叶文的推论很难成立。

笔者认为"都勃极烈"作为完颜氏酋邦大酋长的专属称号，可能出现于穆宗末年全面整顿女真部族之时。经康宗乌雅束，1113 年"太祖袭位为都勃极烈"，直到 1115 年，金建国之时，完颜阿骨打"即皇帝位"，废止"都勃极烈"称号而称皇帝。《金史》一系列的记载是真实的，不存在编造和篡改的问题。李文和叶文将"都勃极烈"纳入 1115 年金朝开国史的讨论，是因为他们注意到 1115 年前后女真社会发生明显的变化，1115 年在女真建国史上是一个重要的节点。李文设想

---

① 王钟翰主编：《中国民族史》，中国社会科学出版社 1994 年版，第 477 页。
② 叶帅：《关于金朝开国史相关材料的再思考与新认识》，《学习与探索》2018 年第 5 期。
③ 前面提到王钟翰主编的《中国民族史》所否认的观点，恰恰是叶文的看法。

这年阿骨打建号"都勃极烈",叶文设想金建国之初阿骨打称"都勃极烈",他们都认为金初不是国家而是酋邦社会。[1] 这种看法失之偏颇,他们放大了女真社会某些旧俗而忽视了金朝建立之时已经具备国家基本要素的事实,应该看到,金初国家政治制度具有浓厚的女真族特点,与中原王朝礼制有明显的不同,但与酋邦形态有质的区别。对此笔者已撰文讨论,这里不再赘述。[2] 然李文和叶文关于1115年阿骨打建号和金朝建国的论述,则有助于金朝建国问题的讨论。

三 金何时建国与"收国"年号的真伪

金朝何时建国?这是涉及《金史》是否篡改开国史的核心问题。学界现有研究已经排除了宋人文献记载金建国于1114年、1118年、1122年的说法,目前讨论的焦点在于金建国时间是《金史》与宋人文献记载的1115年?还是《辽史》记载的1117年?笔者认为将女真的建国条件、建国目的、金朝收国年间国家制度的建设作为一个整体来研究,是探清金朝建国时间的一个有效途径。

生女真地区在完颜部酋长石鲁(昭祖)时期已呈现出由氏族部落向简单酋邦发展的趋势,到景祖乌古乃时期,完颜部"稍役属诸部,自白山、耶悔、统门、耶懒、土骨论之属,以至五国之长,皆听命",完颜氏生女真酋邦初步建立。辽道宗出于经营鹰路的需要,在生女真地区设立了生女真部族节度使司,将其纳入辽朝属国属部体系。乌古乃任生女真部族节度使时,始"有官属,纪纲渐立矣"。[3] 世祖劾里钵、肃宗颇剌淑时期,平定了完颜部内部的分裂活动和成功击败了其他女真部族的攻击,完颜氏生女真酋邦得到稳固。三上次男认为此时完颜部将东到牡丹江流域,北到江北的呼兰河一带的女真部族皆置于自己势力范围

---

① 李秀莲关于金初是酋邦形态的观点,参见李秀莲、刘智博:《金朝酋邦社会形态下的勃极烈官制》,辽宁省博物馆、辽宁省辽金契丹女真史研究会编:《辽金历史与考古》第10辑,文物出版社2019年版,第240—253页。

② 程尼娜:《是酋邦,还是国家——以金朝初年女真社会政治为中心》,《陕西师范大学学报》(哲学社会科学版)2020年第4期。

③ 《金史》卷1《世纪》,第5、6页。

之下，但只是对按出虎水地区的诸女真部族实现了强有力的统辖，对新服属的诸女真部族仅是缔结了纳贡关系。① 穆宗盈哥继任生女真部族节度使后，"履藉父兄趾业，锄除强梗不服己者"，② 抚定统门、浑蠢、耶悔、星显四路及岭东（老爷岭以东）诸部，其势力范围向东南扩展到乙离骨岭（朝鲜咸镜北道吉州平原南境的摩天岭山脉）。③ 穆宗盈哥末期完成了对大部分生女真部族的统一，其势力范围还渗透到邻近的系辽籍女真部族地区。穆宗为加强对生女真酋邦下诸部的管理，"令诸部不得擅置信牌驰驿讯事，号令自此始一"，④ 命各部族"自今勿复称都部长"，⑤ 自称"都勃极烈"，以强化酋邦大酋长的尊崇地位。康宗乌雅束时期，用兵北琴海（今兴凯湖），并统合了朝鲜咸镜南道一带的女真部族，完成了生女真诸部的统一，自穆宗末年女真社会进入了高级复杂的酋邦阶段。

康宗时对生女真诸部的管理日益强化。史载："康宗七年，岁不登，民多流莩，强者转而为盗。欢都等欲重其法，为盗者皆杀之。太祖曰：'以财杀人，不可。财者，人所致也。'遂减盗贼征偿法为征三倍。民间多逋负，卖妻子不能偿。康宗与官属会议，太祖在外庭以帛系杖端，麾其众，令曰：'今贫者不能自活，卖妻子以偿债。骨肉之爱，人心所同。自今三年勿征，过三年徐图之。'众皆听令，闻者感泣，自是远近归心焉。"⑥ 欢都、阿骨打曾被辽授予详稳官称，他们是生女真部族节度使司官属近僚集团的成员。⑦ 从这次生女真内部的政务处理看，节度使司之下生女真各部有统一的"盗贼征偿法"，军政事务皆听令于官属的决议。

阿骨打袭任都勃极烈的第二年（1114）起兵反辽时，征调女真诸路部族兵会于来流水，命诸将传梃而誓曰："汝等同心尽力，有功者，奴婢部曲为良，庶人官之，先有官者叙进，轻重视功。苟违誓言，身死

---

① 三上次男：「金代政治制度の研究」、『金史研究』二、85 頁。

② 《金史》卷70《撒改传》，第1713页。

③ 津田左右吉：『満鮮歴史地理研究一——朝鮮歴史地理』、東京：岩波書店、1964 年、317 頁。

④ 《金史》卷2《太祖纪》，第24页。

⑤ 《金史》卷1《世纪》，第14页。

⑥ 《金史》卷2《太祖纪》，第24页。

⑦ 程尼娜：《辽代生女真属部官属考论》，《兰州大学学报》2020 年第5期。

梃下，家属无赦。"① 这里透露了一个重要信息，女真社会的分层有奴婢部曲、平民、官员，而且官员中有高中低之分。都勃极烈与官属成员已经具有国家君主与官僚的雏形。尤其值得注意的是，该年阿骨打"初命诸路以三百户为谋克，十谋克为猛安"。② 将女真人血缘部族组织改革为以户为单位的地缘组织，向国家形态迈出了至关重要的一步。可以说在阿骨打任都勃极烈及生女真部族节度使期间，女真社会已经具备建立国家的条件，只是等待合适的时机建国。

女真建国的目的是什么？为什么会选择在1115年建国？各种史籍关于女真建国的记载都凸显了一个目标：争取女真独立，摆脱辽朝的侵侮。尽管学界关于金朝开国史的观点不同，但对金建国的这一目标的认识是相同的。1114年9月，阿骨打起兵之时，申告于天地曰："世事辽国，恪修职贡，定乌春、窝谋罕之乱，破萧海里之众，有功不省，而侵侮是加，罪人阿疏，屡请不遣。今将问罪于辽，天地其鉴佑之。"③ 这不仅是生女真诸部的反辽檄文，同时对相邻部族也具有强大的号召力。到1114年年底，女真相继攻取辽宁江州、出河店，战宾州、祥州，克咸州，女真兵力大增，"始满万云"。④ 阿骨打同时使人诏谕系辽籍女真人、渤海人，邻近的铁骊部、鼻古德（鳖古）部、兀惹部相继归附，其中达鲁古部实里馆来告曰："闻举兵伐辽，我部谁从？"⑤ 在这种形势下，阿离合懑、昱（蒲家奴）、宗翰等曰："今大功已集，若不以时建号，无以系天下心。"⑥ 女真人建国已是势在必行。李文认为1115年"建号"是大势所趋；⑦ 叶文认为1115年女真人正式建立国家，是内外动因结合、主客观条件齐备的历史性需求。⑧ 这些认识基本符合当时实际情况。

金建国后，金太祖马上开始与辽和谈，收国元年正月，"阿骨打遣赛剌复书，若归叛人阿疏，迁黄龙府于别地，然后议之"。九月，金占

---

① 《金史》卷2《太祖纪》，第26页。
② 《金史》卷2《太祖纪》，第27页。
③ 《金史》卷2《太祖纪》，第26页。
④ 《金史》卷2《太祖纪》，第28页。
⑤ 《金史》卷2《太祖纪》，第26页。
⑥ 《金史》卷73《阿离合懑传》，第1775—1776页。
⑦ 李秀莲：《阿骨打称都勃极烈与金朝开国史之真伪研究》，《史学月刊》2008年第6期。
⑧ 叶帅：《关于金朝开国史相关材料的再思考与新认识》，《学习与探索》2018年第5期。

据辽镇守东北的重镇黄龙府，解除了辽朝的直接威胁后，金太祖就有罢兵之意，遣赛剌以书来报："若归我叛人阿疏等，即当班师。"① 这表明金朝当时并没有灭辽的实力和野心。得知辽天祚帝下诏亲征，阿骨打聚众臣，以刀劙面仰天哭曰："始与汝辈起兵，共苦契丹残扰，而欲自立国尔，今吾为若卑哀请降，庶几免祸，顾乃尽欲翦除，非人人效死战，莫能当也。不若杀我一族，汝等迎降，可以转祸为福。"诸酋皆罗拜于帐前，曰："事已至此，惟命是从。"② 用阿骨打的话说起兵反辽是"欲自立国尔"。从女真自身的形势看，此时开国规模与唐代鞨鞨人建立的渤海国大体相当，如果能得到辽天祚帝的允许，女真最初的建国目的便已经达到了。此时，阿骨打并没有萌生灭辽取而代之的想法，而是按照女真国俗全力经营自己的国家。从收国元年七月至二年（1116）五月，历时十个月，建立健全了中央国论勃极烈制度。收国元年年末，开始在新占领的辽州县地区建立路制，二年五月，在东京州县地区对新归附的各族人口，"置猛安谋克一如本朝之制"，③ 建立起从中央勃极烈制度到地方路制、基层猛安谋克的政治统辖机制。太祖天辅年间将此政治统辖机制继续推行到新占领地区，按部就班地运转。通过梳理文献资料我们看到，具有女真国家政治特点的统辖体制建立于收国年间，实行于天辅年间（1117—1123）。若按 1117 年建国说，金朝国家制度建立于建国前，建国后没有改动地继续推行之。这既不符合逻辑，也不符合国家建立的一般规律。天辅元年（1117）前后，尽管金辽战争仍在继续，但已看不到 1115 年前夕那种女真人迫切需要建国的政治形势，而且自收国元年正月金人已经以独立的身份与辽朝进行谈判。这一切说明，金朝于 1115 年已经建立，《辽史》关于 1117 年金朝建国的记载应当有误，其原因后文再讨论。

关于 1115 年金朝建元的"收国"年号，李文认为收国年号与其后的天辅、天会、天眷是不连贯的，天辅年号表现出女真人有崇敬"天"的思想，希望得到上天的护佑，收国年号不具备这样的寓意。④ 那么，

---

① 《辽史》卷 28《天祚皇帝纪二》，第 371、372 页。

② （宋）徐梦莘：《三朝北盟会编》卷 3，重和二年正月十日丁巳，第 21 页。

③ 《金史》卷 2《太祖纪》，第 32 页。

④ 参见李秀莲《阿骨打称都勃极烈与金朝开国史之真伪研究》，《史学月刊》2008 年第 6 期。

"收国"年号的女真文含义是什么？吉林省海龙县发现的《海龙女真国书摩崖》记有"收国"年号，金启孮等注释其中女真文"guru-un bax-axai"的前两字义为"国"，后两字义为"取得"，合译"收国"。①"baxaxai"，女真文本意是取得、获得、收获。"收国"应是取得、收获、建立国家之意，表达了女真人要脱离辽朝统治，建立独立自主的国家的意愿，这符合当时女真人的愿望。

在《金史》之外，金、宋史籍和碑刻中也见有"收国"年号的记载，对此刘文列举了《三朝北盟会编》《神麓记》《大定治绩》，以及朝鲜史书《高丽史》，认为这些史籍、碑刻写成的时间都晚于《太祖实录》，所载"收国"年号都是取材于篡改了金朝开国史的《太祖实录》。②据《金史·熙宗纪》记载，皇统八年（1148），"八月戊戌，宗弼进《太祖实录》，上焚香立受之"。③然而，成书于1148年以前的宋人文献也有"收国"年号的记载，如前文所举的晁公迈《历代纪年》，"其自为序当绍兴七年（1137）"，④成书早于《太祖实录》十余年。据《鸿庆居士集》记载，北宋末，晁公迈曾任开封府尹曹掾。⑤从他的经历看，对金朝开国史应有一定了解，其曰："太祖大圣武元皇帝，姓完颜，名旻，初名阿骨打。国名女真，灭契丹，僭称皇帝，以其国产金，改国号大金，建元收国（原注：本朝徽宗政和五年乙未、大辽天祚天庆四年），又改天辅（原注：徽宗政和七年丁酉，又云重和元年戊戌，天祚天庆七年），在位六年（原注：宣和四年壬寅死）。"⑥从所注宋、辽纪年看，除"天庆四年"应为"五年"以外，前后皆无误，此处"四年"应是晁公迈对辽代的纪年并不十分熟悉所致。值得注意的是，这里记载金太祖在位六年，死于宣和四年壬寅（1122），与《太祖实

———————————

① 金光平、金启孮：《女真语言文字研究》，文物出版社1980年版，第329页。
② 参见刘浦江：《关于金朝开国史的真实性质疑》，《历史研究》1998年第6期。
③ 《金史》卷4《熙宗纪》，第92页。
④ 《直斋书录解题》卷四记载："《历代纪年》十卷，济北晁公迈伯咎撰，咏之之子也，尝为提举常平使者，其自为序当绍兴七年。"参见（宋）陈振孙撰：《直斋书录解题》卷4，文渊阁《四库全书》，台北商务印书馆1986年版，第674册，第601页。
⑤ （宋）孙觌撰：《鸿庆居士集》卷25《外制》，文渊阁《四库全书》，台北商务印书馆1986年版，第1135册，第255—256页。
⑥ （宋）晁公迈：《历代纪年》卷10《夷狄·大金》，《续修四库全书》，第826册，第209页。

录》记载太祖卒于天辅七年（1123）八月不同。查阅该书"夷狄·大
金"条，最后部分是对熙宗朝的记载，现将全文抄录于下：

> 废主东昏王名亶，初名纳喝啰，阿骨打之孙，吴乞买立为皇太
> 子，吴乞买死袭位，改元天眷（原注：绍兴七年丁巳，又云绍兴八
> 年戊午），又改皇统（原注：绍兴十一年辛酉，止二十年庚午），
> 在位十五年，伪秦王（晟长子之子）废而杀之。①

《历代纪年》成书于金熙宗即位第三年（1137），这部分内容应是
后人所补，所补内容的下限到熙宗被弑。据《金史·熙宗纪》记载皇
统九年（1149）十二月，完颜亮杀熙宗即位，"降帝为东昏王"，②并于
当月改年号为"天德"。此处原注云：秦王（完颜亮）是晟（金太宗）
长子之子。③据《金史·海陵纪》完颜亮是太祖庶长子"辽王宗干第二
子也"。④出现这种张冠李戴的错误，说明补写者可能只是耳闻金朝发
生政变，对新即位的金朝皇帝知之不多，补写这部分内容的时间可能在
海陵初年，此时距皇统八年八月成书的《太祖实录》时间较短，在此
期间新修成的《太祖实录》尚未在宋朝境内广泛传播。另外，《历代纪
年》重在记述历代帝王的纪年，金太祖卒年也是换代之年，太宗即位
之年，是该书尤为重视的部分。晁公迈记述金太祖"在位六年"，"宣
和四年壬寅死"，补写者对这一明显错误没有进行修改，说明补写者同
样没有见过《太祖实录》。先于《太祖实录》成书的《历代纪年》记载
徽宗政和五年乙未（1115），阿骨打建国，国号"大金"，建元"收国"，
与《金史》记载的开国史相吻合，不仅印证了《金史》记载的真实性，
也提示宋人文献记载的"收国"年号并非都取材于《太祖实录》。

此外，《金史·太祖纪》载："上曰：'辽以宾铁为号，取其坚也。
宾铁虽坚，终亦变坏，惟金不变不坏。金之色白，完颜部色尚白。'于

---

① （宋）晁公迈：《历代纪年》卷10《夷狄·大金》，《续修四库全书》，第826册，第
209页。
② 《金史》卷4《熙宗纪》，第95页。
③ （宋）晁公迈：《历代纪年》卷10《夷狄·大金》，《续修四库全书》，第826册，第
209页。
④ 《金史》卷5《海陵纪》，第103页。

是国号大金。"① 刘文认为阿骨打这段话是编造的，是要让人们相信，阿骨打起兵伊始即称帝建国，并以取代辽朝为目的。② 《金史》关于国号的记载还见于《金史·地理志》："国言'金'曰'按出虎'，以按出虎水源于此，故名金源，建国之号盖取诸此。"③ 陈学霖认为国号名"金"，最确切的解释是沿袭辽以水立国名之例，这在宋金所传的史料中都说得十分清楚，既有地缘的体认，亦有本族固有文化的特征。④ 这一观点为学界普遍认同。《金史·太祖纪》所曰"惟金不变不坏"云云，从字面上看还可以有其他解释，可以理解为阿骨打从国祚长远的角度进一步阐释"金"作为国号的寓意，"金"作为一种贵金属较之"宾铁"具有不变不坏的属性，这是常识，阿骨打完全有可能是以"金"的属性来比喻"金国"将会比"辽国"更加国祚长久，这也是建国者最常见的心愿。后世学者从金迅速灭辽的事迹出发来解读阿骨打这句话，本身带有主观性。因此将这段记载作为《金史》篡改金朝开国史的证据还是有些牵强。

综上，金朝建国前女真社会已经具备建立国家的条件，1114 年阿骨打起兵反辽后，在首战告捷，战果不断扩大的形势下，急需建立国家"以系天下心"，吸纳系辽籍女真人、渤海人、鼻古德人、兀惹人等北方民族的反辽势力，壮大自己的实力。1115 年金朝建国正当其时，"收国"年号的含义与女真建国的目的相符，为金、宋文献所证实它是真实存在的。金建国之初的开国规模与唐代靺鞨人建立的渤海国大体相当，只要辽朝承认金国独立地位，女真人摆脱了被侵侮的处境，女真人便达到了建国的目的，这也是阿骨打称帝的当月就开始与辽议和的原因。收国年间，金朝建立起从中央勃极烈制度到基层猛安谋克制度——具有女真政治特点的一套国家政治制度，并成为金太祖、太宗时期国家的主体制度。可以说收国元年之前与之后，女真社会发生了质的变化，由原始酋邦形态进入国家形态。《金史》关于开国史方方面面的记载，彼此之间具有内在的联系，将其作为一个整体来考察，可以清楚地看到

---

① 《金史》卷 2《太祖纪》，第 28 页。

② 参见刘浦江：《关于金朝开国史的真实性质疑》，《历史研究》1998 年第 6 期。

③ 《金史》卷 24《地理志上》，第 590 页。

④ 陈学霖：《金国号之起源及其释义》，陈述主编：《辽金史论集》第 3 辑，书目文献出版社 1987 年版，第 286 页。

编撰者在开国时间（1115 年）、开国目的（女真独立）、开国年号（收国）以及国号（金）的含义（国祚绵长）等方面的记载是真实的，并没有进行系统的篡改。

四　金朝开国史中杨朴事迹的真与假

最后重点讨论一下宋、辽史籍中记载杨朴劝阿骨打即皇帝位，同时建议阿骨打请求辽朝封册这则史料的真与假。这条史料包含了两件事：一是杨朴劝阿骨打即皇帝位；二是建议阿骨打请求辽朝封册。两件事是发生在同一年，还是不同年份？都是真实的史事，还是有真有假？这直接关系《金史》是否篡改开国史的问题。

有关杨朴与金建国的事迹，在宋、辽文献中记载的文字多少不一，内容大同小异。《三朝北盟会编》卷三的记载较为完整，兹录于下：

> 有杨朴者，铁州人，少第进士，累官至秘书郎。说阿骨打曰："匠者与人规矩，不能使人必巧，师者人之模范，不能使人必行，大王创兴师旅，当变家为国，图霸天下，谋万乘之国，非千乘所能比也。诸部兵众皆归大王，今力可拔山填海，而不能革故鼎新，愿大王册帝号，封诸番，传檄响应，千里而定，东接海隅，南连大宋，西通西夏，北安远国之民，建万世之磙基，兴帝王之社稷，行之有疑，祸如发矢。大王如何。"阿骨打大悦，吴乞买等皆推尊杨朴之言，上阿骨打尊号为皇帝，国号大金。……又称说："自古英雄开国，或受禅，或求大国封册，遣人使大辽以求封册，其事有十：乞徽号大圣大明者一也。国号大金者二也。玉辂者三也。衮冕者四也。玉刻印御前之宝者五也。以弟兄通问者六也。生辰正旦遣使者七也。岁输银绢十五万两、匹者八也。割辽东、长春两路者九也。送还女真阿鹘产、赵三大王者十也。"①

杨朴是辽东京（今辽宁辽阳）的渤海人，时任秘书郎（一说校书

---

① （宋）徐梦莘：《三朝北盟会编》卷3，重和二年正月十日丁巳，第22页。

郎），为下级文官。① 金太祖收国二年五月，金军占领东京，大约此时杨朴归降金朝。宋人文献将杨朴上述事迹系于 1118 年，《辽史》系于 1117 年，皆曰此年为金开国元年，即天辅元年，前面已经提及文献与出土资料都证明金天辅元年是 1117 年。② 持天辅元年金朝建国说的学者皆认为杨朴到女真内地的时间是 1116 年，并据他劝阿骨打建国之事，认为他是阿骨打身边的重要谋臣。然而，若从当时的政治形势出发，设身处地地从杨朴的角度考虑，恐怕这个推测很难成立。此时女真军队正在分路攻打辽州县，一般人躲避战乱还唯恐不及，杨朴虽是渤海人，但世代居住在辽东地区，估计对刚刚兴起的女真人知之不多，他为何要冒着生命危险从辽东到千里之外完全陌生的生女真地区去？是为了谋得一官半职？他既不是统兵的武将，也不是有名望的高官、名儒，女真人似乎没有什么理由会重用他。那么是为了帮助女真反抗辽朝？这时女真人需要的是武将和兵丁，不是毫无武功的下级文官，杨朴应该有这个起码的判断能力。前文已经论及阿骨打建国是为了女真独立，建国后便确立了具有女真族特点的政治制度治理国家，并没有主动采用辽制的愿望。杨朴这种身份的人即便到达了女真内地，他依靠什么又通过什么途径可以得到阿骨打的重用？找不到合理的解释。再进一步看看杨朴劝阿骨打建国的理由是什么，从上面的引文看，杨朴劝阿骨打"变家为国，图霸天下，谋万乘之国"，"愿大王册帝号，封诸番，传檄响应，千里而定，东接海隅，南连大宋，西通西夏，北安远国之民，建万世之镲基，兴帝王之社稷"。杨朴为阿骨打描绘的国家蓝图是一个"南连大宋，西通西夏"的国家，言辞中灭辽并取而代之的意图显而易见。然而，1116 年女真人的状况，如刘文所说"此时女真人的力量还不够强大，他们还不敢奢望能够动摇契丹人的庞大帝国"，"在很长一段时间之内，阿骨打是以争取女真的民族独立并获得辽朝的承认为其奋斗目标的"。显然，杨朴劝阿骨打的理由不合时宜，刘文也注意到"从杨朴劝说阿

---

① 《辽史》卷 47《百官志三》："秘书监。有秘书郎。"（第 880 页）没有记载官品。《金史》卷 56《百官志二》：秘书监"秘书郎二员，正七品"（第 1355 页）。

② 叶帅认为宋金官方真正往来始于 1118 年 8 月，导致了宋方 1118 年金建国说的形成，可备一说。参见叶帅：《关于金朝开国史相关史料的再思考与新认识》，《学习与探索》2018 年第 5 期。

骨打称帝的那些话来看，不像是阿骨打刚刚起兵不久的事情"。① 杨朴这段话如果放在天辅四年（1120）金太祖攻下辽上京时的形势下才比较合适。② 假设 1116 年杨朴已是阿骨打的重要谋臣，对当时女真人的状况应比较了解，不大可能有如此建议。"阿骨打大悦，吴乞买等皆推尊杨朴之言"更无从谈起。相比之下，女真贵族阿离合懑、蒲家奴、宗翰等劝阿骨打建国的理由："若不以时建号，无以系天下心"，更符合女真建国前的政治形势。宋、辽文献记载杨朴劝阿骨打建国之事，很可能是宋人的演绎。③ 据这条史料认为金建国前杨朴已是阿骨打的主要谋臣，显然是不符合女真社会政治生态的假想。

杨朴参与辽金和谈的事迹见于金、宋、辽三方文献。那么杨朴到达金内地的时间在哪一年？因何可以在阿骨打身边工作？这与金辽和谈时期他参与撰写金人国书密切相关。收国元年九月，金辽和谈破裂后，搁置了两年多时间，天辅二年（1118）二月双方才再启和谈。翻检《辽史·天祚帝纪》可以看到天庆八年（金天辅二年 1118）金辽和谈互遣使者十分频繁。二月，金太祖书曰："能以兄事朕，岁贡方物，归我上、中京、兴中府三路州县，以亲王、公主、驸马、大臣子孙为质，还我行人及元给信符，并宋、夏、高丽往复书诏、表牒，则可以如约。"之后，辽朝于三月、五月、六月数次遣奴哥使金，商议和谈条件。七月，"金复遣胡突衮来，免取质子及上京、兴中府所属州郡，裁减岁币之数。'如能以兄事朕，册用汉仪，可以如约'"。④ 辽金双方商议的条件仍然主要是二月金太祖书中的内容，新增内容为"以兄事朕，册用汉仪"。大约金太祖感到撰写国书的文臣不太得力，于九月下诏曰："国书诏令，宜选善属文者为之。其令所在访求博学雄才之士，敦遣赴阙。"⑤ 笔者认为杨朴是东京女真官员奉诏所访求的文人，从东京到达女真皇帝御寨的时间大约是天辅二年闰九月。据许亢宗《宣和乙巳奉

---

① 参见刘浦江：《关于金朝开国史的真实性质疑》，《历史研究》1998 年第 6 期。
② 这恐怕也是刘浦江推测金朝建于 1122 年的原因之一。
③ 苗润博认为宋、辽文献这条记载的史源皆出于辽人史愿的《金人亡辽录》（又称《亡辽录》《辽国遗事》《北辽遗事》）。参见苗润博：《〈辽史〉探源》，第 90 页注释 1、第 75—76 页。《金人亡辽录》是史愿归宋期间所撰，"（史）愿尝著《金人亡辽录》，行于世"。参见（宋）李心传：《建炎以来系年要录》卷 43，绍兴元年四月庚辰，中华书局 2013 年版，第 928 页。
④ 《辽史》卷 28《天祚皇帝纪二》，第 377 页。
⑤ 《金史》卷 2《太祖纪》，第 34 页。

使金国行程录》记载，从第二十七程沈州（今沈阳）到第三十九程金内地接待宋使的驿馆，需 13 天。① 金东京辽阳府（今辽阳）到沈州（今沈阳）200 余里，为两三天的路程。杨朴从东京到女真内地需要半个月左右的时间。

八月、闰九月辽复遣奴哥两次使金，双方对辽朝的册礼始终未能议定。直到杨朴到达金京师，提出求辽册封十事（见前举引文），金太祖才最后确定对辽朝的具体要求。《辽史》记载，这年"冬十月，奴哥、突迭再持金书来。……十二月甲申，议定册礼"。② 天庆九年（金天辅三年，1119）春正月，金遣乌林答赞谟持书来迎册。三月，辽"遣知右夷离毕事萧习泥烈、大理寺提点杨勉等册金主为东怀国皇帝"。③ 金朝文献对此事的记述见于《金史·耨盌温敦思忠传》，"天辅三年六月，辽大册使太傅习泥烈以册玺至上京一舍，先取册文副录阅视，文不称兄，不称大金，称东怀。太祖不受，使宗翰、宗雄、宗干、希尹商定册文义指，杨朴润色，胡十答、阿撒、高庆裔译契丹字，使赞谟与习泥烈偕行。赞谟至辽，见辽人再撰册文，复不尽如本国旨意"。渤海人高庆裔可能是与杨朴同时到达女真内地。"辽人前后十三遣使，和议终不可成"。④ 对照《辽史》和《金史》的记载大致可还原这一史实的全过程，⑤ 杨朴在金辽和谈中向金太祖建议请求辽朝册封具体事项的时间，当在金太祖天辅二年到三年（辽天祚帝天庆八年到九年）之间。这一点也为宋朝文献所证实，《三朝北盟会编》卷四载，宣和元年（辽天庆九年、金天辅三年，1119）三月，宋遣赵有开、王瑰随李善庆渡海出使金国，"未行，有开死，会河北奏得谍者言契丹已割辽东地，封女真

① （宋）许亢宗：《宣和乙巳奉使金国行程录》，（宋）确庵、（宋）耐庵编，崔文印笺证：《靖康稗史笺证》，中华书局 1988 年版，第 25—36 页。
② 参见《辽史》卷 28《天祚皇帝纪二》，第 378 页。
③ 参见《辽史》卷 70《属国表》，第 1303—1304 页。
④ 《金史》卷 84《耨盌温敦思忠传》，第 2001 页。
⑤ 对照《金史》与《辽史》关于金辽议和事迹的记载，《金史》简，《辽史》略详，《金史·太祖纪》关于议和内容，不论是否涉及册封基本都没有详细记载。《金史·耨盌温敦思忠传》中在记录金与辽议和时，对其他议和内容几乎没有提及，唯独对这次"求"册封之事，记载略详细，大约认为这次议和内容比较重要，从史料的内容看，应出自金人之手。《金史·太祖纪》没有涉及册封内容，与元朝史官的撰写体例有关，《金史》对请求辽册封之事没有刻意隐晦。

为东怀国主"。①

在金辽和谈过程中，杨朴、高庆裔的能力得到了金太祖的欣赏，之后在金宋海上之盟的一系列谈判中仍令他们参与其中。赵良嗣的《燕云奉使录》记载，北宋宣和二年（金太祖天辅四年，1120），赵良嗣使金，议夹攻契丹、求燕云地、岁币等事，金宋双方关于营、滦、平三州是否属燕京地分产生争议，杨朴至赵良嗣处谕云："郎君们意思不肯将平州画断作燕京地分，此高庆裔所见如此，须着个方便。"②三年后宋人文献才再见杨朴的事迹，赵良嗣的《燕云奉使录》和马扩的《茆斋自叙》记述宣和五年（金太祖天辅七年，1123）正月到四月间，在金人军前，杨朴（又作杨璞）随同女真大贵族完颜希尹（兀室）与赵良嗣、马扩等人关于归还燕云之地等事宜进行谈判。在议事时皆是希尹与宋人商讨，未见杨朴发表意见。在计议事已定之后，四月十一日，金"复差杨璞为聘使报许四月十四日交割燕山及山后，幸踏地里，交割南归"。③从赵良嗣《燕云奉使录》、马扩《茆斋自叙》、张汇《金房节要》等书记载杨朴在金宋谈判过程中的角色看，他主要是女真大贵族的助手和翻译，并出任向宋人转达金朝意见的使者，④与所谓的"完颜阿骨打的主要谋臣"的地位相差甚远。

此外，有学者认为《金史》有意隐匿了杨朴劝阿骨打称帝建国和建议辽朝册封之事，金朝实录和国史抹去杨朴事迹，对当初那段开国的历史讳莫如深，同时篡改了国史。⑤《金史》中关于杨朴的记载只有上面提及的一条，对他在金宋交往中的事迹只字未提。《金史》是否存在

① （宋）徐梦莘：《三朝北盟会编》卷4，宣和元年三月十八日甲子，第24页。

② （宋）徐梦莘：《三朝北盟会编》卷4引《燕云奉使录》，第26页。

③ （宋）徐梦莘：《三朝北盟会编》卷14引《茆斋自叙》、卷15引《燕云奉使录》《茆斋自叙》，第96、100、106、107、109页。

④ 上引赵良嗣《燕云奉使录》记载中提到的高庆裔，据张汇《金房节要》记载，"领燕京枢密院事刘彦宗以病死……粘罕以通事高庆裔知云中府"（徐梦莘：《三朝北盟会编》卷132引《金房节要》，第960页）。《建炎以来系年要录》卷28，建炎三年九月，也载："及是彦宗以病卒，宗维乃并枢密院于西京……（宗维）以通事高庆裔为大同尹"（中华书局2013年版，第654页），宗维即粘罕、宗翰。刘彦宗卒于金太宗天会六年（1128），此时高庆裔官职仍然是个通事。金太祖朝与高庆裔同时参与金宋和谈的杨朴的身份，同样是一个通事。

⑤ 刘浦江：《关于金朝开国史的真实性质疑》，《历史研究》1998年第6期；李秀莲：《杨朴在〈金史〉中的隐遁与金初政治》，《黑龙江民族丛刊》2010年第4期；李秀莲：《阿骨打称都勃极烈与金朝开国史之真伪研究》，《史学月刊》2008年第6期。

刻意隐匿杨朴事迹的现象？仔细阅读《金史》便可知这与史臣记述金朝初年史事的重点有关。金初仅用十几年的时间先后灭辽亡北宋，史臣记述人物事迹以女真宗室军将为主，他族官员尤其是从事政务的官员记述较少，即便是女真大臣的事迹，也是重军事轻政务。① 从宋人文献记载看，金宋关于归还燕云之地谈判的金朝代表主要是完颜希尹，杨朴一直作为希尹的助手参与其中。查阅《金史》可发现全书关于完颜希尹这方面的事迹只字未提，史臣对女真人军功大贵族事迹的记载尚且如此，不载作为助手和翻译的杨朴的事迹也是理所当然了。

关于金遣人使辽以求辽朝封册之事，如了解一下中国王朝的边疆史，便可知这完全符合历史上边地政权与王朝中央之间建立政治关系的一般规则，如汉唐的高句丽政权、唐代渤海政权等，都是建立政权后请求中原王朝册封，② 正如杨朴所说"自古英雄开国，或受禅，或求大国封册"。金太祖本人与宋使呼延庆也当面提及此事："大辽前日遣使人来，欲册吾为东怀国者，盖本朝未受尔家礼之前，常遣使人入大辽，令册吾为帝，取其卤簿。"③ 金朝史官并不隐晦女真曾为辽的臣属，阿骨打起兵时直言："世事辽国，恪修职贡。"建国后，辽金间前后十三次遣使，在《金史》中记载最为详细的即是请求辽朝册封之事。金世宗时宋人范成大出使金朝时见到一种小本历，"小本历通具百二十岁，相属某年生，而四十八岁以前，房无年号，乃撰造以足之：重熙四年，清宁、咸雍、太康、大安各十年，盛（寿）昌六年，乾通（统）十年，大（天）庆四年，收国二年，以接于天辅。"④ 范成大认为天辅以前的年号是编造的，岳珂则指出："按此年号皆辽故名，女真世奉辽正朔，又灭辽而代之，以其纪年为历，固其所也。岂范本之见耶。"⑤ 岳珂说明了金朝民间流行的小本历用辽朝纪年为历的原因是"女真世奉辽正朔"。从朝廷的史书到民间的小本历都显示了金朝人并不忌讳女真曾是

① 程妮娜：《从自称"中国"到纳入"正统"：中国正史中的〈金史〉》，《南国学术》2019 年第 4 期。

② 程妮娜：《东北民族朝贡制度史》，中华书局 2016 年版，第 76—78、277—278 页。

③ （宋）徐梦莘：《三朝北盟会编》卷 4，宣和元年十二月二十五日，第 24 页。

④ （宋）徐梦莘：《三朝北盟会编》卷 245 引《揽辔录》，第 1761 页。

⑤ （宋）岳珂撰：《愧郯录》卷 9《金年号》，文渊阁《四库全书》本，台北商务印书馆 1986 年版，第 865 册，第 156 页。刘文引这两条史料来说明金天辅元年应是 1122 年，然实际这两条史料的价值在于岳珂的看法。但要指出的是"收国"非辽故名，而是金国的年号。

辽朝的属部，在金人看来太祖建国后期请求辽朝册封是遵循历史惯例，丝毫不会有损于金朝的声誉。

《辽史·天祚帝纪》记载杨朴劝阿骨打请求册封一事，前后出现重复记述的现象：

> （天庆七年，1117）是岁，女直阿骨打用铁州杨朴策，即皇帝位，建元天辅，国号金。杨朴又言，自古英雄开国或受禅，必先求大国封册，遂遣使议和，以求封册。
>
> （天庆八年，1118）十二月甲申，议定册礼，遣奴哥使金。
>
> （天庆九年，1119）春正月，金遣乌林答赞谟持书来迎册。……三月丁未朔，遣知右夷离毕事萧习泥烈等册金主为东怀国皇帝。己酉，乌林答赞谟、奴哥等先以书报。……金复遣乌林答赞谟来，责册文无"兄事"之语，不言"大金"而云"东怀"，乃"小邦怀其德"之义；及册文有"渠材"二字，语涉轻侮；若"遥芬"、"多戬"等语，皆非善意，殊乖体式。如依前书所定，然后可从。①

对照前文所举《三朝北盟会编》卷三关于杨朴建议阿骨打请求辽朝册封及册封内容的记载，《辽史·天祚帝纪》将杨朴建议阿骨打请求辽朝册封的事情分记在天庆七年和八年末到九年初，天庆七年（1117）记杨朴建议阿骨打请求辽朝册封；八年末九年初（1118—1119）记杨朴等人拟定请求辽朝册封的内容，及不为辽朝采用，"册文无'兄事'之语，不言'大金'而云'东怀'"的事情。据前文论述杨朴建议阿骨打请求辽朝册封之事在1118—1119年，《辽史·天祚帝纪》将此事系于天庆八年末九年初无误。从《辽史》中"是岁，女直阿骨打用铁州杨朴策，即皇帝位，建元天辅，国号金"这句不是放在天庆七年正月之下，而是放在天庆七年年末来看，这条记载可能不是辽史官的记载，而是元史官所为。天庆八九年辽金议和的史事《辽史》多于《金史》，则可能是辽朝史书的记录。元朝是辽金宋三史同时修纂，元史官编纂

---

① 《辽史》卷28《天祚皇帝纪二》，第376、378页。

《辽史·天祚帝纪》采纳《亡辽录》的材料时，[①] 史官清楚宋政和八年即辽天庆八年、金天辅二年，金朝无论如何不可能在天辅二年建国，杨朴也不可能在天辅元年劝阿骨打建国，并按一般惯例认为金建国之初请求辽册封。于是元史官将《亡辽录》的材料附在天庆七年年末，没有注意到与后面的内容重复、矛盾，这属于元史官采用材料不当的错误。

《辽史》中记载金朝于天辅元年（1117）建国还见于《辽史·属国表》：天庆七年，"是岁，女直国主即皇帝位，建元天辅，国号金"。前面已论证据宋人晁公迈《历代纪年》记载阿骨打于乙未年（1115）建国，建元"收国"是真实的。推测《辽史·属国表》的记载有两种可能，一是元史官将纂修《天祚帝纪》的内容填入《属国表》；二是元史官抄录辽史书的内容。那么辽朝为什么无视金收国年间的历史？我们注意到这里称天辅元年之前的阿骨打为"女直国主"，翻检《辽史》，称北方某族群为"某国"现象很常见，但称为"国主"的却只见三种场合：一是契丹皇帝，二是西夏国主，三是女真国主（完颜阿骨打）。这透露出在"天辅元年"以前，阿骨打已是一国之主的信息。在本文开篇处介绍了学界研究已经否定了阿骨打建国之初曾称为"女真国"的推测，那么在"天辅元年"以前女真人建立国家的国名不是"女真"而是"大金"。对于辽史官不记金初建元"收国"事的原因，笔者赞成董四礼的看法，面对昔日属国的叛离，辽统治者拒绝承认其独立建国，但在出兵一再失利的形势下，辽不得不承认日渐强大的金国，便将金太祖改元天辅之年追记为金建国之年。[②] 这不是赵翼所说的"《辽史》之疏漏也"，可能是辽史官的有意为之。如果这个推测成立的话，辽史官记录的不是金朝建国的时间，而是辽朝承认金国的时间。

结　语

通过讨论，笔者对"《金史》篡改开国史"的看法持否定观点。完

---

① 苗润博认为《辽史·天祚帝纪》关于杨朴事迹的记述是源于《亡辽录》。参见苗润博：《〈辽史〉探源》，第90页。

② 董四礼：《也谈金初建国及国号年号》，《史学集刊》2008年第6期。

颜阿骨打起兵反辽时，女真社会已处于高级复杂的酋邦阶段，具备建立国家的条件。都勃极烈是生女真进入高级酋邦时期大酋长的称号，始自穆宗盈哥晚期到 1115 年阿骨打建国称帝为止，它不是金建国后女真帝王的称号。宋辽文献中所称"渤海人杨朴劝阿骨打称帝建国"之说并不真实，应是宋人的一个假想。《历代纪年》的作者晁公迈和后补者没有见过《太祖实录》，这直接否定了学界关于《太祖实录》编造"收国"年号的推论。同时通过对女真的建国条件、建国目的、金朝收国年间国家制度建设的整体考察，我们可得出《金史》中关于金朝建国时间、国号、年号的记载无误，金朝史官并没有篡改开国史的认识。

反观宋、辽史料关于金朝开国史的记载则有诸多讹误，如南宋绍兴七年（1137），吕颐浩写给高宗的《上边事善后十策》认为女真于宣和四年（1122）建国号大金。尽管吕颐浩是南宋位高望重的政治家，宣和七年（1125）金军攻陷燕京时，吕颐浩曾被郭药师劫持降金，在金军中滞留达三四个月。但后来学者们的研究最先否定的便是这篇奏议所载的内容。[1] 这说明当事人记录当时事也未必是真实可靠的记录，尤其在辽宋金混乱的战争年代，对于不同民族之间记述的史事，更要慎重对待。

探讨北族王朝建国史应充分注意到我国古代王朝时期边疆民族政治史的基本特点，如边地民族政治势力和政权请求中央王朝或邻近大国册封，是当时边疆各民族中通行的一般规则，即便该民族建立的政权日后灭亡了宗主国，也是不需要刻意隐晦的事情。[2] 若将此作为《金朝》"篡改开国史"的主要论据，是很难立足的。至于《金史·世纪》记载金始祖以来前五代先祖的世系可能有虚构的成分，将此作为金朝统治者伪造本族历史的佐证，也是不恰当的。如董四礼所说，女真初无文字，史事流传多靠口传。如将利用口碑史料试图重新构筑本民族先世历史视

---

[1]　参见前引董四礼、爱新觉罗·乌拉熙春、李秀莲、叶帅等人的文章。

[2]　中国历史上蒙古、明女真建国前皆受宗主国册封或授官，建国后灭宗主国取而代之，元、清史书对此并不讳言。如《元朝秘史》卷 4 记载：金"与太祖札兀忽里的名分，脱斡邻王的名分"（中华书局 2012 年版，第 124 页）。《元史·太祖纪》："初，帝贡岁币于金。"（中华书局 1976 年版，第 15 页）又如，《清太祖实录》卷 2 记载：辛卯，春正月，"明归我丧，遗我敕书马匹，寻又授我左都督敕书，已而又赍龙虎将军大敕"（《清太祖实录》卷 2，中华书局 1986 年影印本，第 1 册，第 37 页）。《满洲实录》《清实录》中关于明朝授建州女真敕书、授努尔哈赤官职的记载较多，为史学界所熟知。

为伪造历史，任何民族其先世无文字时期的历史都是不须写，也是不能写的。① 史学界尤其是民族史学界一般不会将一个民族记录下有文字以前的先世传说和旧闻视为伪造本族历史，而是发掘其中有用的信息，考证其先世的社会历史，徐旭生《中国古史的传说时代》便是这一领域的名著。金朝开国史的真伪问题还要继续讨论下去，希望能更多地从女真和金朝历史的实际出发，还原金朝开国史的真实面目。

（原载《史学集刊》2022 年第 1 期）

---

① 董四礼：《也谈金初建国及国号年号》，《史学集刊》2008 年第 6 期。

辽代生女真属部官属考论

辽道宗时期在生女真按出虎完颜部势力所及地区设置了属部——生女真部族节度使司，以完颜部酋长乌古乃为节度使。生女真属部在辽朝属国、属部体系内属于统辖关系最为疏松的羁縻建置。自生女真属部设立后，"有官属，纪纲渐立矣"。关于生女真属部的官属构成与国相问题，学界已有一定研究，但观点不一。① 随着近年对辽代女真研究的深入，生女真属部官属的诸多问题皆有进一步深入研究的空间。本文从辽朝属国属部的统辖体系与女真社会自身发展的角度，对生女真属部官属的主要官员和国相问题进行探讨，以求教于学界同仁。

一　生女真部族节度使

辽朝在生女真地区设立属部建置的主要目的是为朝廷经营"鹰路"。生女真地区处于辽朝东部州县区与黑龙江流域的五国部之间，② 在今松花江中上游、牡丹江、绥芬河流域和长白山地区。契丹人上至帝王下到大小贵族都十分喜爱产于黑龙江地区的俊鹰"海东青"，史称"海东青者，能击天鹅，人既以俊鹘而得天鹅，则于其嗉得珠焉。海东

---

① ［日］池内宏：《金の建国以前に於ける完颜氏の君长の称号について——〈金史世纪の研究〉补证》，《满鲜史研究》中世第一册，东京：吉川弘文馆 1979 年版；三上次男：《金史研究》二《金代政治制度の研究》，东京：中央公论美术出版社 1970 年版；王可宾：《辽代女真官制考略》，《史学集刊》1990 年第 4 期；李秀莲：《女真建国前的"国相"问题研究》，景爱主编：《地域性辽金史研究》第一辑，中国社会科学出版社 2014 年版；孙昊：《辽代女真"国相"考述》，《兰台世界》2012 年第 2 期。

② 五国部，指蒲奴里、越里笃、奥里米、越里吉、部阿里等五部，分布在今黑龙江依兰县及其以北直到黑龙江中下游地区。

青者出五国，五国之东接大海，自海东而来者，谓之海东青，小而俊健，爪白者尤以为异"。各地出土的契丹壁画墓中，常见契丹壮士臂架海东青的形象。辽朝前期生女真社会尚处于分散的氏族部落阶段，"种类虽一，居处绵远，不相统属，自相残杀，各争长雄"。① 契丹尚无法在生女真地区打通一条鹰路，只能穿过北部乌古、室韦、鼻骨德属国、属部地区到黑龙江中下游的五国部之地索取海东青。《辽史·圣宗纪》记载，统和二年（984）二月，"五国乌隈于厥节度使耶律隗洼以所辖诸部难治，乞赐诏给剑，便宜行事，从之。"② 为进一步着力控制五国部地区，从辽兴宗重熙六年（1037）八月，"诏罢越棘等五国酋帅，以契丹节度使一员领之"，③ 到辽道宗咸雍七年（1071）一直由契丹官员担任五国部节度使。④

辽兴宗、道宗时，按出虎水生女真完颜部逐渐强盛，《金史·世纪》称"昭祖稍以条教为治，部落浸强。辽以惕隐官之"。生女真部分地区开始进入简单的酋邦形态。昭祖石鲁卒，子乌古乃（景祖）继任酋长，"景祖稍役属诸部，自白山、耶悔、统门、耶懒、土骨论之属，以至五国之长，皆听命。"所谓"稍役属"，应是一种疏松的依附关系。此时五国部在五国部节度使的统辖下，完颜部的势力不大可能进入五国部地区，《金史》此处所载有言过其实之嫌。石鲁被辽朝授以惕隐官号以来，完颜部与辽朝之间的关系开始日渐加强。"是时，辽之边民有逃而归者。及辽以兵徙铁勒、乌惹之民，铁勒、乌惹多不肯徙，亦逃而来归。辽使曷鲁林牙将兵来索逋逃之民"。乌古乃恐辽兵深入，尽得山川道路险易，或将图之，乃以计止之曰："兵若深入，诸部必惊扰，变生不测，逋户亦不可得，非计也。"曷鲁以为然，遂止其军，与曷鲁自行索之。咸雍七年（1071）五国部蒲聂（蒲奴里）部拔乙门叛辽，鹰路不通。辽人将讨之，先遣使来谕旨。乌古乃曰："可以计取。若用兵，彼将走保险阻，非岁月可平也。"于是景祖阳与拔乙门为好，而以妻子

---

① （宋）徐梦莘：《三朝北盟会编》卷3，重和二年正月十日丁巳，上海古籍出版社1987年版，第20、16—17页。

② 《辽史》卷10《圣宗纪》，中华书局2016年版，第121页。

③ 《辽史》卷18《兴宗纪》，第247页。

④ 程妮娜：《中国古代东北民族地区建置史》，中华书局2011年版，第262页。

为质，袭而擒之，献于辽主。① 《辽史·道宗纪》记载，咸雍七年"三月己酉，以讨五国功，加知黄龙府事蒲延、怀化军节度使高元纪、易州观察使高正并千牛卫上将军，五国节度使萧陶苏斡、宁江州防御使大荣并静江军节度使"。② 这次平定五国部叛乱，乌古乃配合辽军行动，擒获五国部叛乱首领拔乙门以获头功。辽道宗于春捺钵的寝殿召见乌古乃，"燕赐加等"，授以乌古乃为生女真部族节度使，即在完颜部地区设置生女真部族节度使司。道宗本意要刻印与之，将当地生女真部族系辽籍，但乌古乃不肯系辽籍，"辞曰：'请俟他日。'辽主终欲与之，遣使来。景祖诡使部人扬言曰：'主公若受印系籍，部人必杀之。'用是以拒之，辽使乃还。"③ 辽朝欲对完颜乌古乃授印，使其下属的女真部族系辽籍，目的是为了加强对鹰路的管理。乌古乃千方百计拒绝系辽籍则是从自身利益考虑，若系辽籍完颜部在生女真地区发展势力必然受到辽朝掣肘，乌古乃的努力使辽朝在女真人地区设置的属国、属部出现了一个新的类型，即不系辽籍的生女真属部。

辽朝设置生女真属部后，便开通了一条由宁江州向东北经过生女真属部地区到达五国部的鹰路。学者们考察了这条鹰路的具体路线，聂传平认为从宁江州（今吉林松原塔虎城）渡拉林河后东北行，抵达阿什河与松花江交汇口附近，顺松花江、黑龙江水路到达五国部各地。④ 吴树国则认为由宁江州出发，从第二松花江由水路进入松花江中下游，到达五国部。⑤ 咸雍七年（1071）辽设置了生女真属部后，史籍中便不再见关于五国部节度使的记载，应是撤销了五国部节度使。此后，经营"鹰路"之责转由生女真属部来承担。咸雍八年（1072），"五国没撚部谢野勃堇畔辽，鹰路不通。景祖伐之，谢野来御。景祖被重铠，率众力战。谢野兵败，走拔里迈泺。时方十月，冰忽解，谢野不能军，众皆溃去。乃旋师"。⑥ 辽道宗寿昌二年（1096），"陶温水、徒笼古水纥石烈部阿阁版及石鲁阻五国鹰路，执杀辽捕鹰使者"。时任生女真部族节度

---

① 《金史》卷 1《世纪》，中华书局 2020 年版，第 4—5 页。

② 《辽史》卷 22《道宗纪》，第 306 页。

③ 《金史》卷 1《世纪》，第 5—6 页。

④ 聂传平：《海东青与辽灭金兴——以"鹰路斗争"为中心的考察》，姜锡东主编：《宋史研究论丛》第 15 辑，河北大学出版社 2014 年版，第 635 页。

⑤ 吴树国：《辽代鹰路起点考辨》，《北方文物》2016 年 3 期。

⑥ 《金史》卷 1《世纪》，第 6 页。

使的穆宗盈哥奉辽诏讨之，"阿阁版等据险立栅。方大寒，乃募善射者操劲弓利矢攻之。数日，入其城，出辽使存者数人，俾之归"。① 直到金建国前，经营"鹰路"一直是生女真部族节度使最重要的职责。

为辽朝经营鹰路，对生女真部落来说是一把双刃剑。完颜部可依仗辽朝的强大势力对鹰路沿途的女真部落实行控制，顺者抚之，逆者讨之。在完颜部统一女真诸部的过程中，遇有女真酋长向辽廷告状，辽遣使来命完颜部罢兵之时，"维护鹰路畅通"便会成为生女真部族节度使手中的王牌，使辽朝对其行为听之任之。如穆宗盈哥攻打星显水（今安图县境布尔哈图河）纥石烈部阿疏时，阿疏诉于辽。"辽遣奚节度使乙烈来。穆宗至来流水兴和村，见乙烈。问阿疏城事，命穆宗曰：'凡攻城所获，存者复与之，不存者备偿。'且征马数百匹。穆宗与僚佐谋曰：'若偿阿疏，则诸部不复可号令任使也。'乃令主隈、秃荅两水之民阳为阻绝鹰路，复使鳖故德部节度使言于辽曰：'欲开鹰路，非生女直节度使不可。'辽不知其为穆宗谋也，信之，命穆宗讨阻绝鹰路者，而阿疏城事遂止。穆宗声言平鹰路，畋于土温水而归"。② 主隈、秃荅两水在今松花江下游，土温水即今松花江下游的支流汤旺河，为鹰路所经地区。按出虎完颜部用40余年时间完成了对生女真部落的统一，与生女真部族节度使这一职掌有很大关系。另一方面，五国部对辽时附时叛，契丹贵族又酷爱"小而俊健，能擒鹅鹜"的海东青，"岁岁求之女真，女真至五国，战斗而后得，女真不胜其扰"。③ 辽朝"岁遣使者，称天使，佩银牌自别，每至女真国，遇夕，必欲美姬艳女荐之枕席"。④ 这些"天使所至，百般需索于部落，稍不奉命，召其长加杖，甚者诛之，诸部怨叛"。⑤ 女真部落不胜其扰，加剧了生女真部落与辽廷之间的矛盾，成为后来阿骨打起兵反辽的导火索之一。以往研究多从女真反辽的角度提及这条"鹰路"，⑥ 对生女真部族节度使借经营"鹰路"发

---

① 《金史》卷1《世纪》，第13页。

② 《金史》卷1《世纪》，第14—15页。

③ （宋）叶隆礼撰，贾敬颜、林荣贵点校：《契丹国志》卷10《天祚皇帝上》，上海古籍出版社1985年版，第102页。

④ （宋）叶隆礼撰，贾敬颜、林荣贵点校：《契丹国志》卷9《道宗天福皇帝》，第95页。

⑤ （宋）叶隆礼撰，贾敬颜、林荣贵点校：《契丹国志》卷10《天祚皇帝上》，第102页。

⑥ 以往研究主要反映在涉及金朝开国史、女真勃兴史、完颜阿骨打等研究的各类著作与论文中，由于数量较多，这里不一一列举了。

展本部势力的一面重视不够，实际上只有在生女真属部强大起来，完成了对生女真诸部的统一，具有对抗辽朝的实力后，阿骨打才可能起兵反辽。

生女真属部设置后，首任节度使是完颜乌古乃，以后历任生女真部族节度使皆由完颜部部长担任，辽朝不干预完颜部的部长产生的形式，只是对新任部长加以任命而已。最晚在石鲁时期，生女真部落的酋长已经出现世袭制，但不是典型的父子相袭的制度，从乌古乃以后历任生女真部族节度使的亲属关系看，主要是一种兄弟相袭的世袭制度。乌古乃有三室夫人共生九子，正室唐括氏有五子：劾者、劾里钵（世祖）、劾孙、颇剌淑（肃宗）、盈哥（穆宗）。乌古乃认为："劾者柔和，可治家务。劾里钵有器量智识，何事不成。劾孙亦柔善人耳。"[1] 其时乌古乃"方计定诸部，爱世祖胆勇材略"，[2] 选择继承人时越过长子劾者选择了次子劾里钵，以"劾者专治家务，世祖主外事"。[3] "景祖卒，世祖继之。世祖卒，肃宗继之。肃宗卒，穆宗继之"，越第三子劾孙而传第四子颇剌淑（肃宗）、第五子盈歌（穆宗），"皆景祖志也"。[4] "穆宗复传世祖之子，至于太祖"。[5] 穆宗传位给世祖长子乌雅束（康宗），乌雅束卒，世祖次子、康宗同母弟阿骨打继之。从乌古乃到阿骨打，前后共三世六位生女真部族节度使，其中同辈人的亲属关系均为同母兄弟。从中可得知生女真部落酋长的继承法是酋长正室儿子具有继承权，传到幼弟，再复传之前担任酋长的长兄之子。唐长孺先生称女真人的继承法为"嫡子继承，兄弟相及"，在金朝建国后一段时期内仍继续实行。[6]

生女真部族节度使司隶属于辽北面官属国属部体系，宋人史愿《亡辽录》记载："长春路则黄龙府兵马都部署司、咸州兵马详稳司、东北路都统军司。镇抚女真、室韦。诸部所在分布诸番与汉军，咸以爪牙相

---

① 《金史》卷1《世纪》，第7页。
② 《金史》卷70《撒改传》，第1713页。
③ 《金史》卷70《撒改传》，第1713页。
④ 《金史》卷1《世纪》，第7页。
⑤ 《金史》卷1《世纪》，第7页。
⑥ 唐长孺：《金初皇位继承制度及其破坏》，《山居存稿》，中华书局1989年版，第427—432页。

制。"① 生女真属部事务主要由咸州详稳司管辖。辽末，东北路都统军司对生女真属部亦有军事监管职责。② 此外，道宗清宁年间设置的宁江州（今吉林松原境内）是镇守生女真的边地重镇。作为生女真属部的长官生女真部族节度使，他本人或节度使的继承人有时需至捺钵朝见契丹皇帝，或到边地州见辽官员，参见表1。

表1 生女真部族节度使等朝贡情况

节度使	时间	事由	出处
乌古乃（景祖）	咸雍七年（1071）	至春捺钵，朝见辽道宗，被授予生女真部族节度使	《金史》卷1《世纪》
	咸雍八年（1072）	平定五国没撚部谢野的，打通鹰路。往见辽边来达鲁骨，自阵败谢野功。行次来流水，未见达鲁骨，疾作而复，卒于家	《金史》卷1《世纪》
劾里钵（世祖）	辽道宗年间	生女真斡勒部盃乃结乌春、窝谋罕举兵，劾里钵使颇剌淑与战，败之，获盃乃，世祖献之于辽。③ 凡有辽事，一切委之肃宗专心焉	《金史》卷1《世纪》
盈歌（穆宗）	天祚帝乾统三年（1103）	辽叛将萧海里叛亡入系辽籍女真阿典部，辽命穆宗捕讨海里，女真大破其军，穆宗先使阿离合懑献首于辽。继而穆宗朝辽主于渔所，大被嘉赏，授以使相，锡予加等④	《金史》卷1《世纪》
乌雅束（康宗）	天庆二年（1112）	遣同母弟完颜阿骨打至春捺钵朝见辽天祚帝	《辽史》卷27《天祚帝纪》

几任生女真部族节度使几乎均有在任期间亲往或遣同母弟（节度使继承人）朝贡的记录，只有颇剌淑（肃宗）由于在任仅两年便病卒，不见有朝贡的记载。从表1内容看，在打通鹰路、助辽擒获叛将等特殊

① （宋）徐梦莘：《三朝北盟会编》卷21引《亡辽录》，第153页。
② 王雪萍、吴树国：《辽代东北路统军司考论》，《中国边疆史地研究》2014年第1期。
③ "世祖献之于辽"，可能是劾里钵亲自至辽，也可能是他派人去辽。如是派人使辽，极有可能是其同母弟颇剌淑（肃宗）。
④ 《辽史》卷27《天祚帝纪》记载，乾统二年十月萧阿里叛亡。"三年春正月辛巳朔，如混同江。女直函萧海里首，遣使来献"。《金史·世纪》将此事系于乾统二年，误。

事件时，生女真部族节度使会亲自至捺钵朝见契丹皇帝。盈歌奉辽命斩获辽叛将萧海里，至春捺钵朝见天祚帝，"大被嘉赏，授以使相，锡予加等"。① 日本学者池内宏通过对辽、金、宋、高丽的史籍考证，认为天祚帝授予盈歌的"使相"是"太师"官号，女真人称节度使为都太师，应自盈歌始。② 所言甚是。另外，生女真属部内部发生纷争、叛乱，在解决纷争、平定叛乱后，节度使也要遣使向辽朝报告。其中发生较大的纷争和军事行动之后，生女真属部要遣人到捺钵向契丹皇帝禀明；一般性纷争则由主管生女真属部的边州政府出面解决。穆宗盈歌时期，耶悔水纳喝部人阿注阿因与人争部族官不成而投靠穆宗，后劫穆宗妻及家人等作乱，完颜欢都以己换为人质。阿注阿谓穆宗曰："可使系案女直知名官僚相结，送我兄弟亲属由咸州路入辽国，库金厩马与我勿惜，欢都亦当送我至辽境，然后还。"穆宗皆从之。"遂执欢都及阿鲁太弯、阿鲁不太弯等七人，以衣裾相结，与阿注阿俱行，至辽境，乃释欢都"。③ 太弯，日本学者三上次男先生认为是辽朝授予系辽籍女真的官称。④ 盈哥能令七位太弯在这种危险的情境下与欢都同行，说明这生女真部族节度使的势力已逐步进入相邻的系辽籍女真人地区。

辽朝后期在宁江州设置了与女真人进行贸易的榷场，《契丹国志》载，"州有榷场，女真以北珠、人参、生金、松实、白附子、蜜蜡、麻布之类为市"。⑤ 榷场设置的时间极有可能是在生女真属部设置之后。生女真地区与辽朝州县地区的经济贸易关系常态化，为女真社会经济与文化的发展带来了诸多好处。生女真诸部后期到宁江州榷场贸易是否在一定程度上受节度使掌控，尚无史料明证，但从明代后期海西女真朝贡道为几个女真大部所控制看，⑥ 辽代生女真诸部通往宁江州的贸易之路有可能掌控在节度使手中，阿骨打起兵反辽时，在向辽问罪的誓词中有

① 《金史》卷1《世纪》，第15页。

② ［日］池内宏：《金の建国以前に於ける完颜氏の君长の称号について——〈金史世纪の研究〉补证》，《满鲜史研究》中世第一册，第488页。

③ 《金史》卷68《欢都传》，第1694页。

④ ［日］三上次男：《金史研究》一《金代女真社会の研究》，东京：中央公论美术出版社1972年版，第419—427页。但对三上先生认为"太弯"即是"大王"的看法不认同。

⑤ （宋）叶隆礼撰，贾敬颜、林荣贵点校：《契丹国志》卷10《天祚皇帝上》，第102页。

⑥ 程妮娜：《古代东北民族朝贡制度史》，中华书局2016年版，第460页。

"侵侮是加"之语，这包括了女真人在宁江州榷场进行贸易时"率为州人贱直强买，且拘辱之，谓之'打女贞'"① 的内容，说明生女真部族节度使关注着榷场贸易中发生的事件。另外，从辽朝对生女真属国实行的羁縻统辖机制看，一旦出现女真人损害州县人利益的事情，辽朝也可能会令生女真部族节度使出面解决。

经三世六位生女真部族节度使的经营，生女真社会已经发展为高级复杂的酋邦体制，并基本完成了生女真诸部的统一。乌雅束（康宗）时期，辽乾统六年（1106）高丽国向北扩张领土，"筑九城于曷懒甸，以兵数万来攻"，被生女真属部驻守曷懒甸的将领斡赛击败，副将"斡鲁亦筑九城，与高丽九城相对。高丽复来攻，斡赛复败之。高丽约以还逋逃之人，退九城之军，复所侵故地。九月，乃罢兵"。② 这次争端后，高丽与生女真属部之间没有再发生大的冲突，生女真部族节度使对朝鲜半岛东北部曷懒甸女真诸部的统辖得到进一步稳固。从辽朝的立场看，生女真部族节度使为巩固辽朝东部边疆做出了重要贡献。

生女真属部设置后，按出虎水完颜部酋长——生女真部族节度使的威望得到很大的提高，他们以经营"鹰路"为契机，不断发展与壮大生女真属部的势力范围。这对于辽朝来说，越来越多的分散的生女真部族被纳入属国、属部的统辖体制之内，并进一步稳固了辽朝与高丽国的边界；对于完颜部来说，壮大和巩固了其在生女真地区的势力范围，为建立女真人自己的国家打下了基础。

二　国相

"国相"之称，最早见于《金史·世纪》："国相之称不知始何时。初，雅达为国相。雅达者，桓赧、散达之父也。景祖以币马求之于雅达，而命肃宗为之。"《金史·世纪》的史源来自熙宗皇统元年（1141）修成的《祖宗实录》，这部《祖宗实录》取材于太祖天辅三年（1119）

---

① 《文献通考》卷 346《契丹下》，中华书局 1986 年版，第 2713 页。
② 《金史》卷 1《世纪》，第 16—17 页。

八月以后，① 完颜宗翰等人用女真字记录的本族人口耳相传的祖宗事迹，他们往问女真老人，多得祖宗遗事、部族世次、旧俗法度。太宗天会六年（1128）诏："求访祖宗遗事，以备国史。"② 以完颜勖主掌此事。从史称"国相"之称不知始何时，然最晚景祖乌古乃时期已经有"国相"一职看，金朝初年的女真老人对此事的记忆已经很模糊了。"国相"一词不是女真语，而是汉语名称，但汉人的政权中并无"国相"一职。金朝建国后，收国元年（1115）七月，太祖以"国相撒改为国论勃极烈"。③《金史·百官志》曰："国论勃极烈，或左右置，所谓国相也。"④ "国论勃极烈"是"国相"的女真语译语，在女真历史上，"国相"这一官称的出现早于"国论勃极烈"。"国论勃极烈"是金朝建国后确定的官称，国相则是女真建国前使用的官称。

从 20 世纪以来，学界关于"国相"称号的来源一直有不同看法，观点差异很大，主要有以下几种观点：

日本学者池内宏认为"国相"是职名。他指出《辽史》的《本纪》中记载辽代女真酋长被辽廷授予宰相职名的现象较多，所谓"国相"可能是相对这一职名而产生的，即是女真的宰相。⑤

三上次男认为"国相"是尊称，可能来自渤海遗民。他认为渤海国灭亡后，渤海遗民进入女真地区，渤海文化对女真有很大影响。渤海国时期三省长官称为大内相、左相、右相，渤海国灭亡后，其家族仍然受到尊重，"国相"可能是渤海遗民对其家族和后人所冠有的尊称。他推测"国相"的称号可能是渤海遗民传到女真人中，被家系尊贵的豪族、名族所使用。⑥

王可宾认为"国相"是女真语的汉译。他认为在《大金得胜陀碑》的女真字碑文中作"𢁒𡷖𢘑𠢹𢔰"，读作"古鲁·温·你·背·塞"，直译为"国之众部长"，"国相"乃汉人附会之意译。⑦

---

① 天辅三年"八月己丑，颁女直字"，参见《金史》卷2《太祖纪》，第35页。
② 《金史》卷66《完颜勖传》，第1658页。
③ 《金史》卷2《太祖纪》，第30页。
④ 《金史》卷五《百官志一》，第1297页。
⑤ ［日］池内宏：《金の建国以前に於ける完颜氏の君长の称号について——〈金史世纪の研究〉补证》，《满鲜史研究》中世第一册，第515页。
⑥ ［日］三上次男：《金史研究》二《金代政治制度の研究》，第103—104页。
⑦ 王可宾：《辽代女真官制考略》，《史学集刊》1990年第4期。

李秀莲认为"国相"是巫者，可能源自突厥语族。她不赞同王可宾关于女真语"国相"本义的解释，指出在《大金得胜陀碑》中女真语"国相"有两种写法，另一种"国相"读作"斡·兀迷·儿"［o-omi-r］，两种写法的"国相"都与"会"的词根相同，可直译为"为会的人"，与巫者的身份相符。"斡兀迷儿"可以连读为"兀迷"，哈萨克族把女萨满叫乌麦［Oumay］。在阿尔泰语系的突厥语族、蒙古语族、满—通古斯语族的许多民族中都敬拜乌麦神灵。"斡·兀迷·儿"的语源与北方民族的乌麦崇拜有关，可能源自突厥语族。《金史》中的雅达不是单纯的人名，而是雅达祈雨术、雅达石的指代。①

上述诸种观点中我比较赞同池内宏的看法，认为在池内先生的观点上可进一步探讨"国相"这一官称的出处和最初的设置者。生女真部落中的"国相"，最早见于景祖乌古乃时代，这个时期生女真部落中最大的事情是辽朝授以完颜部酋长乌古乃为生女真部族节度使，在生女真地区建立属部。从辽朝在各个女真地区建立的属国、属部类型看，生女真属部是与辽朝之间统辖关系最为疏松的一种羁縻建置，② 辽朝在任命完颜乌古乃为生女真部族节度使之前，曾授予乌古乃的父亲石鲁为惕隐，但在任命乌古乃的同时对生女真其他部落贵族并没有授予任何官号。生女真部族节度使司设立后，乌古乃在建立官属时，当是参考了辽属国、属部的官职，《辽史·百官志》记载："辽制，属国、属部官，大者拟王封，小者准部使"，"属国职名总目：某国大王。某国于越。某国左相。某国右相。某国惕隐……"③ 女真部族节度使司欲设"国相"一员，便省去"左、右"仅取"国相"之名称。我认为"国相"这个官称不是女真原有官职的汉语译称，也不是辽朝授予，而是女真人自己新设的，故在女真人中没有留下特别的记忆。从景祖乌古乃的儿子世祖劾里钵时期官属成员是由完颜部与加古部、驼满部、术甲部、术虎部、温迪痕部等多部族酋长所构成看，④ 景祖时期生女真部族节度使司官属的成员也应是生女真多部族的酋长所构成，初任国相的完颜部勃堇

① 李秀莲：《女真建国前的"国相"问题研究》，景爱主编：《地域性辽金史研究》第一辑，第 199 页。
② 程尼娜：《辽代女真属国、属部研究》，《史学集刊》2004 年第 2 期。
③ 《辽史》卷 46《百官志二》，第 845 页。
④ 《金史》卷 65《谢库德、谢夷保传》，第 1638 页。

雅达并非与完颜乌古乃同一部族，而是按出虎完颜部以南的邑屯村完颜部的酋长，邑屯村完颜部当时应是具有较为雄厚实力的部族。① 乌古乃以辽朝为靠山，势力迅速膨胀，便"以币马求之于雅达"，使他让出"国相"，转任自己的四子颇剌淑（肃宗）。

国相是否有职责？如果有，是什么？学界的有关讨论仍然是观点各异，主要有以下几种看法：

三上次男认为国相这个称号最初具有尊贵和权威的意味。在景祖、世祖时期是君长（酋长）的后继者，或者是辅佐君长的重臣。穆宗时为平复劾者后人的不满情绪，将国相授予劾者长子撒改，是对劾者家族的一种怀柔手段，国相不是酋长的近亲，也不是政务担当者的官职，而是具有重要政治意义的称号。一直到阿骨打初年，国相是尊称，不是单纯的官职。②

张博泉先生认为"国相"是完颜氏部落联盟内辅佐酋长的官职，"国相"的重要职责是"匡辅"，其制大约始于昭祖石鲁时期，同名称为"贤石鲁"者佐之，地位与国相相当。继贤石鲁为辅佐的便是雅达。景祖以币马从雅达手中求得，辅佐之职转移到联盟长的家族。③ 王可宾基本赞同张博泉先生的看法，又提出因为国相统领若干个部，有别于其他勃堇或部长，故女真人称之为"国相"（众部长）。④

李秀莲认为"国相"本是巫者，巫者的特权一般是世袭的，景祖乌古乃用币马从雅达家族买来的国相是巫者的特权，而非国相的名衔。⑤ 国相是争战中不可缺少的一个组织者和鼓动者，是服务政治需要的高级巫者，不是一般的萨满。在军事联盟时期，辅佐部长是国相职能

---

① 《金史》卷 67《桓赧、散达传》："桓赧、散达兄弟者，国相雅达之子也。居完颜部邑屯村。"从桓赧、散达兄弟的身份可推知雅达是邑屯村完颜部勃堇（或曰部长），没有任何记载显示其家族与渤海遗民豪族有丝毫关系；女真人统领多部的首领称"都勃堇"，汉译为"众部长"，并非是"国相"，这在学界已有共识；《金史》明确记载有雅达其人，与李秀莲认为雅达不是单纯的人名，而是雅达祈雨术、雅达石的指代不符。因此本文不取三上次男、王可宾和李秀莲的观点。

② ［日］三上次男：《金史研究》二《金代政治制度の研究》，90—100 页。

③ 张博泉：《金史简编》，辽宁人民出版社 1984 年版，第 50—51 页。

④ 王可宾：《辽代女真官制考略》，《史学集刊》1990 年第 4 期。

⑤ 李秀莲：《阿骨打称都勃极烈与金朝开国史之真伪研究》，《史学月刊》2008 年第 6 期。

的一部分。①

孙昊认为"国相"这一称号在女真社会组织中没有实际职能，乌古乃购买"国相"之号给肃宗颇剌淑，与"专任辽事"有关。肃宗颇剌淑政治地位的变化与拥有"国相"称号没有直接联系。②

我赞成张博泉先生关于"国相"是辅佐完颜氏部落联盟酋长的官职，其重要职责是"匡辅"的观点，但认为"国相"是在辽设置生女真部族节度使司之后乌古乃设立的职位，国相先后有三人，即雅达、颇剌淑（肃宗）、撒改。从景祖到阿骨打建国前，生女真部族节度使司面临的主要事务有所不同，国相辅佐酋长所担当的事务也随之有所变化。

景祖任生女真部族节度使的第二年便亡故。世祖时，生女真属部内重大事务主要有两端，一是桓赧、散达、乌春、窝谋罕、石显父子、腊醅、麻产屡屡作难，平定叛乱是首位大事，"用兵之际，肃宗（颇剌淑）屡当一面"。二是如何与辽朝建立起有效的关系，劾里钵"凡有辽事，一切委之肃宗专心焉。凡白事于辽官，皆令远跪陈辞，译者传致之，往往为译者错乱。肃宗欲得自前委曲言之，故先不以实告译者。译者惑之，不得已，引之前，使自言。乃以草木瓦石为筹，枚数其事而陈之。官吏听者皆愕然，问其故，则为卑辞以对曰：'鄙陋无文，故如此。'官吏以为实然，不复疑之，是以所诉无不如意"。颇剌淑"身居国相，尽心匡辅"③。在颇剌淑继任节度使后，没有马上任人为国相，或许是尚未考虑好合适的人选，两年后便亡故。

穆宗继任节度使后，史称盈歌"念劾者长兄不得立"，遂命劾者长子撒改为国相。三上次男认为这是为平复劾者后人的不满情绪而采取的对劾者家族的一种怀柔手段。④ 穆宗是景祖嫡生幼子，他欲身后将节度使一职传给二哥世祖的嫡子，便将国相一职授给长兄的嫡子，从这一点看确如三上先生所说是一种怀柔手段，目的是加强酋长家族的凝聚力。

---

① 李秀莲：《女真建国前的"国相"问题研究》，景爱主编：《地域性辽金史研究》第一辑，第199—202页。

② 孙昊：《辽代女真"国相"考述》，《兰台世界》2012年第6期。

③ 《金史》卷1《世纪》，第11页。

④ ［日］三上次男：《金史研究》二《金代政治制度の研究》，第92页。三上次男先生认为撒改家族对完颜部酋长一直存有对立情绪，是反对派的中心势力的看法，不知依据什么。从史籍关于撒改及其家系成员的记载，并未见到他们存在对立情绪，也没有任何不满行为，而是尽心尽力地辅佐生女真部族节度使。

"穆宗履藉父兄趾业，锄除强梗不服己者"，国相撒改在讨伐阿疏的战役中统一路军，取道马纪岭配合穆宗攻打阿疏，"定潏蠢、星显两路，攻下钝恩城"①。继而穆宗以撒改为都统率军讨伐留可、诈都、坞塔等，② 抚定统门、浑蠢、耶悔、星显四路及岭东诸部。在穆宗统一生女真诸部的战争中，国相撒改发挥了重要作用。

康宗时期除了用兵北琴海（今兴凯湖）和统合了朝鲜半岛东北部咸镜南道一带的女真部族外，生女真属部内对所辖女真各部族事务的管理越来越重要起来，"撒改为人，敦厚多智，长于用人，家居纯俭，好稼穑"，辅佐节度使治诸部，"能驯服诸部，讼狱得其情，当时有言：'不见国相，事何从决。'"阿骨打袭任节度使后，"与撒改分治诸都，匹脱水以北太祖统之，来流水人民撒改统之"③。国相一直是生女真部族节度使所倚重的人物。

从上面梳理的国相事迹看，颇剌淑和撒改这两任国相辅佐生女真部族节度使从事重要的军政大事，是节度使身边重要的辅弼人物。还有一点应给予关注，上面提到穆宗时曾以国相撒改为"都统"领兵作战，都统，为辽朝统兵官的职名。穆宗没有任其为女真人传统的统兵官"猛安谋克"，这应是从生女真属部官属的节度使、国相这套辽官称的角度出发，临时任命的辽军官称号。

那么国相是不是"巫者"呢？或者说国相是不是主要从事生女真属部内与祭祀神祇相关的事务呢？

女真人信仰原始的萨满教，王可宾在《女真国俗》中叙述了女真人的原始信仰，指出他们崇敬天地万物，笃信各种征兆与梦卜，对以行巫术为能的巫者称之萨满，萨满是神的使者，也是沟通人神之间的桥梁。王可宾认为女真各氏族或其支系都有一个巫者，如景祖的正室是唐括部巫者的女儿。④ 萨满从事氏族或宗族祭祀、占卜、治病、求子甚至复仇等活动。⑤《三朝北盟会编》卷三记载："其疾病则无医药，尚巫

---

① 《金史》卷70《撒改传》，第1713—1714页。
② 《金史》卷1《世纪》，第13—14页。
③ 《金史》卷70《撒改传》，第1714、1715页。
④ 《金史》卷63《后妃传》，第1594页。
⑤ 王可宾：《女真国俗》，吉林大学出版社1988年版，第300—302页。

祝。病，则巫者杀猪狗以禳之，或车载病人之深山大谷以避之。"① 《金史》称"昭祖久无子。有巫者能道神语，甚验，乃往祷焉"；"国俗，有被杀者，必使巫觋以诅祝杀之者，乃系刃于杖端，与众至其家，歌而诅之……既而以刃画地，劫取畜产财物而还。其家一经诅祝，家道辄败。"② 这类巫者都是女真氏族部落的萨满。

那么在女真大酋长之下，是否有一个高居各部之上的大萨满？从史籍记载看生女真部落并没有一个地位极高的专职大萨满（大祭司），关于国相与萨满信仰有关行为的记载极少。李秀莲引证了仅有的两条史料，一是关于国相颇刺淑（肃宗），与桓赧、散达大战之前，"肃宗下马，名呼世祖，复自呼其名而言曰：'若天助我当为众部长，则今日之事神祇监之。'语毕再拜。遂炷火束缊。顷之，大风自后起，火益炽，是时八月，并青草皆焚之，烟焰涨天。我军随烟冲击，大败之"。然而，史籍关于世祖与萨满信仰有关行为的记载却远多于国相，如这次大战前，世祖曰："予昔有异梦，今不可亲战。若左军中有力战者，则大功成矣。"③ 史称"世祖每与敌战，尝以梦寐卜其胜负"。④ 世祖病重，肃宗请后事，曰："汝惟后我三年。"肃宗出，谓人曰："吾兄至此，亦不与我好言。"乃叩地而哭。之后果如世宗所言，在肃宗病笃时，叹曰："我兄真多智哉。"⑤ 从上述记载看，世祖战前不是命国相占卜胜负，而是自己梦卜。世祖预言颇刺淑的死期，颇刺淑如是巫者应该自己很清楚，不会对世祖有怨言。显然，国相颇刺淑不大可能是巫者，他在战场上行为应是萨满信仰者对神祇的祈求。二是关于国相撒改，《大金得胜陀颂碑》记载："太祖军渡涞流水，命诸路军毕会。太祖先据高阜，国相撒改与众仰望，圣质如乔松之高，所乘赭白马亦如岗阜之大，太祖顾撒改等人马，高大亦悉异常。太祖曰：'此殆吉祥，天地协应吾军，胜敌之验也。诸君观此，正当勠力同心，若大事克成，复会于此，当酾而名之。'后以是名赐其地云。时又以禳祫之法行于军中，诸军介

---

① （宋）徐梦莘：《三朝北盟会编》卷3，重和二年正月十日丁巳，第18页。
② 《金史》卷65《谢里忽传》，第1640、1641页。
③ 《金史》卷1《世纪》，第12页。
④ 《金史》卷23《五行志》，第574页。
⑤ 《金史》卷1《世纪》，第10页。

召序立，战士光浮万里之程。胜敌刻日，其兆复现焉。"① 这里记载阿骨打观到"吉象"，以禳祓之法行于军中。《金史·五行志》记载是撒改与阿骨打都看到了"吉象"，"撒改因白所见。太祖喜曰：'此吉兆也。'即举酒酹之"。② 仍然是太祖举酒酹之。李秀莲认为这是史籍刻意渲染阿骨打是天降"异人"，淡化了撒改作为巫者沟通人神的桥梁作用。③ 然而，史籍关于阿骨打与萨满信仰有关行为的记载同样远多于国相撒改。1114 年，阿骨打与诸将佐议伐辽事，"举觞东向，以辽人荒肆，不归阿疏，并己用兵之意，祷于皇天后土"。诸路兵皆会于来流水，阿骨打"致辽之罪，申告于天地曰：'……今将问罪于辽，天地其鉴佑之。'"建国后，收国元年（1115）正月，太祖率军趋达鲁古城，次宁江州西，"进师，有火光正圆，自空而坠。上曰：'此祥征，殆天助也。'酹白水而拜，将士莫不喜跃"④。阿骨打与诸将佐议伐辽事，国相撒改肯定在场，阿骨打不是命国相"举觞东向"，"祷于皇天后土"，而是自己亲自举觞祈祷。之后太祖屡次在临战时"申告天地"、见吉象"酹白水而拜"，祈求"天助"。相比之下，史籍仅见一条关于国相撒改的上述记载，即便是有漏载，也可反证国相不大可能是主掌祭祀的巫者。况且史籍中记载了许多关于国相从事重大军政事务的事迹，这清楚地表明国相是生女真部族节度使所倚重的军政辅弼人物。

三　近僚集团

早在石鲁时期，按出虎完颜部已经在生女真诸部中初露头角，以推行"条教"为主要内容，开始形成了一定的势力范围，为使女真各部奉行"条教"，当有一个以按出虎完颜部为核心的氏族部落议事会。辽道宗以完颜部乌古乃为生女真部族节度使，设置了生女真属部后，在乌

---

① （金）赵可撰：《大金得胜陀颂碑》，李澍田主编：《金碑汇释》，吉林文史出版社 1989 年版，第 118—119 页。

② 《金史》卷 23《五行志》，第 575 页。

③ 李秀莲：《阿骨打称都勃极烈与金朝开国史之真伪研究》，《史学月刊》2008 年第 6 期。

④ 《金史》卷 2《太祖纪》，第 26、29 页。

古乃的主持下始"有官属，纪纲渐立矣"。① 所谓官属，可能是以女真氏族部落贵族议事会为核心而形成。其中"国相"一职由完颜部邑屯村雅达担任。雅达所在完颜部非按出虎完颜部，孙昊认为其地在按出虎完颜部以南之地，双方没有同一部姓的认同关系。② 如上文所述，不久景祖以币马求国相于雅达，雅达许之，景祖命第四子颇剌淑任国相。乌古乃时期生女真属部的官属成员构成除国相外，其他成员的情况尚无从得知。

劾里钵袭任节度使后，在发展壮大生女真属部的过程中，仍然是以按出虎完颜部为核心的氏族部落议事会作为属部官属发挥着作用，《金史》卷六五《谢库德、谢夷保传》的一段记载为了解这一时期的官属构成提供了重要信息：

> 世祖时，欢都、冶诃及劾者、拔达、盆纳五人者，不离左右，亲若手足，元勋之最著者也。明昌五年皆配飨世祖庙廷。准德、束里保者，皆加古部人。申乃因、丑阿皆驰满部人。富者粘没罕，完颜部人。阿库德、白达皆雅达澜水完颜部勃董。此七人者，当携离之际，能一心竭力辅戴者也。达纪、胡苏皆术甲部勃董。胜昆、主保皆术虎部人。阿库德，温迪痕部人。此五人者，又其次者也。③

上述共 17 人，他们很可能是世祖劾里钵时期的官属成员。他们与劾里钵的关系，或者说他们在官属中的地位有一定差别。欢都、冶诃、劾者、拔达、盆纳五人者，不离左右，亲若手足，当是官属中的核心人物。欢都的祖父石鲁与昭祖石鲁同时同部同名，虽二人非同宗族，却是生死之交。此后经历肃宗、穆宗、康宗三任联盟长，欢都一直是近僚集团中的重要人物之一。《金史·欢都传》云："欢都事四君，出入四十年，征伐之际遇敌则先战，广延大议多用其谋。世祖尝曰：'吾有欢都，则何事不成。'肃宗时，委任冠于近僚。穆宗嗣位，凡图辽事皆专委之。康宗以为父叔旧人，尤加敬礼，多所补益。"④ 冶诃系出景祖，

---

① 《金史》卷 1《世纪》，第 6 页。
② 孙昊：《完颜部邑屯村考略》，《通化师范学院学报》2010 年第 9 期。
③ 《金史》卷 65《谢库德、谢夷保传》，第 1638—1639 页。
④ 《金史》卷 65《欢都传》，第 1694 页。

为神隐水完颜部勃堇，"冶诃与欢都常在世祖左右，居则与谋议，出则
涖行阵，未尝不在其间"。① 劾者是德帝的曾孙，他与劾里钵的长兄劾
者同名。"穆宗四年伐阿疏。阿疏走辽。辽使使来止伐阿疏军。穆宗阳
受辽帝约束，先归国，留劾者守阿疏城。凡三年，卒攻破之"。② 盆纳
是献祖绥可之孙，勇毅善射。拔达是献祖绥可的曾孙。二人皆佐世祖有
功。这五人只有欢都是异姓完颜人，其他四位都与劾里钵同宗，但冶诃
为神隐水完颜部勃堇，非按出虎完颜部人。神隐水，为今牡丹江支流，
今安图县白河。③ 另外三人是否为按出虎完颜部人史无记载。

其次是准德、束里保、申乃因、丑阿、准德、粘没罕、阿库德、白
达七人。白达又作"白答"，与阿库德为同一部人，其先祖居按出虎水
之源，后"枝属浸蕃，乃择广土徙雅挞澜水，拿邻麻吉等七水之人皆
附丽焉"，白答"事世祖为七水部长。时乌蠢谋寇乱者构为凶恶，金紫
公（白答）与同部人阿库德协心一力拒之，以附世祖"。④ 此七人在世
祖劾里钵平定属部内部的反叛势力时，一心竭力辅戴劾里钵。再次为达
纪、胡苏、胜昆、主保、阿库德等五人，他们同样辅戴劾里钵，只是出
力略少。从上述 12 人所属的部族看，准德、束里保为加古部人；申乃
因、丑阿为驰满部人；粘没罕为按出虎完颜部人；阿库德、白达为雅达
澜水完颜部勃堇（今吉林伊通河）；达纪、胡苏为术甲部勃堇；胜昆、
主保为术虎部人；阿库德为温迪痕部人。现将上述 12 人所属的部族列
表（表 2）：

表 2　　　　　　　辽生女真属部劾里钵时期官属成员所属部族

按出虎水完颜部	神隐水完颜部	完颜部（所在地不详）	雅达澜水完颜部	加古部	驰满部	术甲部	术虎部	温迪痕部
欢都	冶诃	劾者	阿库德	准德	申乃因	达纪	胜昆	阿库德
粘没罕		拔达	白达	束里保	丑阿	胡苏	主保	
		盆纳						

① 《金史》卷 68《冶诃传》，第 1695 页。
② 《金史》卷 65《辈鲁传》，第 1638 页。
③ 张博泉等：《金史论稿》第 1 卷，吉林文史出版社 1986 年版，第 63 页。
④ （金）王彦潜撰：《完颜娄室神道碑》，李澍田主编：《金碑汇释》，第 6 页。

　　神隐水完颜部与按出虎完颜部同宗，雅达澜水完颜部原居按出虎，两部与按出虎完颜部关系密切。温迪痕部即统门水温迪痕部，早在昭祖时就依附完颜部。加古、驼满、术甲、术虎等四部或为完颜部的临近部落。在这个由多部族酋长组成的官属中，不离世祖劾里钵左右，亲若手足的五人（欢都、冶诃、劾者、拔达、盆纳）与国相共同辅佐劾里钵，形成了一个近僚集团。

　　世祖、肃宗时期在对外扩张和平定内部反势力的战事中，完颜部中涌现一批能征善战的军事人才，如景祖子阿离合懑、谩都诃，景祖侄辞不失（又作习不失）、世祖幼弟盈哥、世祖长子乌雅束、次子阿骨打、三子斡带。最年轻的斡带年二十余，"刚毅果断，服用整肃，临战决策，有世祖风。世祖之世，军旅之事多专任之"。① 肃宗时，纥石烈部麻产"缮完营堡，诱纳亡命。招之，不听，遣康宗伐之。太祖别军取麻产家属，锜釜无遗。既获麻产，杀之，献馘于辽。陶温水民来附"。② 肃宗派人将麻产首级献给辽朝，称平定叛乱，"辽人命穆宗、太祖、辞不失、欢都具为详稳"。③ 得到辽朝封授的"详稳"官号，穆宗、太祖、辞不失等人便名正言顺地成为了近僚集团的成员。

　　穆宗盈哥时，官属成员与世祖时期相比发生了明显的变化，当年不离世祖左右的近僚集团的五人中，欢都、冶诃、劾者以外的二人与官属中另外两个层次的五人、七人几乎不再有事迹见于史册。取而代之是上面列出的在世祖时期活跃的军事人才，穆宗时新出现的人物是世祖侄蒲家奴，在伐留可、坞塔，招降诈都的战事中有功。康宗时，冶诃、劾者也不再见有任何事迹，新出现人物是世祖次室子斡赛（阿骨打异母弟）和国相撒改弟斡鲁，"康宗二年甲申，斡带治苏滨水诸部，斡赛、斡鲁佐之，定诸部而还。"④ 四年，"高丽筑九城于曷懒甸。斡赛母疾病，斡鲁代将其兵者数月。斡鲁亦对筑九城与高丽抗，出则战，入则守，斡赛用之"，"高丽复来攻，斡赛复败之。高丽约以还逋逃之人，退九城之军，复所侵故地"。⑤ 到阿骨打建国前，生女真部族节度使司官属的近

---

① 《金史》卷65《斡带传》，第1647页。
② 《金史》卷1《世纪》，第12页。
③ 《金史》卷67《欢都传》，第1693页。
④ 《金史》卷65《斡赛传》，第1647页。
⑤ 《金史》卷71《斡鲁传》、卷1《世纪》，第1733、17页。

僚集团除欢都一人是异姓完颜之外，其他人（国相亦是近僚集团的一员）都是景祖以来各任生女真部族节度使的兄弟子侄，显赫的战功不仅使他们获得了荣誉，而且也提高了他们的政治地位。

随着生女真属部势力的扩大和对属下女真诸部统辖关系的确立，近僚集团在官属中的地位越来越重，超过了其他官属成员，他们经常在生女真部族节度使左右参政，其意见往往受到节度使的重视，如穆宗末年，采纳阿骨打的建议，穆宗令各部"自今勿复称都部长"、"不得擅置信牌驰驿讯事"。①《金史·太祖纪》载："康宗七年，岁不登，民多流莩，强者转而为盗。欢都等欲重其法，为盗者皆杀之。太祖曰：'以财杀人，不可。财者，人所致也。'遂减盗贼征偿法为征三倍。民间多逋负，卖妻子不能偿。康宗与官属会议，太祖在外庭以帛系杖端，麾其众，令曰：'今贫者不能自活，卖妻子以偿债。骨肉之爱。人心所同。自今三年勿征，过三年徐图之。'众皆听令，闻者感泣，自是远近归心焉。"② 显然，近僚集团在联盟官属会议上占有举足轻重的地位，他们辅佐节度使参议重要事务，并且是官属军政要务的主要执行者。

从上面可考的最早一批世祖时期官属成员的构成，到金建国前康宗、阿骨打时期的官属成员的构成，可以看出有一个完颜部势力逐渐强化，尤其是近僚集团成员从不同地区完颜部的多家族成员到几乎全部是节度使的兄弟子侄（只有欢都一人是异姓完颜部人）所组成的变化过程，这个过程也是伴随着生女真部族节度使的个人权力日益强化。金朝建国前夕，生女真部族节度使司官属已经具备议政、决策、行政、司法、军事等各种职能，节度使与国相、近僚集团、官属成员之间已孕育着君臣关系的因素。值得注意的是金建国后，中央勃极烈制度的成员皆出自建国前生女真属部官属的国相、近僚集团成员。

结　语

通过上面的讨论，可以看到生女真属部官属中既有女真人仿照辽朝

---

① 《金史》卷1《世纪》、卷2《太祖纪》，第14、24页。
② 《金史》卷2《太祖纪》，第24页。

官职而设置的国相、都统，也有辽朝授予的详稳，它与生女真原始部族组织中都勃堇（众部长）——勃堇（部长），或都勃极烈——勃堇的酋长称呼，是不同的体系，二者不可混为一谈。在辽朝属国属部体制的运作下，生女真属部官属担负着为辽朝经营"鹰路"的职责，同时也听从朝廷与地方政府的指令，管理各种军政事务。另一方面生女真属部官属的职责不可避免地对女真社会发生作用，生女真部族节度使作为属部长官，迅速树立和强化了个人地位，以经营"鹰路"的名义，征服异己势力，扩大势力范围，在统一生女真诸部的过程中，官属主要成员的构成也逐渐为节度使的家族、宗族所垄断，女真社会逐步由简单的酋邦发展为高级复杂的酋邦，进入到建立国家的前夜。

[原载《兰州大学学报（社会科学版）》2020 年第 5 期]

金初勃堇初探

勃堇是女真族官制中能够代表民族特点的重要制度，它与国论勃极烈制既有联系又有区别。对于金初勃堇的身份与地位，日人三上次男先生认为：金室（完颜阿骨打一系）直辖地区或一部分新占领区实行猛安谋克制度，而金室后征服的女真部落则继续保存原有的勃堇制度，他们仍然保持着相当的独立势力。建国后的勃堇在某种意义上代表一部分旧女真豪族的残存势力。太宗天会年间，勃堇丧失了实际权限，成为表示门第的荣爵或完全地方官化了。① 把金初勃堇局限于"一部分旧女真诸部豪族的残存势力"是很不全面的，关于勃堇的转化观点亦值得商榷。本文拟就金初勃堇有关的几个问题进行初步探讨。

一 勃堇制度的形成与变化

勃堇系女真语，它与以完颜部为核心的军事部落联盟（以下简称"军事部落联盟"）中出现的勃极烈是同一女真语词根，即"长官"之意。勃极烈为勃堇之音转。

十一世纪前期，女真部落酋长中已经出现勃堇称号，金昭祖石鲁即安出虎水完颜部的勃堇。② 景祖乌古迺时，"稍役属诸部，自白山、耶悔、统门、耶懒、土骨论之属，以至五国之长，皆听命。"辽朝以景祖为生女真部族节度使，"既为节度使，有官属，纪纲渐立矣。"③ 其官属

---

① ［日］三上次男：《金史研究》一《金代女真社会の研究》，东京：中央公论美术出版，昭和四十七年（1972），第438—440页。
② 《金史》卷55《百官志一》，中华书局1975年版，第1215—1216页。
③ 《金史》卷1《世纪》，第5页。

即由军事部落联盟长、国相、诸勃堇所构成。其中国相是军事部落联盟长的辅佐，勃堇是军事部落联盟下的部落长。

勃堇制度是承袭生女真氏族部落组织中已出现的勃堇名称加以官制化而形成的。初期勃堇包括勃堇（部长）与都勃堇（都部长）。勃堇由部民世选产生。《金史·钝恩传》："钝恩，阿里民忒石水纥石烈部人。祖曰劾鲁古，父纳根涅，世为其部勃堇。"① 其时，勃堇死后，部民须在他的嫡系兄弟或子孙中选出下一任勃堇。此外，勃堇亦可由军事部落联盟长直接任命。阿跋斯水温都部人乌春，景祖"既而知其果敢善断，命为本部长。"②《金史·百官志》："其部长曰孛堇。"③ 在军事部落联盟中勃堇与部长是部落长互用的称号。被任命的勃堇与世选的勃堇拥有相同的地位和权势。

都勃堇即都部长，指以完颜部为核心的军事部落联盟长，又指军事部落联盟长统辖下的由若干部落组成的"小联盟长"。军事部落联盟统辖着众多的女真部族，各大姓部族又分为若干部落，例如徒单部有十四部，乌古论部有十四部，蒲察部有七部，完颜部本身亦有十二部。④ 不同姓的部族比邻而居，形成地区联盟的各部勃堇受命于联盟长都勃堇，都勃堇受命于军事部落联盟长（亦称都勃堇）。但是生女真完颜部及军事部落联盟统属的中心地区一般不设都勃堇，由军事部落联盟长直接统辖各个部的勃堇。

都勃堇拥有自治权，是军、政、法权集于一身的官长。在军事部落联盟后期，女真社会逐渐向文明社会过渡，都勃堇和勃堇由原来的世选制演变为世袭制。都勃堇的权力日渐加大，越来越为军事部落联盟长所不容。穆宗时采纳完颜阿骨打的建议，下令"统门、浑蠢、耶悔、星显四路及岭东诸部自今勿复称都部长。"⑤ "于是诸部始列于统属。"⑥ 为了提高军事部落联盟长的地位，穆宗将原都勃堇（众部长、都部长）的称号改为都勃极烈，以示尊崇。自穆宗以后，勃堇受都勃极烈直接

---

① 《金史》卷67《钝思传》，第1583页。
② 《金史》卷67《乌春传》，第1577页。
③ 《金史》卷55《百官志一》，第1215—1216页。
④ 《金史》卷67《留可传》，第1584页。
⑤ 《金史》卷1《世纪》，第14页。
⑥ 《金史》卷128《循吏传》，第2757页。

统辖。

勃堇具有氏族部落的政治、经济、司法、军事等诸种权力。勃堇需听从军事部落联盟的都勃堇调遣，如被派往辽朝纳贡，出使邻国或周围部落，领命平定邻部的纷争，或随从军事部落联盟长平定联盟内部叛乱及反抗外来的侵略。联盟内经常发生勃堇不听调动的事情。"康宗二年甲申，苏滨水诸部不听命，康宗使斡带等往治其事。行次活罗海川撒阿村，召诸部。诸部皆至，惟含国部斡豁勃堇不至。斡准部狄库德勃堇、职德部厮故速勃堇亦皆遁去，遇坞塔于马纪岭，坞塔遂执二人以降。"①"遂伐斡豁，克之。"②军事部落联盟长对于不服从命令的勃堇一般采用武力使之降服。这表明军事部落联盟时期的勃堇制度属于女真军事民主制的范畴，军事部落联盟长对各个部勃堇的统领，还不及文明社会君主统治那般强有力。

勃堇在领兵作战时又称为猛安谋克。此时，猛安谋克由发生战争时临时作战组织转化为常设的部落军事组织。这样勃堇在女真人内部便成为官长之称，猛安谋克为军长之称，部长往往对此二职兼而有之。个别的部长只许为勃堇，不得领兵。如景祖异母弟跋黑有异志，世祖虑其为变，"乃加意事之，使为勃堇而不令典兵"③。当举行大规模军事行动勃堇担任一路军统帅时，又称之为都统。在世祖平定乌春叛乱时，"使欢都（勃堇）为都统，破乌春、窝谋罕于斜堆"④。战争结束后仍称勃堇，并领本部猛安谋克。

到金建国前夕，都勃极烈与诸勃堇的关系逐渐发展为君臣关系，勃堇已具备女真国家统治机构中官吏的基本职能。完颜阿骨打继任都勃极烈的第二年，将勃堇制加以改革，"以三百户为谋克，十谋克为猛安"⑤，以与村寨组织结合并以领户为特点的猛安谋克制度代替了原来以部落为单位的勃堇制度。猛安谋克是以氏族部落为基础进行改革的，因而授封为地方官猛安谋克者，在女真人习惯上往往也被称为勃堇，如

① 《金史》卷65《斡带传》，第1546页。
② 《金史》卷1《世纪》，第16页。
③ 《金史》卷65《跋黑传》，第1542页。
④ 《金史》卷67《乌春传》，第1579页。
⑤ 《金史》卷2《太祖纪》，第25页。

授猛安的菩葛、麻吉，亦称"孛堇菩葛、麻吉"①，授谋克的酬斡，又称"勃堇酬斡"②。

金建国后，太祖将都勃极烈的职能与国相的职能结合起来，形成了金初最高军政统治机关国论勃极烈制度。在诸国论勃极烈大贵族之下便是中央和地方的大小官员。金初勃堇除了边远地区仍处于原始社会末期的部落长勃堇外，主要是指女真政权下的官僚集团，它在形式和内容上与建国前的勃堇制度有本质区别。三上次男先生并没有估计到这一点，因而得出的结论是不全面的。

二　金初的勃堇

金初勃堇是中央诸勃极烈之下各族官员和东北边疆部落长、女真族部分地方官员的统一称谓。勃堇的含义由原来部落长变成一般"官长"。

（一）中央官员——勃堇

金初，在中央勃极烈制度下设有处理各种具体事务的官员。天辅四年（1120），宋使赵良嗣至金朝，商议宋金夹攻辽朝、求燕地、纳岁币之事。太祖集众臣与宋使者议事，关于平、营州之地太祖说："平、营本燕京地，自是属燕京地分。"高庆裔则道："今所议者，燕地也，平、滦自别是一路。"杨朴亦云："郎君们意思不肯将平州画断作燕京地分，此高庆裔所见如此，须着个方便。"③ 太祖采纳了他们的意见，仅以燕京归宋，不提平、营之地。杨朴原为辽东铁州渤海大族，高庆裔亦为渤海人。《大金吊伐录·南宋国书》中称杨朴为"贝勒杨璞"，贝勒即孛堇，璞为樸之误。④ 《三朝北盟会编》卷七记载，宣和四年（1122）五月，"（金）差孛堇乌歇、高庆裔等充通议使副。"乌歇为徒单氏，为非完

---

① 《金史》卷71《斡鲁古传》，第1637页。

② 《金史》卷2《太祖纪》，第32页。

③ （宋）徐梦莘：《三朝北盟会编》卷4引《燕云奉使录》，上海古籍出版社1987年版，第26页。

④ （金）佚名：《大金吊伐录》卷1《南宋国书》，商务印书馆1939年版，第8页。

颜氏女真贵族。① 可知金初中央官员中"郎君"指宗室；"诸酋大人"指宗室以外的女真贵族；"近上大人"则范围更广泛，不仅包括前两种人，而且还包括其他各民族仕于金朝的中央官员。他们均称之为"勃堇"。

在中央，勃堇从事各项行政工作，然而在分工上却别有一番"讲究"。"天辅三年（1119）六月，辽大册使太傅习泥烈以册玺至上京一舍，先取册文副录阅视，文不称兄，不称大金，称东怀国。太祖不受，使宗翰、宗雄、宗干、希尹商定册文义指，杨朴润色，胡十苔、阿撒、高庆裔译契丹字，使赞谋与习泥烈偕行。"② 宗翰等宗室郎君议定册文的宗旨，杨朴等渤海、契丹族的士大夫则从事撰写、润色、翻译等文字工作，反映出金初官制中存在着严重的民族等级差别。

金朝统治者经常临时委派中央勃堇为外交使臣出使邻国。据《金史》记载，出使的诸勃堇中有宗室郎君如完颜银术可，有完颜氏以外的女真贵族如辞列，亦有非女真族官员如李靖、高居庆、丘忠等。③

由于天会二年（1124）以前中央勃极烈制度之下没有设置具体的官僚机构，不论从事撰写国书制诰的官员，还是从事司法、经济工作的官员，一律称之为勃堇。这使我们很难了解中央勃堇是否有具体而固定的分工，是否分别隶属于某个勃极烈，尚有待于今后进一步挖掘史料和进行深入具体地研究。

（二）女真族地方官员——勃堇

金初，地方机构不健全，官制亦不统一，辽、宋、女真各种官制同时并存。为了适应女真政权统治的需要，沿用"勃堇"的称号，作为对女真族地方官员的称谓。

1. 部落长

女真统治者对原完颜氏部落联盟统辖中心地区的女真部族和新占领的契丹、奚、汉、渤海、系辽籍女真人实行猛安谋克制度，其长官授予猛安或谋克。④ 对于边远地区的鳖古等部⑤则因其旧俗，其部的部落长

---

① （宋）徐梦莘：《三朝北盟会编》卷7，宣和四年五月十八日乙亥，第48页。
② 《金史》卷84《耨盌温敦思忠传》，第1881页。
③ 参见《金史》卷2《太祖纪》，第33页；卷60《交聘表上》，第1389—1391页。
④ 《金史》卷44《兵志》，第993页。
⑤ 鳖古，即辽代鼻骨德部，分布在松花江下游与黑龙江流域。

仍称勃堇，即三上先生所说的"金室后征服的女真部落。"

部落长勃堇的职掌与建国前部落长勃堇十分相近。天辅三年（1119）正月，太祖诏鳌古孛堇酬斡曰："胡鲁古、迭八合二部来送款，若等先时不无交恶，自今毋相侵扰。"① 可见各部落有一定的居住区域，以勃堇治理本部政事，统率本部兵丁，负责这一地区的治安。勃堇具有一定的独立性，但有重大行动须经上级机关批准，不可随意行事。

金初为加强对新征服的缘边诸部的统治，废除一部分部落原有的勃堇，另派遣完颜氏贵族担任勃堇。太祖二年（1114），金军攻下宁江州，宗室子完颜酬斡、仆忽得率兵抚定谇谋水部落，② 烛偎水鳌古部勃堇胡苏鲁以城降。③ 因招抚诸部有功，太祖以酬斡为谋克、仆忽得领行军猛安，④ 同为鳌古部勃堇。

2. 女真族地方官

金初女真族的部分地方官亦被称为勃堇。太祖收国年间，金军先后占领了咸州及辽东地区，将其划分为路，设都统司或军帅司，路下全面推行猛安谋克制度。但原辽朝府州一级建置并没有完全废除，除了保留一部分归降的辽府州官吏外，还以占据辽地的女真猛安谋克任地方官驻守要塞。

关于地方官勃堇，史书无明确记载，只能从零散的材料中考查他们的隶属、任免、职掌诸方面的状况。《金史·斡鲁古勃堇传》记载："斡鲁古久在咸州，多立功，亦多自恣，劾里保、双古等告斡鲁古不法事：……遂以阇哥代为咸州路都统。"都统违法由皇帝或勃极烈制裁，勃堇犯罪则由都统处置。斡鲁古被太祖免职后，由新任都统阇哥审问有罪的勃堇。收国元年（1115）十二月护步答冈战役中，"完颜蒙刮身被数创，力战不已，功皆论最"⑤，不久授以猛安。麻吉乃宗室子，"年十五，隶军中，从破高丽兵，下宁江州，平系辽女直，克黄龙府，皆身先力战，以功为谋克，继领猛安。破奚兵千余。自斡鲁古攻下咸、信、沈

---

① 《金史》卷 2《太祖纪》，第 32 页。
② 谇谋水，今俄罗斯阿穆尔州比腊河。
③ 《金史》卷 2《太祖纪》，第 25 页。
④ 《金史》卷 121《仆忽得传》，第 2635 页。
⑤ 《金史》卷 2《太祖纪》，第 29 页。

州及东京诸城，麻吉皆有功。"① 蒙刮、麻吉均为完颜氏人，由于战功授猛安，非建国前完颜氏某部勃堇，而是都统司下的地方官，他们为猛安谋克，仍用勃堇的称呼，显然不是表明门第的荣爵，而是具有实际职务的猛安谋克皆以勃堇（官长）称之。

地方勃堇掌管当地的军政，安辑人民，征收粮草，处理诉讼案件，负责本地的防御。这与金初各地的地方机构路及猛安谋克诸级官员均是兼管军政的特点是相一致的，不同于金熙宗以后女真人与汉人分别统辖的地方制度。由于金初国家处于战争状态，地方勃堇的军事性质较强。如遇大规模战争，都统率领本路勃堇离开自己的辖区随从诸勃极烈征战，仅留少数地方官驻守原地。一个战役结束后，有的都统率诸勃堇返回本路，有的都统则率诸勃堇被委任为新占领区的地方长官。这样造成金初各级地方官员调动频繁，地方勃堇驻地经常更换。天辅四年（1120）三月，太祖欲亲征辽朝，令咸州路都统司以斜葛留兵一千镇守，副都统阇母率领其余军队随太祖攻辽上京。② 勃堇蒙刮、麻吉亦随阇母出征，占领辽中京、上京地区后，麻吉驻守高州，③ 不久阇母转任南路都统，占领了平州一带地区，蒙刮驻守润州，④ 他们再没返回咸州路。另外还有一些地方勃堇又由地方官转为军事将领，便不再称为勃堇而改称猛安。

金初都统被免职后，有时提拔勃堇为都统。天会三年（1125）九月，"保州路都勃堇加古撒曷有罪伏诛，以孛堇徒单乌烈代之。"⑤ 加古撒曷在太祖收国元年（1115）任为保州路都统，在金初众多的都统、军帅中仅此一例又称为都勃堇，或是将女真族习惯称呼载入史册，女真旧俗称统诸勃堇者为都勃堇。

必须注意，金初仅是女真族地方官称为勃堇，渤海、契丹、汉族地方官则仍袭用辽、宋原有的官称为节度使、刺史、知州等。天会五（1127）、六年（1128）以前，见于史书记载的节度使、刺史等军州官称的人，无一人是女真人。勃堇随着女真国家建立，作为勃极烈以下一般官员的称呼，其义即官人，它已失去原来部落长的含义。

① 《金史》卷72《麻吉传》，第1663—1664页。
② 《金史》卷2《太祖纪》，第34页。
③ 《金史》卷72《麻吉传》，第1664页。
④ 《金史》卷71《阇母传》，第1642页。
⑤ 《金史》卷3《太宗纪》，第53页。

（三）都勃堇

金太祖时期先后设十四路，原辽地设都统（军帅）司路，女真内地设万户路，另设两路都勃堇。一为曷苏馆路都勃堇。收国二年（1116），金军攻打辽东高永昌，曷苏馆系辽籍女真人胡十门召其族人曰："吾远祖兄弟三人，同出高丽。今大圣皇帝之祖入女真，吾祖留高丽，自高丽归于辽。吾与皇帝皆三祖之后。皇帝受命即大位，辽之败亡有征，吾岂能为永昌之臣哉！"胡十门自称金始祖函普兄阿古迺后裔，不肯向高永昌称臣，遂率其族属部众诣国论忽鲁勃极烈撒改军，助金军攻打高永昌。既而攻开州、保州，胡十门皆有功，于是被任命为曷苏馆七部勃堇，给银牌一、木牌三。天辅二年（1118）胡十门卒，子鉤室袭其职。不久金设曷苏馆路，以鉤室为曷苏馆路都勃堇。① 二为耶懒路都勃堇。《金史·石土门传》记载："石土门，汉字一作神徒门，耶懒路完颜部人，世为其部长。父直离海，始祖（函普）弟保活里四世孙，虽同宗属，不相通问久矣。"② 景祖时，始派人至阿什河流域完颜部与景祖通宗系。世祖时，石土门招谕耶懒诸部，使之附于世祖。此后石土门经常率部从都勃极烈进行统一女真诸部的战争，是阿骨打家族的得力助手。金初，设耶懒路以石土门为都勃堇。天辅六年（1122）石土门卒，弟迪古乃袭任耶懒路都勃堇。

两路都勃堇均与皇室有着特殊的关系。金建国前他们一是耶懒路实力雄厚的部落长，一是曷苏馆地区名门豪族，③ 都是阿骨打一族的支持者。太祖分置诸路时，以石土门、鉤室分任他们世代居地的路的最高长官，特赐以都勃堇的称号（都勃堇系穆宗前部落联盟长的称号），以示恩宠，从而加强皇帝对地方的统治。

都勃堇的职能与女真内地路长官万户同样是世袭职，职能也大体相同。掌管本路军民，总揽一路的各种政务、任免官吏、诉讼、军事等诸种权力，或许都勃堇较万户的自主权更大些。

在金初特定的历史条件下，勃堇是作为女真政权下官吏的称谓而出

---

① 《金史》卷66《胡十门传》，第1561—1562页。
② 《金史》卷70《石土六传》，第1621页。
③ 《金史》卷66《胡十门传》，第1562页。

现的，其特点是：

第一，勃堇不是某种固定职务的官吏，而是中央勃极烈下各级官员和女真族部分地方官员的总称。显然金朝统治者在没有确定某种官称时，均以勃堇名之，取其女真语"官长"之意，其内涵复杂，包罗万象。

第二，金初勃堇虽是女真国家官吏，但仍保留着浓厚的原始色彩。东北边远地区原始部落长勃堇与原来意义上的勃堇极为接近；女真族地方官勃堇亦保留了原始社会"入为勃堇，出为猛安"的遗风；都勃堇则是处于原始氏族制向国家形态过渡时期的官职。这反映了金初女真社会还处于不发达的早期奴隶社会形态。

第三，勃堇作为权宜官称，具有鲜明的临时特点。勃堇的称谓不是在某一时期同时废止的，而是随着各级官僚制度日益健全而逐渐被取替的。

三 金初勃堇废除的历史原因

金朝入主中原以后，国内经济成分发生巨大变化，高度发展的租佃式地主经济逐渐在全国占主要地位。民族结构也由汉族取代女真族成为金国的主体民族。太宗时，落后的女真政治制度与汉族发达的经济体制的矛盾日益尖锐，改革官制势在必行。

天会初年（1123），中央开始陆续设置各种行政机构，汉官职称随之出现。于是中央出现一段勃堇与新设汉官同时并存的时期，《金史·交聘表》记载，天会二年（1124）"十二月，勃堇高居庆、大理卿丘忠为贺宋正旦使。"① 天会二年，金宋尚未交锋，往来使者均由中央派出，可知此时中央已有大理寺。"天会四年（1126），建尚书省"②，"官制行，诏中外。"③ 由于在中央女真奴隶主贵族的势力十分强大，中央全面改革官制的计划没能实现。但是在中央勃极烈制度下汉制机构则不断增多，天会五年（1127）以后，中央勃堇的称谓不再见于记载，往来于邻国的使者亦都冠有具体而明确的官称。中央勃堇的废除加快了中央

---

① 《金史》卷60《交聘表上》，第1391页。
② 《金史》卷55《百官志一》，第1216页。
③ 《金史》卷76《宗干传》，第1742页。

勃极烈制度向三省制度变革的过程。

太祖天辅末年（1123），金政权在东北地区的统治逐渐稳固。金主已成为极力加强中央集权的帝王，因而两路都勃堇便丧失了存在的意义。首先将曷苏馆路都勃堇改置军帅司，其长官不再世袭，由中央任命，并且不一定任命完颜氏贵族为本路长官，《金史·徒单阿里出虎传》："父拔改，太祖时有战功，领谋克、曷速馆军帅。"① 路及所属各级机构与周围其他路完全相同。耶懒路在"天会二年（1124），以耶懒地薄斥卤，迁其部于苏滨水。"② 同时将都勃堇改置万户，其长官仍然世袭。并且，于此二路分别设置与所在地区相一致的地方机构。

天会五年（1127）金灭北宋后，新占领的州县地区与原辽朝地方机构呈现出不统一的状况。原辽朝地区平州以北、辽河东西地区多为猛安谋克制度，府州建置残破不全；平州以南地区沿用辽府、州、县制度；原北宋地区沿用宋府、州、县制。女真奴隶主贵族任地方官者则称勃堇。官制混乱，职掌不明，官吏升迁调动不便，尤其是具有女真奴隶制特点的猛安谋克制度更是无法适应先进的租佃经济和发达的中原文明，对建立正常稳定的统治秩序十分不利。因而"太宗既有中原，申画封疆，分建守令。"③ 天会六年（1128）八月，太宗下诏："以州郡职员名称及俸给因革诏中外。"④ 恢复辽东地区州县制，划一原辽、宋地区的府、州、县制度，以州的规模大小与所处地理位置，分别设置节度、防御、刺史州。从此女真族地方官不再称勃堇，而是授予统一的官职。如：完颜余里也"以功迁真定府路安抚使兼曹州防御史"。⑤ 完颜宗贤任归德军节度使，⑥ 勃堇完颜麻吉子沃侧任华州防御使。⑦ 他们与汉、渤海、契丹等族的官员在职掌、陟黜诸方面完全相同，成为地方机构的长官。

同时，太宗对东北部边地的一些与女真族奴隶制社会形态接近或同一的部落，以地方的猛安谋克制度代替原来的部落勃堇制度，使之与女真族内地的建置机构同一，从而巩固中央对边远地区的统治。

---

① 《金史》卷132《徒单阿里出虎传》，第2823页。
② 《金史》卷70《完颜忠传》，第1623页。
③ 《金史》卷128《循吏传》卷首，第2757页。
④ 《金史》卷3《太宗纪》，第59页。
⑤ 《金史》卷66《合住传》，第1562页。
⑥ 《金史》卷66《宗贤传》，第1566页。
⑦ 《金史》卷72《麻吉传》，第1664页。

综上所述，金初勃堇的称谓随着国家政权的中原化变革，逐渐为汉官职名称所取代。两个具有原始部落联盟长色彩的都勃堇和官吏称呼的勃堇，随着金政权的巩固逐渐与周围的地方建置划一。天会六（1128）、七年（1129）以后，《金史》基本不再见勃堇的官称。①

（原载《史学集刊》1986 年第 2 期）

---

① 在宋方的史书中，太宗晚期乃至世宗时期一直不断出现勃堇这一称号，都是关于战争中对金方将领的记载。这是由于太宗时期，在金宋战场上很多将领被称之为勃堇，而宋人多不知金朝勃堇废止之事，因此仍称金将领为勃堇。这应是金方史料已不再见勃堇之称，而宋方史料则屡见不鲜的原因所在。

金朝前期军政合一的统治机构
都元帅府初探

　　金前期都元帅府是金代官制中最富有民族与时代特色的军事、政治机构之一，又是女真政权中最早以女真军功贵族为主体的具有中原官制特点的机构，但目前学术界对这一机构的研究成果甚少。都元帅府产生于金朝对宋战争中，在女真国家制度向中原式国家制度变革和中原文明日益深化的过程中，占有举足轻重的地位，它的建立、发展与变化，从一个侧面深刻地揭示了金代官制在经历变夷从夏的发展过程中深层次的政治原因和社会原因。

一

　　《金史·百官志》都元帅府条："都元帅府掌征讨之事，兵罢则省。天会二年（1124），伐宋始置。泰和八年（1208），复改为枢密院。"同书卷44《兵志》："太宗天会元年（1123），以袭辽主所立西南都统府为西南、西北两路都统府。三年，以伐宋更为元帅府，置元帅及左、右副，及左、右监军，左、右都监。"[①]

　　这是治金史者最常用的两条史料。若仔细分析可看出其中矛盾与错误。《百官志》所言是将金前期都元帅府与金中期世宗复置的都元帅府混为一谈。[②] "掌征讨之事，兵罢则省"，是世宗以后置都元帅府的原

[①]　《金史》卷55《百官志一》，中华书局1975年版，第1238页；卷44《兵志》，第1002页。

[②]　金代元帅府的设置可分为前后两个时期，前期从太宗三年至海陵天德二年（1125—1150），是女真制向汉制过渡时期常设的军政合一的统治机构；后期从世宗大定年间复置元帅府至金末（1161—1234），是兵兴始置，兵罢则省的王朝军事统帅机构。

则，大定以后都元帅府因兵事时置时罢，与枢密院交替而行。卫绍王大安三年（1211）金蒙开战，此后都元帅府与枢密院并行。金前期都元帅府确实是"伐宋始置"，时间在天会三年（1125）十月，而不是天会二年（1124）。《兵志》所言"西南、西北两路都统府，三年，以伐宋更为元帅府"，虽然都元帅府设置时间无误，但设置的过程和内容同样存在讹误。都统府是金初一种路制，① 都元帅府设置之后，仍然存在西南、西北两路都统府，如"及宗翰等伐宋，斡鲁行西南、西北两路都统事"。② 而且都元帅府设在上京，由谙班勃极烈完颜杲兼任都元帅。只是由于西南、西北两路都统完颜宗翰出任左副元帅，《金史》纂写者便误以为西南、西北两路都统府是都元帅府的前身，从而造成都元帅府设于云中的错觉。

都元帅府是金朝大举南侵北宋时作为金军最高统帅机关而设立的，随着北宋灭亡，都元帅府迅速变为军政合一的机构，同时是金朝在中原汉人地区最高军政统治机关。金太宗天会三年（1125）十月"甲辰，诏诸将伐宋。以谙班勃极烈杲兼领都元帅，移赉勃极烈宗翰兼左副元帅先锋，经略使完颜希尹为元帅右监军，左金吾上将军耶律余睹为元帅右都监"。四年（1126）六月"庚申，以宗望为右副元帅"。五年（1127）四月，"丙戌，以六部路都统挞懒为元帅左监军，南京路都统阇母为元帅左都监"。③ 据此可知，自金朝全面对宋开战（天会三年十月），到灭亡北宋，俘获二帝北归（天会五年四月），历时一年半时间，都元帅府的最高统帅集团始建全，由都元帅、左、右副元帅、元帅左、右监军、元帅左、右都监等七个职位构成。

都元帅府最初是作为全国最高军事机构而设置，隶属于中央勃极烈制度。从都元帅府的官职名称看显然不是女真族传统官制的风格，而具有辽朝军事制度的特点，更确切地说是在承辽制的基础上，结合当时金军编制的特点而形成的。《辽史·百官志》记载，北面设有三个元帅府：一是天下兵马大元帅府，"太子、亲王总军政"；二是大元帅府，"大臣总军马之政"；三是都元帅府，"大将总军马之事"。④ 其官职为

---

① 参见程妮娜：《试论金初路制》，《社会科学战线》1989 年第 1 期。
② 《金史》卷 71《斡鲁传》，第 1635 页。
③ 《金史》卷 3《太宗纪》，第 53、55、57 页。
④ 《辽史》卷 46《百官志二》，中华书局 1974 年版，第 735 页。

大元帅或都元帅、副元帅。金朝取"都元帅府"之名，将其三府的职能合并，亦以国储亲王总军政，皇子、宗室、大将总军马之事，副元帅以下均分左右，大约与初设之时军分东、西两路有关，其后成为有金一代的定制。

都元帅府设立之初，都元帅居中央，"金制，都元帅必以谙班勃极烈为之，恒居守而不出"。① 实际上金朝只有建制之初第一任都元帅是由谙班勃极烈果兼任。谙班勃极烈既是国储，又是首席辅弼大臣，② 以其兼任都元帅，一方面表明中央勃极烈制度既是国家最高军政决策、行政机关又是最高军事统帅机关；另一方面表明都元帅府的官员既参与又执行勃极烈制度的军事决策。

天会三年（1125）十月，金对宋开战，都元帅府下书《谍南宋宣抚司问罪》声称："今聊整问罪之师，且报纳土之由，仍依回誓，收复元赐京镇州县"。③ 翌年正月，东路军宗望先至汴京，以太宗有"许酌中讲和"的旨意，许宋割地讲和。三月撤军。四月都元帅府又发《元帅府与宋三省枢密院事谍》，催促宋朝遵守和约割三镇与金。但从书中曰："前次赍到大宋皇帝圣书，方知河北路军已至京畿，割太原、中山、河间三府，复讲欢盟，许以退师者"，④ 得知都元帅府对属下方面军统帅给予极大的自主权，可自行决定与宋签定割地和约的重大事情。由于东西两路军各自有较大的独立性，相互之间的信息也不畅达，故行动不很协调。东路军宗望已与宋议和，才遣人与宋使报知西路军左副元帅宗翰。宋使所持《报和书》中说："皇子郎君惇两朝和好之重，特为开允，许以退师。……尚虑元帅在远，未知的实，今遣使人同皇子郎君所差亲信，寻诣军前咨白。"⑤ 第一次出兵很决就撤军，并没有达到预期的目的。

鉴于第一次出兵的得失，都元帅府重新整备加强对属下各路军的统

---

① 《金史》卷44《兵志》，第1002 页。

② 程妮娜：《金初勃极烈制度研究》，张博泉等：《金史论稿》第 2 卷，吉林文史出版社 1992 年版，第 313—352 页。

③ （金）佚名编：《大金吊伐录》卷 1《谍南宋宣抚司问罪》，商务印书馆 1939 年版，第 11 页。

④ （金）佚名编：《大金吊伐录》卷 2《元帅府与宋三省枢密院事牒》，第 44 页。

⑤ （金）佚名编：《大金吊伐录》卷 1《宋少主与左副元帅府报和书》，第 27 页。宗望，又作斡离不，金太祖完颜阿骨打第三子。金初女真人称宗室为郎君，故称其为皇子郎君。

辖关系，天会四年（1126）六月，任右路军统帅宗望为右副元帅，令两军之间加强联系，及时互通信息，联合与宋谈判、计议军前事，这从两路副元帅与宋朝之间的遣使文书中可得以证实。八月，金朝再次出兵伐宋，金朝前线统帅与宋朝的往来文书皆是左、右两副元帅联名，如"大金固伦尼伊拉齐贝勒左副元帅、皇子右副元帅致书于大宋皇帝阙下"，[①] 偶尔也见有左副元帅宗翰致书宋朝[②]，但不再见右副元帅宗望单独致书宋朝。

　　同时，都元帅府与两副元帅的联系也加强了。天会四年（1126）十月的《都部署司回牒》中云："契勘近奉元帅府露布：左副元帅报，今月十五日占真定府先锋军都统申，汾州不伏招诱，今月八日攻下"[③]，说明左、右副元帅不断地将战争进展情况上报都元帅府，元帅府又将战况发布给属下各部门，使金军将领对整个中原战场有全盘了解，减少失误。另外，对两副元帅的便宜行事权也有所限制，如金军攻下汴京后，如何对待覆没的北宋朝廷、选立傀儡政权的国主、何时撤军等等诸如此类的重大问题，均需奏请都元帅府，由女真皇帝和诸勃极烈，包括都元帅府商议决定，左、右副元帅要遵旨行事不得擅做决定。

　　天会十年（1132）都元帅府迁至中原，此时金宋分据南北的局面基本形成，战事逐渐减少，都元帅府的政治职能明显加强，任宗翰为国论右勃极烈兼任都元帅。右勃极烈在新调整的勃极烈制度中居末位，职掌金朝对宋与西夏的外交权，参议朝廷军国大事，掌管金朝的主力部队，又通过属下的汉人枢密院管辖中原各路民事政务，节制南部刘齐政权。因此都元帅虽不再由谙班勃极烈兼任，居守中央，但仍具有极强的实力，甚至可以与中央相匹敌。

　　熙宗完成国家政权中原化制度改革后，都元帅府仍驻守中原，主要统领驻守中原及沿边的军队，节制汴京行台政务，都元帅府的政治职能日益减弱。以宗弼为都元帅（天眷二年（1139）七月至皇统八年（1148）十月），翌年兼领行台尚书省事；第三年（皇统元年，1141）擢任中央左丞相兼都元帅；皇统七年（1147）九月任领三省事兼都元

---

① （金）佚名编：《大金吊伐录》卷3《回宋主书》，第78页。
② （金）佚名编：《大金吊伐录》卷3《元帅府书》，第65页。
③ （金）佚名编：《大金吊伐录》卷2《都部署司回牒》，第59页。

帅，并且始终兼领行台。宗弼经常往来于中原与京师之间，集中央政务军事以及地方最高行政长官三权于一身，位极人臣。八年（1148）十月宗弼卒，到海陵天德二年（1150）改都元帅府为枢密院，仅三年间任都元帅有五人次，多由领三省事或左、右丞相兼任，只有宗贤一人曾兼任领行台尚书省事三个月，说明熙宗末年都元帅府迁回中央，都元帅与军队的关系再次疏远，预示金朝军事机构的重大改革即将来临。

二

都元帅府设置于金朝实行女真国家制度时期，在金政权中原化制度改革完成后，仍保留一段时期，随着国家中原制度化日益加深，最终为中原化军事机构所取代。在国家发展的各个时期，都元帅府也相应地发生变化，就其发展、变迁过程可划分为三个阶段：

第一阶段，太宗天会三年（1125）十月至天会十年（1132）三月。都元帅府设于中央，置左、右行元帅府、陕西行府、山东分司于中原，是女真制度与中原化制度撞击时期的国家最高军事统帅机构和中原地区最高军政统治机构。

都元帅府设立之初，都元帅以谙班勃极烈（皇储）兼任，居京师不临军。其下六个职务以左为上，分别任东、西路的主要将领，即西路军的主帅宗翰任左副元帅、完颜希尹任右监军、耶律余睹任右都监；东路军的主帅宗望任右副元帅、挞懒任左监军、阇母任左都监。天会三年（1125）首先任的都元帅府官员均为西路军将领，东路军的将领是在对宋战争和胜利后才授予元帅府的职务。然而，从两路将帅的元帅府职务看，朝廷在任命时尽量使之权力均衡。

天会四年（1126）六月前后，都元帅府开始由单纯的军事统帅机关转变为兼任中原汉地最高军政事务统辖机关。在此之前，元帅府官员与汉地枢密院没有直接统辖关系。天会四年六月，统领汉人枢密院的右路军统帅宗望擢任右副元帅，原汉人枢密院改称燕京枢密院。大约与之同时，左副元帅宗翰之下新设立云中枢密院。两枢密院分属左、右副元帅府，辅佐两路女真将领治理所占领的汉地政务。原来都元帅府下分兵统领的军事体制，进而发展成为在中原分地而治的军政统辖体制。

北宋灭亡后，女真人并未马上在中原建立起稳固的统治，两河地区抗金武装此起彼伏，鲁、豫、陕各地降而复叛的宋州县城池比比皆是。金朝择立的张楚政权旋即瓦解，江南新建立的南宋朝廷非但不向金朝称臣，而且以岳飞为首的爱国将士收复失地，打过黄河的呼声不断高涨。在这种规模大、旷日持久又复杂多变的形势下，金朝需要统一协调、指挥在中原的主力部队。同时中原政务分东、西两部统辖亦有诸多不便，于是天会七（1129）年两枢密院合一设于云中。八（1130）年又于南部立刘豫政权，仍受元帅府节制。无论是军事方面，还是政治方面，两个具有相对独立性的副元帅难承此大任，需要都元帅府移往中原。

第二阶段，太宗天会十年（1132）四月至熙宗天会十五年（1137）末。都元帅府设于燕云，是金政权由女真制度向中原化制度过渡时期的中原地区最高军政机构。

天会十年四月，以"移赉勃极烈、左副元帅宗翰为国论右勃极烈兼都元帅，右副元帅宗辅为左副元帅"[1]。都元帅府由京师迁至云中（今山西大同），新任左、右副元帅驻地亦不在一处，左副元帅宗辅驻在燕京。右副元帅补任何人，查史无明确记载。但据《金史·挞懒传》记载："后为右副元帅，天会十五年为左副元帅。"[2] 这说明天会十年至十五年期间，挞懒曾任右副元帅。天会九年（1131）至十五年（1137），挞懒一直驻在祁州。可见这一时期都元帅府三巨头在中原的驻地仍分三处，一是云中，一是燕京，一是祁州。都元帅府迁至中原后，左、右副元帅仍兼管驻地政务，对统帅的军队有一定的自主权。

太宗末年，中央已经开始着手中原式官制改革，力图强化中央集权统治，与此同时，有意识地逐步削减都元帅府的政治职权。熙宗即位后，全面废止勃极烈制度实行三省六部制度，在这场政治变革中，都元帅府发生很大变化。天会十三年（1135）三月"以国论右勃极烈、都元帅宗翰为太保、领三省事，封晋国王"。十一月"以元帅左监军完颜希尹为尚书左丞相兼侍中"[3]。宗翰与希尹先后返回京师，名义上荣升，实际上被解除兵权，这与女真统治集团内部的政治斗争有密切关系，也

① 《金史》卷3《太宗纪》，第64页。
② 《金史》卷77《挞懒传》，第1764页。
③ 《金史》卷4《熙宗纪》，第70页。

是中央削减都元帅府职权，打击军功贵族势力的重要举措之一。

以后直到天会十五年（1137）七月，这期间史书中关于都元帅府的事迹记载颇少。十三年（1135）五月左副元帅宗辅病卒，右副元帅挞懒仍驻祁州，右监军宗弼等人驻燕京，汉人枢密院亦由云中迁往燕京，再见于史书均称"燕京枢密院"①，当由宗弼统领。天会十四年（1136），以驻陕西的都统撒离喝"为元帅右监军"②，仍驻陕西。

第三阶段，熙宗天会十五年（1137）末至海陵天德二年（1150）十二月。都元帅府设于汴京，皇统末年迁回中央，是金王朝的最高军事机构，并兼管中原部分地区民政。

天会十五年十月，重新整顿、补任都元帅府官员，以右副元帅挞懒为左副元帅，封鲁国王；③ 右监军宗弼为右副元帅，封沈王。④ 天眷元年（1138）九月"改燕京枢密院为行台尚书省"⑤。都元帅府的官员需被任命兼领行台宰执方可过问参与行台政务，通常是以都元帅兼领行台尚书省事，左、右副元帅兼任行台左、右丞相。但也有例外，如大臭（挞不野）"天德二年（1150），改右副元帅，兼行台左丞。迁平章行台省事，进行台右丞相，右副元帅如故"⑥。并不是所有都元帅府的高级官员都兼任行台长官，在行台的历史上无都元帅府官衔只任行台宰相的人比都元帅府官兼任行台宰相的人多，如左丞相张孝纯、挞懒（已免元帅府官职）、萧仲恭；右丞相萧保寿、杜充、高桢、刘筈等。

在金政权汉制变革中，都元帅府机构并没有因改制而变动，但都元帅府的职能却产生了重大变化，即政治职能显著减少，统辖的地区逐步缩小。过去都元帅府是中原地区最高军政统治机构，行政、司法、人事、经济、文化、军事各个方面无所不管，现在除了军事职能未变之外，对于中原的政务已无全权处理的职能。中央对中原行台地区实行与都元帅府双重统辖的办法，都元帅府主要是起着监督、参与政务的作

---

① 《金史》卷4《熙宗纪》，第73页。

② 《金史》卷84《呆传》，第1878页。

③ 挞懒升任左副元帅前的官职，《金史》卷4《熙宗纪》曰左监军，卷77本传曰右副元帅。从元帅府当时任职入员的状况看，当以《传》更准确些。

④ 《金史》卷4《熙宗纪》，第72页；又《中兴小纪》卷18："进左监军乌珠（宗弼）为右副元帅。"参见（宋）熊克：《中兴小纪》卷18，福建人民出版社1985年版，第226页。

⑤ 《金史》卷4《熙宗纪》，第73页。

⑥ 《金史》卷80《大臭传》，第1809页。

用，与过去都元帅府凌驾于汉人枢密院之上的状况相比有很大差别。

天眷二年（1139），因金将河南、陕西地还与南宋，都元帅府与行台迁出汴京，"行台徙大名，再徙祁州"①。这一年宋使"同签书枢密院事王伦自京城赴金国议事，初，右副元帅沈王宗弼既还祁州"②。这大约可以说明汴京行台与都元帅府皆在祁州。这年七月，领三省事宗磐与左丞相宗隽谋反，左副元帅挞懒有参与的嫌疑，被免去左副元帅职务，改任燕京行台左丞相，擢任右副元帅宗弼为都元帅。"昌（挞懒）怒曰：'我开国元臣也，何罪而与降奴为伍（宋降臣杜充为行台右丞相）？'遂叛，欲南归不克，北走沙漠，至儒州望云甸，追获之，下祁州元帅府狱。"③ 天眷三年（1140）五月，"诏元帅府复取河南、陕西地"，④ "乃举国中之兵，集于祁州元帅府大阅，遂分四道入犯"⑤。仅用两个月的时间，金军基本收复河南、陕西地，都元帅府与汴京行台迁回汴京。

燕京行台此时已名存实亡，左丞相挞懒被诛，右丞相杜充相继病卒。南有汴京行台，都元帅府亦迁至汴京，燕京行台已失去国初统辖中原的重心作用。于是皇统元年（1141）熙宗"诏以燕京路隶尚书省，西京及山后诸部族隶元帅府"⑥。燕京行台撤销后，燕云地区分成两部分：燕京路收归中央直辖；云中地区仍由都元帅府统辖。都元帅府统辖的行政区域重心由燕云地区转向以汴京为中心的黄河流域。海陵时全力加强君主集权政治，天德二年（1150）十二月"改都元帅府为枢密院"，同时"罢行台尚书省"⑦，都元帅府完成了在金朝女真制度后期和中原化制度前期女真军事贵族对汉地统治的历史任务。当这一机构再次出现于金朝政治体系中时，已不再具有过渡时期军政合一机构的特点，而是成为兵兴始置，兵罢则省，专掌征讨之事的国家军事机构。

（原载《吉林大学社会科学学报》1999 年第 3 期）

---

① 《金史》卷 90 《赵元传》，第 1994 页。

② （宋）李心传：《建炎以来系年要录》卷 129，绍兴九年六月乙亥，中华书局 1956 年版，第 2092 页。

③ （宋）李心传：《建炎以来系年要录》卷 130，绍兴九年七月卯朔，第 2096 页。

④ 《金史》卷 4 《熙宗纪》，第 75 页。

⑤ （宋）李心传：《建炎以来系年要录》卷 135，绍兴十年五月丙戌，第 2166 页。

⑥ 《金史》卷 77 《宗弼传》，第 1755 页。

⑦ 《金史》卷 5 《海陵纪》，第 96 页。

试论金初路制

　　金初路制既不同于辽、宋，也与金熙宗在全国实行汉制以后的路制不同，是金史研究中的一个重要课题。金初路制是因族、因地、因制而设，体现了以女真人为统治民族、以女真制度为主而形成的具有多种制度并存的鲜明特点，同时也是由女真集权制度向中原式中央集权制度过渡时期的产物。研究金初路制有利于深化对金初地方政治结构的了解，以及对金朝制度发展变化的认识。鉴于国内对这方面还没有系统论述，故撰成此文，以就教于史学前辈和读者。

一　路的设置与特点

　　金初路制发展过程和女真南下进入不同的地区采取不同的地方设置有关，由于它的多元性质，金初路制分为若干统辖系统，表现出不同的特点。

（一）设置与统辖系统

　　金初路制是在女真人反辽侵宋的战争中完成的，经历了三个发展阶段：

　　第一阶段，从女真反辽（1114）到天辅五年（1121）二月。女真人在建国前就有将某个地面称为路的旧俗，1114 年女真起兵后，变军事猛安谋克为地方行政制度；阿骨打在称帝建国前，既已攻克辽咸州。建国后，收国元年（1115）十二月，相继占领辽开州、保州，开始置咸州路①和保州路②。此为金朝置路之始，一方面沿用女真称某居住的

---

① 《金史》卷 44《兵志》，中华书局 1975 年版，第 1002 页。
② 《金史》卷 135《高丽传》，第 2884 页。

地面为路的旧俗，另一方面在设置路官时一定程度上接受了辽代的官职称谓，任命完颜斡鲁古为咸州路军帅（不久升任都统）、夹谷撒喝为保州路都统。收国二年（1116）占领辽东后，分置三路：南路、曷懒路、曷苏馆路，任完颜斡鲁为南路都统、夹谷不剌速为曷懒路都统、完颜鉤室为曷苏馆路都孛堇。① 天辅初，始在女真内地设路。二年（1118）三月，太祖"以娄室言黄龙府地僻且远，宜重成守，乃命合诸路谋克，以娄室为万户镇之"②。所谓诸路，盖指女真内地的蒲与路、胡里改路及耶懒路等。《金史·地理志》记载：蒲与路、胡里改路，"国初置万户"。③ 另外，耶懒路置都孛堇④。此三路皆不见设置时间，应与黄龙府路设置时间相差不远。天辅五年（1121）二月，"摘取诸路猛安中万余家，屯田于泰州"⑤。设泰州路，以完颜婆卢火为都统。⑥ 至此，金朝已设九路，咸州路、保州路、南路、曷懒路等四路设都统司，黄龙府路、蒲与路、胡里改路等三路设万户，耶懒路、曷苏馆路等二路设都孛堇。

第二阶段，自天辅五年（1121）十二月金再伐辽到天辅七年初（1123）。天辅六年（1122）正月，占领中京，三月下西京，十二月燕京降。天祚帝带残部逃往阴山，除少数地区为辽兵驻守外，均为金所占领。此间先后设置的路有：上京路（又称临潢府路），以实古乃为军帅；⑦ 中京路，以完颜斡论为都统；⑧ 奚路，以完颜挞懒为军帅；⑨ 南京路军帅司；⑩ 西南路，以完颜斡鲁为都统；⑪ 西北路都统司。（天辅七年六月设西南、西北两路都统司，由移赉勃极烈完颜宗翰任都统）⑫。西

---

① 《金史》卷2《太祖纪》，第30页；《金史》卷81《夹谷谢奴传》，第1817页；《金史》卷66《完颜胡十门传》，第1562页。
② 《金史》卷2《太祖纪》，第31页。
③ 《金史》卷24《地理志上》，第552页。
④ 《金史》卷70《完颜忠传》，第1623页。
⑤ 《金史》卷71《婆卢火传》，第1638页；《金史》卷2《太祖纪》，第35页。
⑥ 《金史》卷71《婆卢火传》，第1638页。
⑦ 《金史》卷3《太宗纪》，第48页。
⑧ 《金史》卷2《太祖纪》，第39页。
⑨ 《金史》卷77《挞懒传》，第1763页。
⑩ 《金史》卷24《地理志》，第555页。
⑪ 《金史》卷71《斡鲁传》，第1633页。
⑫ 《金史》卷44《兵志》，第1002页。

北路的都统，《金史》无载，引起诸种推测。①《燕云奉使录》记载，宣和五年（天辅七年，1123）二月，"赵良嗣辞讫虏酉，出馆径遣遣高庆裔来谕，'以宁术割系是……近上的大臣，权最重，见知军国事，复充西路等处都统使兼杀败夏国，故特遣来到贵朝，莫比寻常使人一般，……请便依契丹旧例相待。'……宁术割自称都统知军国事"②。《金史》无西路都统司，西路都统疑是西北路都统之误。《金史·太祖纪》天辅六年（1122）二月见载"西北、西南两路"，③ 而宁术割任西路都统又恰在天辅六年（1122）二月后。这一阶段相继设置了上京路、中京路、奚路、南京路、西南路、西北路等六个都统、军帅司路。

第三阶段，天会六、七年（1122、1123）间。金灭北宋，据有黄河以北大片土地，金因宋制，稍加调整。《大金国志·太宗三》记载：天会七年（1129），"国主行下枢密院，分河间府为河北东路，真定府为河北西路，平阳府为河东南路，太原府为河东北路。去宋朝新改诸州郡名，复旧州县名"④。（据《金史·地理志》当在天会六、七年）。河北东、西路沿宋旧名；将宋河东路析为河东南、北两路；另外改宋京东东、西路为山东东、西路；陕西诸路则统称为陕西六路。共设置了十二个兵马都总管府路，以女真贵族及辽、宋旧官吏任都总管。

金初设不同类型的路，采取不同系统的管理方法。《金史·兵志》："凡猛安之上置军帅，军帅之上置万户，万户之上置都统。"⑤ 这与金初地方机构的状况不相符合，也与金朝兵制不符。金初诸路长官万户、都孛堇、军帅、都统、兵马都总管彼此之间没有隶属关系，除兵马都总管外分别受朝廷统辖，形成三个主要的统治系统，一为万户路，设在女真族居住地区，其下为奴隶制地方建置猛安谋克制度；二为都统、军帅司路，设在原辽朝地区。随着国内形势及对外战争进展的状况变化，各路所处的地位亦随之变化，有的由军帅司升为都统司，有的由都统司降为

　　① ［日］箭内亘：《金の兵制に関する研究》，東京帝國大學文學部：《滿鮮地理歷史研究報告》第 2，東京：丸善株式會社 1916 年版，第 101—202 页。

　　② （宋）徐梦莘：《三朝北盟会编》卷 14 引《燕云奉使录》，上海古籍出版社 1987 年版，第 102 页。

　　③ 《金史》卷 2《太祖纪》，第 36 页。

　　④ （宋）宇文懋昭撰，崔文印校证：《大金国志校证》卷 5《太宗文烈皇帝三》，中华书局 1986 年版，第 84 页。

　　⑤ 《金史》卷 44《兵志》，第 1002 页。

军帅司。都统、军帅司下为介乎于女真制与汉制之间的地方机构。三为兵马都总管府路，设在原宋地区，其下为汉制地方机构。值得注意的是，其路不由中央直接统辖，而是由都元帅府及其下设的燕云枢密院统辖。

金初诸路的建置或名称前后亦有变化，如天辅末、天会初，曷苏馆路都孛堇改置军帅司，天会七年（1129）又升都统司；耶懒路都孛堇改置万户（后改称恤品路万户）；奚路军帅司改六部路军帅司，后升都统司。天会十年（1132）南京路军帅司与南路军帅司合置东南路都统司，治东京（今辽阳市）以镇高丽。① 日本学者三上次男先生认为西南、西北两路都统司在天会五年（1127）以后改设西南路招讨司和西北路招讨司，② 但据载天会三年（1125）十月以前就已有西南、西北路招讨司，移赉勃极烈兼西南、西北两路都统宗翰承制授耶律怀义为西南路招讨使，③ 耶律涂山为西北路招讨使。④ 天会三年（1125），宗翰率兵伐宋，二人皆率本部随军。足见西南路招讨司和西北路招讨司并不是由西南、西北两路都统司改制而设。最后一任行西南、西北两路都统事完颜斡鲁卒于天会五年（1127），⑤ 史籍未见后任者，也未见撤销西南、西北两路都统司的记载。这样，天会末年金朝共设置二十六路。

《金史·兵志》："（天会）六年（1128），诏还二帅以镇方面。诸路各设兵马都总管府，州镇置节度使，沿边州则置防御使。"⑥ 这里"诸路"，仅指原北宋地区设置的诸路，并不包括原辽朝地区设置的都统、军帅司路。《金史·习古乃传》记载："天会十年（1132），改南京路军帅司为东南路都统司，习古乃为都统，移治东京，镇高丽。"⑦《金史·太宗纪》：天会八年（1130）七月，"诏给泰州都统婆卢火所部谋克甲胄各五十"⑧。婆卢火之子剖叔"天眷二年（1139），为泰州副都

---

① 《金史》卷72《习古乃传》，第1666—1667页。
② ［日］三上次男：《金史研究》三《金代政治社會の研究》，東京：中央公論美術出版，昭和四十七年（1972），第463页。
③ 《金史》卷81《耶律怀义传》，第1826页。
④ 《金史》卷82《耶律涂山传》，第1835页。
⑤ 《金史》卷71《斡鲁传》，第1635页。
⑥ 《金史》卷44《兵志》，第1002页。
⑦ 《金史》卷72《习古乃传》，第1666—1667页。
⑧ 《金史》卷3《太宗纪》，第62页。

统"①。显然都统、军帅司路直至熙宗天眷年间才废止，为兵马都总管府路所取替。

金初一直保持三个系统的路制，分别代表三种不同的地方政治制度，它们在设置地区及年代上均有区别。金初女真统治者由发展女真制度的政策逐渐转向兼容、保留中原制度，实行对女真、汉人分而治之的政策。太宗末年加强了对都统、军帅司路制及府州县制度的整顿、改革，为熙宗划一地方机构（女真内地除外）准备了条件。

（二）金初路制特点

金初属于三个不同系统的路制，各有特点。都字董路属于另外类型的路，已另撰文探讨，② 不再赘述。

1. 万户路。万户路设在女真内地。当时女真人正处于家族奴隶制阶段，其基层社会组织猛安谋克具有政治、军事、生产三种职能。万户路所辖皆猛安谋克，机构简单，是奴隶制性质的军政合一的地方最高权力机构。

2. 都统、军帅司路。这种路制是在女真奴隶主贵族进入原辽朝统治下的郡县地区后产生的一种特殊的路制。其内部又分为两种类型：一是辽东、西地区类型，路下人口按猛安谋克进行编制，但是仍然保留着原有的经济生产关系，只是人身依附关系加强了。在猛安谋克之上还保留着不建全的府州一级机构。二是燕云地区类型，路下保留原来的府州县制度，不再强行设置猛安谋克组织。都统、军帅司路亦具有军政合一的特点，是介乎于女真制与汉制之间形态的地方机构，与金初女真制国家最高权力机构中央勃极烈制度是相适应的。

3. 兵马都总管府路。这种路制设在原北宋地区，是由北宋马步军都总管府演变而形成的地方机构。路下所辖府州县各级机构健全，中原化程度较高。金朝为加强对这一地区的统治和防卫南宋，另派遣军队屯守诸路。兵马都总管府与屯军分别受左、右副元帅府统辖。左、右副元帅府与都统、军帅司的性质相近，亦属于女真制向汉制过渡时期的统治机构，女真奴隶主统治集团通过这种办法来实现对高度发展的郡县地区

---

① 《金史》卷71《婆卢火传》，第1639页。
② 程妮娜：《金初字董初探》，《史学集刊》1986年第2期。

的统治。兵马都总管不受朝廷直辖，与前两种路制相比地位低、权力小，而且受朝廷军队的节制，反映了金初女真统治者对汉人地区的戒备和歧视。

二　诸路官职

金初诸路及其官职因制不同而设，但都明显地具有较强的军事统治的性质。

（一）都统、军帅

都统、军帅是都统、军帅司路的最高军政长官，具有较强的军事性质。其在政务上职掌安揖人民、征收赋税、处理诉讼，对于一路诸种事务可全权处理。《金史·太宗纪》：天会二年（1124）二月，"诏谕南京官僚，小大之事，必关白军帅，无得专达朝廷。"[1] 遇有重大事情则需上报朝廷，听从皇帝和诸勃极烈的裁决。在军事上承担两方面职责：一是掌管本路的卫戍治安，负责扫清路内一切反抗势力，抚定地方。二是如遇大规模军事行动，须率本路兵马听从金军最高统帅指挥。如，收国二年（1116）四月，攻东京，"以斡鲁统内外诸军，与蒲察、迪古乃会咸州路都统斡鲁古讨高永昌。"[2] 咸州路在今开原县一带。战役结束后，都统、军帅则率军返回本路。但也有的都统、军帅不再返回本路而转任其它路的长官。如天辅六年（1122），咸州路副都统阇母率本路军随国论忽鲁勃极烈杲伐辽，之后转任南路都统（驻东京，今辽阳市）。[3]

都统、军帅对属下府州、猛安谋克各级地方官吏与军事将领有任免权。《金史》对此记载较多，《宗翰传》载：太宗天会二年（1124），宗翰入见上奏曰："先皇帝时，山西、南京诸部汉官，军帅皆得承制除授。今南京皆循旧制，惟山西优以朝命。"诏曰："一用先皇帝燕京所降诏敕从事，卿等度其勤力而迁授之。"[4]《太宗纪》载：天会元年（1123）

---

① 《金史》卷3《太宗纪》，第49页。
② 《金史》卷2《太祖纪》，第29页。
③ 《金史》卷71《阇母传》，第1641页。
④ 《金史》卷74《宗翰传》，第1695页。

十一月，"复以空名宣头及银牌给上京路军帅实古乃、婆卢火等"①。金制："银牌以授猛安，木牌则谋克、蒲辇所佩者也。"② 空名宣头即空名告身，为府州官员的委任状。都统、军帅一旦委任官吏、将领，必须上报朝廷立案，如果皇帝有疑议则要重新任免。③

都统、军帅由皇帝亲自任免。首任都统、军帅大都是率领军队经略这一地方的军事将领。如太祖收国二年（1116）四月，"以斡鲁统内外诸军"，攻打高永昌，败之，辽之南路系籍女真及东京州县尽降，"以斡鲁为南路都统、迭勃极烈。"④ 都统、军帅不是世袭官职，可以互相调动，如完颜阇母前后担任咸州路副都统、南路都统、南京路都统。他们没有一定的任职年限，根据需要进行调动和升迁。都统、军帅大多因贪脏罪而被罢免，⑤ 天辅二年（1118）咸州路都统斡鲁古案件即为典型一例，斡鲁古罪状有三："辽帝在中京可追袭而不追袭，咸州粮草丰足而奏数不以实，攻显州获生口财畜多自取。"太祖召斡鲁古自问之，由是降职为谋克。⑥

都统、军帅均由女真奴隶主贵族担任。据统计，见于史书记载的诸路历任都统、军帅共二十人（一人历任几路都统者只算一例），其中夹谷氏二人、徒单氏二人、姓氏不清者二人；其余均为完颜氏，占总数的60%。重要的或较大的路如西南、西北、南京、泰州等路均由完颜氏贵族所把持。天会年间都统、军帅一职逐渐全部由完颜氏和外戚徒单氏贵族所担任。这与金初国家政权统治体系中还存在浓厚的血缘关系是相一致的。

另外，金初还有作为单纯军事将领的都统，如娄室任陕西路先锋都统，⑦ 阿鲁补任河南路都统、大名开德路都统。⑧ 他们是元帅府下屯守原北宋地区的军事将领，专理军务，不事民政，须将其与路级军政长官都统加以区别，不能混为一谈。

---

① 《金史》卷3《太宗纪》，第48页。
② 《金史》卷58《百官志四》，第1335页。
③ 《金史》卷71《斡鲁古勃堇传》，第1638—1639页。
④ 《金史》卷2《太祖纪》，第29页。
⑤ 《金史》卷3《太祖纪》，第50、51、53页。
⑥ 《金史》卷71《斡鲁古勃堇传》，第1637页。
⑦ （宋）徐梦莘：《三朝北盟会编》卷114引《金房节要》，第832页，
⑧ 《金史》卷68《治诃传》，第1597页。

（二）万户

金前期存在着二种万户，一为地方长官；一为军事将领。本文仅就作为路级长官万户加以论述，不涉及后者。

万户职掌一路的政治、军事、司法、赋税、生产各方面事务。其下设有处理诸种事务的机构，如孛术鲁阿鲁罕"为黄龙府路万户令史。"[①]令史即办理政务的一般官吏。其他官职不详。万户下统辖的诸猛安谋克是世袭官职，其封授与罢免均由皇帝亲自过问。因而万户任免属下各级官吏的职权较小，范围大致局限于路级（包括路治）机关的官员。万户的军事职责仅限于本路的卫戍、治安，如果朝廷调万户出任军事将领参加大规模军事行动，则要另行任命（原万户职不变）。如娄室自太祖天辅二年（1118）三月任黄龙府路万户后，一直驻守黄龙府。天辅五年（1121），太祖又任命娄室为都统（军事将领），从忽鲁勃极烈杲伐辽，[②] 其后一直转战沙场，太宗天会年间娄室在宗翰统帅的西路军内曾任陕西路先锋都统，率军经略陕西地区。[③] 可见在这方面万户与都统、军帅有差别。万户由皇帝亲自任命，并为世袭官职。天会八年（1130）黄龙府路万户娄室卒，其子活女"袭合扎猛安，代为黄龙府路万户"；[④]耶懒路万户完颜忠死后，其兄子思敬"袭押懒路万户，授世袭谋克。"[⑤]继任万户的人在得到朝廷批准后，方可正式任职。万户世袭制与猛安谋克世袭制是相一致的，反映着女真奴隶制政治制度的特点。

从娄室、完颜忠的身份可推知任万户的人是女真族中门第高贵、地位显赫的奴隶主贵族；他们在建国前就是氏族部落中的大部落酋长或部长的子弟，建国后成为实力雄厚的奴隶主大贵族。金初，这些贵族在女真族人中仍享有很高的威望，因此金朝统治者任命他们为万户，作为统治女真内地的地方长官。担任万户的人同时必须是统治者所信任的人物，娄室、完颜忠均是完颜氏奴隶主大贵族，其他两路（胡里改路、蒲与路）万户也应是当地门第高贵、地位显赫的奴隶主贵族。

---

① 《金史》卷 91《孛术鲁阿鲁罕传》，第 2024 页。

② 《金史》卷 72《娄室传》，第 1650 页。

③ （宋）徐梦莘：《三朝北盟会编》卷 114 引《金虏节要》，第 832 页。

④ 《金史》卷 72《娄室传》，第 1654 页。

⑤ 《金史》卷 70《完颜思敬传》，第 1625 页。

（三）兵马都总管

《金史·百官志》记载："诸总管府，都总管一员，正三品，掌统诸城隍兵马甲仗，总判府事。"兵马都总管主要掌管民政，军权较小，仅负责本路的卫戍和治安。太宗天会年间迁到中原诸路的猛安谋克亦受其管辖。其下设同知、副都总管、总管判官、府判、推官等官职，分别处理路内兵、户、礼、工、刑诸种事务。[①] 总管府内机构健全、分工明确，是都统、军帅司与万户所不能比拟的。但由于兵马都总管府受左、右副元帅府统辖，诸方面职权均受元帅府节制，故都总管的职权远比都统、军帅、万户小。

兵马都总管及属下各级官吏均由左、右副元帅府承制任命，朝廷不再过问。如，"元帅府承制以蒲卢浑为河北西路兵马都总管"[②]。直至天会十一年（1133）八月，太宗下诏："比以军旅未定，尝命帅府自择人授官，今并从朝廷选注。"[③] 从此由中央任免兵马都总管府各级官职。金初，任都总管的有女真人，亦有原辽、宋旧官吏，或许兵马都总管、同知都总管和副都总管分别由女真人、辽人、宋人担任，金初一般不令汉人掌兵权，如刘彦宗虽官至枢密使"亦无兵权"，[④] 仅是利用辽、宋旧官吏处理汉地政务，而以女真贵族掌兵事，同时起到监督汉官的作用。

三　金初路制形成的历史原因

在金初特定的历史条件下，呈现出女真制、汉制及介乎于二者之间制度三种路制共存的状况。一个政权内二、三种官制共存是中国古代社会普遍特点。了解这一特点形成的历史原因，有助于研究中国古代少数民族政权汉化（中原化）的道路与规律。

历史上任何一个落后民族统治先进民族，最终都要摒弃本民族的落后制度，采纳先进民族的政治、经济制度，女真族亦是如此。然而作为

---

① 《金史》卷57《百官志三》，第1310页。
② 《金史》卷80《乌延蒲卢浑传》，第1804页。
③ 《金史》卷3《太宗纪》，第65页。
④ （宋）徐梦莘：《三朝北盟会编》卷98引《燕云录》，第725页。

统治民族最初总是力图推行具有本民族特色的制度，金朝占领辽东、西地区后，全面推行女真制度。但落后的女真制度统治经济、政治进步的郡县地区，极易造成政治、经济混乱。随着金军不断向南推进，这一弊病日益严重，迫使女真统治者不得不改变统治方法，效法辽朝契丹统治者实行多种统治系统的政策，一方面稳定了政治局面，另一方面在一定范围内保存了本民族的旧制，在不损害女真奴隶主利益的前提下，保留汉人原有的地方制度，使女真人、汉人各安其业。

金初路制设置的原则是以民族与地区相结合，按经济区域划分的。东北部地区即女真内地，女真族在反辽战争中刚刚由原始社会进入奴隶社会，处于家族奴隶制阶段，还保留着浓厚的原始社会残余。父家长制大家庭是女真社会的细胞，国家根据各个家族所有的人口、牛具分配土地，① 实行大家族合产聚耕制度。各大家族役使奴隶进行生产，奴隶大多是掠虏的汉、渤海、契丹等各族人民。女真族各阶层的人都受到国家的优遇，享受各种特权。与女真奴隶制经济相适应的社会基层组织，即为以户为单位的具有政治、经济、军事三种职能的猛安谋克制度。万户正是在这种社会条件下产生的具有女真奴隶制特点的路制，从万户到猛安、谋克构成严密的统治系统，并体现了女真族的宗法制度，万户、猛安、谋克各级官员均为世袭制，机构简单，职掌包罗万象，即适应女真人的社会经济形态，又保证了女真统治民族的地位。

辽东、西地区，是契丹人、渤海人、汉人、系辽籍女真人等多民族聚居区，这里地处郡县经济区的边缘地带，经济成分比较复杂，既有畜牧经济，又有农奴经济及租佃经济。金初女真统治者在这一地区全面推行女真制度，以猛安谋克编制各族人民，的确使这里的社会经济遭到很大破坏，本来中原化程度不深的契丹等族出现了倒退为女真制经济的现象，但占大多数的汉、渤海族的猛安谋克之下仍然保留原有的社会经济形态。原有的地方机构并没有完全被猛安谋克所取代，县一级建置遭到极大的破坏，府州则基本保留下来，猛安谋克似乎演变成州之下的一级军政机构。为适应对这一地区的统治制定了都统、军帅司路制，这是由女真官制与辽朝汉官制结合而形成的混合体，即带有女真制色彩，又包含汉制内容，是女真制向汉制过渡阶段的官制。这种路制与金初女真国

---

① 《金史》卷47《食货志二》，第1043页。

家制度是相适应的，其本身强烈的军事性质，则是由金初连年战争的形势所决定的。

燕云地区是辽时汉族经济最发达的地区，金军进入这个地区后遭到汉人的激烈反抗，此时女真统治者已认识到，以落后的女真制度无法有效地统治发达的郡县地区，最有效的办法是以汉制治汉人。于是放弃推行猛安谋克制度，沿用辽朝的州县制度。但是这里仍然设置具有女真制色彩、军事性质较强的都统、军帅司路制，这是有其政治原因的。燕云地处战略要地，北可以作为金政权的天然屏障，南可以控制黄河流域广大地区。金初统治者十分重视对这里的统治，设南京、西南、西北三路，以宗室贵族阇母任南京路都统，[①] 移赉勃极烈宗翰为西南、西北两路都统，[②] 并派重兵驻守。为适应对汉人郡县地区的统治，天辅七年（1123）初，仿辽南院之制置枢密院于广宁府[③]，由降金的辽汉人枢密院的官员组成。天会三年（1125）大举伐宋，金军迅速占领黄河流域，为加强对汉人的统治，设燕京、云中两枢密院，[④] 将临时军事机构左、右副元帅府转变为兼管中原地区军政事务的军政合一的机构，以元帅府节制燕、云枢密院，使之辅佐左、右副元帅府统治高度发展的汉人地区。先后任命宗翰为左副元帅（后升任都元帅）、阇母为元帅左监军，[⑤] 这样燕云地区的路级长官又兼都元帅府重要官职，枢密院受其节制，从而保证燕云地区仍然直接控制在女真奴隶主手中。

黄河流域地区，主要指燕云以外的河北、山西、陕西等地，[⑥] 这里是原北宋统治下的北方地区，汉族大地主租佃经济十分发达。落后的女真制度无法统治这一地区，于是设置了汉制的兵马都总管府路制，全面实行汉官制。然而这种路制与女真制国家最高权力机关勃极烈制度是不相适应的，后者机构简单，无法分部门系统地统辖汉人地区郡县机构，需再设一层具有一定女真制特点的中间机构，这层机构必须掌握在女真奴隶主贵族手中，其下需设有统治汉人郡县地区路制的辅助机构。因

---

① 《金史》卷71《阇母传》，第1641页。

② 《金史》卷3《太祖纪》，第48页。

③ 《金史》卷44《兵志》，第1002页。

④ （宋）宇文懋昭撰，崔文印校证：《大金国志校证》卷3《太宗文烈皇帝三》，第84页。

⑤ 《金史》卷71《阇母传》，第1642页。

⑥ 河南、山东自天会八年（1130）属刘豫政权统辖，关于刘豫政权本文未涉及。

而，兵马都总管府路是在已经设置了元帅府和枢密院的前提下才出现的。枢密院和兵马都总管府路则是金初女真统治者吸取了辽朝南北面官制的经验，根据本国国情而设置的汉制地方机构。

　　总之，金初三个系统的路制中万户路属奴隶制范畴，兵马都总管府路属汉制范畴，都统、军帅司路介于二者之间，它是女真奴隶主集团在汉人郡县地区强行推行女真制官制时，不得不在一定程度上兼容了汉官制而形成的一种特殊官制。

（原载《社会科学战线》1989 年第 1 期）

金代监察制度探析

监察制度在中国古代王朝政治制度史上扮演着特殊重要的角色，监察机构的组织和权限与王朝政治特征有着密切的关系。金代监察制度产生于金熙宗"天眷官制"，发展于海陵王"正隆官制"，又经诸帝的逐步补充建制，章宗时形成较为完善的监察制度。在金代近百年的国家政治制度发展史中，监察制度对于加强中央集权专制统治，维护等级秩序，肃正纪纲、澄清吏治，缓和阶级矛盾，促进社会安定，以及保证国家机器的正常运转方面，曾起过较大的作用。目前，从金朝官制的整体变化中探讨监察制度的形成与发展，从女真君主集权确立过程中分析监察制度的运作机制与民族特点的研究尚较为薄弱。本文以此为基点，通过对监察制度的研究，以求深入地认识金朝国家的特质，了解监察制度在少数民族王朝内的特点与作用。

一　中央监察制度的形成与发展

隋唐三省制确立后，中央监察机构主要是御史台和谏院。金代御史台首见于太宗天会四年（1126）诏行三省制之后，天会五年（1127）三月七日金太宗《册大楚皇帝文》中金使者的官名有："押册：金紫光禄大夫、左散骑常侍、知御史中丞、上护军、彭城县开国公、食邑一千户、食实封一百户刘恩"与"奉宝：枢密院户房主事、银青荣禄大夫、检校工部尚书、行太常少卿、兼侍御史、轻车都尉、陇西县开国子、食邑五百户李忠翊"①。

①　（金）佚名编，金少英校补，李善庆整理：《大金吊伐录校补》，中华书局 2001 年版，第 436 页。

按当时书写官名的惯例前面是实际官职，后面是官阶、虚职、封爵，如李忠翊之官名，而刘恩的官名似乎将实职脱落了。从两人的官名中"知御史中丞""兼侍御史"的位置看，似为虚职。其时，金朝虽仿唐、宋颁行三省制，开始设台、府、寺、监诸官，但多是机构草创，尚未真正实施职权。故可以断言，太宗时虽有御史台官名但无行使职权的监察机构。

熙宗天眷元年（1138）颁行"天眷官制"才真正建立金代的监察制度，承唐、宋之制设御史台和谏院，分属尚书、中书、门下三省。从初建到完善，中央监察制度在金代官僚体制中经历了一个由无足轻重到举足轻重的过程，就其发展而言，可分二个时期：熙宗"天眷官制"和海陵"正隆官制"及其以后。

熙宗"天眷官制"的监察机构，尚未受到女真统治者的重视，官职不授全员，或以他官兼之，职权范围较小。据《大金国志·熙宗纪》记载："御史台置大夫、中丞、侍御史以下，而大夫不除。中丞惟掌讼牒及断狱会法。谏院置左右谏议大夫，补阙、拾遗，并以他官兼之，与台官皆充员而已"。① 台官只察诉讼断狱之事与大理寺职掌相差无几，谏官职掌却不见记载。金代台谏机构承唐、宋制度，但职掌相差很远。如宋代监察机构除了察天下冤滞，御史台主要"掌纠察官邪，肃正纲纪。大事则廷辨，小事则奏弹"，② 谏官的职责是"凡朝政阙失，大臣至百官任非其人，三省至百司事有违失，皆得谏正"。③ 宋人洪皓评论熙宗时台谏之制曰："中丞惟掌诵牒，若断狱会法，或春水秋山，从驾在外，卫兵物故，则掌其骸骼，至国则归其家。谏官并以他官兼之，与台官皆备员，不弹击，鲜有论事者。"④ 可见此时的监察机构只是有其人而无其实。究其原因，主要是从奴隶社会脱胎出来刚刚建立起三省六部制度的女真王朝，还没有树立起君主的绝对权威。开国建勋的功臣、老将、宗室、世袭大贵族把持着中央和地方的要职，拥有军政重权。

① （宋）宇文懋昭撰，崔文印校证：《大金国志校证》卷9《熙宗孝成皇帝一》，中华书局1986年版，第136页。
② 《宋史》卷164《职官志四》，中华书局1977年版，第3869页。
③ 《宋史》卷161《职官志一》，第3778页。
④ （宋）洪皓：《金国文具录》，转引自傅朗云：《金史辑佚》，吉林文史出版社1990年版，第219页。

"熙宗在位，宗翰、宗干、宗弼相继秉政，帝临朝端默。"① 连朝政都不能完全自作主张的皇帝怎么可能运用监察机构去纠察百官的行为。所以台官只去断狱，做运送卫兵尸体的琐事，谏官无专职，朝中无弹击，只是"充员而已"。直至熙宗末年，旧臣多物故，作为皇权强化标志的监察机构才开始整备，发挥作用，皇统七年（1147）十一月"以工部侍郎仆散太弯为御史大夫"②，始置御史台最高长官御史大夫。据《金史·熙宗纪》记载从皇统七年至九年熙宗被弑前，朝廷内宰执任免调动频繁，如宗贤在两年间先后两次任左丞相和领三省事、两次兼任都元帅，两次兼任左副元帅，几上几下。③ 这其中或可以暗示作为皇帝耳目的监察机构已经在起作用。

海陵即位后，首要大事即是强化皇权，其中措施之一是充分运用监察机构对百官实行监督。天德三年（1151）正月"谓御史大夫赵资福曰：'汝等多徇私情，未闻有所弹劾，朕甚不取。自今百官有不法者，必当举劾，无惮权贵。'"闰四月下诏"朝官称疾不治事者，尚书省令监察御史与太医同诊视，无实者坐之"④。在皇帝的倡导和旨意下，金代监察制度开始发挥纠察官邪，肃正纲纪，谏正违失的作用。贞元元年（1153）御史大夫高桢"弹劾无所避，每进对，必以区别流品，进善退恶为言"⑤。这与熙宗时台谏官备员而已，"不弹击，鲜有论事者"，已大不相同。由此可见，金代监察制度形成于天眷元年而真正发挥作用则是海陵王即位以后，说明监察制度的实质是君主专制制度的工具。

"正隆官制"的监察机构，是略迟到正隆二年（1157）健全的。《金史·百官志》载：御史台，御史大夫掌纠察朝仪、弹劾官邪、勘鞫官府公事。凡内外刑狱所属理断不当，有陈诉者付台治之。御史中丞为贰大夫。侍御史、治书侍御史掌奏事、判台事。殿中侍御史每遇朝对立于龙墀之下，专劾朝者仪矩，凡百僚假告事具奏目进呈。监察御史掌纠察内外非违，刷磨诸司察账并监祭礼及出使之事。其下置典事、架阁库

---

① 《金史》卷63《后妃传上》，中华书局1975年版，第1503页。
② 《金史》卷4《熙宗纪》，第83页。
③ 《金史》卷4《熙宗纪》，第82—87页。
④ 《金史》卷5《海陵纪》，第69—97页。
⑤ 《金史》卷84《高桢传》，第1890页。

管勾、检法、狱丞、令史、译史、通事等数人。① "正隆官制"废止中书、门下二省,原属二省的谏院改隶尚书省,《百官志》没有记载其职掌,当与宋谏官职掌相近,"掌规谏讽谕"。② 从《金史》中谏官事迹亦可以证明这一点。另外,金朝还参照宋制增置登闻检院和登闻鼓院。宋制:登闻二院隶谏院,"掌受文武官及士民章奏表疏"。先经鼓院进状;或为所抑,则诣检院。③ 金制与之不同,登闻检院隶御史台,"掌奏御进告尚书省、御史台理断不当事"。登闻鼓院则隶尚书省,"掌奏进告御史台、登闻检院理断不当事,承安二年以谏官兼"④。章宗承安四年(1199)又设审官院,"掌奏驳除授失当事"⑤。

正隆以后金代中央监察机构有御史台、谏院、登闻检院、登闻鼓院和审官院。御史台和谏院隶属尚书省,掌监察尚书省和六部、诸司、院、监、寺的百官,御史台还经常派遣监察御史访察地方官吏,举廉能,弹不法。登闻检院隶属御史台,掌监察尚书省和御史台理断不当事。登闻鼓院则隶属尚书省,掌监察御史台和登闻检院理断不当事。又有审官院掌监察尚书省注拟差遣内外五、六品以上官员之事。台、谏官员皆可直接向皇帝上书、面奏。可谓环环相扣,严密之至。金朝统治者通过它来控制、操纵庞大的官僚集团为自己忠心效力,实现君主专制集权统治。

二 地方监察机构的设置与职能

金前期,地方没有设置监察机构,靠中央御史台派遣监察御史廉察或密访地方官吏的政绩,"皇统、大定间每数岁一遣使廉察"⑥。然地方官吏"多为党与,或称誉于此,或见毁于彼"⑦。弄虚作假欺骗朝廷的事时有发生,如"靳家奴前为单州刺史,廉察官行郡,乃劫制民使作

---

① 《金史》卷55《百官志一》,第1241—1242页。
② 《宋史》卷131《职官志一》,第3778页。
③ 《宋史》卷161《职官志一》,第3782页。
④ 《金史》卷56《百官志二》,第1279页。
⑤ 《金史》卷55《百官志一》,第1246页。
⑥ 《金史》卷98《完颜匡传》,第2166页。
⑦ 《金史》卷88《纥石烈良弼传》,第1952页。

虚誉，用是得迁同知太原尹，复多取民利"①。贪赃枉法不乏其人，地方官不依法治狱造成许多冤案，原有的监察手段显得不够得力。世宗大定十七年（1177）曾有人建言"乞设提刑司，以纠诸路刑狱之失。尚书省议，以谓久恐滋弊。上乃命距京师数千里外怀冤上诉者，集其事以待选官就问"②。因尚书省反对，世宗未能建立地方监察机构。

　　章宗是一个十分重视法制和监察制度的女真皇帝，即位之初大定二十九年（1189）六月始设立地方监察机构提刑司，诏曰："朕初即位，忧劳万民，每念刑狱未平，农桑未勉，吏或不循法度，以隳吾治。朝廷遣使廉问，事难周悉。惟提刑劝农采访之官，自古有之。今分九路专设是职，尔其尽心，往懋乃事。"③ 清楚地说明了设立提刑司的目的和原因。在全国二十余路之上设九处提刑司，一路提刑司管辖二三路。"提刑司九处：中都西京路（西京置司），南京路（南京置司），北京临潢路（临潢置司），东京咸平路（咸平置司），上京曷懒等路（上京置司），河东南北路（汾州置司），河北东西大名（府）等路（河间置司），陕西东西等路（平凉置司），山东东西路（济南置司）。"④ 提刑司是御史台的下属机构，"专纠察黜陟，当时号为外台"⑤。承安四年（1199）"改提刑司为按察使司"⑥。监察范围略有变化，但地方监察的基本职能未变。

　　首要职掌是考察官吏，举廉能，劾不法。提刑司设立之初重点是体察地方官与被举荐者的政绩，作为官职升迁的重要依据。金朝规定："随路提刑所访廉能之官，就令定其勘任职事，从宜迁注"。"内外官所荐人材，即依所举试之，委提刑司采访虚实，若果能称职，更加迁擢，如或碌碌，即送常调。"⑦ 为此提刑司受到章宗的特别重视，令"提刑司所察廉能污滥官，皆当殿奏，余事可转以闻"⑧。章宗朝某人以提刑司举廉而迁官的记载在《金史》中十分常见。改为按察司后职掌有一

---

① 《金史》卷91《石抹荣传》，第2028页。
② 《金史》卷45《刑志》，第1017页。
③ 《金史》卷73《宗雄传》，第1681页。
④ （宋）宇文懋昭著，崔文印校证：《大金国志校证》卷38《提刑司九处》，第539页。
⑤ 《金史》卷98《完颜匡传》，第2166页。
⑥ 《金史》卷11《章宗纪三》，第250页。
⑦ 《金史》卷54《选举志四》，第1207、1208页。
⑧ 《金史》卷11《章宗纪三》，第248页。

定的变化，不再兼采访荐举廉能，着重"纠察滥官污吏豪猾之人"①，专纠官邪。

其次，审治冤狱，纠平诸路刑狱之失。始置提刑司时九路提刑使朝辞于庆和殿，章宗曰："建立官制，当宽猛得中。凡军民事相涉者，均平决遣。钤束家人部曲，勿使沮扰郡县事。今以司狱隶提刑司，惟冀狱犴无冤耳。"② 提刑司在审决冤狱方面发挥了作用，如辽滨民崔元一案，提刑司疑治同饮者罪有冤情，以李完再审其狱，澄清崔元死因，"遂免同饮人"③。到按察司时审察刑狱的职掌越发显得重要，成为按察使的首要职责。④

其三，劝农桑。提刑使兼宣抚使劝农采访事⑤，章宗泰和八年（1208）"诏诸路按察使并兼转运使"⑥。提刑司（按察司）劝农是具有监察色彩的行为。如金人王扩所言"按察兼转运，本欲假纠劾之权，以检括钱谷"⑦。权限几乎涉及与食货有关的所有事项，通检推排"每路差官一员，命提刑司官一员副之"⑧。"比以军须，随路赋调。司县不度缓急，促期征敛，使民费及数倍，胥吏又乘之以侵暴。其令提刑司纠察之"。⑨ "水潦旱蝗、盗贼窃发，命提刑司预为规画。"⑩ 民有诉水旱灾害者，委提刑司官按察其实再行赈济或减免赋税；督察常平仓法的实施、规划水田、举察院务课商税额的征收、监察各地钞法流通、巡察私盐、查禁矿冶等等。⑪ 在经济领域内几乎无所不举。

其四，督察猛安谋克。章宗明昌六年（1195）五月"乙巳，诏诸路猛安谋克农隙讲武，本路提刑司察其惰者罚之"。两年后"谕尚书省，猛安谋克既不隶提刑司，宜令监察御史察其臧否"⑫。监察猛安谋

① 《金史》卷 57《百官志三》，第 1308 页。
② 《金史》卷 73《宗雄传》，第 1681—1682 页。
③ 《金史》卷 97《李完传》，第 2155 页。
④ 《金史》卷 57《百官志三》，第 1307 页。
⑤ 《金史》卷 57《百官志三》，第 1307 页。
⑥ 《金史》卷 12《章宗纪四》，第 285 页。
⑦ 《金史》卷 104《王扩传》，第 2295 页。
⑧ 《金史》卷 46《食货志二》，第 1040 页。
⑨ 《金史》卷 10《章宗纪二》，第 241 页。
⑩ 《金史》卷 10《章宗纪二》，第 243 页。
⑪ 《金史》卷 47—卷 50《食货志》，第 1043—1128 页。
⑫ 《金史》卷 10《章宗纪二》，第 236、243 页。

克的权力一度转入御史台。不久再以提刑司兼领的安抚司之安抚判官"专管千户谋克"①。泰和元年（1201）八月"制猛安谋克并隶按察司，监察御史止按部纠举，有罪则并坐监临之官"②。监察机构与猛安谋克关系的发展，反映了在章宗时女真社会已经完成了由奴隶社会向封建社会变革，猛安谋克组织已发展成为具有女真族特点的封建化地方机构，在中央集权的金王朝内，它与汉人府州县一样被纳入同质化政治官僚体系，置于监察制度的统一管理督察之下。

提刑司（按察司）设立后，与中央御史台构成金代监察系统，从中央到地方自成体系，在各机构中具有一定独立性，主要对女真皇帝负责。除尚书省外一般不为其他机构所约束，同时对尚书省亦有监察作用。

三　金代监察制度的作用与特点

金代监察制度设置之初有名无实，在女真大贵族垄断政局的国情下，未能发挥作用。海陵王抛弃旧制，革新民族观念，强化君主集权，从此监察制度开始名符其实地进行运转，在金朝政治生活中发挥越来越重要的作用。

加强君主专制，维护集权政治，是金朝加强健全监察制度的最根本原因，亦是监察制度的最主要功能。金代中央监察制度的主要职掌之一是纠察尚书省断事不当，换句话说是监察相权。世宗大定二十六年（1186）六月，诏曰："凡陈言文字诣登闻检院送学士院闻奏，毋经省廷。"③恐尚书省塞言路，阻下情，君主通过监察机构做到下情上达，不受当政宰执的左右。台、谏官员不仅可以随朝面奏弹劾百官，而且时常被召入内廷议事，如右拾遗路铎"因召对，论宰相权太重"④。台、谏官可以议政，也可以议人，使统治者及时掌握信息，防患于未然。同时，监察官还体察皇帝之意，为其铲除、排斥异己，如"世宗即位，

①　《金史》卷57《百官志三》，第1308页。

②　《金史》卷11《章宗纪三》，第257页。

③　《金史》卷8《世宗纪下》，第193页。

④　《金史》卷100《路铎传》，第2206页。

恶（敬）嗣晖巧佞，御史大夫完颜元宜劾奏萧玉、嗣晖、许霖等六人不可用。嗣晖降通议大夫，放归田里"①。实际上这几个人是海陵朝重要大臣，萧玉为左丞相，敬嗣晖为参知政事，许霖为左宣徽使，萧、敬二人在海陵出征伐宋时留省治事，许霖则任元帅左监军统军征战。世宗即位后自然不肯用这几个被海陵视为亲信的外族人，以御史大夫弹劾而罢官。显然监察机构是维护君权专制的重要工具。

整肃吏治，弹纠官邪，是金代监察制度基本职能之一。御史台又称宪台，纠察百官非违，"自三公以下，官僚善恶邪正，当审察之"②。"监察（御史）分路刺举善恶以闻"③。地方提刑司（外台）设置后，中央御史台仍经常派监察御史往各地巡行体访，共同举廉能，纠不法。宪台与外台上书弹劾的渎职、贪赃、不法的官吏中，有许多是宗室、外戚、达官显宦及其子弟，如"安化军节度使徒单子温，平章政事合喜之侄也，赃滥不法，（李）石即劾奏之。方石奏事，宰相下殿立，俟良久。既退，宰相或问石奏事何久，石正色曰：'正为天下奸污未尽诛耳。'闻者悚然。"④ 李石时为御史大夫，监察官在整肃吏治，纠劾以至惩治违法官吏方面的确发挥了重要作用，不仅低职微官不敢贪赃枉法，连当朝权贵也不能不收敛行为，如正隆年间，御史大夫高桢"刚明自任"，"弹劾无所避，每进对，必以区别流品，进善退恶为言"，⑤ "绳治无所避，权贵惮其威严"⑥。纠正官邪，使王朝纲纪得以肃正，这在一定程度上减缓了民族矛盾和阶级矛盾，以保证国家机器得以正常运转。然而，在以女真为统治民族的金王朝中，女真人在诸族之中高他族一等，皇亲国戚更是骄横不可一世，非女真族的监察官没有超人的胆识和勇气，不敢过深地追究女真贵族的不法行为。大定中，曹国公主家奴犯事，监察官不敢依法行事，世宗"深责公主，又以台臣徇势偷安，畏忌不敢言，夺俸一月"⑦。虽然女真皇帝一再声明"涉于赃罪，虽朕

① 《金史》卷91《敬嗣晖传》，第2028页。
② 《金史》卷6《世宗纪上》，第129页。
③ 《金史》卷86《李石传》，第1913页。
④ 《金史》卷86《李石传》，第1913页。
⑤ 《金史》卷84《高桢传》，第1890、1894页。
⑥ 《金史》卷90《冯讽传》，第1998页。
⑦ 《金史》卷7《世宗纪中》，第157页。

子弟亦不能恕"①，亲贵之家，弹纠尤当用意②。但是对于与自己无利害冲突的宗室、亲旧往往是降官罢职或惩处后不久又官复原职，实际上加以庇护，致使在监察皇亲宗室事情上常出问题。如"右谏议大夫贾守谦、右拾遗仆散讹可坐镐王永中事奏对不实，削官二阶，罢之。御史中丞孙即康、右补阙蒙括胡剌、右拾遗田仲礼各罚金二十斤"③。显然这是一次较高层次的监察渎职事件，受罚的官员都是台、谏的上层官员。而这一事件的深层次原因并非出于整治监察机构，而是章宗要打击诸亲王的势力。

审决冤狱，平反昭雪，这是金代监察机构又一重要职能。"凡内外刑狱所属理断不当，有陈诉者付（御史）台治之"。④ 平冤狱是王朝统治者获取民心的主要途径，冤案积多会造成社会动荡，反之则国泰民安，女真皇帝亦深知"民能载舟亦能覆舟"的道理，故十分重视平冤狱取民心。监察机构在这方面发挥了重要作用，如金前期著名的田珏党锢之案，到章宗即位，刘仲洙擢为中都、西京等路提刑副使，"先是，田珏等以党罪废锢者三十余家，仲洙知其冤，上书力辨，帝从之，乃复珏官爵而党禁遂解"⑤。世、章宗时期，中央监察机构定期复审冤狱，地方监察机构随时发现、处理冤狱，如明昌三年"遣御史中丞吴鼎枢等审决中都冤狱，外路委提刑司处决"⑥。群臣守职，无积压冤狱，上下相安，宇内小康，监察机构的作用是不能泯灭的。

以上三种作用是监察机构在金代王朝政治中最基本和最重要的作用。此外，监察官员在议论朝政得失、审查省部公文与官吏除授、体究女真科举取士、监察经济领域都起到了重要的监督作用。

金代监察制度经历了设置、发展、健全、衰落的过程，这一制度在近百年的运行中，形成了鲜明的时代特征和民族特征。

唐、宋监察制度是以御史台和谏院为中心构成，台隶属尚书省，院分隶中书、门下二省，宋代中书、门下二省合一称中书门下省，谏院隶属之，并出现了"台谏合一"的趋向。⑦ 金代"正隆官制"创立一省

① 《金史》卷8《世宗纪下》，第 194 页。
② 《金史》卷95《董师中传》，第 2113 页。
③ 《金史》卷10《章宗纪二》，第 236 页。
④ 《金史》卷55《百官志一》，第 1241 页。
⑤ 《金史》卷97《刘仲洙传》，第 2154 页。
⑥ 《金史》卷9《章宗纪一》，第 221—222 页。
⑦ 张晋藩主编：《中国官制通史》，中国人民大学出版社 1992 年版，第 419 页。

制，御史台和谏院均隶属尚书省，御史台地位提高，谏院处于附属地位。虽然台、院机构分设，但职掌相同，凡谏院所有的职掌，御史台皆有，但谏院职权似乎不像御史台那么广泛。然而无论是察官，还是言官，不但均可以议论朝政，规谏讽喻；而且台谏常常一同办案，弹奏百官，纠察官邪，前面所举章宗朝台谏共办镐王完颜永忠之案即是一例。世宗曾言："近时台谏惟指摘一二细碎事，姑以塞责，未尝有及国家大利害者，岂知而不言欤，无乃亦不知也。"① 到哀宗正大二年（1225），亦有"（陈）规及台谏同奏五事……"②。由此可见，创立一省制以后，至少到世宗朝虽机构分设，但行使职权时，"台谏合一"已成事实，此后直到金亡"台谏"合称不绝于史册。元承金制进一步发展，不设谏官，"御史职当言路，即谏官也"③。

金朝作为女真族为统治民族的王朝，在监察制度中具有鲜明的种族统治的色彩，监察机构与金朝其他军、政机构一样，都是由女真贵族居绝对支配地位④。监察大权与其他军政大权一样不肯轻易授与外族人。但由于监察机构的特殊性，与其他机构相比，任用外族人中清廉刚正的士大夫的比例较高，尤其是汉人的数量明显高于其他民族。监察御史一职，因其职掌中最为重要的一项是出使各路考察地方官，故汉官与女真官各任一半，如海陵、世宗时，8 员监察御史中 4 员汉人，4 员女真人。章宗时增 10 人、12 人，当为各 5 人、6 人。派出访察地方官员时每路女真、汉人各一员同行，以适应诸路为多民族分地杂居的国情。

总而言之，金代监察制度在自身发展过程中形成了一种新模式，它在组织结构、职能、管理制度诸方面都有新的建树和发展，形成了适应一省制度新的监察体制，承唐宋启元明，是我国监察制度发展史上的重要一环。

（原载《中国史研究》2000 年第 1 期）

① 《金史》卷 8《世宗纪下》，第 199 页。
② 《金史》卷 109《陈规传》，第 2410 页。
③ 《元史》卷 176《李克礼传》，中华书局 1976 年版，第 4102 页。
④ ［日］三上次男：《金史研究》二，东京：中央公论美术出版社 1970 年版，第 540 页。

论金世宗、章宗时期宰执的任用政策

金世宗和章宗时期金朝进入鼎盛时期。史称世宗"得为君之道"，"号称'小尧舜'"①；章宗"承世宗治平日久，宇内小康，乃正礼乐，修刑法，定官制，典章文物粲然成一代治规"②。自金熙宗确立三省六部制度，海陵进而以一省制取代三省制以后，世宗和章宗承前代制度无大变动，主要致力于如何将中原王朝的儒家统治思想和政策充分地运用于女真族的政治制度之中。这一时期的任用宰执政策崇尚仁政、德治、中庸，表现了与熙宗朝注重武功，海陵朝急近功利所不同的特点。然而作为入主中原的少数民族王朝统治者，世宗和章宗皆保持着自先祖以来强烈的民族意识，任用宰执以女真人为主，尤其依靠宗室、外戚女真大贵族。由于宰执处于极为重要的地位，他们的出身、在宰执集团中的地位以及他们与皇帝本人的亲疏关系，表现了国家政治形势和皇帝所依靠的政治势力的变化。

一 以女真族人为主的政策

金朝自海陵将三省制改革为一省制以后，宰执由尚书令、左丞相、右丞相、平章政事、左丞、右丞、参知政事七个职位构成，其中平章政事和参知政事为两名，故官阙为九员。但实际任职人员往往少于九人。世宗朝共二十八年，每年宰执人数通常为7—8人（十六年），其次为5—6人（八年），人数最多时为9人（三年），最少时仅4人（一年，即位之初）。章宗朝共二十年，宰执人数通常为5、6人（十七年），人数最多时为7人（二年），

---

① 《金史》卷 8《世宗纪下》，中华书局 1975 年版，第 204 页。
② 《金史》卷 12《章宗纪四》，第 285 页。

最少时亦为 4 人（一年）。①《金史》卷五十五《百官志》尚书省条记载：

> 尚书令一员，正一品，总领纪纲，仪刑端揆。
>
> 左丞相、右丞相各一员，从一品，平章政事二员，从一品，为宰相，掌丞天子，平章万机。
>
> 左丞、右丞各一员，正二品，参知政事二员，从二品，为执政官，为宰相之贰，佐治省事。②

尚书令位高职虚，世宗朝时有时无。章宗朝仅初年承用世宗末年尚书令徒单克宁（顾命大臣）不变，一年后，徒单克宁病卒，此职不再受人。因此，实际上宰执中最有实权的人物是左丞相。宰相日常在皇帝左右，接受咨询、议论、处理军政要事；执政官作为宰相的副手，主要职责是辅佐处理尚书省的各种行政事务。

宰执位居百官之首，地位显赫，权力重大，是皇帝治理国家所依赖的辅佐集团，其人选为历代统治者特别重视。在中国古代社会，无论是汉人王朝还是少数民族王朝，宰执集团都是以本族人为主体构成，"同族同心"是历代王朝统治者的共识。金朝作为落后的少数民族统治先进的中原地区，这种观念更为突出。

在世、章宗以前，熙宗初建三省时，宰执几乎清一色为女真宗室大贵族，汉、渤海、契丹人寥寥无几。海陵弑君即位，遭到宗室贵族的强烈反对，为巩固个人皇位，海陵擢用宗室之外的普通女真人和汉、渤海、契丹诸族中有才华之人任宰执。世宗倾慕汉文化，效法唐宋王朝制定治国方针政策，每每与唐太宗贞观之治相比较。然而世宗又是具有强烈的女真民族意识的皇帝，认为女真人与汉人虽同为国人但非一类，"女真、汉人，其实则二。朕即位东京，契丹、汉人皆不往，惟女真人偕来，此可谓一类乎。"③ 但是，世宗欲使金朝能够成为像宋朝那样发达的王朝，仅仅依靠女真人治理国家是无法实现的，必须任用忠实有才干的汉族士大夫为宰执佐治朝政。国家实行文治仁政，以汉制为主兼容女真制，然任用宰执时则是采取女真人为主，外族人为辅的政策。章宗继承了世宗的治国方针和任用宰执的政策。参见依据《金史》记载统计所制做的下表：

---

① 据《金史》卷 6—卷 8《世宗纪》、卷 9—卷 12《章宗纪》记载统计。
② 《金史》卷 55《百官志一》，第 1217 页。
③ 《金史》卷 88《唐括安礼传》，第 1964 页。

表1　世宗朝宰执任职表

姓名	尚书令	左丞相	平章政事	左丞
宗浩				
程辉				
张仲愈				
梁肃				
王蔚				
宗叙				
刘玮				
完颜婆卢火				
字术鲁阿鲁罕				
马惠迪				
敬嗣晖				
魏子平				
蒋温敦兀带				
独吉义				
孟浩				
苏保衡				
粘割斡特剌				○
张汝弼				○
霍永固				○
宗尹			○	
蒲察通			○	○
徒单合喜			○	
完颜毅英			○	
张汝霖			○	
移剌道			○	
完颜思恭			○	
移剌元宜			○	
完颜襄			○	○
原王麻达葛				
乌古论元忠			○	
唐括安礼			○	○
石琚			○	○
纥石烈志宁			○	
宗宪			○	
纥石烈良弼		○	○	○
仆散忠义		○	○	
完颜晏		○		
徒单克宁	○	○	○	
完颜守道	○	○	○	○
李石	○			
张浩	○			

续表

姓名	右丞	参知政事	民族·身分
宗浩		○	女真·宗室
程辉		○	汉族
张仲愈		○	汉族
梁肃		○	汉族
王蔚		○	汉族
宗叙		○	女真·宗室
刘玮		○	汉族
完颜婆卢火		○	女真·女真
孛术鲁阿鲁罕		○	女真·文人
马惠迪		○	汉族
敬嗣晖		○	汉族
魏子平		○	汉族
耨温敦兀带		○	女真·文人
独吉义		○	女真
孟浩	○	○	汉族
苏保衡	○	○	汉族
粘割斡特剌	○	○	女真·文人
张汝弼	○	○	渤海·外戚
翟永固			汉族
宗尹			女真·宗室
蒲察通	○		女真·女真
徒单合喜			女真·女真
完颜毅英			女真·宗室
张汝霖	○	○	渤海
移剌道	○	○	契丹
完颜思恭			女真
移剌元宜			契丹
完颜襄	○		女真·宗室
原王麻达葛			女真·章宗
乌古论元忠			女真·外戚
唐括安礼	○	○	女真
石琚	○	○	汉族
纥石烈志宁			女真·外戚
宗宪			女真·宗室
纥石烈良弼	○		女真·文人
仆散忠义	○		女真·外戚
完颜晏			女真·宗室
徒单克宁		○	女真·外戚
完颜守道		○	女真·女真
李石			渤海·外戚
张浩			渤海·外戚

表2　　　　　　　　　　世宗朝宰执民族与身份统计

	尚书令	左丞相	右丞相	平章政事	左丞	右丞	参知政事	通计	绝对数
宗室		1	3	3	1	1	2	11	8
外戚	2※	2	4	4	1※	2※	2※	17	6※※※
女真文人		1	1	1	2	2	3	10	4
女真人	1	1	2	5	3	2	4	18	7
渤海人	1			1		1	1	4	2
汉人			1	1	2	3	11	18	12
契丹人				2		1	1	4	2
通计	4	5	11	17	9	12	24		41

※表示一名渤海人。女真文人是指以女真字学生出身入仕的人。

表3　　　　　　　　　　章宗朝宰执任职一览

	徒单克宁	完颜襄	夹谷清臣	宗浩	张汝霖	夹谷衡	徒单镒	仆散端	宗宁	完颜守贞	粘割斡特剌	张万公	仆散揆	完颜匡	董师中	杨伯通	孙即康	王蔚	移剌履	刘玮	胥持国	完颜膏	独吉思忠	完颜裔	孙铎	马琪	尼厖古鉴	贾铉	完颜撒剌
尚书令	○	○																											
左丞相		○	○	○																									
右丞相		○	○	○																									
平章政事	○	○			○	○	○	○	○	○	○	○	○	○															

续表

	徒单克宁	完颜襄	夹谷清臣	宗浩	张汝霖	乌林答愿	夹谷衡	徒单镒	仆散端	完颜宗宁	粘割斡特剌	张万公	仆散揆	完颜匡	董师中	杨伯通	孙即康	王蔚	移剌履	刘玮	胥持国	完颜晏	独吉思忠	完颜裔	孙铎	马琪	尼厖古鉴	贾铉	完颜撒剌
左丞		○			○	○	○	○					○	○	○	○													
右丞							○	○				○	○				○												
参知政事							○	○		○			○							○	○	○	○	○	○	○	○	○	○
民族·身份	女真·外戚	女真·宗室	女真·外戚	女真·宗室	渤海	女真	女真·进士	女真·进士	女真	女真·宗室	女真·女真字学生	汉族	女真	女真·宗室·进士	汉族	汉族	汉族	汉族	契丹	汉族	汉族	女真·宗室	女真	女真·宗室	汉族	汉族	女真·进士	汉族	女真

表4　　　　　　　　　　　章宗朝宰执民族与身份统计

	尚书令	左丞相	右丞相	平章政事	左丞	右丞	参知政事	通计	绝对数
宗室		2	2	2			1	8	5
外戚	1	1	1	2	1	1	1	8	3
女真进士				4※	2	3	3	12	5※
女真人				3	3	1	3	10	5
渤海人					1			1	1
汉人				1	3	4	9	17	10
契丹人						1	1	2	1
通计	1	3	3	13	9	11	18		30

※表示一名女真字学生出身者。完颜匡兼有宗室和女真进士两种身份，为统计方便将其放入女真进士一栏。

据表 2 和表 4 的统计，两朝宰执任职人员是由金朝主要的四大民族，即女真、汉、渤海、契丹组成。宰执任职的绝对人数，世宗朝为 41 人，外族人与女真人的比例为大约 3/4；章宗朝为 31 人，外族人与女真人的比例为 2/3。二朝女真人宰执的数量均超过其他民族的总和。在女真人宰执中，大致又可分为四种身份：宗室、外戚、女真文人（以女真字学生、策论进士入仕）、普通女真人。首先是宗室人数居优势，从左丞相到参知政事均有任职者，而且任宰相的人数多于执政官。与前朝相比，熙宗朝有 14 名女真族宰执，其中 13 人是宗室贵族；海陵朝有 10 名女真宰执，只有 3 人是宗室贵族。世宗朝尤其是章宗朝重新恢复了自金太祖以来最高辅政集团以宗室为中坚的任人政策，但对宗室的依靠程度明显低于熙宗朝。其次外戚的人数居第二位（世宗朝 6 名外戚宰执中有 2 名渤海人），尽管绝对人数并不多，但从尚书令到参知政事均有任职者，任职人次和职位均高于女真文人和普通女真人，世宗朝甚至高于宗室。女真文人居第三位，他们于海陵朝初年进入宰执集团，世宗朝始受重用，他们的出现和显达，使女真人宰执集团的成份发生了新的变化，标志着金朝治国方针已由武治转向了文治。

汉人宰执的人数仅次于女真人。尽管在诸族人中汉人文化水平最高，佐治朝政能力最强，经验最丰富，亦不乏忠直之人，但仍很难取得女真皇帝的充分信任。在世、章宗两朝汉人宰执中最高职位是右丞相，只有石琚一人任职一年时间（大定十八年八月至十九年八月）。《金史》卷 88《赞》记载了石琚偶受诏赴宫廷宴会，便引起宗室贵族的不满之事。"金世内燕，惟亲王公主驸马得与，世宗一日特召琚入，诸王以下窃语，心盖易之。世宗觉之，即语之曰：'使我父子家人辈得安然无事，而有今日之乐者，此人力也。'乃历举近事数十，显著为时所知者以晓之，皆俯伏谢罪。"[①] 可见偶有汉人蒙受恩惠，便会引起女真贵族的不满，为其所不容。因而在宰执集团中汉人数量虽较渤海、契丹人多，但并不受重用，任宰相职的仅有石琚和平章政事张万公两人，大多数人则出任与行政事务关系密切的执政官中最末等的参知政事。

渤海宰执人数不多，但在外族人宰执中地位最高。世宗朝张浩、李石官至尚书令。张浩曾在海陵朝任数年左丞相，这是金朝历代左丞相中

---

① 《金史》卷 88《赞》，第 1970 页。

仅有的两名外族人之一。渤海人受女真统治者重用的原因主要有二：其一，在历史上渤海人与女真人同属肃慎族系，共同的族属与同受辽朝契丹人的压迫，使他们之间产生亲近感。金太祖兴兵反辽时，使人招谕渤海人，即曰："女真、渤海本同一家，我兴师伐罪，不滥及无辜也。"①并且在诸族中渤海人首先归属金朝。因此自金初以来渤海人一直受到女真统治者的信任。其二，自金初始，渤海大姓一直与金朝宗室通婚，中期以后，进而正式与诸帝联姻，金朝皇帝中有四人的生母是渤海人，②世宗的母亲即是渤海人，又娶渤海女为妃。因而有渤海人以外戚的身份入相受到重用。

契丹人宰执与前朝相比，不仅人数少，而且地位低。金朝三省六部时期，契丹人的地位高于汉人，海陵时契丹人宰执达五人，萧玉官至左丞相。然世宗朝仅两名契丹宰执，职位最高不过平章政事，任职年限亦很短。到了章宗朝唯有一人，官至右丞。这一变化与海陵末年世宗初年契丹人大规模反金斗争有密切关系。历时三年的平定契丹人反叛的战争，消耗了金朝大量国力，同时也丧失了女真统治者对契丹人的信任。从此，契丹平民受到严密的监视，契丹族官员也不再受到重用。

二　重用文人政策

重用文人是世、章宗朝任用宰执时一项重要的政策。这一政策不仅表现在重用以文入仕的官吏，亦表现在重用以其他途径入仕的官吏中有文才的人，因而这一时期宰执中文人的比例明显高于前朝。

第一，重用女真文人。女真文人是指以女真字学生出身入仕和科举入仕的女真人。天会初年，太宗命女真文字的创造者完颜希尹和叶鲁于各路猛安谋克中选择儿童习女真字，倡导女真人学习文化。《金史》卷88《纥石烈良弼传》记载：

---

① 《金史》卷2《太宗纪》，第25页。

② 自金初皇室便开始与渤海大姓通婚，金朝皇帝中有四人的生母是渤海人，即海陵母大氏、世宗母李氏、卫绍王母李氏、宣宗母刘氏。

天会中，选诸路女直字学生送京师，良弼与纳合椿年皆童卯，俱在选中。……年十四，为北京教授，学徒常二百人，时人为之语曰："前有谷神（希尹），后有娄室（良弼）。"其从学者，后皆成名。年十七，补尚书省令史。①

毕业的女真字学生有的成为教授女真字学的老师，在金朝汉官机构初设时期出任尚书省令史之类的职务。二十余年之后，他们中的佼佼者已被任用为宰执。世宗、章宗两朝以女真字学生入仕官至宰执的共四人：左丞相纥石烈良弼、平章政事粘割斡特剌、参知政事耨温敦兀带和孛术鲁阿鲁罕。其中最为优秀的是世宗朝著名贤相纥石烈良弼，世宗大定二年（1162）任右丞，九年（1169）即擢任左丞相，直至十八年（1178）六月病故，②居左丞相位达九年之久，是世宗朝任职时间最长的左丞相。世宗朝任左丞相者共五人，既便是与世宗本人关系密切的皇族、外戚身份的宰执与其相比，亦有所不及。《金史》本传曰：

> 良弼性聪敏忠正，善断决，言论器识出人意表。虽起寒素，致位宰相，朝夕惕惕尽心于国，谋虑深远，荐举人材，常若不及。居家清俭，亲旧贫乏者周给之，与人交久而愈敬。居位几二十年，以成太平之功，号贤相焉。③

大定十三年（1173）金朝首开女真科举，以策论取女真进士，首批27人及第。世宗与宰执多次论及任官以文人、进士为上，尤其对女真进士更寄予国家与民族的希望。《金史》卷8《世宗纪》记载：

> 上谓宰臣曰："女直人中材杰之士，朕少有识者，盖亦难得也。新进士如徒单镒、夹古阿里补（夹古衡）、尼厖古鉴辈皆可用之材也。起身刀笔者，虽才力可用，其廉介之节，终不及进士。"
> "平时用人，宜尚平直。至于军职，当用权谋，使人不易测，

---

① 《金史》卷88《纥石烈良弼传》，第1949—1950页。
② 《金史》卷88《纥石烈良弼传》，第1949—1956页。
③ 《金史》卷88《纥石烈良弼传》，第1956页。

可以集事。"①

如世宗所言，和平时期用人当尚廉介之士，平直之人，擢用大量文人才能实现文治。大定五年（1165）元月金宋再度议和，直至章宗中期与北边游牧民族战事兴起，三十余年无战事，与民休息，宇内小康。女真科举正是在这种形势下，作为重用文人的官政之一而出现的。前面世宗所提及的三位首批女真进士中的佼佼者，于章宗初年即进入宰执集团，徒单镒于明昌元年（1190）入相为参知政事，承安五年（1200）晋升平章政事；夹谷衡与之大致相当；尼厖古鉴于明昌五年（1194）拜参知政事。

第二，重用文人的政策也明显体现在任用和重用以其他途径入仕又具有文才的女真宰执之上。

女真人入仕途径除了前面提及的科举外，主要是靠门第荫补入仕、世袭猛安、谋克官爵入仕，以及以军功入仕。金朝前期武功是官吏升迁最重要标准之一。世、章宗时期，不再单纯重视出身与军功，同时注重擢用有文才之人。因而宗室、外戚出身的宰执中亦不乏女真字学生、进士和通文字、经史之人。世宗朝右丞相宗宪年 16 入学习女真字，兼通契丹、汉字。太宗天会四年（1126）金军破汴京，"众人争趋府库取财物，宗宪独载图书以归。"② 早在熙宗、海陵朝他就曾参与制定金朝的礼仪制度并受到器重。世宗初即位即遣使召之，不久拜相。章宗朝平章政事完颜匡 28 岁时以才学该通，德行淳谨选为章宗、宣宗的老师（太孙侍读），曾两次参加科举考试不第，大定二十八年（1188）特赐进士及第，章宗承安四年（1199）拜右丞。③ 世宗朝左丞相仆散忠义入相前，不仅战功显赫，"公余学女直字，及古算法，阅月，尽能通之。"④ 尚书令徒单克宁"善骑射，有勇略，通女直、契丹字。"⑤ 左丞相完颜晏"明敏多谋略，通契丹字。"⑥ 章宗朝两位著名的左丞相完颜襄和宗

① 《金史》卷 8《世宗纪下》，第 195、196 页。
② 《金史》卷 70《宗宪传》，第 1615 页。
③ 《金史》卷 98《完颜匡传》，第 2166 页。
④ 《金史》卷 87《仆散忠义传》，第 1935 页。
⑤ 《金史》卷 92《徒单克宁传》，第 2044 页。
⑥ 《金史》卷 73《晏传》，第 1672 页。

浩，皆能武善政，世宗谓宰臣曰："宗浩有才干，可及者无几。"① 任地方官时察廉能第一等，以有治迹入相，大定二十七年（1187）拜参知政事。完颜襄善长骑射，才武过人，不仅在平定契丹叛乱、对宋和阻卜的战争中屡立战功，而且"在政府二十年，明练故事，简重能断，器局尤宽大，待掾吏尽礼，用人各得所长，为当世名将相。"② 由此可见，由于国家实行文治的政治形势需要，作为宰执成员，即便出身于皇亲国戚也需具备文才或政绩才能受到器重。

普通女真人（宗室、外戚以外的女真贵族和平民）出身的宰执数量不少，但职位不高。据表2、表4统计，此种身份的宰执共12人，其中只有世宗朝尚书令、左丞相完颜守道和右丞相唐括安礼入相时间较长，地位较高。唐括安礼出身不详，其姓氏—唐括属于与金皇室通婚的八个姓氏之一，③ 但查《金史》本传，并未记载他的家系中有谁与皇室通婚，若有人与地位较低的宗室通婚，对他的官途不会有多大影响。《金史》卷88《唐括安礼传》记载："唐括安礼，本名斡鲁古，字子敬。好学，通经史，工词章，知为政大体。贞元中，累官临海军节度使，入为翰林侍读学士。"安礼似乎以其文才、通经史而入仕。入相后敢强谏，因忤世宗意一度出为外官，世宗知其忠直，再度任相，官至右丞相。世宗称他："朕知卿正直，与左丞相习显（徒单克宁）无异。且练习政事，无出卿之右者。"④

尚书令、左丞相完颜守道出身名门，是金初著名将相完颜希尹的孙子。希尹在金朝建立前是女真原始氏族部落联盟的萨满，⑤ 不仅通晓祖宗典法，亦通晓契丹、汉字及儒家经史，是金初创造女真字、制定各种典章制度的重要政治人物之一，熙宗初建三省六部制度时的首任左丞相。金太祖时希尹将扣留的宋使洪皓滞留家中十来年，教授其子孙学习汉字、汉文、汉诗。守道自幼受汉文化熏陶，受其家学，文化水平自然

---

① 《金史》卷93《宗浩传》，第2072页。
② 《金史》卷94《襄传》，第2092页。
③ 《金史》卷63《后妃传上》："金代，后不娶庶族"（第1498页）；卷64《后妃传下》："国朝故事，皆徒单、唐括、蒲察、拏懒、仆散、纥石烈、乌林答、乌古论诸部部长之家，世为姻婚，娶后尚主"（第1528页）。
④ 《金史》卷88《唐括安礼传》，第1963、1966页。
⑤ 萨满是萨满教宗教活动的主持者，被认为是人和"神"之间的中介人。

高于一般女真贵族子弟。守道以祖父之功而授官，初入仕即擢应翰林文字。① 足见他虽是荫补入仕，却以其文才授官，其后亦靠其学识和才干而入相并受到重用。

第三，女真人以外其他民族的宰执的任用和升迁，更体现了重用文人的政策。汉人和渤海人几乎都为进士出身（除了个别外戚身份的渤海人宰执外），任用宰执的重要条件之一是善达朝政。仅有的三名契丹人宰执中二人是由文才入仕，世宗朝右丞移剌道"为人宽厚，有大志，以荐孝著名。通女直、契丹、汉字。皇统初，补刑部令史。"② 以孝行和文才补官入仕。章宗朝右丞移剌履，为辽东丹王突欲七世孙，承先祖之遗风，"博学多艺，善属文"，"秀峙通悟，精历算书绘 事"，"荫补为承奉班祗候、国史院书写。"③ 其后，前者以才干，后者以学识拜相。

因此，世宗、章宗时期职位高、任职时间长的宰相，无论是宗室、外戚、贵族还是出身寒素的普通女真人（女真文人），也无论女真族还是外族人，均是有文才、治政出色的人。这一用人政策取得了显著的效果，主要表现在促进了金朝中原化制度日益深化。世宗时女真人保持了50 余年的奴隶制度逐渐崩溃，到章宗时建立起新的具有女真族特色的制度，即保留女真族传统社会组织——猛安谋克组织的外壳，吸收汉族制度为内涵，形成具有军屯性质的制度。从而最后实现了全国主要民族社会发展水平全面同质化，将王朝推向鼎盛。

三　依靠皇亲国戚的政策

依靠和重用皇亲国戚是中国历代专制王朝最普遍的任用宰执的政策。金朝自三省六部制度确立以来，直至金末，只有海陵朝例外，较为特殊，其他诸帝任用宰执均循此政策，但在宗室和外戚之中各有偏重。世宗重用外戚，章宗则重用宗室，这与二帝在即位前身份不同、所处的政治环境各异有密切关系。

---

① 《金史》卷 88《完颜守道传》，第 1956 页。
② 《金史》卷 88《移剌道传》，第 1966 页。
③ 《金史》卷 95《移剌履传》，第 2099、2101 页。

世宗是金朝历史上著名的贤明君主，然而他却与以暴虐著称的海陵王在出身、经历、所处的社会环境、登帝位的方式有极其相似之处。世宗与海陵同为太祖孙，海陵父是太祖庶长子宗干（熙宗朝首席宰相）；世宗父是太祖第四子宗辅（太宗朝右副元帅）。两人均于金朝中原化制度确立和改革时期生活和入仕。海陵是熙宗朝臣，在以三省六部制取代女真国论勃极烈制度的时代，入仕为官，进而擢任宰执。世宗是海陵朝臣，海陵励治图新，将自隋唐以来历行六百余年的三省制改革为一省制，走出女真内地，迁都于燕京，改称"中都"（今北京市）。在金朝中原化程度日益提高的时代，世宗由兵部尚书转任地方官，历任中京、燕京、西京、东京等诸京留守。然而，两人又都是以非正常手段夺取了皇位。熙宗末年，因悼后干政、又久无后裔而郁郁不得志，常常处罚鞭打大臣，甚至手刃杀人，使得百官人人自危。海陵弑熙宗夺得皇位后，为巩固自己的皇位，多次大肆屠杀宗室，太祖兄弟之后与诸子之后几被杀尽，所剩几人亦受猜忌，朝不保夕。海陵末年好大喜功，破坏宋金"绍兴和议"（1141 年缔结）以来 40 余年的和平，发动对宋战争，尽失百官之心和民心。世宗趁海陵率军远征之机发动政变，夺取帝位。如果海陵得胜回朝，世宗可能要落得叛臣贼子之名，然海陵在长江边因兵变而亡，世宗则顺理成章成为金朝第五代君王。世宗即位之初，与海陵即位时同样没有得到来自宗室的有力支持，许多宗室处于观望的状态。这恐怕是世宗始终没有充分信任和依靠宗室的重要原因。

为世宗定策称君的是母舅李石，世宗的母亲贞懿皇后李氏为世居东京（今辽宁辽阳）的渤海人，李氏在其夫（宗辅）去世之后，为避免女真人传统旧俗"妇女寡居，宗族接续之"[1] 而祝发为尼，回到家乡东京辽阳府建清安禅寺居之。海陵贞元三年（1155）世宗由西京（今山西大同）留守转任东京留守，到 1161 年一直在东京，依靠母亲家族的力量，在李石等人的扶持下登基称帝。初即位立刻得到世宗登基的直接受益者——外戚集团的积极拥护，纷纷从各地投奔而来。世宗曾对女婿乌古论元忠（世宗长女之夫）说："朕初即位，亲密无如汝者。"[2]（元忠于世宗初年入仕，大定十八年官至右丞相）在世宗心目中最值得信

---

[1] 《金史》卷 64《后妃传下》，第 1518 页。
[2] 《金史》卷 120《乌古论元忠传》，第 2623 页。

任的是外戚。因而，据前表1和表2所载，世宗朝任职的宰执中外戚身份的宰执有6人，即徒单克宁、仆散忠义、纥石烈志宁、乌古论元忠4名女真人外戚，以及李石、张汝弼两名渤海人外戚。① 外戚的绝对人数虽不如宗室多，但任职人次、时间和职位均明显高于宗室。

　　世宗对于宗室一直采取拉拢的政策，曾一再下诏任用宗室及功臣子孙为官，《金史》卷七《世宗纪》载："上谓宰臣曰：'宗室中有不任官事者，若不加恩泽，于亲亲之道，有所未弘，朕欲授以散官，量予廪禄，未知前代何如？'左丞石琚曰：'陶唐之亲九族，周家之内睦九族，见于《诗》、《书》，皆帝王美事也。'"② 然而在宰执集团中受重用的宗室却不多，其原因除上面所言之外，另一方面，因宗室贵族定居中原之后，长年养尊处优，逐渐变成既不能骑射又不善理政的寄生阶层，较为优秀的人物官至宰执，又有人恃功自傲。世宗朝平章政事完颜毅英"在相位多自专，已所欲辄自奏行之"。为相数月改任外官，"辄怏怏不接宾客，虽近臣往亦不见。"世宗怒，责让之："朕念卿父有大功于国，卿旧将亦有功，故改授此职，卿宜知之。若复不悛，非但不保官爵，身亦不能保也。"③ 世宗朝宰执中宗室的绝对人数比外戚多，但任左、右丞相的仅四人（尚书令无），其中唯一的左丞相完颜晏，于大定元年（1161）十月至二年（1162）七月任职，尚不足一年。右丞相三人中完颜宗宪于大定五年（1165）八月至六年九月任职；完颜襄于大定二十八年（1188）十二月世宗临终前一个月任职；原王麻达葛即章宗完颜璟（世宗嫡长孙）以皇位继承人的身份任此职，从大定二十六年（1186）五月至二十八年（1188）十二月。世宗大定二十八年间，除章宗以外宗室任左、右丞相的年限共计仅两年。相比之下，从尚书令到左、右丞相，几乎每年都有外戚任职。

　　章宗即位后在宰执集团中逐渐转向重用和依靠宗室。章宗以世宗嫡长孙的身份即皇位（其父已病卒），符合女真先帝的礼法，得到宗室及

---

　　① 本文外戚身份是指与世宗、章宗以及祖、父、子、孙辈婚姻的家族。徒单克宁娶宗干（太祖子）女，女嫁世宗子沈王永成为妃。仆散忠义为世宗祖母之侄，元妃之兄。纥石烈志宁娶宗弼（太祖子）女，子娶世宗女。乌古论元忠娶世宗长女。李石为世宗母舅，女嫁世宗为妃。张汝弼其姊妹嫁世宗为妃。

　　② 《金史》卷7《世宗纪中》，第157页。

　　③ 《金史》卷72《毅英传》，第1663页。

各阶层人士的支持。世宗临终前指定了三名顾命大臣：尚书令徒单克宁、右丞相完颜襄和平章政事张汝霖（张浩之子），一年后徒单克宁和张汝霖先后病卒，只剩完颜襄一人。《金史》卷九四《襄传》载：

> 襄重厚寡言，务以镇静守法……识者谓襄诚得相体……上亲待之厚，故所至有功。①

章宗承安元年（1196）官至左丞相，是章宗朝主持朝政时间最长的左丞相。与世宗朝相比，此时外戚的地位明显下降，明昌六年（1195）四月至十一月外戚夹谷清臣官至左丞相，② 然仅任职半年。除此之外，左丞相一职始终为宗室所把持。这表明章宗时期宗室已取代外戚成为宰执集团中名符其实的中坚。

章宗承世宗盛世，官僚制度与各种法律制度更加细致严密，宰执的职权和作用有所减弱，人数亦有所减少。重用宗室的任人政策也呈现出中国古代专制王朝的一般特点。

结　语

本文所论述的世宗、章宗时期任用宰执的三项政策，是这一时期最重要和基本的政策。民族政策代表了统治民族的利益，金朝领土扩展至黄河流域成为多民族共存的王朝，为保证女真统治民族的地位，任用宰执无疑是以本族人为主；同时出于对多数的先进民族统治的需要，不得不任用一定数量的外族宰执。这使其民族政策较之先进民族统治落后民族的王朝更开明。重用文人政策是金王朝中原化深入过程中出现的，代表了国家利益。这一政策的实施，有效地促进了金朝走向鼎盛时期，然而与之同时女真族的传统文化与习俗也随之逐渐消失。重用依靠皇亲国戚的政策则代表了皇帝个人和家族的利益，体现了古代专制王朝的时代特征。

---

① 《金史》卷94《襄传》，第2091—2092页。
② 章宗娶夹谷清臣女为昭仪。外戚平章政事仆散揆为仆散忠义之子，尚韩国大长公主。

此外这一时期还有一些具体的任用宰执的政策，例如：提倡不拘资格，提拔人材；重用忠直、淳厚、清廉之人，不用利己贪鄙之人；世宗注重提拔任用从基层逐级进入省台之人；章宗则多以提刑、监察机关提拔官吏为相，等等。因为篇幅所限不能——详细论述，待另作文研究。

（原载《史学集刊》1998 年第 1 期）

金朝与北方游牧部落的羁縻关系

  女真统治集团与蒙古草原游牧部落发生关系始于金初反辽战争时期,其后逐步建立起政治隶属关系,直到 13 世纪初金蒙开战,女真统治者始终以界壕(长城)作为直辖区与草原游牧部落区的分界线,以剿抚结合的手段在草原地区维持了长达 80 多年的羁縻统辖关系。关于金朝与蒙古草原游牧部落关系的研究,最早见于 19 世纪中后期俄国人克鲁泡特金、清人屠寄等对金界壕遗址的考察。20 世纪初王国维相继撰写了《鞑靼考》、《萌古考》、《金界壕考》、《南宋人所传蒙古史料考》等系列文章,是这一领域重要的奠基之作。[①] 其后,日本学者外山军治、加藤晋平,[②] 中国学者冯承钧、周良霄、贾敬颜等人[③]关于金朝与北方游牧部落关系又有进一步研究,同时关于金界壕的考古学调查与研究也取得了丰硕的成果。[④] 然而,由于史料十分匮乏且零散,有关金朝与北方游牧部落羁縻关系的研究成果不多。本文在前人研究的基础上,综合利用中外相关史料、碑刻资料与考古学研究成果,力图从羁縻关系的角度,揭示金朝对蒙古草原游牧部落政治统辖的实态与特点,以就教于方家。

---

  ① 王国维:《观堂集林》,中华书局 1959 年版。

  ② [日]外山军治:《金朝史研究》,李东源译,黑龙江朝鲜民族出版社 1988 年版;[日]加藤晋平:《モンゴル人民共和国ヘンテイ県バヤンホトクの碑文について》,大阪・邮政考古学会编:《平井尚志先生古稀記念考古学論攷》第 1 集,大阪・邮政考古学会 1992 年版。

  ③ 冯承钧:《辽金北边部族考》,《西域南海史地考证论著汇辑》,中华书局 1957 年版,第 188—199 页;周良霄:《鞑靼杂考》,《文史》第 8 辑,中华书局 1980 年版,第 73—84 页;贾敬颜:《从金朝的北征、界壕、榷场和宴赐看蒙古的兴起》,南京大学历史系元史研究室编:《元史及北方民族史研究集刊》第 9 期,1985 年,第 12—23 页。

  ④ 冯永谦:《金长城的考古发现与研究》,《中国长城博物馆》2006 年第 4 期;冯永谦:《金长城修筑年代辨》,《东北史地》2008 年第 3 期。

一

由辽入金，北方草原地带分布着众多的游牧部落，活跃于金前期和中期的主要有阻𩫤、萌古（蒙古）等部。唐宋史籍所见的鞑靼，据王国维考证分为东、西、南三部，他认为"《辽史》所记阻卜，其分布区域乃各与此三部鞑靼相当"，"见于《金史》之阻𩫤若北阻𩫤，则略当唐时之'东鞑靼'，亦即蒙古人所谓'塔塔儿'。"① 《元朝秘史》记载塔塔儿部居住在捕鱼儿海子（今贝尔湖）、阔连海子（今呼伦湖）一带地区。② 然南宋人所说的鞑靼，较金人所说的阻𩫤分布范围更广，应包括唐宋时期东、西、南三部鞑靼的后裔。萌古，又作蒙古，③ 学界一般认为是以唐代蒙兀室韦为核心而形成。拉施特《史集》中称为尼伦（纯洁）蒙古的十余个部落，被认为是由蒙兀室韦发展而形成；称为迭儿列勤（普通）蒙古部落的诸部，学者们同样认为他们大致出自其他室韦部。④ 韩儒林认为蒙古人的老家在额尔古纳河上游，与两《唐书》记载的蒙兀室韦地望完全吻合。⑤ 南宋李心传撰《建炎以来朝野杂记》乙集卷 19《边防二·鞑靼款塞》记载："鞑靼之人皆勇悍善战，近汉地者……能种秫稷，以平底瓦釜煮而食之。远者……止以射猎为生，无器甲，矢用骨镞而已，盖以地不产铁故也。契丹虽通其和市，而铁禁甚严。及金人得河东，废夹锡钱，执刘豫，又废铁钱，由是秦、晋铁钱皆归之，遂大作军器，而国以益强。""又有蒙国者，在女真之东北，唐

---

① 王国维：《观堂集林》卷 14《鞑靼考》，第 641 页。北阻𩫤是否即是金朝后期的塔塔儿部，学界有不同意见。冯承钧《辽金北边部族考》认为，金之阻𩫤为塔塔儿，北阻𩫤为克烈、主儿勤、乞颜（冯承钧：《西域南海史地考证论著汇辑》，中华书局 1957 年版，第 188—199 页）。周良霄《鞑靼杂考》则认为，《金史》阻𩫤与北阻𩫤实为一部，即塔塔儿（《文史》第 8 辑，1980 年，第 73—84 页）。

② 乌兰校勘：《元朝秘史》卷 1，中华书局 2012 年版，第 17 页。

③ 韩儒林考证，"蒙古"二字作为部落名，最早见于宋人徐梦莘撰《三朝北盟会编》卷 243 引《炀王江上录》，文献中辽金两代蒙古名称的异译有 20 多种，"蒙古"是其中之一。参见韩儒林《蒙古的名称》，《穹庐集》，河北教育出版社 2000 年版，第 153—155 页。

④ ［波斯］拉施特：《史集》第 1 卷第 1 分册，余大钧、周建奇译，商务印书馆 1983 年版，第 250—322 页；孙秀仁等：《室韦史研究》，北方文物杂志社 1987 年版，第 90—92 页。

⑤ 韩儒林：《蒙古的名称》，《穹庐集》，第 158 页。

谓之蒙兀部，金人谓之蒙兀，亦谓之萌骨。人不火食，夜中能视，以鲛鱼皮为甲，可捍流矢。"①

《金史》所见蒙古部名称有广吉剌、合底忻部、山只昆部，"合底忻者，与山只昆皆北方别部，恃强中立，无所羁属，往来阻鞑、广吉剌间，连岁扰边"②。广吉剌，即是元代的弘吉剌部，屠寄《蒙兀尔史记》，③ 日本学者箭内亘考证在额尔古纳河与特勒布儿河合流处的苦烈业尔山。④ 合底忻、山只昆，冯承钧认为合底忻即是哈答斤，山只昆即是散只兀（撒勒只兀惕）。⑤ 两部分布的地区大致在今呼伦贝尔草原的伊敏河、辉河一带。⑥ 原居住在海拉尔河、额尔古纳河、克鲁伦河流域的乌古部、敌烈部，曾是辽朝统辖下的人数较多、势力强大的北方游牧部族。金太宗天会二年（辽天祚帝天保四年，1124）正月，在金军的追赶下，穷途末路的天祚帝"弃营北遁"，一度至乌古、敌烈部以避女真兵锋，⑦ 很快天祚帝带残部又逃往他处。乌古、敌烈人见辽朝大势已去，一部分部落投附女真王朝，《金史·太宗纪》记载：天会二年闰三月，"己丑，乌虎里、迪烈底两部来降"。三年（1125）二月，"丁卯，以厐葛城地分授所徙乌虎里、迪烈底二部及契丹民"⑧。留在原处的乌古、敌烈部则与其他游牧部族相融合，金代乌古、敌烈成为金直辖区的部族名称。

金初，女真的势力范围曾伸展到北方草原鄂嫩河以南地区，自大兴安岭以北根河支流库力河西岸起，向西经额尔古纳河，延伸至克鲁伦河与乌勒吉河之间的草原上，直至肯特山东南、鄂嫩河之南、乌勒吉河以西有一道全长约1400里的长城。1852年俄国人克鲁泡特金首先发现这

① （宋）李心传撰，徐规点校：《建炎以来朝野杂记》乙集传19《边防二·鞑靼款塞》，中华书局2001年版，第847—849页。
② 《金史》卷93《宗浩传》，中华书局1975年版，第2073页。
③ （清）屠寄：《蒙兀尔史记》卷2《成吉思汗纪》，中国书店1984年版，第36页。
④ ［日］箭内亘：《元代の東蒙古》，東京帝国大学文科大学編：《満鮮地理歴史研究報告》第6，東京帝国大学文科大学1920年版。
⑤ 冯承钧：《辽金北边部族考》，《西域南海史地考证论著汇辑》，第188—199页。
⑥ 干志耿、孙秀仁：《黑龙江古代民族史纲》，黑龙江人民出版社1987年版，第421页。
⑦ 《辽史》卷29《天祚帝纪三》，中华书局1974年版，第347页。
⑧ 《金史》卷3《太宗纪》，第50、52页。

道长城，他称其为"成吉思汗边墙"，① 今考古学界称为"岭北长城"。清光绪二十三年（1897）在屠寄的主持下详细测绘了这道长城，"凡车马可通之地，则步步详测，虽车马难通，而人迹犹可至者，莫不穷幽凿险而探绘之"。② 清人认识到是金朝修建的，称其为"金源边墙"。我国考古工作者于 20 世纪七八十年代对位于我国境内的长城（界壕）部分进行了多次调查。学界关于这道长城（界壕）修建的年代有不同看法，孙秀仁认为是辽朝为防御属部羽厥、室韦、北阻卜等族窜犯而修筑的防御工程，修筑于辽代中期以后。③ 米文平、冯永谦则认为是金朝初年为防御北方草原游牧民族而修建的。④ 金灭辽后，在女真强大的军事威力下，草原地带一些游牧民族部落开始向金朝称臣纳贡。天会三年（1125），出使宋朝的金人乌歇说："沙漠之间系是鞑靼、鹢古子地分，此两国君长并已降拜了本国。"⑤ 此时为金灭辽的当年。

二

关于金朝女真统治集团如何经营对蒙古草原东部阻鞿、蒙古部落的羁縻统辖关系？中外史籍中相关记载极少，王国维认为这是由于元人修史时已不知鞑靼（阻卜）与蒙古之别，误以鞑靼为蒙古之先，讳言蒙古与鞑靼对辽金称臣纳贡，有意删去二者事迹。⑥ 目前史籍关于金朝与北方草原游牧民族关系的记载，主要见于宋人撰写的《松漠纪闻》、

---

① 克鲁泡特金探险调查材料原稿现存于黑龙江省博物馆，转引自冯永谦：《金长城修筑年代辨》，《东北史地》2008 年第 3 期。1934 年俄国人包诺索夫也曾调查过这道长城，参见[俄] В·В·包诺索夫《成吉思汗边墙初步调查》，胡秀杰译，《大陆科学院通报》第 5 卷第 1 期，1942 年，吴文衔主编：《黑龙江考古民族资料译文集》第 1 辑，北方文物杂志社 1991 年版，第 69—74 页。

② （清）屠寄：《黑龙江舆图》第 5 册，清光绪二十五年（1899）版石印套色本，吉林大学图书馆藏，第 7—9 页。

③ 孙秀仁：《黑龙江历史考古述论》（上），《社会科学战线》1979 年第 1 期。

④ 米文平、冯永谦：《岭北长城考》，《辽海文物学刊》1990 年第 1 期。

⑤ （宋）徐梦莘：《三朝北盟会编》卷 9 引《燕云奉使录》，上海古籍出版社 1987 年版，第 63 页。

⑥ 王国维：《观堂集林》卷 14《鞑靼考》，第 643—645 页。相似的现象也出现于清人修《明史》时，史臣同样讳言女真对明称臣纳贡，尽量删除相关事迹。

《建炎以来朝野杂记》、《建炎以来系年要录》、《三朝北盟会编》、《大金国志》等。王国维对于南宋人所撰蒙古史料进行了考辨，指出除《松漠纪闻》之外，诸书的史料主要源于王大观《行程录》和李大谅《征蒙记》，认为二书为同时之作，往往互为表里，细考之"乃与史实不合，盖宋南渡初叶人所伪作而托之金人者"，造作蒙古寇金事，"自无史学上之价值"，断定蒙古之信史当自成吉思汗始。① 日本学者外山军治对王氏看法提出质疑，根据金人王彦潜所撰《大金故尚书左丞相金源郡贞宪王完颜公神道碑》②与《金史》纪传所载相关史料的考察，他认为王大观《行程录》和李大谅《征蒙记》二书，虽然存在一些谬误和夸大其词的部分，但并非捏造史实，其中存在一些近乎历史真相的记载。③ 学界多赞同外山的看法。因此，诸书保留的《行程录》与《征蒙记》相关记载，与史家在《金史》中保存不多的史料和以隐晦的笔法所记载的事迹，④ 以及金宋时期私人撰写的史书和出土的碑刻，为我们探讨金朝管理草原游牧部落朝贡活动提供了重要信息。

金太祖时期，女真很快从反辽转入灭辽战争，相继攻占辽东京、上京、中京，这对蒙古草原上的游牧民族不能不产生重要影响，太祖天辅六年（1122）五月，"谋葛失遣其子菹泥刮失贡方物。"⑤ 据王国维考证"谋葛失"为蒙古之部名，⑥ 这是史籍所见草原游牧民第一次向金朝朝贡。太宗天会二年（1124），在女真军队的强大攻势下，辽天祚帝逃亡沙漠之间鞑靼、蒙古地分，金军"袭之于沙漠，掩其不备而及之。辽主惊遁，惟一二臣从去。获其八宝、妃嫔、公主及群侍从与诸部族之人"。⑦ 天会三年（1125）三月，金将完颜斡鲁献传国宝，"以谋葛失来

---

① 王国维：《观堂集林》卷15《南宋人所传蒙古史料考》，第739、757页。

② （清）长顺修，李桂林纂：《吉林通志》卷120《金石志·金完颜希尹碑》，吉林文史出版社1986年版，第1771页。

③ ［日］外山军治：《金朝史研究》，李东源译，第298—309页。

④ 《金史》中多以"北部""北鄙""边部""邻国""敌国""东北部""西北诸部"等指代蒙古、阻鞑等北方游牧部落。对蒙古、阻鞑的战争含混地称为"北巡""北征""巡边""经略北边"等。参见贾敬颜《从金朝的北征、界壕、榷场和宴赐看蒙古的兴起》，南京大学历史系元史研究室编：《元史及北方民族史研究集刊》第9期，1985年，第12—23页。

⑤ 《金史》卷2《太祖纪》，第37页。

⑥ 王国维：《观堂集林》卷15《萌古考》，第694页。

⑦ （清）长顺修，李桂林纂：《吉林通志》卷120《金石志·金完颜希尹碑》，第1772页。

附，请授印绶。"① 故乌歇对宋人说："此两国君长并已降拜了本国。"②

然而，金朝与北方草原游牧部落的羁縻统辖关系并不稳固。《松漠纪闻》载："盲骨子，其人长七八尺，捕生麋鹿食之。金人尝获数辈至燕，其目能视数十里，秋毫皆见，盖不食烟火，故眼明。与金人隔一江，常渡江之南为寇，御之则返，无如之何"。③ 金熙宗时期，草原游牧部落接连寇边不断。天会十三年（1135），"萌古斯扰边"，太师宗磐与左丞相完颜希尹"奉诏往征之，□□其□落俘□□□□□以□□□入朝奏捷。初陛辞日，太傅□□王曰：'若获畜牧，当留备边用。'王谓是，诏意遵之。宗磐悉以所获□赏军士"。④ 从金军统帅的身份看，这应是一次较大规模的征讨行动，然金军虽大败蒙古部，却未能征服之，蒙古部仍扰边不断。宋人李心传《建炎以来系年要录》记载："（宋绍兴九年十二月）女真万户呼沙呼北攻蒙古部，粮尽而还，蒙古追袭之，至上京之西北，大败其众于海岭。""（宋绍兴十六年八月）金都元帅宗弼……自将中原所教神臂弓弩手八万人讨蒙古，因连年不能克，是月，领汴京行台尚书省事萧博硕诺与蒙古议和，割西平河以北二十七团寨与之。岁遗牛羊米豆，且命册其酋鄂伦贝勒为蒙古国王，蒙人不肯。""（宋绍兴十七年三月）金人用兵连年，卒不能讨，但遣精兵分据要害而还。"⑤

综上，熙宗时至少有三次北征，一是天会十三年，金军主帅是完颜宗磐与完颜希尹；二是天眷二年，即宋高宗绍兴九年（1139），金军主帅是呼沙呼；三是皇统六年，即绍兴十六年（1146），金军主帅是完颜宗弼。后一次宗弼北征，《金史》列传记载中有所反映，如乌林答晖"从宗弼北征，迁广威将军，赏以金币、尚厩击球马"⑥，留守耶律怀义"从宗弼过乌纳水，还中京"⑦，完颜撒改"从军泰州路，军帅以撒改为

---

① 《金史》卷3《太宗纪》，第52页。

② （宋）徐梦莘：《三朝北盟会编》卷9引《燕云奉使录》，第63页。

③ （宋）洪皓：《松漠纪闻》卷上，金毓黻主编：《辽海丛书》，辽沈书社1985年影印本，第207页。

④ （清）长顺修，李桂林纂：《吉林通志》卷120《金石志·金完颜希尹碑》，第1772页。

⑤ （宋）李心传：《建炎以来系年要录》卷133，绍兴九年十二月，中华书局1988年版，第2142—2143页；卷155，绍兴十六年八月，第2514页；卷156，绍兴十七年三月，第2529页。

⑥ 《金史》卷120《乌林答晖传》，第2620页。

⑦ 《金史》卷81《耶律怀义传》，第1827页。

万户，领银术可等猛安，戍北边，数有战功"①。宗弼北征虽未能以武力征服北方草原游牧部落，但以割西平河以北二十七团寨为条件，双方最后达成和议。《读史方舆纪要》云："胪朐河，或曰即西平河也"，②即今克鲁伦河。

然上述《要录》记事有错讹之处，需要辨析。首先，皇统年间领汴京行台尚书省事官职一直由都元帅宗弼兼任，③并非他人。其次，与蒙古议和的是何人？金以通蒙古语言的契丹或奚族官员出使议和应不误，宋金史籍记载熙宗朝担任汴京行台宰执有三位萧姓官员，一是天会十五年（1137）首任行台右丞相契丹人萧博硕诺；④二是天眷二年（1139）出任行台平章政事的奚人萧宝；三是皇统八年（1148）六月到八月出任行台左丞相的契丹人萧仲恭。⑤王国维认为宋人所记契丹人萧博硕诺（保寿奴）与金人所记奚人萧宝是一人，天眷二年萧宝（保寿奴）由右丞相降为平章政事，皇统七年十月"平章行台尚书省事奚宝薨"，⑥奚宝即萧宝。如有和议之事，是行台平章政事萧宝，还是行台左丞相萧仲恭？我认为后者的可能性更大。三是议和时间，从上述记事看，似应金军回师分据要害之后，再遣使与蒙古和议更为合理。因此，宗弼遣使与蒙古议和的时间应在皇统八年（1148）的六至八月间，萧仲恭任行台左丞相后马上奉命前往蒙古议和，因其议和成功，解除北部边警，维护了对草原地区的羁縻统辖，仅任行台左丞相两个月后，就被擢任为中央尚书右丞相。⑦早在太宗天会三年（1125）金朝已对蒙古酋长行册封、"授印绶"，⑧此次金廷又欲册封蒙古大酋鄂伦贝勒为蒙古国王，"鄂伦"为何人？法国学者雷纳·格鲁塞说："金主赐野蛮人的首领以熬罗孛极烈的贵号并封为蒙兀国王，伯希格曾建议将这个汉字对音

① 《金史》卷91《完颜撒改传》，第2011页。

② （清）顾祖禹：《读史方舆纪要》卷45《山西七·外夷附考》，中华书局2005年版，第2068页。

③ 《金史》卷4《熙宗纪》，第75页。

④ （宋）李心传：《建炎以来系年要录》卷117，绍兴七年十一月，第1884页；（宋）徐梦莘：《三朝北盟会编》卷182，绍兴七年十一月，作"萧保寿奴"，第1318页。

⑤ 《金史》卷4《熙宗纪》，第74、84页。

⑥ 《金史》卷4《熙宗纪》，第83页。

⑦ 《金史》卷4《熙宗纪》，第84页。

⑧ 《金史》卷3《太宗纪》，第52页。

还原为蒙古文，但是还不能将这个名字和《秘史》以及《拉施特书》所记载的、前于成吉思汗时期的这些英雄们的名字对照符合。”[①] 尽管如此，这件事说明在金前期对蒙古草原上拥有较强政治势力的朝贡成员有行册封之举，这是经营朝贡关系的一项重要内容。

海陵王迁都燕京后，贞元元年（1153）闰十二月，海陵“命西京路统军挞懒、西北路招讨萧怀忠、临潢府总管马和尚、乌古迪烈司招讨斜野等北巡”[②]。贾敬颜认为，北巡即北征，从东北乌古迪烈招讨司到西北路招讨司，四路出兵，反映了战争规模的巨大和战争程度的激烈。[③] 所言甚是。其后虽无大的战争，但边地摩擦不断，如正隆年间北边契丹人所言“西北路接近邻国，世世征伐，相为仇怨”[④]。

金中期以后，北方草原游牧部落兴起，世宗朝一度出现草原游牧部落频繁寇边的现象。金末南宋人赵珙《蒙鞑备录》云：“大定间，燕京及契丹地有谣言云：‘鞑靼来，鞑靼去，赶得官家没去处。’葛酋雍宛转闻之，惊曰：‘必是鞑人，为我国患。’乃下令极于穷荒，出兵剿之，每三岁前并向北剿杀，谓之灭丁。”贾敬颜认为“三年灭丁”之说，未必如赵珙所言之甚，世宗朝北征，则几乎是三年一次进行。[⑤] 然搜检史籍世宗朝与北方游牧部落发生战事，主要集中在大定七年到十一年之间（1167—1171）。据《金史·世宗纪》记载：大定七年闰七月，“甲戌，诏遣秘书监移剌子敬经略北边”。八年十二月，“戊子朔，遣武定军节度使移剌按等招谕阻轐”。[⑥] 宋人楼钥出使金朝时听人说：“为年（大定九年）时被蒙古国炒……蒙古国作梗，太子自去边头议和，半年不决，又且归。”[⑦] 金与蒙古议和不成，十年（1170）八月出兵，“壬申，遣

① ［法］雷纳·格鲁塞：《蒙古帝国史》，龚钺译，商务印书馆2005年版，第36页。文中“熬罗孛极烈”“蒙兀国王”出自《续通鉴纲目》。《秘史》指《元朝秘史》，《拉施特书》指拉施特的《史集》。

② 《金史》卷5《海陵纪》，第101—102页。

③ 贾敬颜：《从金朝的北征、界壕、榷场和宴赐看蒙古的兴起》，南京大学历史系元史研究室编：《元史及北方民族史研究集刊》第9期，1985年，第12—23页。

④ 《金史》卷133《移剌窝斡传》，第2849页。

⑤ 贾敬颜：《从金朝的北征、界壕、榷场和宴赐看蒙古的兴起》，南京大学历史系元史研究室编：《元史及北方民族史研究集刊》第9期，1985年，第12—23页。

⑥ 《金史》卷6《世宗纪上》，第139、142页。

⑦ （宋）楼钥：《北行日录》，曾枣庄、刘琳主编：《全宋文》卷5974《楼钥七五》，上海辞书出版社、安徽教育出版社2006年版，第265册，第101页。

参知政事宗叙北巡"①。十一年，纥石烈志宁"代宗叙北征。既还，遣使者迎劳，赐以弓矢、玉吐鹘。入见，上慰劳良久"②。金世宗即位后，一直忙于平定契丹叛乱和结束对宋战争，直到大定五年元月，才与宋朝签订和议。在当时的形势下，金朝不大可能主动经略北方草原，大约因游牧部落的扰边，世宗才派遣移剌子敬北巡，接着又派遣移剌按诏谕各部，但这未能阻止草原游牧民的侵扰。大定九年（1169）北方游牧部落大举寇抄边地，世宗遣参知政事完颜宗叙率军北征，大约出师不利。十一年，世宗再派骁勇善战的右丞相纥石烈志宁代宗叙统军作战，大获全胜。于是，大定十二年（1172）四月，"阻䩅来贡"。③

金朝通常不允许朝贡成员诣阙朝贡（详见后文），这次特例，或可说明这次战争规模较大，归降者是草原上有影响的部落酋长。《史集》记载，成吉思汗的三世祖合不勒汗因勇敢和能干而名扬草原，金人闻知后，派使者招他入朝，金帝宴请合不勒汗时，他的食量过人，令金人甚为惊奇。合不勒汗回去时金人赏赐他一些金子、珠宝和衣服。④然合不勒汗属蒙古部，非阻䩅（塔塔儿）人，合不勒汗入朝诣阙是否在这一年，现有资料尚不能确定，只是一种可能。

世宗末章宗初，草原游牧部落彼此争长愈演愈烈，并经常入塞掠夺。《金史·移剌益传》载："时北边有警，诏百官集尚书省议之，太尉克宁锐意用兵，益言天时未利，宜俟后图。"⑤徒单克宁任太尉的时间为世宗大定二十六年（1186）到章宗明昌二年（1191）初，这期间金朝没有北征行动。然而，"北部广吉剌者尤桀骜，屡胁诸部入塞"。又有"合底忻者，与山只昆皆北方别部，恃强中立，无所羁属，往来阻䩅、广吉剌间，连岁扰边，皆二部为之也"。⑥明昌四年（1193），董师中上言："今边鄙不驯，反侧无定，必里哥孛瓦贪暴强悍，深可为虑。"又言："南北两属部数十年捍边者，今为必里哥孛瓦诱胁，倾族

① 《金史》卷6《世宗纪上》，第147页。
② 《金史》卷87《纥石烈志宁传》，第1934页。
③ 《金史》卷7《世宗纪中》，第156页。
④ ［波斯］拉施特：《史集》第1卷第2分册，余大钧、周建奇译，商务印书馆1983年版，第45—46页。
⑤ 《金史》卷97《移剌益传》，第2160页。
⑥ 《金史》卷93《宗浩传》，第2073页。

随去，边境荡摇。"① 必里哥孛瓦，是合底忻部酋长，② 在他的胁诱下为金朝捍边数十年的南北两属部叛金而去。

为打击入塞骚扰边地的游牧部落，章宗朝从明昌六年到承安二年（1195—1197），为时三年，金军两次深入大漠北征，主帅先后有左丞相夹谷清臣、右丞相完颜襄、同判大睦亲府事（后任枢密使）完颜宗浩、西南路招讨使仆散揆、西北路招讨副使完颜安国、东北路招讨副使瑶里孛迭等。明昌六年（1195）六月，金军取得斡里札河之战大捷，大败蒙古诸部，③ 完颜襄"遂勒勋九峰石壁"。④ 翌年（承安元年）七月，章宗"御紫宸殿，受诸王、百官贺，赐诸王、宰执酒。敕有司，以酒万尊置通衢，赐民纵饮"。十二月"遣提点太医近侍局使李仁惠劳赐北边将士，授官者万一千人，授赏者几二万人，凡用银二十万两、绢五万匹、钱三十二万贯"。⑤ 足见这次战争规模之大，战绩之显赫。然不久，北方游牧民复叛。完颜襄认为"若攻破广吉剌，则阻𩓥无东顾忧，不若留之，以牵其势"。宗浩则主张："国家以堂堂之势，不能扫灭小部，顾欲藉彼为捍乎？臣请先破广吉剌，然后提兵北灭阻𩓥。"章宗采纳了宗浩的意见。承安三年（1198）金军再次进入草原深处，广吉剌部很快降金，"遂征其兵万四千骑"，与金军共同打击山只昆、合底忻、婆速火诸部，"斩首千二百级，俘生口车畜甚众"，"合底忻部长白古带、山只昆部长胡必剌及婆速火所遣和火者皆乞降。宗浩承诏，谕而释之"。对拒降的"婆速火九部斩首、溺水死者四千五百余人，获驼马牛羊不可胜计。军还，婆速火乞内属，并请置吏"。⑥ 于是，"并塞诸部降，谕使输贡如初"。⑦

1986 年在蒙古国肯特省温都尔汗以南约 60 公里的巴彦呼塔格苏木（县），一座石山的山腰上，蒙古学者发现一处女真字摩崖石刻，高 2 米，宽 3 米，9 行，约 144 字。1991 年日本学者加藤晋平等人在女真文

---

① 《金史》卷95《董师中传》，第2114页。

② 佟冬主编，丛佩远著：《中国东北史》第3卷，吉林文史出版社1998年版，第5页。

③ 战争详细经过，参见《金史》卷10《章宗纪二》、卷93《宗浩传》、卷94《夹谷清臣传》等。

④ 《金史》卷94《襄传》，第2089页。

⑤ 《金史》卷10《章宗纪二》，第240页。承安元年，即明昌七年，是年十一月改元承安。

⑥ 《金史》卷93《宗浩传》，第2073—2074页。

⑦ 《金史》卷94《完颜安国传》，第2094—2095页。

石刻东 20 米左右处，又发现一处汉文石刻，同样高 2 米，宽 3 米，9 行，共 86 字。之后日本学者多次去该处考察，对女真文和汉文石刻进行了细致研究。① 两处石刻正是当年金军主帅完颜襄在九峰石壁上留下的记功石刻。石刻中的"北珠亭"，即是"北阻䪁"，发现记功石刻的地点当距离主战场不远。《蒙鞑备录》中记述了 1221 年（金宣宗兴定五年）赵珙在燕京的见闻："二十年前，山东河北谁家不买鞑人为小奴婢，皆诸军掠来者。今鞑人大臣当时多有虏掠住于金国者。且其国每岁朝贡，则于塞外受其礼币而遣之，亦不令入境。鞑人逃遁沙漠，怨入骨髓。"② 赵珙将此系于世宗朝，实误。此二十年前，正当章宗明昌、承安北征大捷之时，金军俘获的大量蒙古、阻䪁部落民被沦为金人家奴。逃亡沙漠的游牧民更是"怨入骨髓"，埋下了复仇的种子。

在完颜襄北征过程中，得到蒙古铁木真部与脱斡邻部出兵助战，并杀了北阻䪁（塔塔儿部）的酋长，"金国的王京，知太祖与脱斡邻将塔塔儿寨子攻破，杀了蔑古真等，大欢喜了。与太祖札兀忽里的名分，脱斡邻王的名分。王京又对太祖说，杀了蔑古真等，好生得你济。我回去金国皇帝行奏知，再大的名分招讨官教你做者。说罢，自那里回去了。"③ 脱斡邻、铁木真得到金朝的封号后，在蒙古诸部中日益强大起来。铁木真建立了蒙古汗国之后，1211 年南下对金开战，得到在中原沦为奴婢的蒙古人的呼应。从此，金朝开始走上灭亡之路。

三

金朝女真统治集团对北方游牧部落采取羁縻统治，在金朝直辖区与游牧民羁縻统辖区之间有明确的界限，即是金朝初年以来不断修筑的界壕。最早见于记载的是金初"泰州婆卢火所浚界壕"。④ 据《金史·婆

---

① ［日］松田孝一：《セルベン・ハールガ漢文銘文とオルジャ河の戦い》，《モンゴル国所在の金代碑文遺跡の研究》，平成 16—17 年度科学研究費補助金基盤研究（C）研究成果報告書，研究代表者白石典之，2006 年。
② （宋）赵珙：《蒙鞑备录》，中华书局 1985 年版，第 6 页。
③ 乌兰校勘：《元朝秘史》卷 4，第 124 页。
④ 《金史》卷 24《地理志上》，第 549 页。

卢火传》记载：太祖天辅五年（1121），"摘取诸路猛安中万余家，屯田于泰州，婆卢火为都统，赐耕牛五十"，到熙宗天眷元年（1138），婆卢火卒。① 这期间婆卢火虽曾随太祖、太宗参加对辽宋战争，但他始终任泰州路都统，② 修筑界壕的时间应在太宗年间。世宗大定十年（1170）正当女真军队与北方游牧部落作战期间，"参知政事宗叙请置沿边壕堑"，③ 因丞相纥石烈良弼等人认为："北俗无定居，出没不常，惟当以德柔之。若徒深堑，必当置戍，而塞北多风沙，曾未期年，堑已平矣。不可疲中国有用之力，为此无益。"议遂寝。④ 世宗后期，北方草原部落兴起，寇边事件时有发生，大定二十一年（1181）在北部旧设边堡的基础上，补缺设置，"列置边堡"，同时"开壕堑以备边"。⑤ 章宗即位后，明昌年间"自西南、西北路，沿临潢达泰州，开筑壕堑以备大兵，役者三万人，连年未就"。⑥ 其后，在金军大规模北征前后，金朝一直在整修边壕，如孛术鲁德裕"明昌末，修北边壕堑，立堡塞，以劳进官三阶，授大理正"。⑦ 承安三年（1198）金军二次深入草原北征之后，"时惩北边不宁，议筑壕垒以备守戍……乃命宗浩行省事，以督其役。功毕，上赐诏褒赉甚厚"。⑧《金史·张炜传》将"大筑界墙"之事系于承安五年（1200），张炜任"行户工部牒主役事"。⑨ 拉施特在《史集》中记述金界壕时曰："乞台居民与这些［突厥蒙古］民族、与他们所在的地区，［总之］与他们的游牧地段毗邻而居，所以在乞台境内进行游牧的若干部落，经常杀死属于这些部落的某些部落的许多［人］，而他们［反过来］也去掠夺和破坏乞台地区。乞台君主由于时刻担心着这些蒙古游牧民，便在乞台国与这些部落之间筑起一道像亚历山大城墙那样的城墙（蒙古人称之为兀惕古黑，突厥语则作不忽儿合），表现了制驭他们的远大眼光与才干。这道城墙的一端起自哈剌沐

---

① 《金史》卷71《婆卢火传》，第1638—1639页。
② 程妮娜：《金代政治制度研究》，吉林大学出版社1999年版，第162—163页。
③ 《金史》卷88《纥石烈良弼传》，第1952页。
④ 《金史》卷86《李石传》，第1915页。
⑤ 《金史》卷24《地理志上》，第563—564页。
⑥ 《金史》卷95《张万公传》，第2103—2104页。
⑦ 《金史》卷101《孛术鲁德裕传》，第2237页。
⑧ 《金史》卷93《宗浩传》，第2074页。
⑨ 《金史》卷100《张炜传》，第2215页。

涟河，哈剌沐涟河是一条极大的不可渡过的河；另一端直到女真地区边界的海边。"① 乞台，指金朝。

这道城墙近代以来经过多次考古调查，已经搞清楚其走向和基本结构，除了第一部分提到的"岭北长城"以外，在南部还发现线路多道、情况复杂的金界壕，被称为"岭南长城"。"岭南长城"主要有三道，最北一道由莫力达瓦旗后七家子起，进入蒙古国，止于贝尔湖（捕鱼儿海子）西南方，长约 1500 里。中间一道东起嫩江西岸的前七家子，东经今扎赉特旗额尔吐之北，向西南经东乌珠穆沁旗，进入蒙古国，复入我国阿巴嘎旗，止于今内蒙古武川县上庙沟。最南一道同样起于嫩江西岸的前七家子村，又分为外线和内线，外线皆在今内蒙古自治区境；内线除在内蒙古段外还有部分在今河北省围场县、丰宁县境。章宗泰和二年（1202）李愈云："北部侵我旧疆千有余里。"② 这也是金界壕一再南移的原因。冯永谦认为岭北长城为金初修筑，岭南长城的北线是金太宗时期修筑的，中线推测是海陵朝修筑的，南线是世宗朝至章宗明昌、承安年间修筑。③ 从金初到金末，女真统治者始终以界壕作为直辖区与草原部落朝贡区的分界线。

金太宗天会三年（1125），金朝开始建立与北方草原游牧民的朝贡关系以来，以设在边地的三路招讨司管理游牧民的朝贡、互市活动。东北路招讨司的前身是乌古迪烈统军司，海陵天德二年（1150）改为东北路招讨司，④ 治泰州（今吉林白城洮北区）。⑤ 西北路招讨司治桓州（内蒙古正蓝旗），西南路招讨司治丰州（内蒙古呼和浩特东）。⑥《建炎以来朝野杂记》记载："（鞑靼）方金人盛时，岁时入贡，金人置东北招讨使以统隶之"；"盖金国盛时，置东北招讨司以捍御蒙兀、高丽，

---

① ［波斯］拉施特：《史集》第 1 卷第 2 分册，余大钧、周建奇译，第 3—4 页。文中括号中的内容是译者所加。

② 《金史》卷 96《李愈传》，第 2130 页。

③ 冯永谦：《金长城的考古发现与研究》，《中国长城博物馆》2006 年第 4 期。但是，史籍中未见有关海陵朝修筑界壕的记载。

④ 《金史》卷 44《兵志》，第 1003 页。

⑤ 宋德辉：《城四家子古城为辽代长春州金代新泰州》，《北方文物》2009 年第 4 期。

⑥ 参见中国历史地图集编辑组：《中国历史地图集》第 6 册，中华地图学社 1975 年版。以下未注明出处的今地，均参见该书。

西南招讨司以统隶鞑靼、西夏"。① 章宗承安三年（1198）结束了蒙古、阻鞑战争之后，为了加强对游牧民族朝贡成员反叛行为的打击，金廷增设了东北路招讨司的分司。《金史·宗浩传》记载："初，朝廷置东北路招讨司泰州，去境三百里，每敌入，比出兵追袭，敌已遁去。至是，宗浩奏徙之金山，以据要害，设副招讨二员，分置左右，由是敌不敢犯。"② 金山即大兴安岭，分司在今黑龙江省龙江县以西，靠近金界壕之地。泰和八年（1208）四月，"以北边无事，敕尚书省，命东北路招讨司还治泰州，就兼节度使，其副招讨仍置于边"。③

互市是金朝管理北方草原游牧民朝贡活动的一项重要内容，女真统治集团在北部边地始设互市的时间，应在太宗天会三年（1125）灭辽朝之后。《金史·食货志·榷场》载："国初于西北招讨司之燕子城、北羊城之间尝置之，以易北方牧畜。"④ 天会八年（宋高宗建炎四年，1130）十二月，"金左副元帅宗维命诸路州县，同以是日大索南人，及拘之于路，至癸酉罢，藉客户拘之入宫。至次年春尽，以铁索锁之云中，于耳上刺官字以志之，散养民间，既而立价卖之。余者驱之达靼、夏国以易马。亦有卖于蒙古、室韦、高丽之域者"。⑤ 左副元帅宗翰（宗维）以掠夺的中原人口与蒙古、阻鞑易马。世宗大定二年（1162）"六月戊辰，命御史大夫白彦敬西北路市马"，⑥ "得六千余匹"，⑦ 以补充军队用马。马匹是金朝与草原朝贡成员互市时主要换取的牲畜。蒙古、阻鞑等部在互市上换取的主要是粮食、绵绢、铁器等物品。

金朝与北方游牧民互市的榷场有三处，一是在东北路招讨司辖区，临潢府庆州朔平（今内蒙古赤峰巴林左旗西北），"有榷场务"。⑧ 二是在西南路招讨司辖区，西京路净州天山县（今内蒙古乌兰察布市四王子旗西北），"旧为榷场"。三是在西北路招讨司辖区，前后有变动，初

① （宋）李心传：《建炎以来朝野杂记》乙集卷19《边防二·鞑靼款塞》，中华书局2006年版，第849页。

② 《金史》卷93《宗浩传》，第2074页。

③ 《金史》卷12《章宗纪四》，第283页。

④ 《金史》卷50《食货志五》，第1113页。

⑤ （宋）李心传：《建炎以来系年要录》卷40，建炎四年十二月，第744页。

⑥ 《金史》卷6《世宗纪上》，第127页。

⑦ 《金史》卷84《白敬彦传》，第1891页。

⑧ 《金史》卷24《地理志上》，第562页。

设在抚州柔远县（今内蒙古乌兰察布市兴和县）北羊城，"国言曰火俺权场"。① 柔远县有虾蟆山，章宗明昌元年（1190）七月"丁丑，诏罢西北路虾蟆山市场"。② 一县之地似不应设二市场，或火俺权场即虾蟆山市场。后来又改设在德兴府昌州宝山县（今内蒙古锡林郭勒盟太仆寺旗），"有狗泺，国言曰押恩尼要"。③ 章宗承安三年（1198），"九月，行枢密院奏，斜出等告开权场，拟于辖里尼要安置，许自今年十一月贸易。寻定制，随路权场若以见钱入外界、与外人交易者，徒五年，三斤以上死"。④ 即章宗明昌元年以前为设在抚州燕子城、北羊城之间的"火俺权场"，或曰"虾蟆山市场"；承安三年以后为设在"辖里尼要"的权场。各招讨使有管理互市的职掌，如《建炎以来系年要录》记载，绍兴九年（金熙宗天眷二年1139）冬，"金主亶以其叔呼喇美为招讨使，提点夏国、塔坦（鞑靼、阻鞑）两国市场"。⑤ 从地理方位看，当是净州权场。对于朝贡、互市的草原游牧民，金朝"岁遗牛羊米豆绵绢之属"。⑥ 在互市贸易时，金廷可能还行一定的赏赐。

金朝不允许北方草原游牧民入塞诣阙朝贡，朝贡活动通常在边地界壕处进行。设在界壕处的各个贡场，是金朝官员管理北方游牧部落朝贡活动的重要场所。遇有北方游牧部落较大规模的归附行动，金廷派朝中重臣到界壕贡场主持接受各部朝贡活动，如《乌古论元忠墓志铭》记载："（大定）十五年，达鞑款□□献，诏公往领之。"⑦ 大定末年，平章政事完颜襄奉诏，"受北部进贡。使还，世宗问边事，具图以进，因上羁縻属部、镇服大石之策，诏悉行之"。⑧《蒙鞑备录》云，蒙古、阻鞑"每朝贡，则于塞外受其礼币而遣之，亦不令入境。"章宗时，李愈上表言："诸部所贡之马，止可委招讨司受于界上，量给回赐，务省费

① 《金史》卷24《地理志上》，第566页。
② 《金史》卷9《章宗纪一》，第215页。
③ 《金史》卷24《地理志上》，第567页。
④ 《金史》卷50《食货志五》，第1115页。"九月""辖里尼要"，《金史》卷11《章宗纪三》作"十月""辖里袅"（第248页）。
⑤ （宋）李心传：《建炎以来系年要录》卷133，绍兴九年十二月，第2143页。
⑥ （宋）李心传：《建炎以来系年要录》卷156，绍兴十七年三月，第2529页。
⑦ 《乌古论元忠墓志铭》，王新英编：《金代石刻辑校》，吉林人民出版社2009年版，第206页。
⑧ 《金史》卷94《襄传》，第2087页。

以广边储。"①《建炎以来朝野杂记》记载："今忒没贞（铁木真）乃黑鞑靼也，与白鞑靼皆臣属于金。每岁其王自至金界场市，亲行进奉，金人亦量行答赐，不使入其境也"。② 在朝贡关系正常运转的状况下，北方游牧部落每岁至界壕边贡场朝贡。章宗末年，蒙古部的铁木真曾诣关朝贡，《元史·太祖纪》记载："初，帝贡岁币于金，金主使卫王允济受贡于静州。帝见允济不为礼。允济归，欲请兵攻之。会金主璟殂。"③ 静州在今宁夏银川市以南。从蒙古部酋长贡"岁币"看，按金朝规定，蒙古草原朝贡成员应每年向金朝纳岁币，而且直到章宗末年北方草原游牧部羁縻统辖关系仍然存在。

上面述及太宗天会三年（1125）册封蒙古部谋葛失，并"授印绶"；熙宗皇统六年（1145），欲"命册其酋鄂伦贝勒为蒙古国王"；章宗明昌六年（1195），授予蒙古部铁木真"札兀忽里"名号，册封脱斡邻"王"的名号。这表明金朝对归附的游牧部落大小酋长实行册封。管理朝贡的官员代表朝廷对于前来朝贡的诸部酋长、使者给予回赐，适时举宴赐，以表示朝廷对前来朝贡的游牧部落首领的恩遇。海陵正隆年间，以礼部郎中移剌子敬"宴赐诸部，谕之曰：'凡受进，例遣宰臣，以汝前能称职，故特命汝。'使还，迁翰林待制"。④ 据《金史·地理志》记载，在抚州榷场附近有燕子城。⑤ 贾敬颜认为"燕子城"殆"燕赐城"之讹误，即金人诗句中提到的"燕赐城"，⑥ 如赵秉文《抚州二首》诗云："燕赐城边春草生"。⑦ 李纯甫《赠高仲常》诗云："荒寒燕赐城"。⑧ 如此推测不误，金朝主要在这里宴赐前来朝贡的蒙古、阻鞑酋长。世宗大定"二十五年，左丞相守道赐宴北部"。⑨ 章宗明昌二年

---

① 《金史》卷96《李愈传》，第2129页。

② （宋）李心传：《建炎以来朝野杂记》乙集卷19《边防二·鞑靼款塞》，第849页。

③ 《元史》卷1《太祖纪》，中华书局1976年版，第15页。

④ 《金史》卷89《移剌子敬传》，第1988页。

⑤ 《金史》卷24《地理志上》，第566页。

⑥ 贾敬颜：《从金朝的北征、界壕、榷场和宴赐看蒙古的兴起》，南京大学历史系元史研究室编：《元史及北方民族史研究集刊》第9期，1985年，第12—23页。

⑦ （金）赵秉文：《闲闲老人滏水文集》卷8，《四部丛刊》初编本，商务印书馆1937年版，第121页。

⑧ （金）元好问：《中州集》卷4，《钦定四库全书荟要》，吉林出版集团有限责任公司2005年影印本，第147页。

⑨ 《金史》卷92《徒单克宁传》，第2048页。

（1191）曹王"奉命宴赐北部"，这年章宗"命五年一宴赐，人以为便"。① 此后见于记载有"监察御史蒲剌都劾奏守贞前宴赐北部有取受事"；② 承安四年（1199），宗浩"宴赐东北部"等。③ 可见，至少自海陵朝以来，宴赐受册封的游牧部落酋长，逐渐成为金朝北方游牧民羁縻统辖的重要内容之一。

东北、西北、西南三路招讨使是管理北方游牧部落朝贡事务的主要官员，夏宇旭统计见于记载的金代招讨使共33人（41人次），其中女真27人（34人次），契丹5人（6人次），奚1人，④ 主要由女真人掌握塞外游牧部落朝贡活动的管理权。金朝沿界壕以南地区是契丹等游牧部落的世居地，女真统治者仍以辽朝原有的部族与乣制度，统辖契丹等族游牧民从事畜牧经济生产。⑤ 为了加强对这一地区的统治，太宗年间开始向这里迁徙女真猛安谋克。如完颜安国祖父祖斜婆，大约是天会年间"授西南路世袭合札谋克"，安国常年在西北边地生活，熟悉北部游牧民的风土民情，先后任东北路副招讨使、西北路副招讨使、招讨使。"诸部入贡，安国能一一呼其祖先弟侄名字以戒谕之，诸部皆震悚，甚为邻国所畏服"。⑥ 每当新任招讨使到官，塞外游牧部落朝贡成员要送贺礼，如世宗时，移剌道"改西北路招讨使，赐金带。故事，招讨使到官，诸部皆献驼马，多至数百，道皆却之，数月皆复贡职"。⑦ 章宗朝，完颜宗道除西北路招讨使，"诸部贺马八百余匹，宗道辞不受，诸部悦服，边鄙顺治"。⑧ 如此厚重的贺礼，对游牧部落来说是不小的负担。

金朝对于塞外朝贡成员具有保护的义务。世宗时，同知西京留守事曹望之上书论便宜事，其中曰："边部有讼，招讨司无得辄遣白身人征断，宜于省部有出身女直、契丹人及县令、丞、簿中择廉能者，因其风俗，略定科条，务为简易。征断羊马入官籍数，如边部遇饥馑，即以此

---

① 《金史》卷96《李愈传》，第2129页。
② 《金史》卷73《守贞传》，第1688页。
③ 《金史》卷93《宗浩传》，第2074页。
④ 夏宇旭：《金代契丹人研究》，中国社会科学出版社2014年版，第73页。
⑤ 程妮娜：《古代中国东北民族地区建置史》，中华书局2011年版，第304—317页。
⑥ 《金史》卷94《完颜安国传》，第2095页。
⑦ 《金史》卷88《移剌道传》，第1968页。
⑧ 《金史》卷73《宗道传》，第1678页。

赈给之。"① 这里所言二事，当是招讨司与北部边地官员的职掌，一是边部遇饥馑赈给之。《金史·宗宁传》载，大定时，宗宁"镇临潢，邻国有警，宗宁闻知乏粮，即出仓粟，令以牛易之，敌知得粟，即遁去"。② 二是审理边部诉讼。大约金朝前期，曹望之所言"遣白身人征断"边部诉讼的现象较为常见，"诸部有狱讼，招讨司例遣胥吏按问，往往为奸利"。为改变这种状况，由西北路招讨使入朝晋升参知政事的移剌道"请专设一官，上（世宗）嘉纳之，招讨司设勘事官自此始"。③

金朝前中期，金蒙交往事务主要在界壕贡场商议，如前引宋人楼钥记载，大定九年（1169）金朝太子自去边头与蒙古议和，所谓"边头"即是界壕。金朝遣使到塞外游牧部落的事迹不多，大定中，右三部司正斡勒忠"练达边事，尝奉命使北，归致马四千余匹，诏褒谕之"。④ 章宗明昌元年（1190），"会大石部长有乞修岁贡者，朝廷许其请，诏（完颜）安国往使之。至则率众远迓至帐，望阙罗拜，执礼无惰容。时北阻䪁迫近塞垣，邻部欲立功以夸雄上国，议邀安国俱行讨之。安国以未奉诏为辞。强之，不可。或以危言怵之，安国曰：'大丈夫岂以生死易节。暴骨边庭，不犹愈于病死牖下。'众壮其言，馈赆如礼"。贾敬颜认为"邻国"可能即是成吉思汗蒙古部。⑤ 完颜安国出使时官为仪鸾局使，"既还，以奉使称旨，升武卫军都指挥使"。⑥ 金朝前一次遣使的目的不详，后一次遣使是为了接受新的朝贡部落。按照当时双方的交往礼节，蒙古部要给予金使一定数量的馈赆（或以马匹为主）。

此外，金朝对游牧部落的朝贡成员有征调军队的权力，同时朝贡成员对金朝有出兵助战的义务。如明昌五年（1194）九月，章宗欲对反叛的游牧部落进行大规模讨伐，"命诸路并北阻䪁以六年夏会兵临潢"。⑦ 承安中，蒙古复叛，宗浩率军征服广吉剌部后，"遂征其兵万四

---

① 《金史》卷 92《曹望之传》，第 2038 页。
② 《金史》卷 73《宗宁传》，第 1677 页。
③ 《金史》卷 88《移剌道传》，第 1968 页。
④ 《金史》卷 97《斡勒忠传》，第 2144 页。
⑤ 贾敬颜：《从金朝的北征、界壕、榷场和宴赐看蒙古的兴起》，南京大学历史系元史研究室编：《元史及北方民族史研究集刊》第 9 期，1985 年，第 12—23 页。
⑥ 《金史》卷 94《完颜安国传》，第 2094 页。
⑦ 《金史》卷 10《章宗纪二》，第 233 页。

千骑，驰报以待"。① 金朝战前征调北阻鞨军队，战争过程中征用归降的广吉剌部1.4万骑兵。而且明昌六年，完颜襄率军攻打塔塔儿部时，蒙古铁木真部、脱斡邻部出兵助战。这些都体现了金朝与北方游牧民朝贡成员之间的羁縻统辖关系。

金朝后期，蒙古草原游牧民日益兴起，铁木真蒙古部迅速壮大，13世纪初开始了大规模的兼并草原游牧部族的战争。一直效忠金朝并为金守边的汪古部也出现了反叛行为。《史集》记载："乞台君主把汪古惕部视为自己的军队和真诚效忠的奴隶，［因此］将兀惕古黑城墙的大门托付给他们，这个部落便经常守卫着它。在成吉思汗时代，［有一个］名叫阿剌忽失的斤的［汪古惕］部长，与成吉思汗连通，将城墙的关口出卖给了他。"② 这样，成吉思汗出入金界壕已无障碍。金卫绍王大安三年（1211）蒙古叛金，成吉思汗率军南下，从此结束了草原游牧民族对金朝的朝贡活动。

综上所述，金朝自太宗天会三年（1125）开始，女真统治集团奉行"恩威并行"的政策，采取"剿抚结合"的手段经营对游牧民的羁縻统辖关系。尽管朝贡双方的贡品与赐物的品种、数量不见记载，但从朝贡者向招讨官员馈送数百驼马、战时金朝征调大量部落兵、金大军深入草原镇压反叛者、俘获大量人口、驼马牛羊不可胜计等方面看，金朝对草原游牧部落的羁縻统辖具有强力色彩。值得注意的是，金人通常在界壕贡场对前来朝贡的游牧部酋长、使者进行回赐、互市，轻易不允许其诣阙朝贡，这在历代王朝经营东北民族朝贡活动中是很少见的。究其原因，可能由于金朝处于与南宋划淮而治的政治形势下，没有更多的国力和军队去经营实行朝贡羁縻统辖的边缘地带，又对草原游牧民具有较强的防备心理，故实行以防为主的管理办法，从而使金朝与北方游牧部落关系具有较为疏松的羁縻统治特点。

（原载《吉林大学社会科学学报》2016年第1期）

---

① 《金史》卷93《宗浩传》，第2073页。
② ［波斯］拉施特：《史集》第1卷第2分册，余大钧、周建奇译，第4页。文中括号中的内容是译者所加。

从自称"中国"到纳入"正统"

——中国正史中的《金史》

女真人建立的金朝，立国近一百二十年，与南宋划淮而治九十余年，号称"中国"，自视"正统"。蒙古灭金后，"国亡史作"，从金朝遗民以治史为己任，到元朝官修《金史》完成，历时百余年，成为中国正史的组成部分。自元末杨维桢《正统辨》以来，认为包括《金史》在内的三史（辽、宋）纂修迁延数十年的主要原因是"正统"之议未决，这几成定论。然而，梳理史籍相关记载发现，此说有夸大之嫌，不可不辨。又，《金史》在辽、宋、金三史之中有"独为最善"之誉。《金史》的优长与疏误，不仅与元朝史官编纂有关，与《金史》的史源有关，还与刊刻有关，现行《金史》更与历代版本变迁和校勘息息相关。

一　金朝修史与著述

金朝修史始于女真人记录先祖的历史。女真原无文字，金朝建立四年后的太祖天辅三年（1119），完颜希尹、叶鲁承旨创制的女真字颁行。[①] 这年，完颜宗翰往问女真老人，多得祖宗遗事、部族世次、旧俗法度，开始用女真字记录本族口耳相传的祖宗事迹。[②] 太宗天会六年（1128）诏："求访祖宗遗事，以备国史。"命完颜勖与耶律迪越掌修史之事。[③] 熙宗天会十五年（1137）十二月，"命韩昉、耶律绍文等编修

---

① 《金史》卷2《太祖纪》，中华书局1975年版，第33页。
② 《金史》卷73《阿离合懑传》，第1672页；卷66《勖传》，第1558页。
③ 《金史》卷66《勖传》，第1558页。

国史"。① 天眷二年（1139）始设国史院，② 掌监修国史事，史官有女真人、汉人、契丹人。皇统六年（1146），设著作局，掌编修日历，以学士院兼领之。海陵天德年间，设立记注院掌记女真皇帝的言、动；设修起居注，多由他官兼之。③ 金朝修史机构仿照中原王朝制度而设立，史官集团由多民族构成，这对金朝修史体例与风格有重要影响。

金熙宗、海陵改革后，号称"中国"，自视"正统"，④ 承中国王朝传统纂修实录。金朝共修成十部实录，首部为《祖宗实录》，熙宗皇统元年（1141）修成，⑤ 完颜勖等采摭遗言旧事，"自始祖以下十帝，综为三卷。凡部族，既曰某部，复曰某水之某，又曰某乡某村，以别识之。凡与契丹往来及征伐诸部，其间诈谋诡计，一无所隐。事有详有略，咸得其实"。⑥ 其后，金朝九代帝王修成七部实录：《太祖实录》二十卷，皇统八年（1146）进；《太宗实录》卷帙失载，世宗大定七年（1167）进；《熙宗实录》卷帙失载，大定二十年（1180）进；《海陵庶人实录》卷帙失载，修成时间不明；《世宗实录》卷帙失载，明昌四年（1193）进；《章宗实录》一百卷，宣宗兴定四年（1220）进；《宣宗实录》卷帙失载，哀宗正大五年（1128）进。末代哀宗国亡，无修实录。只有第七代皇帝卫绍王的实录虽宣宗命人纂修，但未修成。另外，还有两部实录是为追尊帝号的帝王之父修撰的：《睿宗实录》十卷，其为世宗之父宗辅，大定十一年（1171）进；⑦《显宗实录》十八卷，其为章宗之父允恭，泰和三年（1203）进。⑧ 从赵秉文《进呈〈章

---

① 《金史》卷4《熙宗纪》，第72页。

② 《金史》卷76《宗干传》载，天眷二年，宗干任监修国史（第1743页）；卷73《完颜希尹传》载，天眷三年，同修国史的完颜把荅被杀，其任职时间可能在天眷二年（第1686页）。

③ 《金史》卷71《宗叙传》载，天德三年，"迁翰林待制，兼修起居注"（第1643页）。

④ 赵永春：《试论金人的"中国观"》，《中国边疆史地研究》2009年第4期；赵永春：《金人自称"正统"的理论诉求及其影响》，《学习与探索》2014年第1期。

⑤ 《金史》卷4《熙宗纪》，第78页。

⑥ 《金史》卷66《勖传》，第1558页。

⑦ （元）苏天爵：《滋溪文稿》卷25《三史质疑》"睿宗"下小注，文渊阁《四库全书》，台北商务印书馆1986年影印本，第1214册，第296页。

⑧ 《金史》卷11《章宗纪三》载，泰和三年十月，"尚书左丞完颜匡等进《世宗实录》"（第261页）。（清）钱大昕《补元史艺文志》卷2（《丛书集成初编》本，上海：商务印书馆1935年版，第17页）、（清）施国祁《金史详校》卷2（光绪二十年广雅书局刻本，第12页a），皆认为完颜匡所进为《显宗实录》。（元）苏天爵：《滋溪文稿》卷25《三史质疑》"显宗"下小注，文渊阁《四库全书》，第1214册，第296页。

宗皇帝实录〉表》目录看，实录不仅记录了章宗的事迹，还记载了章宗朝"良将之远筹，贤相之婉画，所表忠臣节妇，所举异行茂才，本兵舆赋之繁，生齿版图之数，所宜具载，以示方来"。① 这当是金朝实录的基本体例。十部实录是元修《金史》最重要的史源，实录的特点也直接关系到《金史》本纪的体例。

有金一代出版和流传许多官修、私撰的书籍，鉴于《金史》无《艺文志》，清黄虞稷、杭世骏、龚显曾、郑文焯、倪灿、金门诏、钱大昕等人分别补纂了《金史·艺文志》，按照经、史、子、集进行整理，仅钱大昕收集的数量就达两百多种。其中，完颜勖《女直郡望姓氏谱》、杨廷秀《四朝圣训》、史公奕《大定遗训》、杨云翼校《大金礼仪》、张暐《大金集礼》《续集礼》、赵知微《重修大明历》、赵秉文《闲闲老人滏水文集》、李纯甫《故人外传》、杨奂《天兴近鉴》，以及《元勋传》《泰和律义》《士民须知》《金纂修杂录》《金初州郡志》《正隆郡志》等，皆为元修《金史》的重要史源。

金朝灭亡后，遗民中的一些士大夫"以金源氏有天下，典章法度几及汉、唐，国亡史作，已所当任"。② 元好问（1190—1257），字裕之，曾任国史院编修官，以著作自任，认为金朝"百年以来，明君贤相可传后世之事甚多"，"今史册散逸，既无以传信；名卿巨公立功立事之迹，不随世磨灭者，紧金石是赖"，又"借诗以存史，故旁见侧出，不主一格"，③ 著有《壬辰杂编》《遗山文集》《中州集》《南冠录》《金源君臣言行录》《续夷坚志》等。刘祁（1203—1259），字京叔，其以昔所与交游，皆一代伟人，"所闻所见可以劝戒规鉴者，不可使湮没无传"，"异时作史，亦或有取焉"，④ 著有《归潜志》。王鹗（1190—1273），字百一，金哀宗天兴二年（1233）六月为避蒙古兵锋逃至蔡州，王鹗时在蔡州，三年（1234）正月蔡州城破，金亡。王鹗"以亲所见闻，撰成《汝南遗事》四卷，计一百七事……庶几它日为史官采

① （金）赵秉文：《闲闲老人滏水文集》卷10《进呈〈章宗皇帝实录〉表》，中华书局1985年版，第143页。

② 《金史》卷126《元好问传》，第2742页。

③ （金）元好问：《元好问全集下》卷37《南冠录引》，山西人民出版社1990年版，第48—49页；（金）元好问：《元好问全集上》卷18《嘉议大夫陕西东路转运使刚敏王公神道碑铭》，第502页。《四库全书总目》卷188《〈中州集〉提要》，中华书局1965年版，第1706页。

④ （金）刘祁：《归潜志》序，中华书局1983年版，第1页。

择"。《四库全书总目》称《汝南遗事》"随日编载,有纲有目",记录了哀宗在蔡州时君臣言行、军政大事等。元朝史官编纂《金史》时,对元好问、刘祁、王鹗的著作"多本其所著云",尤其是"金末丧乱之事犹有足征者焉",《金史》哀宗本纪等"皆全采用之"。①

二 "正统之辨"与蒙元纂修《金史》

蒙元编纂《金史》,始于世祖中统二年(1261),直到元顺帝至正四年(1344)《金史》修成,历时八十余年。

早在忽必烈在藩邸时,府内汉人刘秉忠就提出修史建议:"国灭史存,古之常道,宜撰修《金史》,令一代君臣事业不坠于后世,甚有励也。"② 忽必烈即位后,中统二年(1261)七月,设立翰林国史院,翰林学士承旨王鹗奏言:"金实录尚存,善政颇多;辽史散逸,尤为未备。宁可亡人之国,不可亡人之史。"③ 请修辽、金二史,广泛采访金朝遗事。至元元年(1263),参知政事商挺"建议史事,附修辽、金二史,宜令王鹗、李冶、徐世隆、高鸣、胡祇遹、周砥等为之"。④ 这期间,王鹗"举李冶及李昶、王磐、徐世隆、徒单公履、郝经、高鸣为学士,杨恕、孟攀麟为待制,王恽、雷膺为修撰,周砥、胡祇遹、孟祺、阎复、刘元为应奉。凡前金遗老,及当时鸿儒,搜抉殆尽"。⑤《金史》的编纂由王鹗实际负责,《玉堂嘉话》卷八保存了这部《金史》的目录:帝纪九,太祖、太宗、熙宗、海陵庶人、世宗、章宗、卫绍王(实录阙)、宣宗、哀宗(实录阙)。志书七,天文(五行附)、地

① 《金史》卷126《元好问传》,第2743页;卷115《完颜奴申传》,第2526页;《四库全书总目》卷51《〈汝南遗事〉提要》,第465页。现代学者对此有较为具体的研究,如陈学霖:《〈壬辰杂编〉与〈金史〉史源》,《台湾大学历史学系学报》第15期,1990年;《刘祁〈归潜志〉与〈金史〉》,《大陆杂志》1963年第8期。张博泉等:《金史论稿》第1卷,吉林文史出版社1986年版,第6—9页。

② 《元史》卷157《刘秉忠传》,中华书局1976年版,第3691页。

③ (元)苏天爵:《元朝名臣事略》卷12《内翰王文康公》,中华书局1996年版,第239页。

④ 《元史》卷159《商挺传》,第3740页。

⑤ (元)苏天爵:《元朝名臣事略》卷12《内翰王文康公》,注小字,言行录云条,第239页。

理（边境附）、礼乐（郊祀附）、刑法、食货（交钞附）、百官（选举附）、兵卫（世袭附）。列传（旧《实录》三品已上入传，今拟人物英伟勋业可称，不限品从），忠义、隐逸（高士附）、儒行、文艺、列女、方技、逆臣（忽沙虎）。① 为补卫绍王事迹，王鹗于中统三年（1262）就开始在金朝遗老中搜集资料，采摭卫绍王时诏令，从故金部令史窦祥得旧事二十余条，司天提点张正之写灾异十六条，张承旨家手本载旧事五条，金礼部尚书杨云翼日录四十条，陈老日录三十条，《章宗实录》详其前事，《宣宗实录》详其后事，使卫绍王朝事迹得其梗概。②

从刘秉忠、王鹗等人建议忽必烈纂修辽金二史，忽必烈以翰林国史院掌修辽金二史来看，无论是刘秉忠、王鹗等金朝遗民还是蒙古皇帝忽必烈，都是以金朝作为正统王朝，即使从王鹗所作的《金史》目录看，其纂修义例也是一部传统的纪传体正史。它出自金朝遗民之手，符合金末蒙元初统治者和北方文人的正统观。王鹗为金哀宗正大元年（1224）进士第一甲第一名，授应奉翰林文字，其时被誉为"金士巨擘"的赵秉文任翰林学士、同修国史，元好问亦在国史院，三人相识，史观相同。赵秉文秉持的华夷史观概括而言有二：一是"春秋诸侯用夷礼则夷之，夷而进于中国则中国之"；二是"有公天下之心，宜称曰汉。汉者，公天下之言也，自余则否"。③ 元好问视金朝为中州、中国，作《中州集》，收入女真、汉、契丹、渤海等各族文人诗作。由宋入元的家铉翁《题中州诗集后》在阐释元好问的华夷观时曰："壤地有南北，而人物无南北，道统文脉无南北，虽在万里外，皆中州也。"④ 王鹗推荐修史的郝经亦主张，"能行中国之道，则中国之主也"。⑤ 足见金后期及金遗民中的史官与士人比较普遍地认为金朝是中国，是正统王朝。关于金朝在历代王朝更替体系中的位置，有人主张如章宗在关于金朝德运之争的最后敕旨所言："皇朝灭宋，俘其二主，火行已绝，我乘其后；

---

① （元）王恽：《玉堂嘉话》卷8，中华书局2006年版，第180—181页。

② 《金史》卷13《卫绍王纪》，第298页。

③ （金）赵秉文：《闲闲老人滏水文集》卷14《蜀汉正名论》，第196页。

④ （元）苏天爵编：《元文类》卷38《题中州诗集后》，商务印书馆1958年版，第509页。

⑤ （元）郝经：《陵川集》卷37《与宋国两淮制置使书》，文渊阁《四库全书》，台北商务印书馆1986年影印本，第1192册，第432页。

赵构假息江表,与晋司马睿何异?"① 即金朝承北宋为正统。也有人主张如金亡之年燕人修端在《辩辽宋金正统》所言,以辽金为北朝,以宋太祖受周禅至靖康为宋史,建炎以后为南宋史。② 这种正统观由金朝遗民带入蒙元,成为元代最有影响的正统观之一,在元朝历次修史工作发挥了重要作用。元世祖至元五年(1268),王鹗致仕,王鹗等人纂修的《金史》虽基本成型,③ 但未能最后完成。

元世祖至元十三年(1276),元灭南宋后,世祖虽纳言命史官修辽、宋、金史,然"混一天下之初,朝廷之制度未定,草野之创夷未瘳","时未遑也"。仁宗、英宗朝多次议修三史,文宗"天历、至顺之间,屡诏史馆趣为之"。然"三朝之史,累有明诏,虽设史官而未遑成书"。自成宗"大德末年以来,国家多故,于兹事有倡之而无和者",纂修辽宋金三史仅是国史院的附属工作,迟迟未能设局真正全面展开纂修三史的工作。④ 从史籍记载看,元代朝廷历次议修前朝史均为辽、金、宋三史并列,未曾出现纂修宋史附辽、金二史的说法。但是,元朝中后期,在史官与士人中开始出现正统论与修史义例之争。日本学者古松崇志认为,在元朝普及朱子学教育之后,延祐年间朝官、史官中才开始出现正统之议。⑤ 所言甚是。文宗时,已离开国史院的虞集,"间与同列议,三史之不得成,盖互以分合论正统,莫克有定"。对于如何确定三史义例,虞集认为,"今当三家各为书,各尽其言而核实之,使其

---

① (金)佚名:《大金德运图说·议》,文渊阁《四库全书》,台北商务印书馆 1986 年影印本,第 648 册,第 315 页。

② (元)苏天爵编:《元文类》卷 45《辩辽宋金正统》,第 650—653 页。李治安:《修端〈辩辽宋金正统〉的撰写年代及正统观考述》(南京大学元史研究室编:《内陆亚洲历史文化研究——韩儒林先生纪念文集》,南京大学出版社 1996 年版,第 243—250 页),认为这篇文章撰写于金朝灭亡八个月后,即蒙古窝阔台六年(1234)。

③ 金毓黻:《中国史学史》,河北教育出版社 2000 年版,第 158 页;王继光:《有关〈金史〉成书的几个问题》,《社会科学》1981 年第 2 期。

④ (元)危素:《危太朴文续集》卷 8《上贺相公论史书》,新文丰出版公司 1985 年影印本,第 584 页。(元)虞集:《道园学古录》卷 32《送墨庄刘叔熙远游序》,文渊阁《四库全书》,台北商务印书馆 1986 年影印本,第 1207 册,第 462 页。(元)苏天爵:《滋溪文稿》卷 9《元故翰林侍讲学士知制诰同修国史赠江浙行中书省参知政事袁文清公墓志铭》载,英宗至治年间,郓王重袁桷学识,"欲撰述辽宋金史责成于公","未几,国有大故,事不果行"(文渊阁《四库全书》,第 1214 册,第 107 页)。

⑤ [日]古松崇志:《脩端〈辯遼宋金正統〉をめぐって——元代における〈遼史〉〈金史〉〈宋史〉三史編纂の過程》,《東方学報》第 75 册,2003 年,第 123—200 页。

事不废可也，乃若议论则以俟来者。诸公颇以为然"。① 虞集是南宋丞相虞允文五世孙，曾任翰林待制兼国史院编修，对自元初以来国史院纂修三史的义例与修史的状况比较了解，他没有主张更改以往的修史义例，独尊宋为正统，而是主张辽、宋、金各修其史。从得到众人的赞同，后为脱脱采用看，这应符合元朝主流的正统观。

元顺帝时再次议修三史，至正三年（1343）三月，顺帝"诏修辽、金、宋三史，以中书右丞相脱脱为都总裁官"②，"分史置局，纂修成书"③，"敕宰臣选官分撰辽、宋、金史"④。《金史》总裁官为御史大夫帖睦尔达世、中书平章政事贺惟一、翰林学士承旨张起岩、翰林学士欧阳玄、翰林侍讲学士揭傒斯、治书侍御史李好文、礼部尚书王沂、崇文太监杨宗瑞等人，以江西湖东道肃政廉访使沙剌班、江西湖东道肃政廉访副使王理、翰林待制伯颜、国子博士费著、秘书监著作郎赵时敏、太常博士商企翁为史官，⑤ 全面展开《金史》的纂修工作。然而，文宗以来关于修三史体例的议论，在顺帝朝开局修史时，史官们的争论越来越激烈，"主宋者曰宋正统也，主金者曰金正统也"，"或谓本朝不承金，则太祖、太宗非正统矣"。⑥ 周以立上书曰："辽与本朝不相涉，又其事首已具五代史，虽不论可也。所当论者宋与金而已，然本朝平金在先而事体轻，平宋在后而事体重。"⑦ 王理则推金蒙之际修端之言，作《三史正统论》，"欲以辽金为北史，宋自太祖至靖康为宋史，建炎以后为南宋史"。⑧ 此时虞集尚在世，他所主张的辽、宋、金"三家各为书"的看法也应是其中一派观点。由于众人议论不决，于是"脱脱独断曰：

---

① （元）虞集：《道园学古录》卷32《送墨庄刘叔熙远游序》，文渊阁《四库全书》，第1207册，第462页。

② 《元史》卷41《顺帝纪四》，第868页。

③ 《辽史》附录《修三史诏》，中华书局2016年版，第1712页。

④ （元）苏天爵：《滋溪文稿》卷25《三史质疑》，文渊阁《四库全书》，第1214册，第299页。

⑤ 《金史·目录上》"进金史表""修史官员"，元至正五年江浙等处行中书省刻本（北京图书馆出版社2005年影印本，第1—6页）。

⑥ （元）危素：《危太朴文续集》卷8《上贺相公论史书》，第584页。

⑦ （明）解缙：《元乡贡进士周君墓表》，（明）贺复徵编：《文章辨体汇选》卷688《墓表三》，文渊阁《四库全书》，台北商务印书馆1986年影印本，第1414册，第212页。

⑧ （明）周叙：《论修正宋史书》，（清）黄宗羲编：《明文海》卷174《书二十八·论史》，文渊阁《四库全书》，台北商务印书馆1986年影印本，第1454册，第798页。

'三国各与正统,各系其年号。'议者遂息"。①《金史》被纳入中国正史,标志着女真人建立的金朝被纳入中国正统王朝的体系。

这次"正统之争"是蒙元修辽、金、宋史以来,规模最大、最有影响的一次争论,但与金章宗朝历时十年君臣几次共议德运相比,脱脱以三史都总裁官之身份便可确定三史各为正统,显然此事并没有惊动蒙古皇帝。这一决定,也符合顺帝诏书中命"分史置局,纂修成书"的旨意。在元朝蒙古君臣看来,作为北族王朝的辽、金与宋同样具有正统地位,蒙元统一南北王朝,在大一统的基础上承正统地位。可以说,自元世祖开始修辽、金史,到灭南宋后分修辽、金、宋史以来,直到元顺帝最后修成辽、金、宋三史,元朝历代史官皆秉承辽、金、宋各为正统的观念,开展纂修前朝史的工作,虽后期异议渐多,修史义例却未尝有变,一些汉族儒臣以宋为正、辽金为闰的正统观并没有受到元朝统治者的重视。周以立的曾孙周叙说,虽然总裁官欧阳玄、揭傒斯深是之,但"不得不任其责,但在当时局于势,有不能耳"②。杨维桢在辽、金二史修成之后上表《正统辨》,开篇曰:"史有成书,而正统未有所归。"直言正统之议并未影响三史成书,故"谨撰三史正统辨",强烈主张元当承南宋之统,极力排斥辽、金。其中又曰,自世祖到"延祐、天历之间,屡勤诏旨,而三史卒无成书者,岂不以三史正统之议未决乎?"③这当是杨氏夸大正统之辨的重要性,将其推论为三史长期拖延未修成的主要原因。其后,杨维桢编《东维子集》不收此文,可能是因《正统辨》一文被"司选曹者,顾以流言"弃之。④ 清人论此事时认为,"盖已自悟其谬而削之"。⑤ 明代"华夷之辨"盛行,杨维桢的《正统辨》受到推崇,杨氏关于三史拖延不成书是由于正统之议未决的推论,受到明儒的齐声附和,如明人王圻曰:"元世祖立国史院,首命王鹗修辽、

---

① (明)权衡:《庚申外史》卷上,《丛书集成初编》本,商务印书馆 1936 年影印本,第 10 页。

② (明)周叙:《论修正宋史书》,(清)黄宗羲编:《明文海》卷 174《书二十八·论史》,文渊阁《四库全书》,第 1454 册,第 798 页。

③ (元)陶宗仪:《南村辍耕录》卷 3《正统辨》,中华书局 1959 年版,第 32、34 页。

④ (元)杨维桢:《东维子文集》卷 27《上宝相公书》,《四部丛刊》初编本,上海:商务印书馆 1936 年版,第 205 页。

⑤《钦定四库全书·辍耕录·提要》,文渊阁《四库全书》,台北商务印书馆 1986 年影印本,第 1040 册,第 411 页。

金二史；宋亡，又命史臣通修三史，延祐、天历之间屡诏修之，以义例未定，竟不能成。"① 明儒将杨维桢的推论进一步发展为定论，明清以来古今学者几乎众口一词，认为"正统之议未决"是辽、宋、金三史直到元末才修成的原因。这是一个误解。②

此次纂修《金史》，当以元世祖时王鹗所修《金史》初稿为底本，加上延祐、至治、天历年间又做了一定的修史工作，③ 故《金史》纂修有较好的基础。为广泛搜集撰史所需材料，顺帝"修三史诏"曰："三国实录、野史、传记、碑文、行实，多散在四方，交行省及各处正官提调，多方购求，许诸人呈献，量给价直，咨达省部，送付史馆，以备采择。"④ 这是在元朝境内官方一次最大规模、最广泛地搜集修史材料的行动，应获得一些前所未有的材料。苏天爵作《三史质疑》寄给新上任的总裁官欧阳玄，其中曰："今史馆有太祖、太宗、熙宗、海陵本纪"，但缺少《太宗实录》《熙宗实录》，"不知张侯收图籍时，太宗、熙宗之史何以独见遗也"。⑤ 然前举王恽《玉堂嘉话》所载王鹗《金史》目录仅注阙卫绍王、哀宗实录，说明王鹗修《金史》时尚有太宗、熙宗实录。史馆存有的太祖、太宗、熙宗、海陵本纪，或为王鹗据实录所撰写。清黄虞稷《千顷堂书目》金代部分有著录《太宗实录》，但不见《熙宗实录》，至少明代尚存《金太宗实录》。⑥ 苏天爵所言是他本人未见，还是史馆不存，尚待考。如此时缺少《熙宗实录》，对撰写熙宗

① （明）王圻：《续文献通考》卷161《经籍考二十一》，浙江古籍出版社1988年影印本，第4143页；冯家升：《辽史证误三种》，中华书局1959年版，第17—18页。

② ［日］古松崇志：《脩端〈辩辽宋金正统〉をめぐって——元代における〈辽史〉〈金史〉〈宋史〉三史编纂の过程》，《東方学報》第75册，2003年，第123—200页。该文认为，"正统之议未决"仅是三史长期拖延未修成的次要原因。

③ （元）袁桷：《清容居士集》卷46《黄华帖》记载，英宗至治三年（1323），史官袁桷为修《金史》而读《金实录》（文渊阁《四库全书》，台北商务印书馆1986年影印本，第1203册，第607页）。（元）苏天爵：《滋溪文稿》卷9《元故翰林侍讲学士知制诰同修国史赠江浙行中书省参知政事袁文清公墓志铭》亦载，袁桷对于修辽、金、宋史，"奋然自任，条具凡例，及所当用典册陈之，是皆本诸故家之所闻见，习于师友之所讨论，非牵合剽袭漫马以趋时好而已"（文渊阁《四库全书》，第1214册，第107页）。

④ 《辽史》附录《修三史诏》，第1712页。

⑤ （元）苏天爵：《滋溪文稿》卷25《三史质疑》，文渊阁《四库全书》，第1214册，第296页。

⑥ （清）黄虞稷：《千顷堂书目》卷4《国史类》，文渊阁《四库全书》，台北商务印书馆1986年影印本，第676册，第107页。

朝部分人物传记和制度会有一定影响。在撰写过程中，总裁官张起岩熟于金源典故，"尤多究心，史官有露才自是者，每立言未当，起岩据理窜定，深厚醇雅，理致自足"。① 欧阳玄"发凡举例，俾论撰者有所据依；史官中有悻悻露才、论议不公者，玄不以口舌争，俟其呈藁，援笔窜定之，统系自正。至于论、赞、表、奏，皆玄属笔"。② 用时一年半有余，至正四年（1344）十一月，《金史》书成，中书右丞相、监修国史阿鲁图呈《进金史表》，此时脱脱虽已辞职，但仍以脱脱为纂修《金史》的都总裁官。

三 被誉为"善史"的优长与疏误

《金史》修成之后，受到后人的好评。清赵翼《廿二史札记》"金史"条云："金史叙事最详核，文笔亦极老洁，迥出宋、元二史之上。"③ 四库馆臣称赞《金史》："元人之于此书，经营已久，与宋、辽二史取办仓卒者不同。故其首尾完密，条例整齐，约而不疏，赡而不芜。在三史之中，独为最善。"④ 施国祁《金史详校》曰："金源一代年祀不及契丹，舆地不及蒙古，文采风流不及南宋。然考其史裁，大体文笔甚简，非《宋史》之繁芜，载述稍备，非《辽史》之阙略。叙次得实，非《元史》之伪谬。"⑤ 赵翼认为，《金史》修撰得益于金代实录本自详慎，宣、哀以后诸将传记，多本之元好问、刘祁二书，皆耳闻目见，"其笔力老劲，又足卓然成家"。王鹗所作《金史》旧底固已确核，"宜纂修诸人之易藉手也"，"纂修诸臣于旧史亦多参互校订，以求得实，非全恃钞录旧文者"。每一大事以主其事者详叙之，"有纲有纪，条理井然"，不至枝蔓，"最得史法"。⑥

《金史》的纂修体例法《史记》《汉书》《新唐书》，则又有不同。

---

① 《元史》卷182《张起岩传》，第4195页。

② 《元史》卷182《欧阳玄传》，第4197—4198页。

③ （清）赵翼著，王树民校证：《廿二史札记》卷27《金史》，中华书局1984年版，第597页。

④ 《四库全书总目》卷46《〈金史〉提要》，第414页。

⑤ （清）施国祁：《金史详校》卷首，第1页a。

⑥ （清）赵翼：《廿二史札记》卷27《金史》，第597—598页。

（1）汉唐唯以实位帝王入本纪，《金史》则打破成规，为女真历代祖先作《世纪》，为几位被尊奉帝号的皇帝之父作《世纪补》。此源于金代修有《祖宗实录》，记录建国前自始祖以下十帝事迹，《睿宗实录》《显宗实录》分别记录世宗父、章宗父的事迹。金代还有两位有帝号未修实录者，一是熙宗父亲徽宗宗峻，二是海陵父亲德宗宗干，然《世纪补》唯独不收宗干，有违体例。另外，《世纪》中直言：“金之先，出靺鞨氏。靺鞨本号勿吉。勿吉，古肃慎地也。”首开进入中原的北族王朝不以先祖比附华夏炎黄二帝的先河，颇显女真民族之自信。（2）新创《交聘表》。金朝南与宋对峙，西北与夏为邻，东南高丽国称臣于金朝。《交聘表》将金与宋、夏交聘往来和金与高丽封贡往来并列，[①] 金与周边诸国的交往关系一目了然。若以金与诸国的双方关系而论，未能体现交聘国与封贡国的差异，略有不妥。（3）《金史》中保留一定的女真语词汇。书末附《金国语解》，以汉字注音的形式将女真语的基本词汇保留下来。元朝史官云：“《金史》所载本国之语，得诸重译，而可解者何可阙焉。”[②] 赵翼曰：“《金史》有《国语解》一卷，译出女真语，令人易解。”[③] 对了解金代女真社会生活弥足珍贵。女真文字资料得以保存，这与元朝国史馆有多民族史官共同修史有关。（4）阙《艺文志》。元朝史官曰：“金用武得国，无以异于辽，而一代制作能自树立唐、宋之间，有非辽世所及，以文而不以武也。”[④] 金代官、私著作虽不能与宋相比，但也有一定数量的著作行世流传，清代黄虞稷、杭世骏、龚显曾、郑文焯、倪灿、金门诏、钱大昕等人补撰《艺文志》，得书二百余种。未作《艺文志》，实为元朝史官之责。

　　《金史》虽被后世称道，誉为“三史之中独为最善”，同样存在诸多疏漏错误。清人施国祁用二十余年读《金史》几十遍，著《金史详校》十卷，指出“其病有三：一曰总裁失检，凡七科。一曰纂修纰缪，凡六科。一曰写刊错误，凡七科”。[⑤] 赵翼《廿二史札记》，钱大昕《廿二史考异》《诸史拾遗》《宋辽金元四史朔闰考》，以及近百年学人校勘

---

① 宋虽有一段时期向金朝称臣，但主要是交聘关系。金夏之间，交聘时期亦略长一些。
② 《金史·金国语解》，第2891页。
③ （清）赵翼著，王树民校证：《廿二史札记》卷29《蒙古官名》，第667页。
④ 《金史》卷125《文艺上》，第2713页。
⑤ （清）施国祁：《金史详校》卷首，第2页a。

《金史》的成果不可谓不多，其主要问题概括起来有如下数端：

其一，重要的史事有缺漏。《金史》诸志中，《选举志》《礼志》较为翔实，《百官志》《兵志》缺漏较多。例如，《百官志》没有从金代官制流变的角度进行梳理和记载，仅以海陵"正隆官制"为主，对之前的金初汉地枢密院、熙宗"天眷官制"，以及之后的九路提刑司、金末行省制度等重要制度没有明确的记载。又如，"列传"中，金朝初年人物传记以女真宗室军将为主，而为他族官员尤其是从事政务的官员立传较少，如太祖立国之初在与辽、宋交往中发挥重要作用的渤海人杨朴，在太宗朝辅佐重臣完颜宗翰驻守中原、熙宗时入朝为太子少保、尚书左丞的渤海人高庆裔，随完颜宗弼征战金宋战场、屡立战功的大将韩常等人，都未立传。即便是已经立传的女真大臣的事迹，也是重军事轻政务，如谙班勃极烈杲（斜也）、国伦忽鲁勃极烈宗干，在太宗朝主要从事建设金朝国家制度的工作，元朝史官仅在本传的《赞》中曰："金议礼制度，班爵禄，正刑法，治历明时，行天子之事，成一代之典，杲、宗干经始之功多矣。"① 具体事迹却寥寥无几。这不能不说是有些偏颇和缺憾。

其二，记述史事存在一定数量的错乱和误差。（1）有将同样的事迹分别记入两位同名人的传记中的现象。例如，卷七七《挞懒传》记载，天会四年，"挞懒、阿里刮破宋兵二万于杞，覆其三营……遂克拱州，降宁陵，破睢阳，下亳州"。挞懒为完颜昌的女真本名。同样的事迹，又见于卷六六《挞懒传》，二者必有一误。（2）有记述内容矛盾的现象。例如，《世纪补》有"宗翰请立熙宗，宗翰不敢违"之语，语义不通，两个"宗翰"必有一误。又如，《百官志》统军司条下小注为"河南、山东、陕西、益都"，益都为山东东路的路治所在地，"山东"与"益都"两地必有一误。（3）有叙事错乱的现象。例如，《太宗纪》载天会七年五月，"拔离速等袭宋主于扬州"；八年七月以后，以右副元帅宗辅往征陕西。卷一九《世纪补》同。然《乌延蒲卢浑传》则载："睿宗为右辅元帅，已定关、陕……及宋主在扬州，蒲卢浑与蒙适将万骑袭之，宋主已渡江，破其余兵。"显然，此处叙事颠倒错乱。（4）有纪、志、表、传内容不合的现象。例如，《宣宗纪》载贞祐二年五月，

---

① 《金史》卷76《赞》，第1748页。

"上决意南迁，诏告国内……壬午，车驾发中都"。《庄献太子传》则曰："二年四月，宣宗迁汴。"（5）有元史官抄录金人文集失误的现象。金后期，文人传记"大抵出刘祁、元好问二君之笔"①。例如，《李纯甫传》云："《中庸集解》《鸣道集解》，号'中国心学''西方父教'。"该传实抄自刘祁《归潜志》，略有删节。但"西方父教"，《归潜志》作"西方文教"。又如，《蔡珪传》云"作《南北史志》三十卷"，但元好问《中州集》作"六十卷"，苏天爵《滋溪文稿》亦作"六十卷"。此外，人名、官名亦见抄录有误之处。

其三，女真人名、地名的同名异译现象比较普遍。例如，完颜撒离喝又作撒离合、撒刺喝；乌林荅胡土又作兀林荅胡土、呼林荅胡土；耨碗温敦兀带又作耨碗温敦吾带、耨碗温敦乌带等。②又如，女真皇室起源地的按出虎水，在《金史》中有多种写法：按出虎、安出虎、按出浒、安术虎、阿术浒。同名异译现象可能是史源不同所致，也可能是元代史官随意而为造成的。当然，也有值得称道之处。一些重要的女真将相的名字，经史官整理，在纪、传、志、表中基本采用这些女真人的汉名，仅在传记中说明其女真本名，如宗翰"本名粘没喝，汉语讹为粘罕"，宗望"本名斡鲁补，又作斡离不"，宗弼"本名斡啜，又作兀术，亦作斡出，或作晃斡出"，这在很大程度上避免了人们读史时可能出现的混乱。

《金史》是依据金代实录、官书、私著、碑文、宗谱以及金末元初金遗民的著述编纂而成，虽然存在一些疏漏错误，但瑕不掩瑜，它是研究金代历史最重要的史籍，具有极高的史学价值。

四　《金史》的刊布与版本

《金史》修成后，元至正五年（1339）由江浙、江西二省开板，印造一百部。③元至正初刻本，四周双边，每半页十行，行二十二字，简称

---

① （清）顾炎武著，严文儒、戴扬本校点：《日知录》卷26《金史》，上海古籍出版社2012年版，第1007页。

② 崔文印：《金史人名索引》（中华书局1980年版）整理了大量女真人名的同名异译现象。

③ 《金史》附录《金史公文》，第2905页。

元刻本。元明之际,《金史》刻板散佚,原本印数不多的《金史》所剩无几。现存中国国家图书馆元刻本《金史》有甲、乙、丙、丁、戊五种,皆为残本。甲本存五十四卷,乙本存四十三卷,丙本存七卷,丁本存四卷,戊本仅一卷。此外,北京大学图书馆藏元刻本《金史》一册三卷,均为残本,日本大谷大学图书馆藏元刻本《金史》一册二卷,1997 年中国嘉德国际拍卖有限公司拍卖元刻本《金史》一册,内有卷六十和卷七三,现存何处不明。中国国家图书馆五种元刻本不相重复的卷次共有八十七卷,北京大学图书馆所藏元刻本可补一卷,总计八十八卷。①

第二个刊本是明洪武年间的覆刻本。② 明初元刻本《金史》已经很少见,洪武二十三年(1390)十二月,"甲戌,福建布政使司进《南唐书》、《金史》、苏辙《古史》。初,上命礼部遣使购天下遗书,令书坊刊行。至是,三书先成,进之"③。此本是元刻本的覆刻本,左右双边,少量四周双边,其他与元刻本同,简称明覆刻本。

第三个刻本是明嘉靖八年(1529)南京国子监以元刻本或明覆刻本为底本的刻本,左右双边,每半页十行,行二十二字。简称南监本。明嘉靖七年(1528)十一月,"锦衣卫千户沈麟奏请命官较勘历代史书刊布天下"④,南京国子监祭酒臣林文俊奏曰:"辽、金二史原无板者,购求善本翻刻",以"助教臣刘世龙校刊《史记》《前汉书》《辽史》《金史》"。此次校刊,"多是百余年旧板,蠹烂之余,匠人委难下手,或剜动一字牵连数十字,应手崩裂,以故板刻未甚模糊,文字尚可句读者,只得姑仍其旧,不敢轻动,而各史修补往往不得精致者,盖势固然,非敢惜费沿陋也"⑤。《金史》是采用于吴下购得的旧板,⑥ 板片损坏或字迹弥漫不清处有一定的修补,南监本对元刻本中的显误有一定的校正,却也新增一些问题,但与后世的版本相比讹误较少。明万历年

---

① 任文彪:《〈金史〉版本源流考》,《国家图书馆馆刊》2016 年第 1 期。

② 〔日〕尾崎康:《正史宋元版の研究》,汲古书院 1989 年版,第 149 页。

③ 《明太祖实录》卷 198,洪武二十三年十二月甲戌,"中研院"历史语言研究所 1962 年影印本,第 1 册,第 3075 页。

④ (明)俞汝楫:《礼部志稿》卷 94《刊布书籍》,文渊阁《四库全书》,台北商务印书馆 1986 年影印本,第 598 册,第 710 页。

⑤ (明)林文俊:《方斋存稿》卷 2《进二十史疏》,文渊阁《四库全书》,台北商务印书馆 1986 年影印本,第 1271 册,第 693 页。

⑥ (明)黄佐:《南雍志·经籍考下篇》,伟文图书出版社 1976 年影印本,第 1411 页。

间，对南监本进行一次局部修补，替换部分万历二十六年（1598）的修叶。① 清顺治十五年（1658），对南监本进行补修，《金史》凡原版的版心上象鼻保留"嘉靖八年刊"字样，凡修补页的版心象鼻均刻有"顺治十五年刊"字样，简称清南监本递修本。

第四个刻本是明万历三十三年至三十四年（1605—1606）北京国子监以南监本为底本的刻本，左右双边，每半页十行，行二十一字。简称北监本。明崇祯十二年（1639）重修之，"古字难读，悉遭改易"，清朝康熙年间，国子监祭酒王士禛"疏请重修经史刻板，得旨允行"②。二十五年（1686），重刊北监本《金史》完成。北监本对南监本的错误有一定的校正，却也出现一批新的错讹。与南监本相比，北监本的异文数量明显增多。

第五个刻本是清乾隆四年（1739）武英殿以北监本为底本的刻本，左右双边，每半页十行，行二十一字，版心上方题"乾隆四年校刊"。简称殿本。其后，乾隆认为《金史》中女真语人名、地名的音译，讹舛、鄙陋、失实者多，"因命儒臣按《同文韵统》例概行更录"③，以满语对译女真语，作《钦定金史语解》十二卷。四库全书本《金史》即采用新改译的语汇。道光四年（1824），武英殿重新刊刻《金史》，同样采用《钦定金史语解》改译后的语汇，版式与殿本同，版心上方题"道光四年校刊"。由于人们已经习惯元刻本《金史》女真语的记录，改译语汇的殿本令人难记，为后世多不用。殿本对北监本的讹误有纠正也有继承，后者多于前者，而且乾隆、道光年间两次重新刊印又都出现一些新的错误。

第六个刻本是清同治十三年（1874）江苏书局以道光殿本为底本的刻本，左右双边，每半页十二行，行二十五字。简称局本。在此之前，已有一定的校勘成果，加上江苏书局人员精校细勘，校正了以前殿本与之前刻本的一些讹误，但有些不属错误，不必改动之处，存在过度校勘的现象。虽当代学者多不看重局本，但就《金史》而言，局本有校勘价值。

---

① ［日］尾崎康：《以正史为中心的宋元版本研究》，陈捷译，北京大学出版社1993年版，第95页。

② （清）王士禛：《居易录谈》卷上，《丛书集成初编》本，上海：商务印书馆1936年影印本，第1页。

③ （清）乾隆：《御制文集》卷35《读金史》，文渊阁《四库全书》，台北商务印书馆1986年影印本，第1301册，第496页。

第七个刻本是民国时期（1931 年）商务印书馆由张元济主持影印北京图书馆藏元刻本七十九卷（含目录二卷）与涵芬楼藏明覆刻本五十八卷为底本，① 以殿本为通校，参校南监本、北监本，间引施国祁《金史详校》，整理出版，称为百衲本。张元济校史慎之又慎，"每于异文是非，或取证本书，或旁稽他籍，所加案断，咸能识其乖违，正其舛讹，并究其致误之源"②。百衲本以版本精善，校勘审慎，印刷精美而被业内称道。③

当代《金史》最为流行的版本首推中华书局点校本，点校本最初由傅乐焕点校，然傅乐焕去世时，仅做出少部分工作，其后大部分点校工作由张政烺完成，由崔文印编辑整理，于 1975 年出版。之后曾进行挖改，多次印刷，为现代通行本。据点校本《金史》的《出版说明》，点校工作采用百衲本为底本，与北监本、殿本参校，择善而从，并参考了残存《永乐大典》的有关部分。

以上诸版本中，清朝在刊刻《金史》的同时，又用力于校勘工作，乾隆殿本、四库全书本、道光殿本、同治局本皆在卷末附有"考证"。私人校勘《金史》成果最著者首推施国祁《金史详校》，其以二十余年的时间专攻《金史》校勘，以南监本为主，校得伪谬、衍脱、颠倒，诸处约四千余条。④ 民国张元济《百衲本金史校勘记》以元刻本和明覆刻本为底本，出校两千余条。⑤ 此外，尚有钱大昕《廿二史考异》、赵翼《廿二史札记》、丁谦《金史外国传地理考证》、吴廷燮《金方镇年表》等诸种著作对《金史》校勘多有补益。近几十年来，随着国内外金史研究逐步深入，加之不断有金代碑刻墓志新出土，学界校勘《金史》的成果也屡屡刊出。近日，集上述校勘成果之大成的中华书局点校本《金史》的修订本已经完成，即将出版。

（原载《南国学术》2019 年第 4 期）

---

① 任文彪：《〈金史〉版本源流考》，《国家图书馆馆刊》2016 年第 1 期。

② 顾廷龙：《百衲本二十四史校勘记·序》，张元济：《金史校勘记》，商务印书馆 2004年版，第 1—2 页。

③ 王绍曾：《张元济校史十五例》，《文献》1990 年第 2 期。

④ （清）施国祁：《金史详校》卷首，第 1 页 b。中华书局点校本《金史》采用前人校勘成果最多的是施国祁《金史详校》。

⑤ 王绍曾等：《〈金史校勘记〉整理说明》，张元济：《金史校勘记》，第 2 页。

博采众长治学路，铢积寸累求新知

——程妮娜教授访谈录

　　程妮娜教授，1953 年生，辽宁省沈阳市人。现任吉林大学文学院中国史系教授、博士生导师、匡亚明特聘教授，兼任吉林大学民族研究所所长、中国民族史学会副会长。本科毕业于吉林大学历史系考古专业，此后师从著名辽金史、地方史学家张博泉教授，获历史学硕士学位。博士研究生时期师从著名法学家、政治学家王惠岩教授，获法学博士学位。是辽金史、东北史、北方民族史、中国边疆史领域的专家。曾主持教育部哲学社会科学重大课题攻关项目、国家哲学社会科学基金重点项目、省部级科研项目。代表性学术著作有《古代东北民族朝贡制度史》（收入国家哲学社会科学成果文库）、《金代政治制度研究》、《古代中国东北民族地区建置史》、《中国地方史论》（合著）、《东北史》（主编）、《中国地方史纲》（主编）、《中国历代边疆治理研究》（合著）等。发表学术论文、译文 100 余篇，多篇为《新华文摘》、《中国社会科学文摘》、《中国人大复印报刊资料》全文转载或论点摘要。近年来，程妮娜教授在东北民族史研究、古代边疆治理研究、辽金史研究与《金史》校注方面等都做出了卓越成就，成为学术界相关领域的著名学者。2018 年 3 月 2 日，笔者于吉林大学就学习经历、治学之路、近年来的学术收获等问题采访了程妮娜教授。以下是访谈纪要。

　　王万志：程教授您好，今天有机会向您请教学术问题，感到十分难得。您在吉林大学从事教学科研工作已近四十年，出版了多部著作，发表了许多有影响的文章，主持了教育部重大课题攻关项目等多个重要项目，并且培养了一批高质量的博士、硕士研究生。通过回顾您的学术之旅，一定能为青年朋友提供许多教益。据我所知，您进入吉大时学的考古专业，之后硕士与博士研究生阶段学的是不同专业，请问这对您从事历史学研究有何帮助？

程妮娜：很荣幸在此与学界同仁及同学们分享我的科研与教学心得。我的本科、硕士和博士三个阶段的学习都在吉林大学，但是专业却有不同：本科是考古专业，硕士研究生是历史专业，博士研究生是政治学专业。但这三个专业所学内容的最后落脚点都是历史学。我觉得这三个阶段的学习对于我的历史学研究都是非常重要和有益的。可以这么说，我的专业学习经历是从考古学开始，然后进入历史学；经过相当长一段时间的历史学研究之后，又再次攻读政治学。在我的学习过程中，考古学专业的学习为我后来从事历史学研究提供了重要的研究方法。而攻读政治学的初衷，很大程度上是由于我在历史学研究的过程中感觉到需要补充理论知识。

我在本科学习期间有过两次考古发掘实习：第一次是在河北的燕下都遗址；第二次是在黑龙江的团结遗址。两次实习都是由林沄先生带队。在燕下都实习结束后，我们又到北京进行了为期一个月的实习，由张忠培先生带队。张先生一方面带我们参观名胜古迹，另一方面邀请北京的著名学者给我们讲课，其中苏秉琦先生为我们讲授了他当时正在思考和研究的一个新的理论——考古学区系类型理论，我们有幸成为苏先生区系理论的首批听众，有人说这可以写入中国考古学史！我们班有幸成为吉林大学考古专业举行第一届本科毕业论文答辩的班级，我的指导老师是张忠培先生，我的毕业论文题目是《夏家店下层文化研究》，论文提出夏家店文化与小河沿文化、红山文化具有一定的传承关系，这一文化很可能是商代的方国——孤竹国的文化。论文答辩会由校外专家主持，我的观点得到专家的认同，虽然过去了四十多年，但现在看来这篇论文还有一定的学术价值。考古专业的基础知识和研究方法的学习，对我日后的历史学研究有相当大的帮助，我用于历史研究的考古学研究方法主要有三个方面：一要注重时空关系；二要注重具体问题与整体问题的关系；三要注重分类，不可把不同类型的问题混到一起来探讨。

80年代初，我考上吉大东北地方史专业硕士研究生，我的指导老师是张博泉教授。我对东北史产生最初的兴趣是在本科学习期间，当时东北史是考古专业的必修课，由罗继祖先生讲授。罗先生知识广博，满腹经纶，对东北历史上的人物、事件、掌故都极为熟悉，在讲课中随手拈来。古代东北是少数民族聚居区与当代东北相当的不同，罗先生的讲授激发了我对东北史的好奇心。我本科毕业后留校做罗先生的助手，一年多以后，罗先生调到了吉大古籍所，我留在东北史研究室，82年初，师从张博泉先生攻读东北史专业研究生。张先生的风格与罗先生不同，在跟随张先生学习的过程中，张先生为我打开了一扇又一扇东北史研究的学术之窗，辽金王朝起源于东北，也是东北史研究的重要领域，日后金史成为我研究的一个重要方向。

90年代，吉林大学在青年教师中推行博士化工程。因为我在东北史和金史研究中都偏重于政治制度史，在研究过程中我越发感觉到在政治学理论方面的欠缺。因此我报考了吉大行政学院政治学理论专业的博士研究生，师从著名政治学家王惠岩先生。王先生是回族，很注重政治学中的民族理论。在跟他学习的过程中，我的研究重点也偏重于政治学中的民族问题。我读博士的时候已经是教授，具备了一定的学术研究基础，王先生在研究中观察问题的角度和认识能力对我影响很大。王先生与当时某些学者喜欢把简单问题复杂化不同，在面对复杂问题时，王先生总能一下抓住问题的要点，用简单平实的语言论述清楚，条理清晰，直中要害。博士研究生学习期间，不仅学习了专业知识，而且研究问题也一定先考虑其核心问题是什么，抓住重点展开研究。

总之，我在本科、硕士、博士三个学习阶段，都得到了吉大最优秀的老师的指导，考古专业学习期间，得到了张忠培、林沄先生的指导；在历史学学习期间，得到了罗继祖、张博泉先生的指导；政治学学习期间得到王惠岩先生的指导，实在是我一生的幸运！回顾三个不同专业的学习阶段，历史学依然是我最感兴趣的领域，成为我一生学习和研究的主要领域。我从事的是辽金史、东北民族史和边疆史，这些领域的史料并不丰富，在某些方面甚至十分匮乏，这就决定了在很大程度上需要考古学资料的补充。考古学专业的学习不仅为我从事历史学研究提供了重要的研究方法，而且使我具备了正确解读考古学资料、运用考古学研究成果的能力，这让我在历史学研究中受益匪浅。政治学理论学习使我能够在复杂的问题当中抓住核心问题，从具体问题的研究中抽象出理论认识，将我个人的历史学研究提高到一个新的层次。

王万志：师从张博泉先生对您长期的治学具有关键性意义。张先生著述丰富，在学术界有很大影响，最近他的重要著作《中华一体的历史轨迹》又再版了。您能不能对他的学术思想作些介绍？他的思想精髓主要在哪些方面？他是如何指导您做学问的？

程妮娜：张博泉先生早年的研究领域是从辽金史扩展到东北史，是中国第一位以金史为主攻方向的学者，他在金朝断代史研究领域中多有建树，具有开拓和奠基之功。张先生的研究路径是将断代史与民族史相结合，进而拓展到东北古史研究，张先生的研究重点是民族、民族政权和历史地理。他在80年代初撰写了《东北历代疆域史》，接着又相继撰写了《东北地方史稿》等多部贯通东北古史的研究著作，成为在东北史研究领域中具有代表性的重要学者。在从事上述研究的同时，张先生以东北史和辽金史的坚实研究为基础，兼顾考察中国其他地区的历史，已开始探索这个研究领域的主体思想。1986年，张先生发表了著名论文《中华一体论》，提出了中华一体的思想。1989年，完成了专著《中华一体的历史轨迹》的书稿。但由于出版经费的问题，这本书直到1995年才正式出版。在此期间，费孝通先生于1989年发表了著名论文《中华民族多元一体格局》。该文从民族研究的角度探讨了中华民族多元一体格局形成的经过与特点，而张博泉先生是从历史研究的角度探讨这一个命题。当时与张先生有学术往来，共同探讨问题的陈连开、贾敬颜先生等，都是在这方面卓有成效的学者。张先生的中华一体理论将中国历史从先秦到清代，以唐朝灭亡为界限，分为天下一体时期和中华一体时期；这两个时期又各自分为前后两个阶段。他从政治、民族、经济、地理、疆域、社会、文化、观念等各个方面进行了全方位的探讨，认为上述各个方面都能够体现"多元一体和一体多元"这一基本特点。张先生在研究中提出了非常多的新思想、新观点，我个人能力有限，很难总结到位，就我个人体会来看，主要是包括如下三方面：

（一）历史上存在不同时期的的一体。前期的一体和后期的一体是有连续发展关系的，一体在两个时期四个阶段的过程中是发展变化的，并非一成不变，因此不可以今天的多民族统一国家的思想观念来研究自先秦以来的历史，而应该以发展的眼光去看待这个问题。

（二）历史上的中国有统一也有分裂，但是统一和分裂都在一体之中，统一是一体的统一，分裂也是一体内的分裂。这个理论对于我们认识分裂时期不同王朝的对立，比如前后两个时期的南北朝，提供了理论依据。

（三）中原和边疆在一体之中都经历了发展变化的过程，不只边疆发生变化，中原同样也发生变化。从华夷之辨、尊华攘夷到华夷一家、中华一道同轨经历了长期的历史过程才得以完成。这是个相当复杂的过程，必须注意到中原与边疆的联系逐渐趋于紧密，彼此之间相互影响、不可分割。

张先生的《中华一体的历史轨迹》出版之后，其实当时的影响并不大，90年代中期还有人提出质疑。但随着人们对中国历史的认识更加深入和全面，开始全盘考察中国历史，而不再只考虑中原地区时，对张先生提出的"中华一体"命题的认识就越来越较明确。因为张先生的研究涉及历史学领域中的方方面面，这对于大家认识中华一体形成的过程具有相当大的启示。正因如此，这本书早以销售告罄，于是我们去年又再版发行，这对于青年学者，特别是相关专业的研究生掌握史学方面的新理论，并对中国历史进行深入探讨是非常必要的。

我和刘庆是张博泉先生的第一届硕士研究生，张先生授课内容信息量非常大，知识点也很多。因为张先生当时已经在思考中华一体理论，在课堂上他经常把他的思考和认识传授给我们，所以要理解张先生的讲授，就需要阅读大量的文献。当时我们不仅必须阅读基本史籍、专业书籍和文章，张先生还要求我们阅读理论著作。记得当时张先生给我们开出理论著作书目30本，以马列著作为主。说来惭愧，因为当时学习任务比较重，要看的书实在太多，我只读了其中几本而已。如今回想起来，即便当时我们非常用功，对张先生在课堂讲授的内容，仍然并没有完全理解。

从跟张先生读研究生开始，我逐渐养成了一个习惯，在阅读书籍、文章，或者是自己有些什么疑问想不通的时候，就会把这些问题写在一张纸上，当问题积累了七八个以上时，我就会到张先生家去请教。每次张先生都非常耐心地给我讲解，即使是在他眼中的常识性问题。在我研究生毕业之后第一次给考古专业讲授《东北地方史》课程的时候，在备课的过程中遇到了各种各样的问题，那时几乎是每周都要去张先生家，拿着满满的一两页的问题，事无巨细地在向张先生请教。我觉得这个过程也是张先生引导我一步步走向学术殿堂的过程，也是夯实我专业基础的过程。今天我同样主张我的学生不管有什么问题，哪怕是常识性的问题也应该提出来，因为只有在真正弄懂的基础上才可能有进一步的深入研究。

张先生的课是需要交作业的。不管是期末作业还是平时的习作，张先生都会认真批改。记得那个时候，最初的作业常常是满篇红色批注，既有大块的圈改，也有具体遣词用字的细节修改，常常会把我认为自认为很得意的一些议论大幅地圈掉。当我逐渐成熟后，回头看看那些议论真的都是废话。每次拿到张先生修改后的稿子，我都会认真去领悟修改的原因，避免再犯同样的错误。1982 年我研一第一学期结束时交的作业是一篇关于渤海史研究的论文。张先生在提了若干意见之后，选取了其中的一部分与我合作撰写文章《论渤海国的社会性质》，文章的基本观点是张先生上课时讲授的内容，还有一点我自己的学术认识。这篇文章发表于《学习与探索》1982 年第 5 期，其后为中国人大的报刊复印资料转载。彼时人大报刊复印资料还没有达到现在的规模，转载的文章数量和杂志种类都不多，我与先生合写的第一篇文章就能得到学术界的认可，这是在张先生的引领下才取得的成绩。

80 年后期，张先生主张东北史研究应该以东北史为基点，逐步扩展到整个中国的地方史，只有把东北放在整个中国的边疆、整个中国的区域史的位置上，才能够更加客观、准确地认识东北史在中国历史上的作用。在撰写《中华一体的历史轨迹》的同时，他也将关于中国地方史的理论思考写成一部手稿，大约有十五六万字。1993 年他表示想和我合作撰写这本书。我需要做的工作是在张生先手稿的基础上，补充各种具体史料来论述这个理论。张先生当时的想法是从区域的角度来考虑中国各个地区在构成统一中国过程中的发展经历；以中国各地区的历史为研究对象，展开多系统、多系列、多层次和多类型的研究，在中国各个区域发展的道路中探索历史发展的规律和特点。张先生已基本完成导论和综论部分，我负责分论部分，从地方民族史论、地方区域史论、地方政权史论、地方经济史论、地方社会制度史论、地方设置史论、地方文化史论、地方民俗史论，八个方面来为先生提出的学术思想和理论补充史料。我当时确实有些诚惶诚恐，觉得自己难以驾驭如此宏大的主题，不过在张先生的鼓励下我还是努力去做。在撰写的过程中，每写完一章我都及时交给张先生来审阅，与张先生讨论遇到的问题和想法，大约用了一年的时间完成此书，最后这本书完成时有 355 千字。张先生在该书的序言中提到我为此书付出的努力，这是先生对我的鼓励。这部书后来获得吉林省哲学社会科学优秀成果奖。据当时评奖的老师说，论学术质量这本书应得一等奖，不过因为装潢和印刷质量不是很好，所以才被评为二等奖。总之，我发表的第一篇文章、出版的第一部著作都是在张先生的引领下完成的，而且是和张先生合作共同发表的，实在是荣幸之至！

1994 年《中国地方史论》出版后，张先生至少三次跟我说，希望我能够完成《中国地方史》这部著作。1994 年到 1996 年，我在日本筑波大学访学两年，回国后依然觉得自己的能力不足以担此重任，需要再多积累一些知识之后再行考虑。从 1997 年开始我就给本科生和研究生讲授《中国地方史概论》课程，同时不断地思考和探索如何建构《中国地方史》的框架。2004 年，我带着几届博士生和硕士生开始着手《中国地方史》的编撰工作。第一稿写完的时候有一百几十万字，但我并不满意，于是推翻重写，花费三年时间，四易其稿，在我和学生们共同的努力下终于完成。这部著作成书后名为《中国地方史纲》，大约七十多万字。这本书是在张先生中华一体论的思想，以及他有关地方史理论与方法的指导下，对中国历史进行一次整体性的再考察。从地方史研究的视角出发，将中国疆域分为几个大的区域。中国在整体空间上可以划分为两大块：一是郡县地区，又划分为北方、南方两个亚区。二是边缘地区，又分为东北地区、北方草原地区、西北地区（包括西域）、西部地区（主要指青藏高原）和西南地区等五个亚区。以五个基本问题为线索：民族分布、古代国家的结构与统治形式、区域经济、区域文化、唐以后古代疆域的走向，纵向考察这五个基本内容的发展轨迹。同时将内地与边疆放在一个层面上，横向地考察各区域处于同一个发展阶段时彼此间的互动关系，力图阐释古代中国如何发展成为今天的中国、古代的众多民族如何发展为今天的中华民族这一重大命题，从中国地方史的角度给予符合历史事实的回答。张先生于 2000 年因病去世，2007 年我们完成了先生的遗愿，在这部书的扉页上，写下了"谨以此书献给恩师张博泉先生"。

王万志：您对中国古代史最为关注的是哪些问题？您在辽金史领域

长期辛勤耕耘，您的研究工作是如何逐步深入的？

程妮娜：在中国古代史中我最感兴趣的是政治制度史。硕士研究生学习期间，在张博泉先生的指导下，我选择了以金代官制研究作为硕士学位论文的研究方向。从1983年起一直到2000年，除了一些临时的研究课题外，我主攻的研究领域就是以官制为主的金代政治制度。金朝建国初期，国家政治制度是以女真制度为主。经过熙宗、海陵两朝的改革，最后确立了一省制的政治制度。在设计硕士论文研究计划时，最初打算从金太祖一直梳理到海陵王时期，对金代政治制度的转变时期做一个系统研究。但是当我开始着手收集资料时，发现中国学者在这个领域的研究成果很少，多数是对金代政治制度发展轨迹的大体梳理，研究显得比较空泛、简单。日本学者在这个领域起步早，成果多，尤其是三上次男先生取得了一系列的重要成果。三上次男于1933年毕业于东京大学，此后到中国的哈尔滨和北京学习了一年，从1934年开始从事金史研究，他的研究重点是金代的社会与政治。从1970年到1972年，出版了专著《金史研究》三卷，其中第二卷就是金代政治制度研究。《金史研究》是三上次男40年金史研究的集大成之作，也奠定了他在日本学界的重要地位。据说当时日本学界有一种说法，认为三上次男已经达到了金史研究的顶峰，后人无法超越。1983年，我在北京图书馆（今国家图书馆）发现了这三卷书。当时我很兴奋，复印了其中与我研究内容相关的部分，复印费就花了将近200元，这在当时是一个不小的数目。当时大学毕业生的月薪才56元，这笔复印费相当于三个多月的工资。所幸当时研究生的调研经费比较充裕，一个人有1200元钱的经费。

山上次男先生对金代政治制度做了大量细微深入的研究，奠定了这一领域的学术基础。但是在细读了他的著作之后，我觉得不论在国家机构的运作机制方面，还是在一些具体的官制方面，还留有很大的研究空间。当时我考虑的是，女真人1115年建国，1125年灭辽，1127年灭北宋，仅用了十几年的时间，其国土从东北的北部迅速扩展到黄河流域。这一时期金朝最高权力机构是女真国伦勃极烈制度，这个制度的内部构成和分工是怎么样的？金朝又是通过建构什么样的机构来统治迅速扩大的国土和骤然增加的各族人口的？这些问题是我硕士论文要解决的问题，也是我从事金史研究的起点。但当我仅仅把《金初勃极烈制度研究》这篇文章写完之后，就已经近4万字，达到了硕士学位论文的规模。硕士研究生毕业后，继续逐步展开以金代官制为主的政治制度研究，发表了一系列论文。关于前面提到的问题，简单地说一下我的学术认识：

一、国伦勃极烈制度内部的构成和分工。金初 11 个勃极烈是太祖和太宗两朝五六个勃极烈在不同时期的不同称谓。勃极烈制度囊括了国家机构所必备的各种职能，诸勃极烈分工不是十分明确，往往一个人兼多职。各个勃极烈下面设有处理具体事务的官员，这些官员既有女真人，也有汉人、契丹人、渤海人，在天会四年（1126）以前，他们中有许多人被称为勃堇。同时还掺杂着一定的原来辽、宋的官制。天会四年（1126）开始，勃极烈之下开始系统地建立各种中原式的行政机构，诸勃极烈的职能逐渐由包罗万象逐渐简化为国家最高军政决策机关和审议机关，辅弼的功能越来越强。

二、勃极烈制度是通过建构何种建置和机构来控制地方。在太祖、太宗时期，金朝地方行政设置存在三种类型路制：一是设在女真聚居地的万户路，其下直接统辖猛安谋克，各级机构都是军政合一，与中央勃极烈制度相适应。二是设在原辽地区的都统、军帅司路，辽东与辽西地区的路下辖的是府州、猛安谋克；燕云地区的路下辖府州县。路的长官都是女真大贵族，同样具有军政合一的职掌，与勃极烈制度相适应。三是设在原宋地区的兵马都总管府路，路下保留了原宋的府州县，与勃极烈制度不相适应。金朝将驻在中原的军事机构元帅府迅速转变为军政合一的统治机构，下设燕京、云中枢密院，辅佐左右元帅府分别统辖兵马都总官府路。元帅府长官以女真宗室大贵族为主，同样兼有军政合一的职掌，与中央勃极烈制度相适应。金初元帅府治理中原地区具有相对的独立性，这与金朝中央勃极烈制度统辖机制有关。

1999 年我在综合以往研究的基础上，撰写了专著《金代政治制度研究》。出版之前请张先生作序，张先生看到书稿后非常高兴，并为此写了一首词《一剪梅——赠禾女教授》赠予我：①

唤起东风在睡中，碧玉含香，破雪先红。书文从此有声名，砚墨飞花又一峰。

我昔三鸥俱虚空。白发书淫离后翁。毛锥作侣写余篇，半是萧疏，寄兴犹浓。

———————————

① "禾女"为程妮娜教授的笔名。

王万志：2006 年以来，中华书局启动了"点校本'二十四史'及《清史稿》修订工程"，目前已经出版了《史记》等 6 部修订本史籍，您是《金史》修订本的主持人，这项工作进展如何？有什么新收获？

程妮娜：中华书局"点校本'二十四史'及《清史稿》修订工程"于 2006 年启动，由原国家图书馆馆长任继愈先生任总监。此次修订工作的目标是通过全面系统的复核、修订和整理，解决原点教本存在的各种问题和不足，旨在形成一个体例统一、标点准确、校勘全面、阅读方便的全新版本，成为新世纪中国古籍整理界的一个新的里程碑和标志性出版物。现在已经过去了 11 年，目前已出版《史记》《新五代史》《旧五代史》《辽史》《魏书》《南齐书》6 部修订本，其他各史也将陆续出版。《金史》修订工作始于 2009 年，目前已完成定稿。

本次修订工作统一采取底本式的整理方法，原点校本《金史》以百衲本为底本，本次修订不更换底本。在以百衲本为底本的基础上，以元刻本和殿本作为本次修订的通校本，以南监本、北监本、局本作为参校本，同时参考金人、宋人、元人著作中的相关史料，以及《大金国志》《辽史》《宋史》《高丽史》等相关史籍和历代的碑刻资料等，作为本次修订的他校参考书。在修订过程中充分参考和吸纳清代以来学者有关《金史》校勘和研究成果，尤其是施国祁的《金史详校》、张元济等《百衲本二十四史校勘记》中的《金史校勘记》以及钱大昕的《廿二史考异》等。此外，我们还充分吸收和利用近年来学界已经出版和发表的相关著作和论文。

本次校勘工作取得了多方面的成果，修订工作的重点是在文字校订，而不在史实考证。对原点校本已有的校勘成果，一方面逐条复核、纠正失误、消除差错，另一方面充分吸收原点校本的校勘成果。按照"总则"要求，坚持"可改可不改，一律不改"的原则，以避免出现新的错误。原点校本虽然是以殿本为参校本，也吸收了许多研究成果，但在校勘记中较少提及版本依据，并且存在较多的改字现象。我们一方面补充了修改的版本依据。对改字问题，只要不是干支、笔误之类明显的错误，又没有版本依据，我们通常采取回改。这次修订回改有 200 余字，其中有一些是属于点校本改字、补字、删字不当的现象。举两个例子：

《金史·百官志三》中记载"统军司。河南，山东，陕西，益都"。

校点本根据《兵志》的记载，天德二年置统军司于山西、河南、陕西三路；《豰英传》记载天德二年豰英出任山西路统军使。《地理志》又记载山东益都于大定八年置山东东西路统军司。将"山东"改为"山西"，出校勘记。点校本的改字，容易使读者以为金朝长期设置了4处统军司。然而，金朝是长期设置3处统军司，即《金史》中频繁出现的河南、山东、陕西三处统军司。山西统军司只在天德年间出现过，也只见过完颜豰英一人担任过山西统军使。显然山西虽设置过统军司，但并非长期存在。我们将这个字回改，并重新改写校勘记，以便研究者对此问题能有一个客观认识，避免出现误导。

《金史·世纪补》记载："宗翰等曰：'……以八月往陕西，或使宗弼遂将以行，或宗辅、宗翰、希尹中以一人往。'"此为宗翰的话，其中"宗翰"必误。后面又有"宗翰请立熙宗，宗翰不敢违"之语，语义不通，这两个"宗翰"也必有一误。点校本将两处后出的"宗翰"皆改为"宗干"。然而，从太宗朝宗干的事迹看，点校本两处改字和校勘记都有商榷的空间。前一处，据《金史·太宗纪》记载："太宗以斜也、宗干知国政，以宗翰、宗望总戎事。"斜也即完颜杲，《金史·杲传》记载："太宗即位，杲为谙班勃极烈，与宗干俱治国政。"太宗即位后，宗干任国伦忽鲁勃极烈，辅佐太宗居京师，"金议礼制度，班爵禄，正刑法，治历明时，行天子之事，成一代之典，杲、宗干经始之功多矣"。①《金史》中并没有关于宗干在金宋战场上领兵作战的事迹，况且，宗干的身份与地位都高于宗翰，此处点校本改为"宗干"明显不妥。我们怀疑此处的"宗翰"可能是衍文。后一处，据王彦潜《大金故尚书左丞相金源郡贞宪王完颜公神道碑》载："太傅密令左右元帅与王来朝，相与协心，主建储□议，援立闵宗。"② 太傅即宗干，是熙宗的养父，立熙宗应是他的本意。点校本后一次改字于理不通。天会五年宗望病卒后，宗辅继任右副元帅。上文有宗辅"与宗翰俱朝京师，立熙宗为谙版勃极烈"。《世纪补》的"赞"应是评介睿宗宗辅③事迹，

---

① 《金史》卷76《赞》，中华书局1975年版，第1748页。
② 王彦潜：《大金故尚书左丞相金源郡贞宪王完颜公神道碑》，陈相伟等校注：《金碑汇释》，吉林文史出版社1989年版，第79页。
③ 宗辅为金世宗之父。《金史·世宗纪》载，世宗即位后，"追尊皇考幽王为皇帝，谥简肃，庙号睿宗"（第124页）。

故此处第一个宗翰或为"睿宗"之误。我们将两处的改字皆回改，修改原校勘记。尽管原文有矛盾，仍保持原有文字，只是指出问题，提出我们的意见，供研究者参考。

点校本《金史》原有校勘记 2017 条，本次修订删除原校勘记 116条，改写错误和不准确的校勘记几十条，修订后的校勘记总数近 2700条。本次修订工作取得了重要成果，修订各类问题总计 1400 多处。目前修订工作尚未最终结束，我们已参考审读专家的意见进行了修改完善，并仍在查漏补缺，最后还将与中华书局的编辑一起讨论、审订，确定书稿。

王万志：《古代东北民族朝贡制度史》是您近年出版的一部重要的代表作，入选国家哲学社会科学成果文库。全书七十多万字，在学术界产生了很好的反响。您为撰写此书，在理论上和史料收集整理上所做的准备是很艰苦的，请问这一成果较之以前的论著提出了什么新问题？有些什么新观点和新突破？这一领域还有哪些问题值得做继续探讨？

程妮娜：朝贡制度的研究缘起于 1994 年至 96 年我在在日本筑波大学访学期间，在筑波大学图书馆首次看到日本学者关于古代东亚封贡体制研究的著作，这促使我对朝贡制度问题产生兴趣。日本学者在这个领域的著作、论文比较多，他们把郡县地区视为中国王朝的辖区，郡县以外的边疆民族地区与邻近国家都视为中国辖区之外地区，将中国王朝与两者的关系都视为一样性质的封贡关系。我长期从事东北边疆史的教学和科研工作，对东北民族的历史比较了解。读日本学者的论著时，我当时就意识到，东亚封贡体制应包括两大部分：一是中国王朝统辖的边疆民族与中央王朝的朝贡关系；二是中国王朝的邻国与中国王朝的朝贡关系。但如何划分内外两个不同朝贡圈的界线，成为长期困惑我的问题，国内学界在 20 世纪以前关于这个领域的研究不多，21 世纪以来虽然相关的研究成果渐多，但多数是从中外史关系的视角考察这个问题。2003年至 2004 年，我到日本关西学院大学做客座教授，持续搜集了相关资料，思考这个问题。

2006 年初，我向林甘泉先生谈了我的想法和困惑，林先生认为我应在前期学术积累的基础上，把研究重点落在东北民族的朝贡制度上。从国内外研究现状看，边疆民族朝贡制度的研究恰恰是薄弱环节，也是解决这个问题的节点。于是我以"古代东北民族朝贡制度研究"为题申报了国家社科基金项目，当年被立为国家社科基金的重点项目。此后开始了长达10年的研究，我是从细化研究入手，极可能地穷尽史料，对东北地区20多个不同族群的每一次朝贡活动进行统计。从中央与边疆的互动关系、东北各族之间的互动关系出发，同时兼顾与王朝相邻的政权与民族的影响，将东北民族的朝贡制度发展史纳入中国由传统国家向近代国家演进的历史大背景下进行探讨。基本厘清了中国古代东北民族朝贡的具体形式、内容，从中也辨析了各个民族、各个时期朝贡制度的种种差异。围绕课题，我先后发表了25篇学术论文，其中有17篇发表于《民族研究》等CSSSCI来源期刊，这也为撰写这部著作打下了坚定的基础。可以说这本书是我从事东北史研究三十余年的学术总结。这部书是对古代东北民族朝贡制度的贯通性研究，在宏观理论层面和各具体问题方面都提出了一些新认识，这里仅就我最初想要研究这一课题的出发点，即边疆朝贡制度与周边国家朝贡制度的主要标准是什么，介绍一下我的学术认识。

通过对东北边疆朝贡制度从秦汉到清、从出现到消亡的整体研究，对两种朝贡体制的区别进行历时性和全景性的考察，我提出了划分中外两种朝贡制度的四个主要标准：第一，朝贡成员否被纳入地方行政管理体系。东北边疆民族朝贡制度从建构之初，就被纳入了王朝的地方统辖体系。不论朝贡的地点是边地的郡州，还是京师，始终都受到边地政府或专设机构的管辖。周边国家的朝贡成员主要受到中央相关部门的管理，一般都是诣阙朝贡，在进入中国王朝的口岸时，与当地的政府有所交涉，但不存在日常的政治统属关系，在外交礼仪上也具有独立性。第二，朝贡成员是羁縻建置下的臣民身份，还是具有独立性的藩属国身份。隋唐时期东北亚朝贡制度出现新变化，边疆地区开始普遍设置羁縻府州，边疆民族开始以羁縻建置的形式进行朝贡活动。而周边国家地区从未设置过羁縻府州，始终是以独立的政治身份进行朝贡。第三，朝贡成员是否与中央是否存在政治隶属关系。边疆朝贡成员必须服从王朝的政令，为中央政府保塞安边，王朝对边疆朝贡成员的反叛行为通常会采取一系列政治军事手段，频繁的征讨战争进一步拉近了双方之间的君臣关系。周边邻国的朝贡成员，虽然也有高低不同的从属地位，但他们的身份始终是独立国家，与中国古代王朝之间是保持着不平等的外交关系。第四，朝贡关系最后是发展成为民族地区建置，还是被近代条约体系所取代。清朝前期，边疆民族地区的朝贡制度相继都为民族地区建置所取代。到清朝后期，东北亚国际秩序下的朝贡制度被近代条约体系所取代。在不同的历史时期，这个四个标准可以独立存在。从历史发展的整体趋势看，它们又是相互关联的，大体上可以适用于古代东亚朝贡体制的大部分地区。

我研究古代边疆民族朝贡制度的主要目标是要解决古代边疆民族和政权的归属问题，这关系到如何认识中国古代疆域的形成问题，如古代疆域是如何形成的？其构成形式从前期、中期到后期是如何演变的？这都与边疆民族朝贡制度息息相关。就我所研究的中国古代边疆民族朝贡制度而言，东北民族朝贡制度与其他边疆地区民族朝贡制度既有相同、也有不同之处。从目前研究的状况看，其他边疆地区朝贡制度的研究还比较零散，尚未展开系统化、贯通性的研究。只有对整个中国各边疆地区民族朝贡制度进行细致、系统、贯通的基础研究，才能对中国古代边疆民族的朝贡制度有一个完整、客观的认识，进一步在该领域里探讨朝贡制度对中国古代整体边疆的构成和发展所发挥的作用，最终得出符合历史实际的认识。

现在国内一些学者习惯用西方学者的边疆理论来研究中国的边疆问题。对此，我认为借鉴外国学界的理论和方法值得提倡，但不可盲从。西方学者关于中国边疆理论的研究，多数是在对中国古代边疆问题进行宏观梳理的基础上，探讨中国边疆的基本走向，往往以一个地区的边疆问题概括整个中国的边疆问题，比如以北方草原游牧民族和中原的关系来探讨整个中国的边疆问题。很少看到国外学者在对中国古代边疆历史进行贯通性的细化研究，对中国边疆各个地区的差异性给予充分注意的基础上提出边疆理论。部分日本学者在研究中国问题时注意到中国边疆各地区存在差异性的问题，但相关的理论探讨并不多，影响也不大。我认为研究中国边疆理论必须与细化的基础研究并行，缺一不可，二者相辅相成。正因为中国古代边疆问题在一些领域的基础研究存在很大缺环，所以中国边疆理论的研究也存在着明显不足。从中国边疆历史的实际出发，吸收国外学界关于中国边疆理论的精华，建构符合中国边疆理论，需要学界同仁共同努力。

程妮娜主要论著目录

著作

张博泉、程妮娜：《中国地方史论》，吉林大学出版社 1994 年版。获第三次吉林省政府"社会科学优秀成果奖"二等奖、吉林省长白山优秀图书一等奖。

程妮娜：《金代政治制度研究》，吉林大学出版社 1999 年版。获吉林省长白山优秀图书奖二等奖。

程妮娜：《古代中国东北民族地区建置史》，中华书局 2011 年版。获吉林省第九届社会科学优秀成果奖一等奖。

程妮娜：《古代东北民族朝贡制度史》，中华书局 2016 年版。2015 年收入国家哲学社会科学成果文库。获教育部第八届高等学校科学研究优秀成果奖二等奖；吉林省第十二届社会科学优秀成果奖一等奖。

程妮娜主编：《东北史》，吉林大学出版社 2001 年版。获吉林省长白山优秀图书奖三等奖。

程妮娜主编：《中国地方史纲》，吉林大学出版社 2007 年版。获第二届吉林省图书出版精品奖；中国大学出版社图书奖首届优秀学术著作奖二等奖。

程妮娜主编：《东丰"皇家鹿苑"通考》，吉林文史出版社 2013 年版。获吉林省社会科学界联合会第五次社会科学优秀成果奖。

程妮娜等著：《汉唐东北亚册封体制》，中国社会科学出版社 2014 年版。获第七届长春市社会科学优秀成果奖一等奖。

程妮娜等著：《中国历代边疆治理研究》，经济科学出版社 2017 年版。获第八届长春市社会科学优秀成果奖一等奖。

程妮娜等著：《黑龙江通史·辽金卷》，社会科学文献出版社 2019 年版。

程妮娜等著：《东北古代方国属国·金》，中国社会科学出版社 2019 年
　　版。获吉林省第十三届社会科学优秀成果奖一等奖。

中华书局点校本《金史》修订本（程妮娜主持），中华书局 2020 年版。
今注本《二十四史·金史》（张博泉、程妮娜主持），中国社会科学出
　　版社 2020 年版。获中国社会科学院 2020 年度创新工程重大科研成
　　果；中国社会科学出版社 2020 年度优秀出版成果。

主要论文

《论渤海国的社会性质》（与张博泉先生合作）《学习与探索》1982 年 5
　　期，中国人大复印报刊资料《中国古代史》1982 年第 21 期转载。
《金初勃堇初探》，《史学集刊》1986 年第 2 期，中国人大复印报刊资
　　料《宋辽金元史》1986 年第 6 期转载。
《试论金初路制》，《社会科学战线》1989 年第 1 期，中国人大复印报
　　刊资料《宋辽金元史》1989 年第 3 期转载。
《金代农业技术初探》，《中国农史》1989 年第 3 期转载。
《〈遗山文集〉与史学》，《史学集刊》1992 年第 2 期转载。
《论猛安谋克官制中的汉制影响》，《北方文物》1993 年第 2 期，中国
　　人大复印报刊资料《宋辽金元史》转载 1993 年第 4 期。
《辽金时代の中国东北地区における汉族の葬祭について》，《比较民俗
　　研究》14 号 1996 年 9 月（日本）
《最近十年间の中国における金朝史研究の状况》，《社会文化史学》
　　1996 年 4 月（日本）
《论金世宗、章宗时期宰执的任用政策》，《史学集刊》1998 年第 1 期，
　　中国人大复印报刊资料《宋辽金元史》转载 1998 年第 2 期。
《金前期军政合一的统治机构元帅府初探》，《吉林大学社会科学学报》
　　1999 年第 3 期。
《金前期军政合一机构元帅府职能探析》，《史学集刊》2000 年第 2 期，
　　中国人大复印报刊资料《宋辽金元史》2000 年第 4 期转载。
《金代监察制度探析》，《中国史研究》2000 年第 1 期，中国人大复印
　　报刊资料《宋辽金元史》2000 年第 2 期转载。
《金代京、都制度探析》，《社会科学辑刊》2000 年第 3 期，《中国社会

科学文摘》2000 年第 5 期论点摘要。

《辽金时期渤海族习俗研究》，《学习与探索》2001 年第 2 期，中国人
　　大复印报刊资料《宋辽金元史》2001 年第 3 期。

《渤海与日本交聘中"高丽国"的辨析》，《吉林大学社会科学学报》
　　2001 年第 4 期，中国人大复印报刊资料《魏晋南北朝隋唐史》2001
　　年第 6 期转载。

《东北古史分期探赜》，《中国边疆史地研究》2002 年第 2 期，中国人
　　大复印报刊资料《历史学》2002 年第 10 期转载。

《论唐代中央政权对契丹、奚人地区的羁縻统治》，《吉林大学学报》
　　2002 年第 6 期。

《辽代女真属国、属部研究》，《史学集刊》2004 年第 2 期，中国人大
　　复印报刊资料《宋辽金元史》2004 年第 3 期转载。

《护乌桓校尉府考》，《黑龙江民族丛刊》2004 年第 5 期。

《元代对黑龙江下游女真水达达地区统辖研究》，《中国边疆史地研究》
　　2005 年第 2 期。

《唐代安东都护府研究》，《社会科学辑刊》2005 年第 6 期。

《强力与绥怀：辽宋民族政策比较研究》，《文史哲》2006 年第 3 期。

《辽金王朝与中华多元一体的关系》，《史学集刊》2006 年第 1 期。

《元代朝鲜半岛征东行省研究》，《社会科学战线》2006 年第 6 期，中
　　国人大复印报刊资料《宋辽金元史》2006 年第 4 期转载。

《辽代乌古敌烈地区属国、属部研究》，《中国史研究》2007 年第 2 期。

《金朝西北部契丹等游牧民族的部族、糺制度研究》，《吉林大学社会科
　　学学报》2007 年第 3 期。

《女真与北宋的朝贡关系研究》，《邓广铭教授百年诞辰纪念论文集》，
　　中华书局 2008 年。

《近现代鄂伦春社会转型中人口问题探赜》，《社会科学战线》2010 年
　　第 1 期。

《汉代东北亚封贡体制初探》，《学习与探索》2010 年第 3 期。

《辽朝黑龙江流域属国、属部朝贡活动研究》，《求是学刊》2012 年第 1
　　期，中国人大复印报刊资料《宋辽金元史》2012 年第 4 期转载。

《先秦东北古族与中原政权的朝贡关系》，《史学集刊》2012 年第 2 期。

《明代辽东都司女真内迁与朝贡史事考》，《社会科学辑刊》2012 年第

6 期。

《唐朝渤海国朝贡制度研究》，《吉林大学社会科学学报》2013 年第 3
期，《中国社会科学文摘》2013 年第 10 期论点摘要。

《隋唐高丽朝贡制度研究》，《社会科学战线》2013 年第 2 期。

《汉至唐时期肃慎、挹娄、勿吉、靺鞨及其朝贡活动研究》，《中国边疆
史地研究》2014 年第 2 期。

《汉魏晋时期东部鲜卑朝贡制度研究》，《学习与探索》2014 年第 4 期。

《夫余国与汉魏晋王朝的朝贡关系》，《求是学刊》2014 年第 4 期。

《羁縻与外交：中国古代王朝内外两种朝贡体系——以古代东北亚地区
为中心》，《史学集刊》2014 年第 4 期。

《明代女真朝贡制度研究》，《文史哲》2015 年第 2 期。

《高句丽与汉魏晋及北族政权的朝贡关系》，《安徽史学》2015 年第
4 期。

《女真与辽朝的朝贡关系》，《社会科学辑刊》2015 年第 4 期，中国人
大复印报刊资料《宋辽金元史》2015 年第 6 期转载。

《17—18 世纪东北边地族群朝贡活动》，《东北史地》，2015 年第 6 期，
中国人大复印报刊资料《明清史》2016 年第 3 期转载。

《东部乌桓从朝贡成员到编户齐民的演变》，《民族研究》2015 年第
5 期。

《从"天下"到"大一统"——边疆朝贡制度的理论依据与思想特征》，
《社会科学战线》2016 年第 1 期。

《明代兀良哈蒙古三卫朝贡制度》，《史学集刊》2016 年第 2 期。

《金朝与北方游牧部落的羁縻关系》，《吉林大学社会科学学报》2016
年第 1 期，《中国社会科学文摘》2016 年第 6 期全文转载，《高等学
校文科学术文摘》2016 年第 2 期论点摘要。

《从自称"中国"到纳入"正统"：中国正史中的〈金史〉》，《南国学
术》2019 年第 4 期。

《是酋邦，还是国家：再论金朝初年女真政权的国家形态》，《陕西师范
大学学报》2020 年第 4 期，《中国社会科学文摘》2020 年第 11 期、
《高等学校文科学术文摘》2020 年第 6 期、中国人大复印报刊资料
《宋辽金元史》2020 年第 6 期全文转载。

《辽代生女真属部官属考论》，《兰州大学学报》2020 年第 5 期。

《〈金史〉"篡改开国史"辨》,《史学集刊》2022 年第 1 期,中国人大复印报刊资料《宋辽金元史》2022 年第 3 期转载。

Asian Culture, *Diplomacy and Foreign Relations Volume I*: *China*, Edited by C. X. George Wei Published by Koninklijke Brill nv, Leiden, The Netherlands（2022）（《羁縻与统治:边疆民族朝贡制度发展的历史轨迹——以东北边疆民族为中心》,魏楚雄编《亚洲文化,外交与对外关系·卷1:中国》荷兰莱顿·皇家布里尔出版社 2022 年版。)

《东亚封贡体制下的高句丽国定位——以汉魏晋南北朝时期为中心》,《南国学术》2022 年第 3 期,中国人大复印报刊资料《魏晋南北朝史》2022 年第 6 期转载。

《渤海国朝唐贺正使考论》,《中国边疆史地研究》2022 年第 3 期。